Kruschel
Menschenrechtsbasierte Bildung

D1721645

Robert Kruschel
(Hrsg.)

Menschenrechtsbasierte Bildung

Inklusive und Demokratische Lern- und Erfahrungswelten im Fokus

Lebenshilfe

Verlag Julius Klinkhardt
Bad Heilbrunn • 2017

k

Die Veröffentlichung des Sammelbands „Menschenrechtsbasierte Bildung. Inklusive und Demokratische Lern- und Erfahrungswelten im Fokus" erfolgt in Kooperation mit der Heinrich-Böll-Stiftung Sachsen-Anhalt.

Dieser Titel wurde in das Programm des Verlages mittels eines Peer-Review-Verfahrens aufgenommen. Für weitere Informationen siehe www.klinkhardt.de.

Bibliografische Information der Deutschen Nationalbibliothek
Die Deutsche Nationalbibliothek verzeichnet diese Publikation
in der Deutschen Nationalbibliografie; detaillierte bibliografische Daten
sind im Internet abrufbar über http://dnb.d-nb.de.

2017.h. © by Julius Klinkhardt.

Das Werk ist einschließlich aller seiner Teile urheberrechtlich geschützt.
Jede Verwertung außerhalb der engen Grenzen des Urheberrechtsgesetzes ist ohne Zustimmung des Verlages unzulässig und strafbar. Das gilt insbesondere für Vervielfältigungen, Übersetzungen, Mikroverfilmungen und die Einspeicherung und Verarbeitung in elektronischen Systemen.

Titel des Umschlagbildes: Bewegung
Über die Künstlerin: Patricia Netti (*1987) wohnt in Leutkirch im Allgäu und ist Trägerin des Down-Syndroms. Mehr Informationen zur Künstlerin:
www.inclusion-life-art-network.de/index.php?article_id=39

Druck und Bindung: AZ Druck und Datentechnik, Kempten.
Printed in Germany 2017.
Gedruckt auf chlorfrei gebleichtem alterungsbeständigem Papier.

Verlag Julius Klinkhardt ISBN 978-3-7815-2149-0
Lebenshilfe-Verlag ISBN 978-3-88617-912-1

*Festschrift zu den
60. Geburtstagen und dem
Ruhestand von Ines Boban
und Andreas Hinz.*

*Vielen Dank für Euren unermüd-
lichen und nachhaltigen Einsatz für
die Verwirklichung von Menschenrechten im Kontext von Bildung
und darüber hinaus.*

Inhaltsverzeichnis

Robert Kruschel

Einleitung:
Zur Notwendigkeit des Nachdenkens über
Menschenrechtsbasierte Bildung

1 Vom Diskurs um ‚Menschenrechte' und ‚Bildung' zu einer Menschenrechtsbasierten Bildung

> *„Das Kind ist ein ebenso wertvoller Mensch wie wir."*
> (Korczak 1929 (2007), 46)

Die beiden Begrifflichkeiten ‚Bildung' und ‚Menschenrechte' werden nach Busse (vgl. 2013, 224ff; vgl. auch Lenhart 2006; Weyers & Köbel 2016) auf drei verschiedene Arten miteinander in Beziehung gesetzt: Einmal im Sinne von *Bildung als Menschenrecht*, also das Streben danach, dass jedes Kind[1] das Recht haben muss und es auch ausleben darf, kostenlose Bildung nach seinen Fertigkeiten zu erfahren. Zum zweiten *Menschenrechte durch Bildung*: Die Schüler*innen erwerben Wissen über Menschenrechte, um damit politische Verhältnisse vor Ort und anderswo beurteilen zu können – sie erhalten ein Problembewusstsein. Dieser Aspekt wird auch ‚Menschenrechtserziehung' genannt. In der dritten Linie, die Busse als *Menschenrechte in der Bildung* bezeichnet, soll aus dem Wissen über Menschenrechte ein Bewusstsein für Menschenrechtsverletzungen im eigenen Umfeld entstehen, was im besten Fall in einer Handlungsmotivation mündet, daran etwas ändern zu wollen. Busse stellt in diesem Zusammenhang und dem Kontext von Schule die Frage, wie Lehrer*innen den Schüler*innen „Wissen und Empathie über massive Menschenrechtsverletzungen in der Welt beibringen [können], wenn im Alltag in der Schule kein/oder nur ein bedingtes humanes Miteinander vorherrscht?" (Busse 2013, 227).

„Die Würde des Menschen wird auch dort missachtet, wo man Menschen ihre wesentliche Gleichheit abspricht" konstatiert Bielefeldt (2004, 23) und fokussiert damit den problematischen Aspekt des Zusammenseins von ‚kleinen' und ‚großen' Menschen: Erwachsene behandeln Kinder (meist) nicht wie gleichwertige

---

1 Die Kinderrechtskonvention nutzt den Terminus ‚Kind' für jeden „Mensch[en], der das achtzehnte Lebensjahr noch nicht vollendet hat" (KRK Art. 1). Insofern sind hier und im Folgenden, wenn von ‚Kindern' gesprochen wird, alle jungen Menschen gemeint, denen nicht das Prädikat ‚Erwachsene*r' zugesprochen wird. Zur „generationalen Ordnung der Gesellschaft" vgl. z.B. Dolderer 2010 oder Alexi 2014.

Menschen. Sie werden – im negativen Sinne – anders behandelt. Ein humanes – menschenrechtsbasiertes und menschenwürdiges Miteinander – ist zwar als normativer Rahmen durch die Allgemeine Erklärung der Menschenrechte (AEMR) sowie die dazugehörigen Konventionen wie die Kinderrechtskonvention (KRK) oder Behindertenrechtskonvention (BRK) gesetzt. Das tatsächliche Ausleben der in diesen internationalen und viel zitierten Dokumenten verankerten Werte und Rechte scheint jedoch vor allem in institutionalisierten Lern- und Erfahrungswelten wie Kindertagesstätten und Schulen, die durch asymmetrische Machtverhältnisse zwischen Erwachsenen und Kindern geprägt sind, in weiter Ferne zu sein. Um das diesen Menschenrechtsverletzungen innewohnende Machtverhältnis auch als Erwachsene (wieder) zu spüren, schlägt die Adultismus[2]-Trainerin Manu-Ela Ritz (vgl. 2013, 169) eine Übung vor, die es ermöglicht, sich in die Lebenswelt von Kindern einzufühlen. Sie empfiehlt, als Erwachsene*r zwei Stunden lang widerspruchlos und strikt dem Spiel der Kinder – und allen damit verbundenen Regeln – zu folgen. Schnell ist zu spüren, wie anstrengend, frustrierend und unbefriedigend es sein kann, permanent Anweisungen zu folgen, die für das eigene Leben und Sein keinen Sinn zu ergeben scheinen, die fern der eigenen Bedürfnisse sind, die primär nur dazu dienen, lediglich die Wünsche anderer Personen zu befriedigen und die einen aus (Gedanken)Welten reißen, mit denen man gerade intensiv beschäftigt ist bzw. war.

Der vorliegende Band möchte den Terminus der ‚menschenrechtsbasierten Bildung‘ in den Mittelpunkt rücken, um auf dieses skizzierte Problemfeld aufmerksam zu machen. Der Begriff ist anschlussfähig an alle drei Verständnisse, die im Zusammenhang von ‚Menschenrechten‘ und ‚Bildung‘ von Busse und anderen angeführt werden. Menschenrechts*basiert* bedeutet, menschenrechtliche Überlegungen ins Zentrum bildungspolitischer sowie pädagogischer Bemühungen zu stellen. Es gilt zu reflektieren, wer in der Wahrnehmung ihrer*seiner Menschenrechte eingeschränkt oder behindert wird – und vor allem wann und wie. Dieses Ansinnen steht in Einklang mit der Erklärung über Menschenrechtsbildung und -training (MRBT) der UN-Generalversammlung aus dem Jahr 2011, in der die Vereinten Nationen fordern „in einer Weise zu lernen und zu lehren, dass die Rechte sowohl der Lehrenden als auch der Lernenden geachtet werden" (UN 2011, Art. 2). Wyers & Köbel (2016a, 7) weisen in diesem Zusammenhang darauf hin, dass natürlich die Rechte beider Seiten zu beachten sind, doch „aufgrund des strukturellen Machtgefälles in pädagogischen Beziehungen [...] aber gerade die Rechte der *Lernenden* gefährdet und besonders zu schützen [sind], zumal wenn diese minderjährig sind". Insofern sind „Diskussionen über Bildungsgerechtigkeit und Chancengleichheit, Inklusion sowie über die Organisation des dreigliedrigen Schulsystems [...] notwendiger denn je und müssen von politischer

---

2 Zur Auseinandersetzung mit dem Adultismus-Begriff vgl. Rempel in diesem Band.

und pädagogischer Seite vorangetrieben werden. Hinzu kommt die Aufgabe für jede Schulleitung und jede Lehrkraft, ihr eigenes Verhalten in der Schule und gegenüber den Kindern und Jugendlichen zu überprüfen, demokratische Strukturen in Schule und Unterricht zu ermöglichen und lebensweltorientiert und differenziert zu unterrichten" (Busse 2013, 229).

2 Impulse für menschenrechtsbasierte Bildung – Aufbau des Buchs

Dieser Band ist den 60. Geburtstagen sowie den universitären Abschieden von Ines Boban und Andreas Hinz gewidmet, die sich seit rund vierzig Jahren mit Ausdauer und Hingabe dafür engagieren, dass diskriminierte und/oder marginalisierte Menschen Teilnahme, Teilhabe und Teilgabe an der Gesellschaft erhalten und somit die ihnen zustehenden Menschenwürde sowie -rechte (er)leben können und mit ihrem Teil-Sein bereichern.

Aus diesem Anlass heraus stellen sich die Autor*innen dieses Bandes der Frage, wie Bildungssysteme und -prozesse so gestaltet werden können, dass sie die Menschenrechte aller Beteiligten (be)achten. Es werden Ansätze, Ideen und Gedanken ausgebreitet, die die Grundlagen für eine menschenrechtsbasierte Bildung sein können. Dabei wird von der Prämisse ausgegangen, dass die beiden Ansätze Inklusiver und Demokratischer Bildung zwei Grundpfeiler einer menschenrechtsbasierten Bildung darstellen. Inklusion ist als gesellschaftliches Gegenmodell zu sozialer Exklusion, Segregation und Diskriminierung dazu prädestiniert, nach den Ansprüchen einer menschenrechtsbasierten Bildung zu fragen. Demokratische Bildung betont darüber hinaus die Voraussetzungen partizipativ gestalteter Räume für die Realisierung von Menschenrechten in der Bildung.

Dieser Logik folgend gliedert sich der Sammelband in drei Teile. Im ersten Teil werden Impulse zum Diskurs um Inklusive Bildung gesammelt. Im ersten Beitrag setzen sich *Lisa Pfahl, Sascha Plangger* und *Volker Schönwiese* kontrovers mit der Frage auseinander, wo Inklusion aktuell zu verorten ist und gehen dabei auf die Ambivalenzen ein, die dem gegenwärtigen Inklusionsdiskurs anhaften. *Andreas Köpfer* und *Hannah Nitschmann* beschäftigen sich mit der Frage des Verhältnisses der Konzepte von ‚Diversity Education' und ‚Inklusiver Bildung'. Ziel ihres Beitrags ist eine skizzenhafte Profilierung und punktuelle Analyse der beiden Begriffe, indem deren Diskurslinien im Kontext von Bildung miteinander kontrastiert und auf Gemeinsamkeiten hin betrachtet werden. Ausgehend vom inklusionsorientierten Bildungsrecht demokratischer Gesellschaften stellt der Beitrag von *Kirsten Puhr* inklusionsorientierte Schulkonzepte und Praxen als Reproduzenten kultureller Hegemonie vor. *Michael Gebauer* beschäftigt sich mit den kulturellen Barrieren in Deutschland, die eine Umsetzung von Inklusion und Bildungsgerechtigkeit erschweren.

Donja Amirpur und *Andrea Platte* legen ihren Blick auf Zuschreibungsprozesse an den Schnittstellen von Sozialer Arbeit und Bildungsprozessen, die eine Balance zwischen zielführender Unterstützung und selbstbestimmter Gestaltungsmöglichkeit erfordern. Aus intersektionaler und inklusiver Perspektive loten sie schließlich Potentiale für die Soziale Arbeit in Bildungssystemen aus und begeben sich so auf die Suche nach möglichen Umsetzungen zur Bewältigung dieses Dilemmas. Auch *Annedore Prengel* und *Ute Geiling* widmen sich der Herausforderung kategorialer Zuschreibungen und diskutieren in ihrem Beitrag den Nutzen und die Nachteile des Verwendens von begrifflichen Kategorien im Kontext des Schulsystems. Mit dem Bildungsort Hochschule bzw. Universität setzen sich die folgenden zwei Beiträge auseinander: *Carmen Dorrance und Clemens Dannenbeck* beschäftigen sich mit der Herausforderung, wie Hochschulen bzw. Universitäten inklusionsorientiert arbeiten und so diversity- und inklusionsorientierte und zugleich differenzsensibilisierte Praxis in Lehre und Verwaltung gewährleisten können. *Oliver Koenig* betrachtet anschließend die Gestaltung von Lehramtsstudiengängen mit einer inklusiven Ausrichtung und geht der Frage nach, welche (ermöglichenden) Lernräume und -erfahrungen (angehende) Pädagog*innen dazu befähigen, (Gestaltungs-)Verantwortung erkennen und annehmen zu können. Den mit einem Augenzwinkern zu lesende Abschluss des ersten Teils des Buchs bildet der Beitrag von *Barbara Wenders*, die ein Verfahren zur Feststellung des sonderpädagogischen Unterstützungsbedarfs für das deutsche Schulsystem eröffnen möchte.

Im zweiten Teil des Bandes werden Impulse zum Diskurs um Partizipative und Demokratische Bildung dargestellt. *Jo Jerg* fokussiert den Bereich frühkindlicher Bildung und widmet sich der Frage nach der Bedeutung von Vielfalt, Partizipation und Demokratie in diesem Kontext. Anschließend stellt *Hans Wocken* den Klassenrat als Element der Manifestation von Kinderrechten im schulischen Raum dar. Die darauffolgenden drei Beiträge widmen sich dem Ansatz Demokratischer Bildung bzw. Schule: *Meital Hershkovitz, Jaqueline Simon* und *Toni Simon* legen in ihrem Aufsatz die Grundlagen des Ansatzes dar und deuten mögliche Potenziale für inklusive, demokratische Lern- und Erfahrungswelten an. *Katrin Ehnert* und *Kathrin Kramer* loten aus, welche Auswirkungen eine konsequente Umsetzung des Ansatzes Demokratischer Schulen auf die Mitglieder der Schulgemeinschaft hat und skizzieren Anregungen aus einem israelischen Experimentalprogramm für die Aus- und Weiterbildung von Lehrer*innen. *Nicola Kriesel, Hannah Hummel* und *Petra Burmeister* nehmen in ihrem Beitrag eine kritische Perspektive auf die Teilhabe von Eltern in der Konzeption Demokratischer Schulen ein. Den Abschluss dieses Teils bildet schließlich der Beitrag von *David Jahr* und *Robert Kruschel*, die Homeschooling als eine vor allem im deutschen Kontext unbekannte Alternative zur schulischen Bildung vorstellen und diese Form der Bildung schließlich aus der Perspektive inklusiver Pädagogik kritisch diskutieren.

Der dritte Teil des vorliegenden Bandes präsentiert unterschiedliche Perspektiven auf menschenrechtsbasierte Lern- und Erfahrungswelten. *Tanja Kinne* und *Stephanie Winter* widmen sich zu Beginn der Konstruktion von Kindheit aus der Perspektive menschenrechtsbasierter Bildung. *Erika Rempel* greift das Phänomen des Adultismus auf und zeigt exemplarisch auf, wie junge Menschen durch Sprache im Alltag diskriminiert werden. Im Beitrag von *Michael Ritter* wird anhand von drei Beispielen untersucht, wie Bilderbücher als Narrationen im Spannungsfeld von Bildern und Texten Erfahrungen von Eigenem und Fremden darstellen. Im Kontext des (inter)kulturellen Lernens werden davon ausgehend pädagogische Überlegungen vorgenommen. *Anja Wetzel* stellt anschließend die Konzeption authentischer Gemeinschaften als eine mögliche Grundlage inklusiver Kulturen dar und diskutiert deren mögliche Bedeutung für eine inklusionsorientierte Schulgemeinschaft. Im Beitrag von *Judy Gummich* wird erstmals die bisher wenig beachtete Verbindung von Menschenrechten und Persönlicher Zukunftsplanung diskutiert. *Reinhard Stähling* erörtert anhand konkreter Beispiele aus dem Schulalltag die Herausforderungen und Lernchancen, die Schüler*innen mit Fluchterfahrung in den Schulalltag einbringen. Von seinen Erfahrungen aus dem Alltag südafrikanischer Townships berichtet *Lutz van Dijk* in seinem Beitrag und betrachtet diese aus menschenrechtlicher Perspektive. Den Abschluss des Bandes bilden schließlich die Ausführungen *Walther Drehers*, der episodisch Erinnerungen reflektiert, aktuelle Prozesse skizziert und Entwicklungstendenzen andeutet.

Ein Band, der sich der Thematik Menschenrechtsbasierter Bildung widmet, kann nicht auf eine geschlechtersensible Sprache verzichten, die über die tradierte Zuschreibung zweier Geschlechter hinausgeht. Daher wird (fast) durchgängig das Gender-Sternchen (*) verwendet, das das Spektrum unterschiedlicher Geschlechterkonstruktionen betont.

Zu guter Letzt bleibt dem Herausgeber verschiedenen Menschen Danke zu sagen, die wesentlich zum Gelingen dieses Bandes beigetragen haben. Zum einen möchte ich mich bei den Autor*innen bedanken, die mit ihren kreativen, kontroversen, interessanten und bereichernden Beiträgen eine große Diversität an Perspektiven auf menschenrechtsbasierte Bildung ermöglichen und auf diese Weise ihren Respekt für und ihre Verbundenheit mit Andreas Hinz und Ines Boban zum Ausdruck bringen. Auch möchte ich mich bedanken, dass eine große Zahl von ihnen außerdem als kritische Leser*innen zur Verfügung stand, so dass für die meisten Beiträge ein Peer-Review-Prozess gewährleistet werden konnte. Dieser Dank gilt insbesondere und explizit an dieser Stelle Ute Geiling und Toni Simon für ihr besonders umfangreiches Engagement. Bedanken möchte ich mich auch ausdrücklich bei der studentischen Mitarbeiterin Johanna Ingenerf für ihre gewissenhafte formale Kontrolle der Texte und bei der Sekretärin unseres Arbeitsbereichs,

Dagmar Günther, die wie gewohnt sehr zuverlässig und mit wachsamem Auge die Texte begutachtete.

Ein großer Dank geht außerdem an die Heinrich-Böll-Stiftung Sachsen-Anhalt, ohne deren großzügige finanzielle Unterstützung dieser Band nicht hätte entstehen können. Schlussendlich möchte ich mich zudem beim Klinkhardt Verlag bedanken, mit dem stets eine freundliche, produktive und unproblematische Zusammenarbeit möglich gewesen ist.

Halle im Dezember 2016,

Robert Kruschel

Literatur

ALEXI, Sarah (2014): Kindheitsvorstellungen und generationale Ordnung. Opladen: Budrich

BIELEFELDT, Heiner (2004): Die Würde als Maßstab. Philosophische Überlegungen zur Menschenrechtsbildung. In: MAHLER, Claudia & MIHR, Anja (Hrsg.): Menschenrechtsbildung: Bilanz und Perspektiven. Wiesbaden: Springer VS, 19-27

BUSSE, Daniela (2013): Menschenrechte und Bildung. In: YUSEFI, Hamid Reza (Hrsg.): Menschenrechte im Weltkontext: Geschichten, Erscheinungsformen, neuere Entwicklungen. Wiesbaden: Springer VS, 223-229

DOLDERER, Maya (2010): „Man wird nicht als Kind geboren, man wird zum Kind gemacht." Adultismus, die pädagogische Matrix und die generationale Ordnung der Gesellschaft. In: Unerzogen Magazin 2/2010, 12-14

KORCZAK, Janusz (2007): Das Recht des Kindes auf Achtung. 2. Aufl. Gütersloh: Gütersloher Verlagshaus

LENHART, Volker (2006): Pädagogik der Menschenrechte. 2. Aufl. Wiesbaden: Springer VS

RITZ, ManuEla (2013): Adultismus – (un)bekanntes Phänomen: „Ist die Welt nur für die Erwachsenen gemacht?" In: WAGNER, Petra (Hrsg.): Handbuch Inklusion: Grundlagen vorurteilsbewusster Bildung und Erziehung. 3. Aufl. Freiburg im Breisgau: Herder 165-173

UN (2011): UN Resolution 66/137: Erklärung der Vereinten Nationen über Menschenrechtsbildung und -ausbildung. Im Internet: www.un.org/depts/german/gv-66/band1/ar66137.pdf (letzter Abruf: 30.10.2016)

WEYERS, Stefan & KÖBEL, Nils (Hrsg.) (2016a): Bildung und Menschenrechte Grundlagen, Herausforderungen, Perspektiven. Zur Einleitung. In: Dies: Bildung und Menschenrechte: interdisziplinäre Beiträge zur Menschenrechtsbildung. Wiesbaden: Springer VS, 1-18

WEYERS, Stefan & KÖBEL, Nils (Hrsg.) (2016b): Bildung und Menschenrechte: interdisziplinäre Beiträge zur Menschenrechtsbildung. Wiesbaden: Springer VS

Impulse zum Diskurs um Inklusive Bildung

Lisa Pfahl, Sascha Plangger und Volker Schönwiese

Institutionelle Eigendynamik, Unübersichtlichkeit und Ambivalenzen im Bildungswesen: Wo steht Inklusion?[1]

1 Die Logik von Dienstleistungssystemen

Das Bildungswesen im deutschsprachigen Raum kann durch die Gleichzeitigkeit von einer nach wie vor ständisch organisierten äußeren Bildungsstruktur und einer dominant meritokratischen inneren Bildungskonzeption charakterisiert werden. Jenseits von verschiedenen Versuchen direkter bildungspolitischer Gestaltung erfolgt die Steuerung darüber, dass das Bildungssystem einer für die Moderne typischen Eigendynamik überlassen wird. Modernisierung heißt, dass der öffentliche Bildungssektor ohne weitgehende Privatisierung einem quasi internen Mechanismus des Dienstleistungs-Markt-Modells unterworfen wird, das systemlogisch an der Ausweitung von Dienstleistungen und Monopolbildung orientiert ist. Das Bedürfnis nach Bildung wird in einen Mangel an Bildung umgedeutet. Die Zuschreibung *Sonderpädagogischer Förderbedarf* ist nur eine Zuspitzung der allgemeinen Sicht auf Kinder und Jugendliche, die davon ausgeht, dass diese auf vorgegebene Ziele hin gebildet werden müssen, dass sie – in Tradition der Aufklärung – zivilisiert werden müssen. Dies arbeitet der Logik von Dienstleistungssystemen zu. Der amerikanische Sozialwissenschaftler John McKnight stellte schon 1979 fest, dass die professionellen Dienstleistungen Bedürfnis als Mangel

---

1 In Antwort auf einen Grundsatztext von Annedore Prengel (2015) „Pädagogik der Vielfalt: Inklusive Strömungen in der Sphäre spätmoderner Bildung" reagierten mehr als 40 Wissenschaftler*innen mit Kommentaren auf Fragen zur Inklusion (in: EWE 2/2015). Auch Volker Schönwiese hat eine Antwort verfasst; der Text „Die Schule nicht ihrer Eigendynamik überlassen" (vgl. Schönwiese 2015) ist Grundlage des vorliegenden Beitrags. Eine Reihe bekannter Inklusionsforscher*innen, die über Jahrzehnte theoretisch und praktisch die Integrations- und Inklusionsdebatten prägten, waren jedoch nicht unter den Autor*innen, so auch Andreas Hinz und Ines Boban. Uns erscheint es wichtig diese Grundsatzdebatte weiterzuführen und Andreas Hinz und Ines Boban dabei miteinzubeziehen, um das manchmal zum Verzweifeln mächtige Spannungsverhältnis zwischen Reform, Reformismus, Bildungsökonomie, Bildungstheorie und den realen individuellen und gesellschaftlichen Bedürfnissen nach Bildung anzusprechen. Welche Antworten haben wir auf die Tendenzen einer sich aktuell wieder erschreckend spaltenden Gesellschaft? Ist hier – wohlverdienter – Rückzug überhaupt durchführbar? Wir meinen: Es ist nicht möglich nicht zu kommunizieren und es ist nicht möglich nicht politisch zu sein. In diesem Sinne hoffen wir, so schwer es manchmal erscheinen mag, auf viele weitere Auseinandersetzungen mit Andreas Hinz und Ines Boban über die Ziele, Grundfragen und Entwicklungen von (schulischer) Inklusion!

definieren und dem Klienten drei Dinge suggerieren: „1. Du leidest unter Mängeln. 2. Du selbst bist das Problem. 3. Du hast ein ganzes Bündel von Problemen auf dich vereinigt. Aus der Perspektive der Interessen und Bedürfnisse der Dienstleistungssysteme lauten diese drei Mängel-Definitionen so: 1. Wir brauchen Mängel. 2. Die ökonomische Einheit, die wir brauchen, ist das Individuum. 3. Die produktive ökonomische Einheit, die wir brauchen, ist ein Individuum mit vielen Mängeln" (McKnight 1979, 48). Die Folgen der Umdeutung des primären Bedürfnisses nach Bildung in der Konstruktion *Sonderpädagogischer Förderbedarf* in einen individuellen Mangel wurde in den 1960er und 1970er-Jahren als *self-fulfilling prophecy* beschrieben: „Aus ständig zugeschriebenen und damit erwarteten Eigenschaften werden schließlich tatsächliche [...] Stigmatisierte übernehmen infolge des Konformitätsdrucks Verhaltensweisen, die man bei ihnen vermutet. Entsprechend passt sich ihr Selbstbild mit der Zeit den Zuschreibungen sowie den Bedingungen ihrer sozialen Situation an. Häufig beginnt damit eine *Karriere*, in der sich bestimmte Verhaltensmuster des Stigmatisierten und Reaktionen seiner Umwelt gegenseitig bedingen (Hohmeier 1975, o.S.).

2 Im Griff hegemonialer Umgarnung?

Die grundlegende Frage in diesem Zusammenhang ist: Gelingt es der inklusiven Pädagogik basierend auf dem Prinzip der Vielfalt und der Anerkennung von Verschiedenheit (vgl. Prengel 2015) eine kontrahegemonische Schule (Melero 2000) zu verwirklichen, die institutionelle Eigendynamiken und hegemoniale Strukturen im Bildungswesen zu durchbrechen vermag, oder trägt sie nicht vielmehr dazu bei, bestehende hegemoniale Verhältnisse im Bildungswesen in einer neuen Qualität zu verfestigen und zu stabilisieren? Der Erziehungswissenschaftler Armin Bernhard (vgl. 2015) konstatiert in der derzeitigen Debatte um Inklusion eine verkürzte Sicht auf die Dinge, insofern gesellschaftliche Phänomene der Heterogenität und Diversität einseitig kulturalistisch und individualistisch gefasst werden, ohne dass gesamtgesellschaftliche Organisations-, Arbeits- und Lebensverhältnisse in die Analysen einbezogen werden, die letztlich wichtige Voraussetzungen für individuelle Lebenslagen und unterschiedliche Lebensverhältnisse schaffen. Dem Begriff der Inklusion, so Bernhard (vgl. ebd.), fehlt die analytische Schärfe einer umfassenden Sicht auf gesellschaftliche Verhältnisse, mangels der die Inklusionsdebatte Gefahr läuft, hegemonialen und neoliberalen Umgarnungen anheimzufallen. Wolfgang Jantzen (2015) wiederum meint, dass eine auf Anerkennungsverhältnisse reduzierte Inklusionsdebatte ohne Berücksichtigung ökonomischer, sozialer und politischer Bedingungen Gefahr läuft, „als Paradiesmetapher ins Illusionäre abzudriften" (Jantzen 2015, 243) oder zum Einfallstor neoliberaler Strategien wird, wie es diverse Strategiepapiere der Weltbank erahnen lassen und bestätigen. In der Inklusionsdebatte mangelt es an radikaler Kritik gegenüber gesellschaftlichen Machtbeziehungen und Strukturen, die sich im Bildungswesen fortsetzen und durch das Bildungswesen reproduziert werden. Die Ambivalenz, die dem gegenwärtigen Inklusionsdiskurs anhaftet, lässt sich an unterschiedlichen Beispielen verdeutlichen. Zum einen am Beispiel der Förder- bzw. Sonderpädagogik, die im Zuge der schulischen Inklusion einen ungeahnten Ausbau erfahren hat, und zum anderen am Beispiel bestehender hegemonialer Strukturen und pädagogischer Verhältnisse im Bildungswesen, die allein durch eine auf Anerkennung beruhende, differenzsensible inklusive Pädagogik nicht aufgelöst werden kann.

Der historischen Erziehungswissenschaftlerin Dagmar HÄNSEL (2015) folgend ist im deutschsprachigen Bildungswesen eine Verallgemeinerungstendenz der Sonderpädagogik zu beobachten, die Behinderung nicht länger als individuellen Mangel, „sondern systematisch als Problem der mangelnden Passung zwischen den speziellen Bedürfnissen des Kindes und den Möglichkeiten der allgemeinen Schule und ihrer Lehrkräfte" (HÄNSEL 2015, 247) begreift. Behinderung wurde durch die sonderpädagogische Profession zunächst als sozialmedizinisches und seit den 1970er Jahren in Anlehnung an systemtheoretische und kybernetische Theorien als ein Umwelt-Kind-Passungsproblem konstruiert, dass eine spezielle Förderung an separaten Schulen nötig machen soll (vgl. PFAHL 2014). Zusätzlich vollzieht sich mit der Trennung und Hierarchisierung von allgemeiner und sonderpädagogischer Profession eine Vormachtstellung sonderpädagogischer Lehrkräfte, die als Spezialist*innen für das komplexe Passungsverhältnis und als wahre Expert*innen für Inklusion fungieren (HÄNSEL 2015). Die Verallgemeinerungstendenzen und Expansion der Sonderpädagogik zeigen sich dabei nicht nur in den steigenden Schüler*innenzahlen an Förderschulen, sondern auch in der steigenden Zahl an Schüler*innen mit sonderpädagogischem Förderbedarf an allgemeinen Schulen (POWELL & PFAHL 2012). Ein Beispiel dafür ist eine aktuelle Entwicklung in Zürich (HUBER 2014), wo sich unter Einführung von Integrationsmöglichkeiten innerhalb weniger Jahre die Anzahl der Schüler*innen mit Förderbedarf verdoppelt hat. Entsprechend sind die Erfahrungen in Österreich, wo sich mit der Integrationsgesetzgebung in der Mitte der 1990er Jahre das Sonderschulsystem stabilisiert hat. Trotzdem oder gerade weil den Eltern ein Wahlrecht zwischen Sonderschule und Integration eingeräumt wurde, kam es nicht zu einer Schüler*innen-Umverteilung, sondern zu einer starken Ausweitung der Zuschreibung Sonderpädagogischen Förderbedarfs. Die Sonderschule gewann in Österreich trotz allgemeinen Rückgangs der Gesamt-Schüler*innenzahlen nicht nur relativ, sondern teilweise absolut zusätzlich Schüler*innen. Das Wahlrecht der Eltern hat zu einem dualen System geführt (two track approach), da die Steuerung der Systementwicklung den Sonderschulen über die Beratungsfunktion der Sonderpädagogischen Zentren überlassen wurde. Im Ergebnis zeigt sich eine massive Ausweitung der Zuschreibungen Sonderpädagogischen Förderbedarfs bei einer Integrationsquote von ca. 50% in Österreich (FLIEGER 2012). Das sich selbst steuernde und an Selektion orientierte System Schule hat eine deutliche Tendenz, anstehende Reformen über die Ausweitung seiner Zuschreibungsmacht und Verdoppelung von Strukturen zu beantworten bzw. sich über die sozial und finanziell teuersten Systemvarianten zu stabilisieren (vgl. PLANGGER & SCHÖNWIESE 2013). Dies ist keine Fehlentwicklung, sondern typisch für Modernisierung und an Interessensgruppen orientierte korporatistische Politiken. Dabei handelt es sich nicht um historisch kontingente oder in ihrer Auswirkung zufällige Prozesse; die Entwicklung scheint vielmehr bestimmten sonderpädagogischen Professionsinteressen und (bildungs-)politischen Zielen zu folgen (PFAHL 2014). Hier muss bemerkt werden, dass der Zuwachs an Schüler*innen mit sonderpädagogischem Förderbedarf vor allem dem Umstand geschuldet ist, dass armutsbetroffene Kinder und Kinder mit Migrationshintergrund als ‚lernbehindert' oder ‚sozial-emotional auffällig' diagnostiziert werden (vgl. POWELL & PFAHL 2012).

3 Neue Differenzierungsprozesse und Verallgemeinerungstendenzen der Sonderpädagogik

Das bereits benannte gesellschaftstheoretische Defizit und Dilemma der Inklusionspädagogik wird nun deutlich: „Der Verzicht auf die Einbindung der Diskussion um Inklusion in ein gesellschaftstheoretisches Instrumentarium, das auf gesellschaftsanalytische Begriffe von Gesellschaft, Sozialstruktur, Herrschaft und Hegemonie aufruht, signalisiert den fehlenden Willen der Disziplin Erziehungswissenschaft, pädagogische und bildungspolitische Probleme von einer grundsätzlichen, an ihre Wurzeln gehende Argumentationsweise her zu erschließen" (BERNHARD 2015, 117).

Das Bildungswesen und das damit verbundene Bildungsverständnis orientieren sich am postsozialstaatlichen Gerechtigkeitsprinzip der Chancengleichheit. Chancengleichheit als bildungspolitische Parole in marktförmigen Gesellschaften zielt auf die Abschöpfung und Verwertung von Humanressourcen und ihrer Umwandlung in Humankapital. Dem Bildungswesen kommt dabei die Rolle zu, allen Mitgliedern die gleichen Möglichkeiten einzuräumen, Zugang zu dem im Bildungswesen stattfindenden Leistungswettbewerb zu erhalten, die Begabtesten und Fähigsten abzuschöpfen, um sie in die gesellschaftlich entscheidenden und zentralen beruflichen Funktionen zu bringen: „Die Zuordnung von Bildung zu beruflichen oder anderen gesellschaftlich bedeutsamen Positionen wird über die Verknüpfung von Verdiensten mit individuellen Begabungen und Leistungen legitimiert" (BECKER & HADJAR 2011, 41). Das meritokratische Bildungsverständnis unter neoliberalen Vorzeichen setzt neuartige Differenzierungsprozesse in Bewegung und lässt Behinderungshierarchien entstehen, deren Rangordnung nach der Leistungsfähigkeit von Personen strukturiert ist. „Jeder Versuch, diese Funktionen, denen auch das gesamte Bildungswesen unterliegt, durch eine auf Inklusion gerichtete Schulentwicklung umgehen oder unterlaufen zu wollen, ist daher zum Scheitern verurteilt. Wer die unter neoliberalen Verhältnissen noch verschärften Konkurrenz- und Wettbewerbsprinzipien nicht thematisiert, die einer kapitalistischen Wirtschaftsstruktur immanent sind, kann kaum zu einer realitätsgerechten Analyse derjenigen Bedingungen gelangen, die die an den jeweiligen Besonderheiten von Kindern festgemachten negativen Etikettierungen und Separierungsmaßnamen hervorbringen" (BERNHARD 2015, 115). Eine Inklusive Pädagogik, unter deren Oberfläche sich Verallgemeinerungstendenzen der Sonderpädagogik vollziehen und die gegenüber strukturellen gesellschaftlichen Bedingungen von sozialer Ungleichheit, die der Selektionsfunktion von Bildung ursächlich zugrunde liegen, indifferent bleibt, wird zum Instrument der Hegemoniesicherung.

4 Die Ambivalenz der Entwicklung und die Chance auf nicht-reformistische Reform

Diese Entwicklung ist allerdings nicht als linear, sondern als brüchig und ambivalent zu verstehen: Schulische Inklusion ist dort, wo es unter den derzeitigen Bildungs-Verhältnissen gelingt sie umzusetzen, im Sinne der beteiligten Kinder und Jugendlichen deutlich erfolgreicher als der aus bildungskonservativer Sicht beschädigte Ruf der integrativen Praxis nahe legen würde (vgl. die von PLANGGER & SCHÖNWIESE 2013 beschriebenen vier internationalen Studien zu den Effekten schulischer Integration/Inklusion). Die ambivalenten Verhältnisse, Widersprüche und Krisen in den Bemühungen um Integration/Inklusion (vgl. SCHÖNWIESE 2008) müssen auch nach Prozessdynamiken befragt werden, die im Sinne von nicht-reformistischen Reformen (FRASER & HONNETH 2003) Handlungsräume eröffnen. Der spanische Erziehungswissenschaftler Miguel MELERO (2000) argumentiert für eine Kultur der Vielfalt, in der pädagogische Institutionen zwar keinen Ausgleich zu ökonomischen und sozialen Ungleichheiten aber als *kontrahegemonische Schule* Anerkennung der natürlichen Qualität der Verschiedenheit ermöglichen. MELERO hat sich in Málaga intensiv mit der Integration von Kindern mit Down-Syndrom beschäftigt. Daraus sind Unterstützungsformen entstanden, die es beispielsweise Persönlichkeiten wie Pablo PINEDA, die derzeit wohl international bekannteste Person mit Down-Syndrom (siehe den Film ‚Yo,

también' und PINEDA 2014), ermöglichten ein Universitätsstudium abzuschlie-
ßen. Ewald FEYERER (2003) beschreibt die Grundlagen eines solchen schulischen
Konzepts für den deutschsprachigen Raum: „Um eine Kultur der Vielfalt verankern zu können, bedarf es einer Schule der Vielfalt, eines Kindergartens der Vielfalt, Berufsorientierungs- und -ausbildungsstufen der Vielfalt etc., welche neben
der Vermittlung kognitiven Wissens und praktischer Fertigkeiten die Erfahrung
des Menschen in seiner Einmaligkeit und Eigenartigkeit und das individuelle und
soziale Erfahren von Können und Nicht-Können, Stärken und Schwächen, Freud
und Leid, Gleichheit und Verschiedenheit, Gemeinsamkeit und Trennung, Sich-
Annähern und Sich-Abgrenzen ermöglicht." Diese Beschreibung sollte u.E. eine
stärkere Akzentuierung auf die eigenmächtige und eigensinnige Aneignung der
Welt durch Schüler*innen, z.B. im Sinne von Paolo FREIRE (1973) und Celestin
FREINET (1979, BAILLET 1999) erfahren, um Ansprüchen auf eine *kontrahegemonische Schule* und auf eine Auseinandersetzung mit sozialer Ungleichheit im
Bildungswesen zu entsprechen. Solidarität unter Kindern und Jugendlichen und
ihren Lehrkräften geht über reine Anerkennung hinaus. Dazu bedarf es eines
Rückgriffs auf bislang selten umgesetzte grundlegende Didaktiken aus der Zeit
vor dem sogenannten *cultural turn* in den Erziehungswissenschaften. Kulturori-
entierte Konzepte einer Pädagogik der Vielfalt sollten sich deshalb nicht als Gegen-
bewegung gegen ein an Lebenswelten orientiertes kritisch-rekonstruktives Lernen
etablieren, sondern soziale Ungleichheiten einbeziehen.
Bereits Célestin FREINET formulierte: „Gehen Sie immer vom Interesse der Kinder und ihrem Leben in ihrer Umgebung aus" (FREINET nach LAUN 1983, 54).
Auch Wolfgang KLAFKI betrachtete Lehren und Lernen als „Aneignung von
strukturellen, kategorialen Einsichten bzw. Erfahrungen [...] in unterschiedlichen Grundformen, auf verschiedenen Niveaus, die aufeinander aufbauen [...]"
(KLAFKI 1996, 156f). Er bezeichnete damit den direkten handelnden Umgang
mit Wirklichkeit (enaktiv), die Aneignung von Wirklichkeit über Medien (iko-
nisch) und über abstrakte Begriffe (symbolisch): „Einer der gravierenden Mängel
unseres üblichen Schulunterrichts [...] dürfte darin liegen [...], daß verstehendes/
entdeckendes Lernen gerade auch auf der abstrakt-symbolischen Stufe geradezu
verhindert wird, weil man zu früh und zu ausschließlich auf dieser Ebene ansetzt"
(KLAFKI 1996, 159). STÖGER (1997, o.S.) wiederum fasst die Konzeption von
FREIRE zusammen: „Die Einsicht in die vielfältigen Querverbindungen strukturellen Unrechts braucht eine ‚Dechiffrierung' von Phänomenen der Wirklichkeit
(z.B. der Gemeinde, der Ernährungsgrundlagen für Kleinkinder, der Abhängigkeit vom Patron, usw.). Manche Wörter stellen einen ‚Code' neokolonialer Verhältnisse dar. Dem bewegenden Lernen steht eine völlig konträre Vorstellung entgegen – die das Wissen als Deponie zu gebrauchen. Solche Deponien entsprechen
einem Konzept, das von Freire als ‚Bankiers-Methode' karikiert wurde". All diese
Konzepte gehen über eine Verankerung einer Kultur der Vielfalt hinaus, wenn sie

in einem *rekonstruktiv-entdeckenden Lernen* (KLAFKI) real erlebte gesellschaftliche Verhältnissen und Widersprüche anhand der primären Interessen von Lernenden aufgreifen.

Insgesamt schwanken derzeitige Inklusionskonzepte zwischen sozialer und kultureller Utopie, postmodernen Individualisierungs- und Kommodifizierungsprozessen, nachholender bürgerlicher Befreiung (WALDSCHMIDT 2005) und der Spiegelung von realen Erfahrungen mit Prozessen mehr oder weniger gelungenen Unterrichts – und umgehen damit die Frage des Rechts auf Bildung für alle. Die Sozialphilosophin Nancy FRASER (2003) schlägt für Gerechtigkeitsstrategien – und dies gilt auch für Bildung – einen Mittelweg zwischen Transformation, die geeignet ist umfassende Gerechtigkeit zu realisieren, und oberflächlicherer Affirmation vor. Sie nennt dies *nichtreformistische Reformen*, die sie als ambivalente Strategien beschreibt und die im übertragenen Sinne taktisch innerhalb und strategisch außerhalb des Systems operieren: „Einerseits beziehen sie sich auf vorhandene Identitäten von Menschen und kümmern sich um deren Bedürfnisse, so wie diese innerhalb eines bestehenden Rahmens der Anerkennung und Verteilung ausgelegt werden; andererseits treten sie eine Dynamik los, in deren Zuge radikalere Reformen möglich werden. Wenn sie erfolgreich sind, verändern nichtreformistische Reformen mehr als die spezifischen institutionellen Merkmale, auf die sie eigentlich zielen. Indem sie das System der Anreize und der politischen Opportunitätskosten verändern, schaffen sie neue Spielräume für künftige Reformen. Längerfristig könnten sie, durch Kumulation ihrer Effekte, auch auf die zugrundeliegenden Strukturen einwirken, die Ungerechtigkeit bedingen" (FRASER & HONNETH 2003, 110). Ist schulische Inklusion eine *nichtreformistische Reform*?

5 Handlungsräume und Pädagogik der Befähigung

Zumindest besteht die Hoffnung, dass entsprechende inklusive Bildungsrahmen oder *Spielräume* kommunikative Validierungsstrategien ermöglichen (MARKOWETZ 2000), die es erlauben unterschiedlichste Widersprüche auszuhalten, aufzuarbeiten und jenseits selektiver und affirmativer gesellschaftlicher Tendenzen durch Aneignung von Welt und individueller sowie kollektiver Handlungsfähigkeit zu befördern und zu wahren. Diese könnte als Strategie der Befähigung verstanden werden, in dem Personen sich in und durch Bildung gegenseitig und mit Hilfe institutionalisierter Assistenz in die Lage versetzen, handlungsfähig zu werden und selbstbestimmt zu leben. Handlungsfähigkeit und Selbstbestimmung stehen dabei in einem wechselseitigen Verhältnis. Es kommt u.E. darauf an, einen möglichst wenig voraussetzungsvollen Fähigkeitsbegriff zu verwenden, der Fähigkeiten nicht als individuelle Eigenschaft oder Aktivität bestimmt, sondern als relationales Phänomen, um auch Kinder und Jugendliche mit schweren Beeinträchtigungen zu integrieren (vgl. FLIEGER & MÜLLER 2016). Die Inklusive Pädagogik als eine Pädagogik der Befähigung zu verstehen, heißt, das Prinzip des Interesses und der Entwicklungsoffenheit von Kindern und Jugendlichen als zentralen Ausgangspunkt zu setzen und mit dem Recht auf Bildung für alle zu verknüpfen. Das Recht auf Bildung und dessen Umsetzung verlangt daher immer den Rahmen dieses Rechts, seine Interdependenz mit anderen Rechten und seinen Inhalt zum Gegenstand des Lernens zu machen – sprich Menschenrechte als Rahmen und Menschenrechtsbildung als Teil von inklusiven Bildungsprozessen zu verstehen. Das Ziel von Menschenrechtsbildung ist es, dass sich *Alle* – Recht- und Pflichtenträger*innen gleichsam – für die eigenen Rechte und die Anderer einsetzen können und dies damit auch die Solidarität stärkt. Die menschenrechtliche Perspektive eröffnet einerseits den Blick auf das subjektive Empfinden von Kindern, Jugendlichen und Erwachsenen im Prozess ihrer (Subjekt-)Bildung. Andererseits macht sie auf die Praktiken kollektiver Befähigung aufmerksam.

Grundbedingung ist dabei, dass die politische Machtfrage im Bildungswesen gestellt wird und in einer Strategie der politischen Beteiligung und zivilgesellschaftlicher Einmischung das selektive Bildungssystem nicht seiner sich selbst stabilisierenden ständischen und meritokratischen Eigendynamik überlassen bleibt (PLANGGER & SCHÖNWIESE 2013). Dies erfordert u.a. auch, dass effiziente demokratisch gesteuerte Überwachungsinstrumente implementiert und bildungspolitische Entwicklungen von der Zivilgesellschaft kritisch begleitet werden. Die aus Engagement, Hoffnung, aber auch Zorn gespeiste Begeisterung dafür, dass dies möglich ist, – diese grundsätzliche Begeisterung und Hoffnung spüren wir in vielen Texten von Ines BOBAN und Andreas HINZ (vgl. z.B. BOBAN & HINZ 2003) –, dürfen wir uns als Wissenschaftler*innen trotz wachsender gesellschaftlicher Spaltungen nicht nehmen lassen.

Literatur

BAILLET, Dietlinde (1999): Freinet – praktisch. Beispiele und Berichte aus Grundschule und Sekundarstufe. Weinheim: Beltz

BECKER, Rolf & HADJAR, Andreas (2011): Meritokratie – Zur gesellschaftlichen Legitimation ungleicher Bildungs-, Erwerbs- und Einkommenschancen in modernen Gesellschaften. In: BECKER, Rolf (Hrsg.): Lehrbuch der Bildungssoziologie. 2. Aufl. Wiesbaden: VS, 37-62

BERNHARD, Armin (2015): Inklusion – Ein importiertes erziehungswissenschaftliches Zauberwort und seine Tücken. In: Jahrbuch für Pädagogik. Inklusion als Ideologie. Frankfurt am Main: Peter Lang Edition

BOBAN, Ines & HINZ, Andreas (2003): Qualitätsentwicklung des Gemeinsamen Unterrichts durch den *Index für Inklusion*. Im Internet: bidok.uibk.ac.at/library/boban-qualitaetsentwicklung.html (letzter Abruf: 30.10.2016)

FEYERER, Ewald (2003): Pädagogik und Didaktik integrativer bzw. inklusiver Bildungsprozesse. Herausforderung an Lehre, Forschung und Bildungsinstitutionen. Im Internet: bidok.uibk.ac.at/library/beh1-03-feyerer-bildungsprozesse.html#id2854391 (letzter Abruf: 30.10.2016)

FLIEGER, Petra (2012): Es läuft was falsch bei der Schulintegration. In: monat. Sozialpolitische Rundschau der Dachorganisation der Behindertenverbände Österreichs, Februar 2012, 1-3. Im Internet: bidok.uibk.ac.at/library/flieger-segregationsquotient.html (letzter Abruf: 30.10.2016)

FLIEGER, Petra & MÜLLER, Claudia (2016): Basale Lernbedürfnisse im inklusiven Unterricht. Ein Praxisbericht aus der Grundschule. Bad Heilbrunn: Klinkhardt

FRASER, Nancy & HONNETH, Axel (2003): Umverteilung oder Anerkennung? Eine politisch-philosophische Kontroverse. Frankfurt/Main: Suhrkamp

FREIRE, Paulo (1973): Pädagogik der Unterdrückten. Bildung als Praxis der Freiheit. Reinbek: Rowohlt

FREINET, Célestin (1979): Die moderne französische Schule. Paderborn: Schöningh

HÄNSEL, Dagmar (2015): Inklusion als Ausbau der Sonderpädagogik und als Vertiefung der Trennung vom Allgemeinen. In: Schulentwicklung SchVw NRW 9/2015, 245-248

HOHMEIER, Jürgen (1975): Stigmatisierung als sozialer Definitionsprozeß. In: BRUSTEN, Manfred & HOHMEIER, Jürgen (Hrsg.): Stigmatisierung 1, Zur Produktion gesellschaftlicher Randgruppen, Darmstadt: Luchterhand: 5-24. Im Internet: bidok.uibk.ac.at/library/hohmeier-stigmatisierung.html (letzter Abruf: 30.10.2016)

HUBER, Marius (2014): Wie Sonderschüler produziert werden. Zürich: Tagesanzeiger, 27.11.2014. Im Internet: www.tagesanzeiger.ch/zuerich/region/Wie-Sonderschueler-produziert-werden/story/28974769 (letzter Abruf: 30.10.2016)

JANTZEN, Wolfgang (2015): Inklusion und Kolonialität - Gegenrede zu einer unpolitischen Inklusionsdebatte. In: KLUGE, Sven, LIESNER, Andrea & WEISS, Edgar (Hrsg.): Jahrbuch für Pädagogik. Inklusion als Ideologie. Frankfurt am Main: Peter Lang

KLAFKI, Wolfgang (1996): Neue Studien zur Bildungstheorie und Didaktik. Zeitgemäße Allgemeinbildung und kritisch-konstruktive Didaktik. Weinheim: Beltz

LAUN, Roland (1983): Freinet – 50 Jahre danach. Dokumente und Berichte aus drei französischen Grundschulklassen. Beispiele einer produktiven Pädagogik. Heidelberg: bvb-Edition

MARKOWETZ, Reinhard (2000): Identität, soziale Integration und Entstigmatisierung. Identität, soziale Integration und Entstigmatisierung. In: Gemeinsam leben – Zeitschrift für integrative Erziehung, 3/2000,112-120. Im Internet: bidok.uibk.ac.at/library/gl3-00-identitaet.html (letzter Abruf: 30.10.2016)

McKNIGHT, John (1979): Professionelle Dienstleistung und entmündigende Hilfe. In: ILLICH, Ivan (Hrsg.): Entmündigung durch Experten. Zur Kritik der Dienstleistungsberufe. Reinbek: Rowohlt, 37-56

MELERO, Miguel López (2000): Ideologie, Vielfalt und Kultur. Vom Homo sapiens sapiens zum Homo amantis. Eine Verpflichtung zum Handeln. Im Internet: bidok.uibk.ac.at/library/beh4-5-00-vielfalt.html (letzter Abruf: 30.10.2016)

PFAHL, Lisa (2014): Das Recht auf Inklusion und der Wandel pädagogischer Professionalität. In: BUNDESMINISTERIUM FÜR BILDUNG UND FORSCHUNG (Hrsg.): Bildungsforschung 2020 - Herausforderungen und Perspektiven, 272-282

POWELL, Justin J.W. & PFAHL, Lisa (2012): Sonderpädagogische Fördersysteme. In: BAUER, Ullrich, BITTLINGMAYER, Uwe H. & SCHERR, Albert (Hrsg.): Handbuch Bildungs- und Erziehungssoziologie. Wiesbaden: VS, 721-740

PINEDA, Pablo (2014): Herausforderung Lernen. Ein Plädoyer für die Vielfalt. Zirndorf: Edition 21, G&S Verlag

PLANGGER, Sascha & SCHÖNWIESE, Volker (2013): Bildungsgerechtigkeit zwischen Umverteilung, Anerkennung und Inklusion. In: DEDERICH, Markus, GREVING, Heinrich, MÜRNER, Christian & RÖDLER, Peter (Hrsg.): Gerechtigkeit und Behinderung - Heilpädagogik als Kulturpolitik. Gießen: Psychosozial-Verlag, 55-76. Im Internet: bidok.uibk.ac.at/library/schoenwiese-bildungsgerechtigkeit.html (letzter Abruf: 30.10.2016)

PRENGEL, Annedore (2015): Pädagogik der Vielfalt: Inklusive Strömungen in der Sphäre spätmoderner Bildung. In: EWE – Erwägen-Wissen-Ethik. Forum für Erwägungskultur – Forum for Deliberative Culture, 2/ 2015, Universität Paderborn, 157-168

SCHÖNWIESE, Volker (2008): Warum auf schulische Integration/Inklusion nicht verzichtet werden kann. In: RESINGER, Paul & SCHRATZ, Michael (Hrsg.): Schule im Umbruch. Innsbruck: Innsbruck University Press, 51-63

SCHÖNWIESE, Volker (2015): Die Schule nicht seiner institutionellen Eigendynamik überlassen. In: EWE – Erwägen-Wissen-Ethik. Forum für Erwägungskultur – Forum for Deliberative Culture, 2/ 2015, Universität Paderborn, 258-260

STÖGER, Peter (1997): Paulo Freire – ein Nachruf. Im Internet: bidok.uibk.ac.at/library/stoeger-freire.html (letzter Abruf: 30.10.2016)

WALDSCHMIDT, Anne (2005): Disability Studies: Individuelles, soziales und/oder kulturelles Modell von Behinderung? In: Psychologie & Gesellschaftskritik 1/2005, 9-31. Im Internet: bidok.uibk.ac.at/library/waldschmidt-modell.html (letzter Abruf: 30.10.2016)

Andreas Köpfer und Hannah Nitschmann

Diversity und Inklusion – zwei differente Diskurse über Differenz?! Erkundung ihres kritischen Gehalts

1 Einleitung

‚Diversity Education' und ‚Inklusive Bildung' sind im Fachdiskurs bezogen auf den gesellschaftlichen, bildungsorganisatorischen und schulischen Umgang mit Differenz zu zentralen Begriffen avanciert. Sie fungieren als Bezugsgrößen in der Transformation von auf die Vielfalt der Menschen ausgerichteten Bildungsangeboten und gemeinsamen Bildungsprozessen – während sie zugleich zwischen affirmativen Proklamierungen und kritischen Bekundungen changieren (vgl. für Diversity: MESSERSCHMITT 2013, für Inklusion: HAZIBAR & MECHERIL 2013; BÖING & KÖPFER 2016). Diese Entwicklung erlangt zunehmende Brisanz, da Inklusion, maßgeblich durch die UN-Behindertenrechtskonvention (UN-BRK) (UN 2006), als ‚globale Norm' (BIERMANN & POWELL 2014) gesetzt und menschenrechtlich verankert wurde. Auch der Diversitybegriff gewinnt in der breiten Öffentlichkeit zunehmend an Bekanntheit, u.a. durch die ‚Charta der Vielfalt' (CHARTA DER VIELFALT e.V. 2007), die einen veränderten Umgang mit Diversity in Unternehmen und (Bildungs-)Institutionen proklamiert. Diese Entwicklungen werden begleitet von andauernden Begriffsbestimmungen und sich aushandelnden Verständnissen von Diversity und Inklusion, u.a. im erziehungswissenschaftlichen Fachdiskurs.

Dass den Begriffen ‚Diversity' und ‚Inklusion' eine unterschiedliche Genese und fachkontextuelle Zuordnung unterliegt und sie zu unterschiedlichen Zeitpunkten Eingang in den erziehungswissenschaftlichen Diskurs um den Umgang mit Verschiedenheit erhielten, sich aber eine Vielzahl von Überschneidungen und Similaritäten erkennen lassen, wird selten thematisiert. Ziel dieses Aufsatzes ist eine skizzenhafte Profilierung und punktuelle Analyse der beiden Begriffe, indem deren Diskurslinien im Kontext von Bildung miteinander kontrastiert und auf Gemeinsamkeiten hin betrachtet werden. Verschiedene Versuche der diskursiven Verknüpfung wurden bereits in Ansätzen geleistet (vgl. u.a. KREUZER & HERRMANN 2013; PAUSER & PINETZ 2009; SCHÜR 2010) und den beiden Konzepten werden „strukturelle Gemeinsamkeiten" (SCHÜR 2010, o.S.) attestiert: „Beide nehmen Bezug auf demokratische Ideale wie die Forderung nach realer Chancengleichheit und Anti-Diskriminierung" (ebd.). Allerdings bestehen Desiderate im Hinblick auf potenzielle produktive Synergien und der Frage, wie die Diskurse zueinander stehen und sich potenziell entwickeln könnten, insbesondere als kritische und menschenrechtsbasierte Analysekategorien gesellschaftlicher Teilhabeprozesse. Demnach blickt dieser Aufsatz zunächst auf Ursprungs- und Begründungszusammenhänge, um die Entwicklungslinien von Diversity und Inklusion und deren Theorieangebot zu skizzieren. In einem zweiten Schritt werden Verwendungskontexte/Diskurse aufgefächert, um daraufhin – abschließend – punktuelle Synergien am Beispiel ihres kritischen Gehalts zu besprechen. Eine umfassende Analyse der Diskurse kann an dieser Stelle nicht geleistet werden, daher ist der Aufsatz als Diskussionsanlass zu verstehen.

2 ,Inklusion' – Ursprung, Anwendungskontexte, Diskurse

Wenngleich Inklusion als sozialwissenschaftliche Kategorie, insbesondere in der Soziologie, bereits seit Jahrzehnten fest etabliert ist, fand der Begriff in Form des englischen Pendants ,Inclusion' Ende der 1970er Jahre im nordamerikanischen Raum Eingang als pädagogische Begriffsverwendung (z.B. durch REYNOLDS 1979, vgl. HINZ 2008, 34) – motiviert durch Kritikäußerung von Eltern an selektiven Praktiken des ,Mainstreamings' in Schulen, d.h. einer kaskadenförmigen Integration von Schüler*innen in Regelschulen entlang einer ,Readiness-Logik' und unter Beibehaltung von dichotomen behindert/nicht-behindert-Zuschreibungen (vgl. dazu ausführlich HINZ 2013; KÖPFER 2012). Die internationale Verbreitung des Inklusionsgedankens, insbesondere terminologisch in Form von ,Inclusive Education' im Bereich Bildung und Erziehung, wurde maßgeblich durch die Salamanca Erklärung (1994) initiiert und erlangte spätestens seit der UN-BRK (UN 2006) internationalen Bekanntheitsgrad als Menschenrecht, wenngleich die deutsche, offizielle Übersetzung den Terminus ,Integration' verwendet (Österreich hat im Juni 2016 eine Korrektur der deutschsprachigen Übersetzung vorgenommen). Die durch die UN-BRK initiierte öffentliche Debatte um Inklusion in Deutschland forcierte eine Etablierung und Durchsetzung des Begriffs gegenüber ,Integration' und ging mit einer – normativ aufgeladenen – Begriffsverwendung in der Bildungspolitik einher, die Spielraum für erhebliche Rekontextualisierungen in der Umsetzung zulässt (vgl. dazu kritisch HINZ 2016). Gleichzeitig werden Inklusion/Exklusion seit der UN-BRK zunehmend – neben Heterogenität/Homogenität (vgl. u.a. FREITAG & PFAFF 2016) – als theoretische und empirische Analysekategorie in der erziehungswissenschaftlichen Fachdiskussion fruchtbar gemacht (vgl. u.a. STURM 2012).
KATZENBACH (2015) benennt zwei Motive der allmählichen Begriffsersetzung im deutschsprachigen Raum: zum einen versprach der Inklusionsbegriff ein

Wiederbeleben der Integrationsdebatte und ermöglichte zugleich eine Kritik an deren praktischer Umsetzung. Daran schloss zum anderen der Anspruch einer konzeptionellen Weiterentwicklung an (vgl. ebd., 19f), das heißt, unter anderem, die Debatte „[r]aus aus der ‚sonderpädagogischen Ecke'" (HINZ 2006, 15) und im Anschluss an internationale erziehungswissenschaftliche Diskurse zu platzieren. Damit einher ging insbesondere eine Veränderung des Adressatenkreises der inklusiven Bildung im Sinne einer Teilhabeorientierung zum Abbau von Bildungsbarrieren, wie folgendes Zitat der UNESCO exemplarisch zu verdeutlichen vermag:

> „In several countries, inclusion is still thought of simply as an approach to serving children with disabilities within general education settings. Internationally, however, it is increasingly seen more broadly as a reform that supports and welcomes diversity amongst all learners. It presumes that the aim of inclusive education is to eliminate social exclusion resulting from attitudes and responses to diversity in race, social class, ethnicity, religion, gender and ability" (UNESCO 2008 zit. nach KATZENBACH 2015, 20).

Obwohl Inklusion in der breiten Öffentlichkeit bis dato nach wie vor vornehmlich in Verbindung mit der Kategorie Behinderung diskutiert wird (vgl. ebd., 21), finden im inklusionstheoretischen Fachdiskurs Begriffe wie Heterogenität, Vielfalt oder Verschiedenheit zunehmend als adressat*innenbezogene Orientierungsgrößen Verwendung (BUDDE 2012a). Damit wird, wie oben stehendes Zitat exemplarisch verdeutlicht, auf „alle Menschen [..] [Bezug genommen, d. V.], die von Marginalisierung betroffen oder bedroht sind" (KATZENBACH 2015, 20; vgl. dazu PRENGEL 1993). So verstanden ist Inklusion, wie die Einleitung des vorliegenden Bandes hervorhebt, als „menschenrechtsbasiertes gesellschaftliches *Gegenmodell* [Hervorhebung, d.V.] zu sozialer Exklusion, Segregation, Selektion und Diskriminierung in allen Lebensbereichen" (KRUSCHEL 2017, 13) zu verstehen und birgt damit ein großes Potential zur kritischen Analyse gesellschaftlicher Marginalisierungsprozesse. Gleichzeitig lässt sich im Inklusionsdiskurs, so DEDERICH (2006), eine auffällige Zurückhaltung in Bezug auf die Thematisierung von Exklusion, als Gegenbegriff einer wie auch immer verstandenen Inklusion, erkennen. Die tatsächlichen Adressat*innen inklusiver Bildung entziehen sich vor diesem Hintergrund in unpräzise gehaltenen „Euphoriesemantiken" (BUDDE 2012b, 525) einer genauen Betrachtung und machtkritischen Analyse. Der Index für Inklusion fokussiert beispielsweise explizit *alle* Kinder und beschreibt ‚Vielfalt' vor diesem Hintergrund als „im Prinzip *unbegrenztes Spektrum von Verschiedenheit* [Hervorhebung, d. V.] des Menschen auf der Basis von Gleichwertigkeit [...]" (BOBAN & HINZ 2003, 117). Diese Perspektive lässt sich mit BALZER (2012) als „Paradigma der generalisierten Verschiedenheit" (BALZER 2012, 15) beschreiben, „kurz: *Jedes* Kind und jeder Jugendliche ist in *vielerlei* Hinsicht verschieden" (ebd.). Damit einher geht die „Forderung, Unterschiede bzw. ‚Heterogenität' nicht mehr als Störungen oder Abweichungen von einem Normalitätsmaßstab, sondern als Bereicherung zu begreifen" (ebd., 15). Inklusion geht, so verstanden, theoretisch über eine affirmative Fokussierung auf Verschiedenheit im Sinne ungleichheitsrelevanter Differenzkategorien hinaus und versteht sich als Vision einer auf wechselseitiger Anerkennung basierenden Gesellschaft, in der Ausschluss erst gar nicht aufkommt, Menschen also nicht nachträglich (wieder) eingeschlossen werden müssen, sondern von Anfang an in ihrer Verschiedenheit dazugehören (vgl. BOOTH & AINSCOW 2011). Bildungsinstitutionen müssten sich demnach strukturell so aufstellen, dass sie jeder denkbaren Heterogenität der Schüler*innenschaft gerecht zu werden vermögen, dieser mit Wertschätzung begegnen und exkludierende Barrieren abbauen (BOBAN & HINZ 2003; BOOTH & AINSCOW 2011). Der kritische Gehalt von Inklusion besteht vor diesem Hintergrund darin, Systeme situativ auf ihre Barrieren für die Teilhabe von Individuen zu befragen und dahingehend den „Unterstützungsbedarf von Systemen ins Zentrum [zu stellen]" (HINZ & KÖPFER 2016, 36) und gleichzeitig nicht aus dem Blick zu verlieren, „warum Differenzanerkennung im Sinne einer Aufwertung und Wertschätzung spezifischer ‚Unterschiede' eingefordert wurde (und nach wie vor wird): weil es Differenzzuschreibungen gibt, die in Praktiken als Norm fungieren und Benachteiligung und Ausschluss bedingen" (BALZER 2012, 19).

Im Kern ergibt sich hieraus eine systemimmanente Transformationsperspektive, die systemische Funktionen der Inklusion und Exklusion von Bildungsorganisationen, z.b. das Spannungsfeld von Ökonomisierung und Inklusion (vgl. STURM, KÖPFER & WAGENER 2016) analysiert und demnach keine „selektierende Inklusion" (FEUSER 2016, 32) impliziert, die Inklusion als additiven Mechanismus zur Zuordnung und leistungsbezogenen Verteilung von Schüler*innen implementiert (vgl. ebd.). Als Ansatzpunkt gewinnt vor diesem Hintergrund das Moment der Reflexivität an Bedeutung. BUDDE und HUMMRICH (2013) stellen hierfür drei Grundsätze auf:

- „Erstens [gilt es] darauf hin[zu]wirken, dass überall dort keine Unterschiede gemacht werden und Ungleichheitskategorien dekonstruiert werden, wo dies möglich ist, damit der universalistische Geltungsanspruch von Schule und Bildung umgesetzt wird.
- […] Zweitens [bedarf es] der systematischen Fallarbeit, in welcher die exkludierenden Aspekte von Schule und Unterricht, bzw. von pädagogischem Handeln insgesamt, reflexiv zugänglich werden.
- Drittens ist ein spezifisches Wissen um pädagogische Diagnostik und die Bedeutungen von sozialen Ungleichheitskategorien wie Behinderungen, Gender, Ethnizität, Milieu usw. notwendig."

3 ‚Diversity'

Auch der Begriff ‚Diversity' entstammt dem angloamerikanischen Sprachraum und wird im deutschsprachigen Diskurs zumeist als Diversität oder Vielfalt verwendet (vgl. DIETZ 2007). Er wurde bereits in den 1950er Jahren zunächst in erster Linie in Debatten um Antidiskriminierung und Chancengerechtigkeit, zum Beispiel in Bezug auf asymmetrische genderspezifische Adressierung im Rahmen von Erwerbsarbeit, angewandt. Seinen begrifflichen Ursprung fand Diversity demnach – WALGENBACH (2014) folgend – in betriebs- und wirtschaftswissenschaftlichen Diskursen. Dies macht zugleich eine Ambivalenz deutlich: Der Begriff wurde in emanzipatorischer Hinsicht als Antidiskriminierungsstrategie von Bürgerrechtsbewegungen für die Einforderungen verbesserter Erwerbsarbeit oder im Einsatz für Geschlechtergerechtigkeit (Gender-Mainstreaming) herangezogen. Gleichzeitig fungierte er rasch als betriebswirtschaftlich implementierbares Konzept zur profitorientierten Nutzbarmachung von Differenzen im Sinne eines Organisationsmanagements (Diversity-Management). Die begriffliche Aufladung etablierte demnach eine Doppelreferenz: Diversity als affirmatives Instrument für Organisationsmanagement und als kritischen Antidiskriminierungsanspruch; Diversity als Business und Equity. EMMERICH und HORMEL (2013) bestätigen diese konträren Perspektiven, konstatieren allerdings eine Similarität im sachlichen Problembezug: Die Organisation als Referenzrahmen, innerhalb dessen aus der einen Perspektive durch Diversity eine „Steigerung operativer Effizienz" (ebd., 184) anvisiert wird, aus der anderen eine potenzielle Diskriminierung festgemacht wird. Diese Ambivalenz spiegelt sich auch definitorisch für den Bereich Bildung wider, indem WALGENBACH (2014, 92) in normativem Duktus definiert: „Diversity zielt auf die Wertschätzung sozialer Gruppenmerkmale bzw. -identitäten für Organisationen. Diversity-Merkmale werden als positive Ressourcen für Bildungsorganisation gesehen" (vgl. hierzu auch SCHWARZER 2015, 196). Während der Entstehungszusammenhang des Diversity-Ansatzes – wie vorangehend skizziert – außerhalb des pädagogischen Feldes zu verorten ist und in seinen Begründungsmotiven keinen unmittelbaren Bezug auf pädagogisch-didaktische Problemstellungen oder institutionelle Strukturmerkmale des Bildungs- und Erziehungssystems aufweist (vgl. EMMERICH & HORMEL 2013, 183), hat er sich zunehmend auch für diesen Bereich weiterentwickelt – vornehmlich als Kernkategorie zur Analyse von inter- und intrapersonaler Differenz in unterschiedlichsten Bildungsbereichen und mit Fokus auf mannigfaltige Heterogenitätsdimensionen und deren intersektionale Verwobenheit, Durchkreuzung und Überlagerung (vgl. hierzu das Mehrebenenmodell von GARDENSWARTZ, CHERBOSQUE & ROWE 2010; FUCHS 2007, 17) sowie deren bildungsorganisatorischer Bearbeitung. Dies geschieht vor dem Hintergrund von Orientierungen im Bildungssystem, die DIETZ (2007, 17) wie folgt beschreibt:

"Consequently, in a wide range of European nation-states and throughout rather different majority-minorities relations as well as autochthonous-allochthonous, native-migrant configurations, the diversification and 'heterogenization' of education is not perceived as an institutional challenge to the continuity of the education systems as such, but often is still seen as a mere appendix, suitable for compensatory measures, and as an extra-ordinary situation."

Es kommt also zum Ausdruck, dass die Bildungssysteme europäischer Ländern primär (noch immer) die Zielperspektive der Homogenisierung aufweisen und der Umgang mit Heterogenität nicht als institutionelle, kulturelle Herausforderung, sondern – wie auch SLEE und WEINER (2011) konstatieren – als kosmetisch-kompensatorische Modifikation bzw. Addition verstanden wird (vgl. auch FEUSER 2016).

Demgegenüber formulieren HORMEL und SCHERR (2004, 212), den kritisch-gesellschaftlichen Gehalt von Diversity im Sinne einer systemimmanenten Analyse dahingehend einzusetzen,

- „Strukturen und Prozesse durchschaubar zu machen, durch die Unterschiede von Fähigkeiten und Fertigkeiten, der Lebensführung, Identitätskonstruktion zwischen sozial ungleichen Gruppen hervorgebracht werden;
- zur Kritik unzulässiger Generalisierung von Stereotypen und Vorurteilen zu befähigen sowie dafür zu sensibilisieren, dass jedes Individuum ein besonderer Einzelner [bzw. eine besondere Einzelne, Anm. d. Verf.] ist;
- begreifbar zu machen, dass Gruppenzuordnungen keine klaren und eindeutigen Grenzen zwischen unterschiedlichen Menschentypen etablieren, sondern durch übergreifende Gemeinsamkeiten und quer zu den Gruppenunterscheidungen liegende Differenzen überlagert und relativiert werden."

4 Fazit und Diskussion

Wie obige Ausführungen zeigen konnten, wird jene ‚Heterogenität' in der diskursiven Aushandlung häufig mit (unhintergehbarer) Individualität gleichgesetzt. „Unterschiede mögen [...] ‚normal' und Kennzeichen aller Schüler*innen sein, wenn aber ‚Verschiedenheit' mit sozialer Unterprivilegierung und Benachteiligung verbunden ist, kann sie nur schwerlich im Sinne einer ‚Normalität' der Heterogenität als ‚bereichernd' behauptet und anerkannt werden" (BALZER 2012, 19). Neben der Gefahr einer Entpolitisierung der oben beschriebenen Diskurse um ‚Verschiedenheit' (vgl. ROSE 2014), birgt jene Fokussierung auf Heterogenität als Individualität zugleich die Gefahr der Produktion blinder Flecken: „Heterogenität erscheint nicht als Relation, sondern als fixierter Abstand der Individuen, der sich aus der Tatsache ihrer Unterschiedlichkeit ergibt" (BUDDE 2012a, 12).

Heterogenität wird somit als etwas beschrieben, dass „gleichsam naturwüchsig in die Schulen hineinkommt [...]. Damit erfolgt eine spezifische Justierung von Heterogenität, nämlich als etwas von außen Kommendes, Urwüchsiges, dem eigenen Zutun als vorgängig Entzogenes" (ebd.). So scheint die pädagogische Praxis lediglich auf Verschiedenheit zu *reagieren* und verschleiert Mechanismen, die ‚Heterogenität' im pädagogischen Handeln im Sinne eines *doing difference* zuallererst hervorbringen.

Sowohl das Konzept ‚Diversity Education' als auch ‚Inklusive Bildung' stellen Möglichkeiten der Analyse von Unterscheidungs- und Teilhabeordnungen vor, aus denen sich ein veränderter Umgang mit ‚Heterogenität' ableiten lässt bzw. die eine Analyseperspektive auf Ungleichheits- bzw. Diskriminierungsprozesse zulassen. Die Fruchtbarmachung dieser Perspektive, die soziale Diversität als „Resultat von Differenzhandlungen" (FUCHS 2007) sieht, – in Verbindung mit Entwicklungen in den Disability Studies (vgl. PFAHL 2011) und der inklusiven Schul- und Unterrichtsforschung (vgl. STURM 2012; HACKBARTH 2016a) – impliziert folglich die Differenzproduktion und -bearbeitung in Bildungskontexten und die Konstruktion von Be-Hinderung in den Blick zu nehmen. So können z.B. auf Gegenstandsebene curriculare Setzungen eine inhaltliche Zuordnung und zugleich Vorenthaltung für unterschiedliche Schüler*innengruppen aufweisen. Auf Systemebene weist die so genannte „De-Segregation" (HINZ 2013) sonderpädagogischer Institutionen auf ein ausbleibendes, differenziertes Verständnis von situationalen und kommunikativen „Inklusionen" und „Exklusionen" (HACKBARTH 2016b) in allgemeinen Schulen auf überdauernde Be-Hinderungsprozesse hin.

Aus den vorangegangenen Ausführungen geht hervor, dass die Ansätze von Diversity und Inklusion Similaritäten beinhalten, die nun – zusammenfassend und erweitert, aber sicherlich nicht erschöpfend – mit Fokus auf deren kritischen Gehalt aufgeführt werden. Diversity und Inklusion…

• wurden in terminologischer Hinsicht zunächst in anderen Disziplinen geprägt und dann in den erziehungswissenschaftlichen Diskurs aufgenommen. Dort unterzogen und unterziehen sie sich einer fortlaufenden und noch nicht abgeschlossenen inhaltlichen Begriffsbestimmung und können daher im Bereich Bildung als „travelling concepts" (LAMMERT & SARKOWSKY 2010) bezeichnet werden.

• enthalten sowohl eine normativ-präskriptive wie auch analytische Dimension, die bisweilen konträr zueinander und einer eindeutigen Begriffsbestimmung im Wege stehen, so dass die Termini Gefahr laufen, zu beliebig bestimmbaren Worthülsen bzw. Containerbegriffen zu verkommen (vgl. HAZIBAR & MECHERIL 2013; BÖING & KÖPFER 2016).

• weisen im Kern auf die Bezeichnung und Bearbeitung von Differenz hin, die affirmativ-normativ das Problem der Theorielosigkeit (vgl. ROSE 2014) und in analytischer Hinsicht die Gefahr der Reifizierung impliziert.

- betonen beide eine positive Wertschätzung von Vielfalt auf normativer Ebene und eine Analyse von Differenzbearbeitung auf analytisch-empirischer Ebene.
- werden in Kontexten der Bildungsungerechtigkeit und Chancenungleichheit genannt, mit unterschiedlichem dimensionalen Gehalt (Inklusion für Teilhabeordnungen, Diversity für Unterscheidungsordnungen), wenngleich große Überschneidungsbereiche vorherrschen.
- können nicht in vollständiger Abgrenzung von einer (menschen-)rechtlichen, politischen Dimension, sondern immer in Verstrickung mit dieser betrachtet werden. Diversity und Inklusion üben „Kritik an Zuständen, an deren Herstellung sie selbst beteiligt sind" (KATZENBACH 2015, 31).
- betonen Reflexion als elementaren Bestandteil ihres Wirkungsradius – u.a. verankert in der Idee eines ‚reflexiven Diversity-Ansatzes' (vgl. MECHERIL & PLÖSSER 2009) und des Ansatzes der „reflexiven Inklusion" (BUDDE & HUMMRICH 2013).

Quo vadis? Einer Schwierigkeit, der sich beide Diskursfelder ‚Diversity' und ‚Inklusion' ausgesetzt sehen, ist die der Bestimmung ihres Umsetzungsgrades, insbesondere im Kontext der durch die UN-Behindertenrechtskonvention erfolgte und in einem Monitoringprozess supervidierte menschenrechtsbasierte Verankerung von Inklusion. PUHR (2014, 27) formuliert: „Formale Chancengleichheit ist nur als Verbot von Diskriminierungen aufrufbar". Ist demnach Inklusion nur invers zur Terminologie, also als maximale Minimierung von Exklusion erreichbar? Kann sie entlang eines menschenrechtsorientierten Verständnisses von Inklusion, wie es in der UN-Behindertenrechtskonvention dargelegt ist, rechtlich lediglich als Schutz vor Diskriminierung (vgl. NIENDORF & REITZ 2016) und – für den Bereich Bildung – als nicht-diskriminierende Pädagogik gefasst werden? Aber wird sie sich nur dann konzeptuell durchsetzen, wenn sie den Anspruch an Wertschätzung von Vielfalt und den darin implizierten produktiven Nutzen und Gewinn durch Unterschiede vernachlässigt?

Die einführend aufgeworfene Frage, wie sich die Diskurslinien um Inklusion und Diversity entwickeln werden und ob z.B. Inklusion an einen breit angelegten Diversity-Diskurs anknüpfen wird, kann – das zeigen die Ausführungen – durch die Anzahl der Gemeinsamkeiten bestätigt werden. Zugleich ist allerdings nicht zu vermuten, dass sich Inklusion in einem Diskurs um Diversity auflösen wird, da sie unterschiedliche Modi der Analyse von Differenz fokussieren (Teilhabeordnungen und Unterscheidungsordnungen). Diversity und Inklusion können vielmehr – in ihren oben herausgearbeiteten Gemeinsamkeiten– als komplementäres, d.h. füreinander notwendiges Analysepaar zur Erfassung der Komplexität und Mehrdimensionalität gesellschaftlicher Machtverhältnisse bezeichnet werden, mit den unterschiedlichen Perspektiven: Diversity als Relation der inter- und intrapersonalen Differenz(zuschreibung) und Inklusion als Relation der Teilhabe- und Exklusionsordnung, die sich in ständiger – u.a. situationaler, kommunikativer

– Hervorbringung und Aushandlung mit und durch gesellschaftliche(n) sowie (menschen-)rechtliche(n) Rahmungen befinden. Dies impliziert, dass in konkreten pädagogischen Situationen zum einen Prozesse der inter- und intrapersonalen, differenz(re)produzierenden Fremd- und Selbstpositionierung (Diversity) in den Blick zu nehmen und zum anderen die Bedeutung solcher Positionen für die jeweiligen Teilhabeordnungen und damit verbundenen In- bzw. Exklusionsprozesse (Inklusion) zu erfassen sind.

Literatur

Balzer, Nicole (2012): Die Vielfalt der Heterogenität. (Um-) Wege und Kritiken der Anerkennung von Differenz. In: Košinár, Julia, Leineweber, Sabine, Hegemann-Fonger, Heike & Carle, Ursula (Hrsg.): Vielfalt und Anerkennung. Internationale Perspektiven auf die Entwicklung von Grundschule und Kindergarten. Hohengehren: Schneider Verlag, 12-25

Biermann, Julia & Powell, Justin J. W. (2014): Institutionelle Dimensionen inklusiver Schulbildung – Herausforderungen der UN-Behindertenrechtskonvention für Deutschland, Island und Schweden im Vergleich. In: Zeitschrift für Erziehungswissenschaft, 4/2014, 679-700

Boban, Ines & Hinz, Andreas (Hrsg.) (2003): Index für Inklusion. Lernen und Teilhabe in der Schule der Vielfalt entwickeln. Halle-Wittenberg: Martin-Luther-Universität. Im Internet: www.eenet.org.uk/resources/docs/Index%20German.pdf (letzter Abruf: 30.10.2016)

Böing, Ursula & Köpfer, Andreas (2016): Inklusion zwischen Bewahrung und Transformation von Bildungsräumen. In: Böing, Ursula & Köpfer, Andreas (Hrsg.): Be-Hinderung der Teilhabe – Soziale, politische und institutionelle Herausforderungen inklusiver Bildungsräume. Bad Heilbrunn: Klinkhardt, 7-12

Booth, Tony & Ainscow, Mel (2011): Index for Inclusion: developing learning and participation in schools. Bristol: CSIE

Budde, Jürgen (2012a). Die Rede von der Heterogenität in der Schulpädagogik. Diskursanalytische Perspektiven. FQS Forum: Qualitative Sozialforschung, 2/2012. Im Internet: www.qualitative-research.net/index.php/fqs/article/view/1761 (letzter Abruf: 30.10.2016)

Budde, Jürgen (2012b): Problematisierende Perspektiven auf Heterogenität als ambivalentes Thema der Schul- und Unterrichtsforschung. Zeitschrift für Pädagogik, 4/2012, 522-540

Budde, Jürgen & Hummrich, Merle (2013): Reflexive Inklusion. Zeitschrift für Inklusion-Online, 4/2013. Im Internet: www.inklusion-online.net/index.php/inklusion-online/article/view/193/199 (letzter Abruf: 30.10.2016)

Charta der Vielfalt e.V. (Hrsg.) (2007): Charta der Vielfalt. Im Internet: www.charta-der-vielfalt.de/charta-der-vielfalt/die-charta-im-wortlaut.html (letzter Abruf: 30.10.2016)

Dederich, Markus (2006): Exklusion. In: Dederich, Markus, Greving, Heinrich, Mürner, Christian & Rödler, Peter (Hrsg.): Inklusion statt Integration? Heilpädagogik als Kulturtechnik (Edition psychosozial, Orig.-Ausg). Giessen: Psychosozial-Verl, 11-27

Dietz, Gunther (2007): Cultural Diversity – A Guide through the Debate. In: Zeitschrift für Erziehungswissenschaft, 1/2007, 7-30

Emmerich, Marcus & Hormel, Ulrike (2013): Heterogenität - Diversity - Intersektionalität. Wiesbaden: Springer Fachmedien

Feuser, Georg (2016): Die Integration der Inklusion in die Segregation. In: Böing, Ursula & Köpfer, Andreas (Hrsg.): Be-Hinderung der Teilhabe - soziale, politische und institutionelle Herausforderungen inklusiver Bildungsräume. Bad Heilbrunn: Klinkhardt, 26-43

Freitag, Christine & Pfaff, Nicolle (2016): Pädagogische und erziehungswissenschaftliche Homogenisierungspraktiken im gesellschaftlichen Kontext. In: Tertium Comparationis 2, 1-9

38 | Andreas Köpfer und Hannah Nitschmann

FUCHS, Martin (2007): Diversity und Differenz – Konzeptionelle Überlegungen. In: KRELL, Gertrude; RIEDMÜLLER, Barbara; SIEBEN, Barbara & VINZ, Dagmar (Hrsg.): Diversity studies. Grundlagen und disziplinäre Ansätze. Frankfurt am Main: Campus Verlag, 17-34

GARDENSWARTZ, Lee, CHERBOSQUE, Jorge & ROWE, Anita (2010): Emotional Intelligence and Diversity. A Model for Differences in the Workplace. Im Internet: eidi-results.org/articles/Practicionerscorner-EIDI.pdf (letzter Abruf: 30.10.2016)

HACKBARTH, Anja (2016a): Differenzkonstruktionen in jahrgangsübergreifenden Lerngruppen. In: STURM, Tanja, KÖPFER, Andreas & WAGENER, Benjamin (Hrsg.): Bildungs- und Erziehungsorganisationen im Spannungsfeld von Inklusion und Ökonomisierung. Bad Heilbrunn: Klinkhardt Verlag, 149-158

HACKBARTH, Anja (2016b): Inklusionen und Exklusionen. Empirisch Rekonstruktionen von aufgabenbezogenen Schülerinteraktionen in jahrgangsübergreifenden Lerngruppen an einer inklusiven Grundschule und an einer Förderschule. Symposiumbeitrag an der 51. DGfE-Sektionstagung Sonderpädagogik in Paderborn, 22.09.2016

HAZIBAR, Kerstin & MECHERIL, Paul (2013): Es gibt keine richtige Pädagogik in falschen Verhältnissen. Widerspruch als Grundkategorie einer Behinderungspädagogik. Zeitschrift für Inklusion-Online, 1/2013, Im Internet: www.inklusion-online.net/index.php/inklusion-online/article/view/23/23 (letzter Abruf: 30.10.2016)

HINZ, Andreas (2006): Segregation – Integration – Inklusion. Zur Entwicklung der gemeinsamen Erziehung. In GEW Berlin (Hrsg.): Von der Integration zur Inklusion. Kinder und Jugendliche mit Behinderung gehören auch in der Schule dazu. Berlin: GEW, 6-19

HINZ, Andreas (2008): Inklusion - historische Entwicklungslinien und internationale Kontexte. In: HINZ, Andreas, KÖRNER, Ingrid & NIEHOFF, Ulrich (Hrsg.), Von der Integration zur Inklusion. Grundlagen - Perspektiven - Praxis. Marburg: Lebenshilfe-Verl, 33-52

HINZ, Andreas (2013): Inklusion – von der Unkenntnis zur Unkenntlichkeit!? – Kritische Anmerkungen zu einem Jahrzehnt Diskurs über schulische Inklusion in Deutschland. Zeitschrift für Inklusion, 1/2013. Im Internet: www.inklusion-online.net/index.php/inklusion-online/article/view/26/26 (letzter Abruf: 30.10.2016)

HINZ, Andreas (2016): Umsetzung der UN-Behindertenrechtskonvention im Schulsystem – Segregation und „Integration plus" statt Inklusion!? In: KÖPFER, Andreas & BÖING, Ursula (Hrsg.): Be-Hinderung der Teilhabe - soziale, politische und institutionelle Herausforderungen inklusiver Bildungsräume. Bad Heilbrunn: Klinkhardt, 60-81

HINZ, Andreas & KÖPFER, Andreas (2016). Unterstützung trotz Dekategorisierung. Beispiele für Unterstützung durch Dekategorisierung. VHN, 1/2016, 36-47

HORMEL, Ulrike & SCHERR, Albert (2004): Bildung für die Einwanderungsgesellschaft. Perspektiven der Auseinandersetzung mit strukturelle, institutioneller und interaktioneller Diskriminierung. Wiesbaden: VS

KATZENBACH, Dieter (2015). Zu den Theoriefundamenten der Inklusion - Eine Einladung zum Diskurs aus der Perspektive der kritischen Theorie. In SCHNELL, Irmtraud (Hrsg.), Herausforderung Inklusion. Theoriebildung und Praxis. Bad Heilbrunn: Klinkhardt, 19-32

KÖPFER, Andreas (2012): Inclusion. In ZIEMEN, Kerstin (Hrsg.), Inklusion Lexikon. Köln. Im Internet: www.inklusion-lexikon.de/Inclusion_Koepfer.pdf (letzter Abruf: 30.10.2016)

KREUZER, Max & HERRMANN, Mandy (2013): Inklusion und Diversity - Zwei Seiten der gleichen Medaille? In SEHRBROCK, Peter, ERDÉLYI, Andrea & GAND, Sina (Hrsg.): Internationale und Vergleichende Heil- und Sonderpädagogik und Inklusion. Individualität und Gemeinschaft als Prinzipien Internationaler Heil- und Sonderpädagogik. Bad Heilbrunn: Klinkhardt, 12-21

KRUSCHEL, Robert (2017): Einleitung: Zur Notwendigkeit des Nachdenkens über Menschenrechtsbasierte Bildung. In diesem Band

LAMMERT, Christian & SARKOWSKY, Katja (2010): Travelling Concepts. Negotiating Diversity in

Canada and Europe, Wiesbaden: VS

MECHERIL, Paul & PLÖSSER, Melanie (2008): Differenz. In: ADRESEN, Sabine, CASALE, Rita, GABRIEL, Thomas, HORLACHER, Rebekka, LARCHER KLEE, Sabina & OELKERS, Jürgen (Hrsg.): Handwörterbuch Pädagogik der Gegenwart. Weinheim: Beltz, 194-208

MESSERSCHMITT, Astrid (2013): Über Verschiedenheit verfügen? Heterogenität und Diversity zwischen Effizienz und Kritik. In: KLEINAU, Elke & RENDTORFF, Barbara (Hrsg.): Differenz, Diversität und Heterigenität in erziehungswissenschaftlichen Diskursen. Opladen: Budrich Verlag, 47-61

NIENDORF, Mareike & REITZ, Sandra (2016): Das Menschenrecht auf Bildung im deutschen Schulsystem. Was zum Abbau von Diskriminierung notwendig ist. Berlin: Deutsches Institut für Menschenrechte. Im Internet: www.institut-fuer-menschenrechte.de/fileadmin/user_upload/Publikationen/Weitere_Publikationen/Analyse_Das_Menschenrecht_auf_Bildung_im_deutschen_Schulsystem_Sep2016.pdf (letzter Abruf: 30.10.2016)

PAUSER, Norbert & PINETZ, Petra (2009): Diversity und/oder Inklusion - Konzepte zur Qualitätsentwicklung in Organisationen?! In: JERG, Jo, MERZ-ATALIK, Kerstin, THÜMMLER, Ramona & TIEMANN, Heike (Hrsg.): Perspektiven auf Entgrenzung. Erfahrungen und Entwicklungsprozesse im Kontext von Inklusion und Integration. Bad Heilbrunn: Klinkhardt, 247-253

PFAHL, Lisa (2011): Techniken der Behinderung. Der deutsche Lernbehinderungsdiskurs, die Sonderschule und ihr Auswirkungen auf Bildungsbiographien. Bielefeld: transcript Verlag

PRENGEL, Annedore (1993): Pädagogik der Vielfalt. Wiesbaden: VS

PUHR, Kirsten (2014): Diversität und Behinderungen. In: SCHUPPENER, Saskia, BERNHARDT, Nora, HAUSER, Mandy & POPPE, Frederik (Hrsg.): Inklusion und Chancengleichheit. Bad Heilbrunn: Klinkhardt Verlag, 25-32

ROSE, Nadine (2014): „Alle unterschiedlich!" Heterogenität als neue Normalität. In: KOLLER, Hans-Christoph, CASALE, Rita & RICKEN, Norbert (Hrsg.): Heterogenität. Zur Konjunktur eines pädagogischen Konzepts. Schriftenreihe der Kommission Bildungs- und Erziehungsphilosophie in der Deutschen Gesellschaft für Erziehungswissenschaft. Paderborn: Schöningh, 131-148

SCHÜR, Stephanie (2010): Inklusion und Diversity Management – Perspektiven einer Pädagogik für alle Kinder. Zeitschrift für Inklusion. 3/2010. Im Internet: www.inklusion-online.net/index.php/inklusion-online/article/view/125/125 (letzter Abruf: 30.10.2016)

SCHWARZER, Beatrix (2015): Ansätze für eine Diversity-sensible Soziale Arbeit. In: BRETLÄNDER, Bettina, KÖTTIG, Michaela & KUNZ, Thomas (Hrsg.): Vielfalt und Differenz in der Sozialen Arbeit. Perspektiven auf Inklusion. Stuttgart: Kohlhammer Verlag, 195-205

SLEE, Roger & WEINER, Gaby (2011): Education Reform and Reconstruction as a Challenge to Research Genres: Reconsidering School Effectiveness Research and Inclusive Schooling, School Effectiveness and School Improvement: An International Journal of Research, Policy and Practice, 1/2011, 83-98

STURM, Tanja (2012): Praxeologische Unterrichtsforschung und ihr Beitrag zu inklusivem Unterricht. In: Zeitschrift für Inklusion-Online, 1/2012. Im Internet: www.inklusion-online.net/index.php/inklusion/article/view/151/143 (letzter Abruf: 30.10.2016)

STURM, Tanja, KÖPFER, Andreas & WAGENER, Benjamin (2016): Bildungs- und Erziehungsorganisationen im Spannungfeld von Inklusion und Ökonomisierung. Bad Heilbrunn: Klinkhardt

UN – UNITED NATIONS (2006): UN-Convention on the Rights of Persons with Disabilities. Im Internet: www.un.org/disabilities/convention/conventionfull.shtml (letzter Abruf: 30.10.2016)

UNITED NATIONS EDUCATIONAL, SCIENTIFIC AND CULTURAL ORGANIZATION (1994): The Salamanca Statement and Framework for Action on Special Needs Education (UNESCO, Hrsg.), Salamanca. Im Internet: www.unesco.de/fileadmin/medien/Dokumente/Bildung/Salamanca_Declaration.pdf (letzter Abruf: 30.10.2016)

WALGENBACH, Katharina (2014): Heterogenität – Intersektionalität – Diversity in der Erziehungswissenschaft. Opladen & Toronto: Verlag Barbara Budrich

Kirsten Puhr

Inklusionsorientierte Bildungsangebote[1]

Ausgehend vom inklusionsorientierten Bildungsrecht demokratischer Gesellschaften stellt dieser Beitrag inklusionsorientierte Schulkonzepte und Praxen als
Reproduzenten kultureller Hegemonie vor (Abschn. 4). Dafür werden zwei Thesen zur Diskussion gestellt. Sie beziehen sich zum einen auf Fragen inklusionsorientierter Bildung (Abschn. 2) und zum anderen auf Fragen der Teilhabe am
Leben in der (schulischen) Gemeinschaft (Abschn. 3). Diesen Thesen ist die de-
mokratiepolitische Positionierung vorangestellt, die den folgenden Vorstellungen
zugrunde liegt (Abschn. 1).

1 Kritisch-produktive Potentiale inklusionspädagogischer und demokratiepolitischer Ansätze

Fürsprache für inklusionsorientierte Bildungsangebote ist eine bildungspolitische
Entscheidung, die sich in unterschiedlichster Weise legitimieren kann. Die im folgenden Beitrag vertretene Positionierung begründet sich mit Ideen von kritisch-
produktiven Potentialen inklusionspädagogischer und demokratiepolitischer Ansätze, ohne dabei einen deliberativen Anspruch der Versöhnung von Rationalität
und Legitimation zu vertreten (vgl. MOUFFE 2010, 87). Diese Vorstellung verbindet sich hier mit drei politischen Einsätzen, die sich wechselseitig mit grundsätzlich voneinander verschiedenen Ansprüchen verschränken. Diese Einsätze lassen
sich wie folgt benennen:
1. Das Inklusionsgebot demokratischer Gesellschaften fordert prinzipiell glei-
    che Inklusionsmöglichkeiten für alle Menschen, unabhängig von sozialen
    Merkmalen und individueller Exklusivität.
2. Vor diesem Hintergrund richten sich inklusionspädagogische und demo-
    kratiepolitische Kritiken gegen gesellschaftliche (strukturell organisierte wie
    gemeinschaftliche) Praxen, die ungleiche Chancen der Teilhabe und soziale
    Ausgrenzungen konstituieren.
3. Inklusionsgebote wie Kritiken gegen ungleiche Chancen der Teilhabe legiti-
    mieren den Einsatz für inklusionsorientierte gesellschaftliche Strukturen und

---

1 Der nachfolgende Text stellt einen überarbeiteten Auszug des Beitrages *Thesen zu inklusionsorientierten Schulvorstellungen* (PUHR 2016) zur Diskussion.

soziale Praxen, einschließlich der damit verbundenen Machtverhältnisse „in einem Kontext des Konflikts und der Diversität" (ebd.).

Die Entscheidung für inklusionsorientierte Bildungskonzepte und -praxen ist mit dieser Positionierung nicht als eindeutig theoretisch fundierte oder empirisch belegte zu begründen. Sie kann jedoch im Widerstreit politisch und sozial legitimiert und auf theoretische wie praktische Ungewissheiten befragt werden. Mit diesem Zugang verbinden sich Möglichkeiten des Fragens nach *Vorstellungen von Teilhabe und Ausgrenzungen in je besonderen Arten von Wechselwirkungen.* Auseinandersetzungen mit derartigen Vorstellungen können ein Bild von inklusionsorientierten Schulkonzepten und -praxen als kritisch-produktive paradoxe „Arbeit[en] am Abbau von Einschränkungen und Diskriminierungen" (MAYER 2014, 210) geben. „Das meint u.a., dass die Berücksichtigung von Vielfalt und Verschiedenheit in pädagogischen Konzepten eine Prozessualität instituiert, die Konsequenzen (wie vereinheitlichende Zuschreibungen, Exklusionen usw.) einschließt, die auf einer konstitutiven Ebene den programmatischen Intentionen entgegenlaufen, aber gerade dadurch eine unabschließbare Dynamik oder Produktivität ‚begründen'" (ebd.).

2 Inklusionsorientierte Bildung und Chancengerechtigkeit

These (1): Im inklusionsorientierten Bildungsrecht verbinden sich ambivalente Ansprüche kompetenzorientierter und substantieller chancengerechter Bildung, die sich in schulischen Praxen gleichermaßen in Formen von Teilhabechancen wie von Ausgrenzungsrisiken zeigen.

Das inklusionsorientierte Bildungsrecht kann als Anspruch aller Schüler*innen auf *chancengerechte Bildungsmöglichkeiten* vorgestellt werden. Es soll sich in Form von Leistungen des Bildungssystems realisieren, die sowohl den gleichberechtigten Zugang zu Bildung und differenzierte Lernmöglichkeiten als auch individuelle Unterstützungsbedarfe ermöglichen und realisieren. Vor dem Hintergrund dieses Anspruches zeigt sich eine inklusionsorientierte Schule als sozialer Kontext möglicher Auseinandersetzungen um Heterogenitätsvorstellungen. In derartigen Auseinandersetzungen verschränken sich Konstruktionen von Verschiedenheiten und Behinderungen mit Auffassungen von Teilhabe und Ausgrenzungen.

Mit dem inklusionsorientierten Bildungsrecht verbinden sich *pädagogische Konzepte kompetenzorientierten Lehrens sowie selbstbestimmten und eigenverantwortlichen Lernens,* die schulische Leistungsansprüche in einen Rahmen vermehrter Teilhabechancen für alle Schüler*innen stellen. Die Möglichkeit solcher Verbindungen scheint mit systematischen Vermittlungen von Kompetenzen für eigenaktive und -verantwortliche Gestaltung von Lern- und Lebensprozessen in besonderer Weise gegeben (z.B. in Formen differenzierter unterrichtlicher und außerunterrichtlicher Lernangebote in und außerhalb der Schule, in von Schüler*innen verantworteten Schul- und Unterrichtsaktivitäten, in konzeptionell definierten Entscheidungsfreiheiten bezogen auf Lerninhalte und Lernorganisation, in organisierten Formen der Schüler*innen-Mitbestimmung in schulpolitischen und organisatorischen Fragen und in informellen Einflussnahmen). Damit wird Schule als möglicher Lern- und Lebensort vorstellbar, der gesellschaftliche Zugehörigkeit und wechselseitige Einbindungen in soziale Beziehungen praktiziert, unterstützt und einfordert. Mit dem Aufrufen konkreter Praktiken der Eigenverantwortung und Selbstbestimmung von Schüler*innen werden zugleich Konfliktpotentiale sichtbar, die Ziele vermehrter Teilhabechancen mit hegemonialen Logiken inklusionsorientierter Konzeptionen konfrontieren (vgl. MAYER 2017). In dieser Form zeigt sich Schule *als politischer Ort des Lernens in und von demokratischen Praxen*, wie sie z.B. in Thesen zu bürgergesellschaftlichen Entwicklungspotenzialen von (Ganztags-)Schulen im Gemeinwesen zu lesen sind (vgl. HARTNUSS 2009). Hier heißt es unter anderem: „Fähigkeiten zur demokratischen Teilhabe und die Bereitschaft zur Verantwortungsübernahme bilden die Voraussetzung für die Zukunftsfähigkeit der demokratischen Gesellschaft und den gesellschaftlichen Zusammenhalt. […] Frühzeitige Engagement- und Demokratieförderung ist daher eine Aufgabe sowohl von Familie als auch der pädagogischen Institutionen und Einrichtungen. Dabei kommt der Schule als pädagogischer Ort, der tendenziell alle Kinder und Jugendlichen erreicht, eine herausragende Bedeutung zu. Die Entwicklung sozialer Kompetenzen und die Ausprägung von Gemeinsinn sind jedoch bislang erst ansatzweise in den Kernbereichen des schulischen Auftrags verankert" (ebd., 1). Mit diesem Einsatz lässt sich die Idee von Schule als politischer Ort mit Vorstellungen eines sozial kompetenten, politisch bewussten und eigenverantwortlichen Schüler*innen-Wir als Normalitätsmuster mit vereinheitlichenden Zuschreibungen verbinden. Von daher wäre zum einen nach einem Selbstverständnis inklusionsorientierter Schulen als Ort des Lernens in und von demokratischen Praxen (der Freiheit wie der Disziplinierung, der Ermöglichung verantwortlicher kultureller Teilhabe und der Intervention) zu fragen. Zum anderen wäre die Aufmerksamkeit auf die Weisen selbstbestimmten und eigenverantwortlichen Lernens zu richten, die in Konzeptionen inklusionsorientierter Schulen zu lesen und in Praxen zu beobachten sind, auch auf jene, die als blinde Flecken erscheinen.

Anders als Praktiken selbstbestimmten und eigenverantwortlichen Lernens erscheinen Praktiken kompetenzorientierten Lehrens als etablierte Formen der Realisierung des inklusionsorientierten Bildungsrechts. Sie werden insbesondere als Möglichkeiten *differenzierter bzw. individualisierter Gestaltungen des Schulalltags* thematisiert. Dabei zeigen sich verschiedene pädagogisch-didaktische Konzepte, die sich als Aspekte eines Schulkonzeptes und als Praxen der Schulorganisation lesen lassen. Neben dem Einsatz von leistungsdifferenzierten Unterrichtsmaterialien sind hierzu auch Lernangebote zu zählen, die gewisse Wahlfreiheiten bezüglich der Lerninhalte oder der Lernorganisation eröffnen und Arrangements, die eigenverantwortliche Unterrichts- und Schulaktivitäten initiieren (z.b. Wochenpläne – die eine eigenständige Bearbeitung zuvor festgelegter Inhalte ermöglichen – und die Durchführung selbständig konzipierter Lern-Projekte). In solchen pädagogisch-didaktischen Konzepten erscheint die Berücksichtigung differenter Lern- und Leistungsmöglichkeiten als Ermöglichungsfigur gleichberechtigter Teilhabe aller Schüler*innen an schulischer Bildung.

Leistungsbewertungen jedoch widersprechen dem Anspruch aller Schüler*innen auf gleiche Bildungschancen und verweisen auf das Thema *Leistungsheterogenität*, das im Zentrum funktionaler Beobachtungen von Heterogenität im Feld der Schulpädagogik steht und Konzepte kompetenzorientierter Bildungsgerechtigkeit als Praxen von Inklusion und Exklusion sichtbar werden lässt (vgl. WALGENBACH 2014, 38). Die Fokussierung des Inklusionskonzeptes auf die Forderung einer gemeinsamen Schule für alle Kinder und Jugendlichen verweist auf ein schulisches Organisationssystem, das die Idee der Gerechtigkeit auf Leistungen verkürzt (vgl. HETZEL 2007, 131ff). Brisanz erhält diese hierarchische Ungleichverteilung in der Beobachtung von Inklusionschancen und Exklusionsrisiken, die sich mit differenten Bildungschancen und -abschlüssen verbinden. Insbesondere aus der Perspektive der empirischen Bildungsforschung werden Behinderungen von Bildungschancen im Zusammenhang mit sozialen Heterogenitätsdimensionen thematisiert. Darin zeigt sich die Unvereinbarkeit des Anspruchs gleicher Bildungschancen, Noten und Abschlüsse für gleiche Leistungen mit differenzierten individualisierten Lernangeboten und Leistungsbewertungen. Während die Begleitung diversen selbstbestimmten Lernens die Anerkennung von Differenzen erfordert, verlangt die Herstellung von Chancengerechtigkeit die „Überwindung von Unterschieden" (FUCHS 2007, 22). Mit dieser Aufmerksamkeit lässt sich beobachten, in welchen Weisen die Ideen formaler Chancengleichheit und kompetenzorientierter Chancengerechtigkeit das Bildungssystem als eines im Widerstreit mit seiner eigenen Selbstverständigung als System der Ermöglichung von individueller Bildung konstituieren. So können spezifische Verhältnisse von Teilhabe und Ausgrenzungen, Verschiedenheiten und Behinderungen als pädagogisch-didaktische Herausforderungen verstanden werden. Dieses Verständnis schließt offene Fragen der Heterogenität von Lernleistungen ein, mit der sich begründete Teilhabeunterschiede zugleich als Differenzen der Zugehörigkeit zeigen.

Aus der Perspektive der Inklusionspädagogik werden Be- und Enthinderungen von Bildungschancen fast ausschließlich in einem Zusammenhang mit *Individualisierung und Heterogenitätstoleranz* (vgl. WEISSER 2005, 77) aufgerufen und vom Konstrukt der Leistungsgerechtigkeit abgegrenzt. Konzeptionen inklusionsorientierter Schule, die sich z.B. in ‚Standards für die Umsetzung (vgl. MOSER 2012, 7ff) artikulieren, verpflichten sich dem Anspruch substantieller Chancengerechtigkeit in Akzeptanz unterschiedlichster kultureller Einbindungen, Lebenserfahrungen, -lagen und -entwürfe. Diese Positionierung zeigt sich insbesondere in Darstellungen von Erwartungen/Ansprüchen an gemeinsames schulisches Leben und Lernen von Schüler*innen mit und ohne Behinderungen. Aufgerufen wird dabei die systemspezifische Anerkennung individueller Bedeutsamkeiten quer zu Kompetenzen, die als Bildungskapital ausgewiesen werden können. Mit einer solchen Konzeption lassen sich z.b. Praxen alltagsorientierter lebensweltlicher Bildung verstehen. Sie werden als inklusionsorientierte Bildungsangebote vorgestellt, die Schüler*innen mit sonderpädagogischen Förderbedarfen des Lernen bzw. der geistigen Entwicklung Teilhabe am gemeinsamen schulischen Lernen und Leben ermöglichen. Diese Markierung kann als Verweis auf eine Differenzierung möglicher Lernangebote gelesen werden. Sie lässt sich mit Vorstellungen scheinbar geteilten Wissens und/oder Selbst- und Weltpositionierungen verbinden, die zum einen unsicher/unentschieden bleiben und zum anderen Konstituierungen von Behinderungen ebenso begründen wie Ent-Hinderungen. Aus dieser Perspektive können lebensweltorientierte Lernangebote als Reaktion auf die strukturelle Heterogenitätsintoleranz des Schulsystems aufgerufen werden, die sich mit dem Anspruch an schulische Leistungen verbindet, den auch eine Inklusionsorientierung nicht aufhebt. Lebensweltorientierung (mit Bezug auf alltagsweltliche Lerninhalte in der Schule) wird jedoch auch als eigenständiges Lehr- und Lernkonzept für alle Schüler*innen thematisiert. Nicht explizit als sonderpädagogisches, sondern als eigenständig schulpädagogisches Lehr- und Lernkonzept gelesen, soll es allen Schüler*innen Möglichkeiten selbsttätigen, fall- und projektorientierten Lernens bieten. Solche Praxen lassen sich als Beispiele dafür lesen, dass der bildungspolitische Anspruch gleichberechtigter Partizipation von Schüler*innen mit diagnostizierten Behinderungen an gemeinsamen Bildungsangeboten auch als Chance für Realisierungen des Bildungsrechts von Schüler*innen mit schulischen Lernschwierigkeiten ohne diagnostizierten Förderbedarf wirken kann, weil Behinderungen des Lehrens und Lernens als alltägliche Aspekte schulischen Lebens verstanden werden können. Auch wegen dieser Potentiale widerstreiten Forschungen der Disability Studies gegen die Konstruktion von Behinderung als Differenzkategorie. „Sie [die Disability Studies] gehen davon aus, dass Behinderung zur Vielfalt des menschlichen Lebens gehört und eine allgemeine, weit verbreitete Lebenserfahrung darstellt, deren Erforschung zu Kenntnissen führt, die für die allgemeine Gesellschaft und für alle Menschen relevant sind" (WALDSCHMIDT 2004, 367). Aus einer solchen Perspektive könnte ein konsequentes inklusionsorientiertes Bildungsrecht als grundlegende Anforderung an das Heterogenitätsverständnis und dem entsprechende Praxen schulischen Lehrens und Lernens verstanden werden. Dies würde grundsätzlich die Qualitätsentwicklung schulischer Bildungsangebote herausfordern, weil sich Formen lebensweltorientierter Teilhabe zugleich als

Praxen soziokultureller Assimilation und Ausgrenzungen im Kontext (andersartiger) lebensweltlicher Erfahrungen zeigen.

Für heterogenitätssensible schulpädagogische Praxen verbinden sich mit den Ansprüchen kompetenzorientierter wie substantieller chancengerechter Bildung allerdings auch ambivalente Anforderungen, denen in schulischen Interaktionssystemen situativ entsprochen werden kann, die jedoch das Organisationssystem Schule mit aporetischen Fragen konfrontieren. Ein inklusionsorientiertes Bildungsrecht verschiebt Inklusions- und Exklusionstendenzen insofern, als dass der gesellschaftspolitische Rechtsanspruch gleichberechtigter Teilhabe an Bildung die Komplexität des Organisationssystems Schule steigert (vgl. LUHMANN 1997, 620f). Solche Komplexitätssteigerungen zeigen sich unter anderem in *Fokussierungen auf Sonderpädagogik* als Ressource zur Handhabung von Inklusion/Exklusion mittels Differenzierung (vgl. FUCHS 2002) und in *Thematisierungen personeller und finanzieller Ressourcen*, die sich mit Ansprüchen an individuelle Unterstützung verbinden (z.B. Zwei-Pädagog*innen-Systeme, sonderpädagogische Förderungen, Schulassistenzen, bedarfsgerechte räumliche und materielle Ressourcen). Sonderpädagogische Förderung setzt, wie jede individuelle pädagogische Unterstützung, die Fokussierung auf die Anerkennung von Differenzen voraus und misst sich an der Anforderung der Begleitung diversen selbstbestimmten Lernens unter Vernachlässigung des Anspruchs kompetenzorientierter Chancengerechtigkeit. Damit zeigen sich Formen sonderpädagogischer Förderung zugleich als Praxen der Zuschreibung, Erklärung und Abgrenzung von Behinderungen, denen Vorstellungen der Einzigartigkeit einer Person widersprechen. So stellen sich sonderpädagogische Ressourcen als Rahmen für Teilhabechancen wie für Ausgrenzungsrisiken auf der Organisations- und der Interaktionsebene inklusionsorientierter Schulpraxen dar. Die Figur des sogenannten Zwei-Pädagog*innen-Systems zum Beispiel lässt sich in doppelter Weise lesen: a) als inklusionsorientiertes Strukturkonzept für die Ermöglichung individualisierter Kompetenzvermittlung und heterogenitätssensiblen sozialen Zusammenlebens in der Schule und b) als Konzept sonderpädagogischer Förderung, als Reaktion auf ein Zurückbleiben von Schüler*innen hinter schulischen Leistungserwartungen, und eben nicht als heterogenitätssensible Antwort auf individuelle Kompetenzen und deren Vermittlung. So durchquert das Konstrukt der Leistungsheterogenität die inklusionspädagogische Abgrenzung vom Konstrukt der Leistungsgerechtigkeit und die Fokussierung auf substanzielle Chancengerechtigkeit.

Ansprüche an individuelle Unterstützung rufen sich jedoch auch *in pädagogischen und sozialethischen Konzepten* schulischer Praxen auf. Mit Blick auf Interdependenzen implizieren solche Praxisvorstellungen Konzeptionen inklusionsorientierter Schulen als soziale Orte, die schulische Bildung und wechselseitige Nahbeziehungen in Anerkennung individueller Besonderheit(en) ermöglichen. Sie zeigen sich damit zugleich als Praxen von (geförderter) Teilhabe am Leben in der (schulischen) Gemeinschaft. Solchen Praxen widmet sich die folgende These.

3 Teilhabe am Leben in der (schulischen) Gemeinschaft

These (2): Praxen der Teilhabe am Leben in der (schulischen) Gemeinschaft realisieren sich vor dem Hintergrund der Ansprüche von uneingeschränkter Zugehörigkeit und Anerkennung individueller Besonderheit(en) mit kontingenten Ideen von schulischer Gemeinschaft sowie Vorstellungen der Teilhabe als ganze Person in der Schule.

Vorstellungen von einer inklusionsorientierten Schule als Ort gemeinschaftlichen Lebens können mit Entwürfen von Gleichheits-/Normalitätsansprüchen der Teilhabe an „gesellschaftlich realisierten Möglichkeiten [...] der sozialen Anerkennung" (KRONAUER 2002, 11) gelesen werden. Der diese Perspektive begründende mehrdimensionale sozial-wissenschaftliche Entwurf von Inklusion/Exklusion schließt in das Teilhaberecht am gemeinsamen Leben und Lernen die *Wahrung persönlicher Integrität* ein. Bezogen auf eine inklusionsorientierte Schule lässt sich dieses Recht in Ansprüchen der uneingeschränkten Zugehörigkeit/Nicht-Ausgrenzung und Anerkennung individueller Besonderheit(en) in sozialen Nahbeziehungen/Interaktionen lesen. Es wird mit Vorstellungen der Teilhabe als ganze Person in der Schule sowie mit Ideen von schulischer Gemeinschaft aufgerufen. Eine inklusionsorientierte Schule erscheint als Ort der Zugehörigkeit in Formen der Ermöglichung vielfältiger Begegnungen und Interaktionen, verschiedenster Beziehungen zwischen Schüler*innen sowie zwischen Schüler*innen und Pädagog*innen, die sich mit differenten Qualitätszuschreibungen (als situative Interaktionen, als zweckgerichtete Beziehungen, als Kameradschaften und als intensive Freundschaften) vorstellen lassen. Dabei zeigt sich *die Zugehörigkeit zu einer inklusionsorientierten Schule als Rahmen* für mögliche Qualitäten *der Nicht-Ausgrenzung und der Anerkennung,* jedoch nicht als Garant für die Berücksichtigung aller Schüler*innen in sozialen Nahbeziehungen/Interaktionen. Es finden sich verschiedenste Formen der Begegnung und Interaktion zwischen Schüler*innen different erlebter Leiblichkeit (vgl. GUGUTZER 2002) und unterschiedlicher Kulturen (mit besonderem Wissen um Andersheit, mit Erleben von Respekt, Akzeptanz, Unterstützung und Mit-Leid, aber auch in Formen von Ignoranz, Ausgrenzung und Stigmatisierung) sowie Formen persönlicher Kontakte zwischen Lehrer*innen und Schüler*innen. Solche persönlichen Beziehungen können zugehörigkeitsfördernd wirken. In diesen Fällen lassen sie sich mit einem Verständnis von Heterogenität als ‚egalitäre' Differenz (in der Bedeutung nicht-hierarchischer Verschiedenheiten) auf der Basis von Gleichheit (vgl. PRENGEL 2014, 51ff) verbinden. Sie können als Praxen gelesen werden, die Vorstellungen der Teilhabe als ganze Person in Formen der *Identifikationen von Schüler*innen und Pädagog*innen mit der Schule* ermöglichen. Zugleich lassen sie sich als *Exklusionsrisiken impliziter und expliziter kommunikativer Nichtberücksichtigung* (vgl. Fuchs 2002, 3) verstehen, auf die mit unterschiedlichen Praxen reagiert werden kann, zum Beispiel in *Formen kausaler Begründungen für differente Zugehörigkeiten und Ausblendungen von Besonderungen.*

Mit der Lektüre solcher Praxen können sich die Singularität eines Menschen und die Situativität des Sozialen als widerständige Einsätze gegen Vorstellungen einer „versöhnenden Verträglichkeit zwischen Gleichheit und Verschiedenheit" (Wimmer 2014, 228) zeigen. Das lässt sich auch für Formen kommunikativer Berücksichtigungen in der inklusionsorientierten Schule behaupten, die als *pädagogisch initiierte Praxen von Verantwortungsübernahme/Hilfe* und damit als Praxen mit hierarchischer Verschiedenheit derer die helfen und derer die Hilfe erhalten (zum Beispiel Schüler*innen, die als Behinderte, als sozial Andere und kulturell Andere angesprochen werden), vorgestellt werden. Derartige Formen exklusiver, eingeschränkter und/oder hierarchischer Teilhabe an schulischer Gemeinschaft lassen sich auf pädagogische Ansprüche uneingeschränkter Zugehörigkeit und Anerkennung beziehen und werfen damit Fragen der Realisierbarkeit dieser Vorstellungen auf. Diese Fragen können *Praxen der Identitätsbildung, der Selbstdisziplinierung und des Sich-Einlassens auf Integration, Praxen des Kampfes um Zugehörigkeit und gegen Zuschreibungen von Andersheit* ebenso zum Thema werden lassen wie *soziale Ausgrenzungen mit Erfahrungen des Nicht-sprechen-Könnens und des Nicht-gehört-Werdens* in Situationen, die auf „*konflikthafte Alterität, Negativität und Abstoßung*" (ebd., 228) verweisen. Damit erscheint eine *inklusionsorientierte Schule als Ort des Ringens um uneingeschränkte Zugehörigkeit und Anerkennung* unter Berufung auf Heterogenität auf der Basis von Gleichheit. Heterogenität, als unbegreifliche und unsagbare Unbestimmtheit (vgl. Prengel 2014, 51ff) verstanden, liest sich mit dieser Positionierung im Widerstreit mit Vorstellungen von Heterogenität als nicht-hierarchische Verschiedenheit (vgl. ebd.). Die mit dieser Lesart verbundene irreduzible Konflikthaftigkeit (vgl. Wimmer 2014, 228) kann sich auch in unentschiedenen Formen der Interpretation des eigenen Verhaltens gegenüber Unvertrautem/Fremdheit sowie als Wechselspiele von Besonderung und Nichtbesonderung ausdrücken, in denen widerstreitende sagbare Positionierungen von Verschiedenheiten vor dem Hintergrund eines Gleichheits-/Normalitätsanspruchs als Andersheit im Sinne „unaufhebbarer (kultureller, geschlechtlicher, sprachlicher) Verschiedenartigkeit" (ebd., 229) erscheinen. So verbindet sich das Verständnis von Inklusion in der Form einer schulischen Gemeinschaft als *Konstitution des Eigenen/Vertrauten in Abgrenzung gegen Andere/Fremde* mit spezifischen Weisen exklusiver Teilhabe und Ausgrenzungen.

In Konzeptionen der Akzeptanz von Andersheit werden Figuren der *Annahme eines differenten So-Seins* als mögliche Antworten auf Fragen nach Ansprüchen von

Teilhabe und deren Einschränkungen kenntlich. Dabei bleibt offen, wie in solchen Weisen der Anerkennung von Andersheit die inklusionsorientierte Schule als Ort vorkommen kann, weil sich in diesen Formen sozialer Nahbeziehungen zeigt, in welchen Weisen sozio-kulturelle Teilhabe/Zugehörigkeit und Anerkennung individueller Besonderheit(en)/nicht zu fassender Singularität von Qualitäten situativer Interaktionen, sozialer Beziehungen und individuellen Engagements abhängig sind. Sie lassen sich nur bedingt durch Teilhaberechte regeln oder durch pädagogische Arrangements initiieren. Vor diesem Hintergrund werden *ungelöst bleibende Konflikte der Ausgrenzung aus informellen Nahbeziehungen bei Einbindung in gemeinsame formale Strukturen schulischen Lebens und Lernens* ebenso thematisierbar wie *verschiedene Weisen eingeschränkter und situativer Anerkennung von Andersheit* oder auch *Wunschbilder uneingeschränkter Teilhabe* und der *Akzeptanz von Andersheit mittels Figuren der Exklusivität von Beziehungen und der Entdramatisierung von Konflikten.*

4 Inklusionsorientierte Schulkonzepte und Praxen als Reproduzenten kultureller Hegemonie

Ambivalente Ansprüche chancengerechter Bildung, uneingeschränkter Zugehörigkeit und Anerkennung individueller Besonderheit(en) bleiben in diesen Einsätzen ebenso offen wie Fragen nach Ansprüchen der Anerkennung individueller Bedeutsamkeiten darin aufgerufener Normalitätsmuster und inklusionspädagogischer Selbst-Verständnisse. Derartige Positionierungen können für die Fragilität und Verwobenheit der Figuren von Teilhabe und Ausgrenzungen, Verschiedenheiten und Behinderungen sensibilisieren. Dabei deutet sich auch an, dass sich Teilhabe-, Ausgrenzungs- und Behinderungserfahrungen nicht als statische Erfahrungen verstehen lassen, die eindimensional zugerechnet werden könnten. Derartige Selbst- und Weltvorstellungen konstruieren keine identischen, sondern vielmehr dezentrierte oder fragmentierte Subjektpositionen (vgl. SCHÄFER & VÖLTER 2009, 161).

Solche nicht-identischen Selbst- und sozialen Konstruktionen lassen Verhältnisse von Teilhabe und Ausgrenzungen, Verschiedenheiten und Behinderungen als Bilder der Performativität, Kontingenz und Situativität mit nicht-identischen Identitätszuschreibungen erscheinen. Sie finden sich zum Beispiel in Formen von plausiblen Darstellungen existenzieller Betroffenheit von Krankheit/Behinderung, von Stigmatisierungen und Ausgrenzungen angesichts kultureller Differenzen und sozialer Barrieren, von zwiespältig bleibenden Identifikationen mit Behinderungen als dem Selbst zugeschriebene Eigenschaften, von ambivalenten Selbst-Positionierungen mit Zuschreibungen von Behinderungen an Körpersubjekte und/

oder sozialen Diagnosen von Barrieren, von gleichzeitigen Selbst-Zuschreibungen verschiedenartiger widersprüchlicher sozialer Konstruktionen, von scheinbar unmöglichen Positionierungen, unabgeschlossenen Distanzierungen und ironischen Identitätszuschreibungen, von differenten koexistierenden kulturellen Mustern ohne versöhnende Alternativen, von In-Frage-Stellungen kulturell etablierter Erwartungen gleichberechtigter Teilhabe, gleichwertiger Anerkennung von Verschiedenheit, Barrierefreiheit, Gesundheit, Selbstverwirklichung und eigenverantwortlichen Lebens (vgl. PUHR 2016, 325ff). Unter Berufung auf Antke ENGEL lassen sich derartige nicht-identische Positionierungen als Destabilisierungen thematisierbarer Vorstellungen kontingenter Verhältnisse von Teilhabe und Ausgrenzungen, Verschiedenheiten und Behinderungen verstehen. Antke ENGEL kennzeichnet mit der Strategie der Destabilisierung eine diskursive Praxis des Widerstandes gegen Ausgrenzungen wie gegen vereinnahmende Integrationen (vgl. ENGEL 2002, 40), welche die „Praktiken, Prozesse und Erkenntnisse, die je spezifische Eingebundenheit in die Strukturen und Mechanismen der dominanten Ordnungen zu nutzen versucht, um deren Normen und Hierarchisierungen herauszufordern" (ebd.).

Aus der Perspektive der Destabilisierung können sich Widerstände gegen subjektivierende Zuschreibungen (von Behinderungen) wie gegen die „Mechanismen der jeweiligen Herrschaftsverhältnisse, im Rahmen derer sie entstehen" (ebd., 58), mit verschiedenen Lesarten von Differenzierungen konstituieren. Als eine Form der Destabilisierung kann die Ablehnung der Zuschreibung von Behinderung, im Sinne eines Mangels, gelesen werden. Das darin thematisierte Selbstverständnis der Angewiesenheit auf Hilfe, alternativ zur Positionierung als Person mit einer körperlichen Behinderung, markiert zugleich die Kontingenz der Subjektivierungsweisen, wie deren Ineinandergreifen mit Herrschaftsformen. Die alternative Thematisierung von Unterschieden als Individualisierungsmerkmale fokussiert auf vielfältige Möglichkeiten individueller Lebensgestaltung, die auch als ‚Selbst-Regierungstechnologie' (vgl. ebd., 57) verstanden und zur Diskussion gestellt werden können. Als eine andere Form des Widerstandes, die hierarchische Differenzierungen des formalen Bildungssystems in Frage stellt, zeigen sich nicht-hierarchische Unterscheidungen verschiedenster Aspekte sozialer Ungleichheit. Diese Lesart legitimiert sich mit der Vorstellung der Möglichkeit des Verzichts auf die dichotome Differenz Behinderung/Nicht-Behinderung zugunsten der Markierung verschiedener Subjektivierungs- und Existenzweisen und deren Kontingenz. In dieser Weise lassen sich zum Beispiel pädagogisch-didaktisch motivierte Differenzierungen schulischen Unterrichts nach Lern- und Leistungspotentialen aufrufen, die nicht auf eine Zuschreibung von Behinderungen bzw. von sonderpädagogischen Förderbedarfen referieren. Zugleich markieren sie hegemoniale Leistungsperspektiven systematischer Lernangebote, die Ausgrenzungs- wie Teilhabepraxen systemintern konstituieren und begründen. Die Ansprüche uneingeschränkter Anerkennung und Teilhabe von Schüler*innen unterschiedlichster Lern- und Leistungsniveaus destabilisiert sowohl Organisationsweisen und Funktionen als auch Selbstbeschreibungen des Bildungssystems. Mit dem Konzept der Destabilisierung verbindet sich die Forderung gesellschaftspolitischer Gestaltungsmacht: „Statt eines integrationspolitischen Ringens um Teilhabe und Anerkennung in den Rastern der bestehenden gesellschaftlichen Ordnung werden grundlegende Umstrukturierungen gefordert und Anspruch auf gesellschaftspolitische Gestaltungsmacht erhoben" (ebd., 59). In solchen Positionierungen verschränken sich Vorstellungen *unsicheren/unentschiedenen Wissens* in Selbst- und Weltkonstruktionen mit der Idee, dass sich die *Konstituierung der Differenz Behinderung/Nichtbehinderung* durch inklusionsorientierte Pädagogiken wie Politiken als ein *Aspekt der Heterogenität* von Schüler*innen, als ein *Beitrag zu gleichberechtigten Bildungschancen* verstehen lässt. Vielleicht könnten inklusionspädagogische Konzepte und Praxen – die Fragen nach Teilhabe und Ausgrenzungen, Verschiedenheiten und Behinderungen als Fragen nach kontingenten, vieldeutigen und instabilen Konstruktionen und der damit verbundenen Machtverhältnisse in den Blick bekämen – in widerstreitenden Konfrontationen „in einem Kontext des Konflikts und der Diversität" (MOUFFE 2010, 87) ein kritisch-produktives Potential entfalten.

Literatur

ENGEL, Antke (2002): Wider die Eindeutigkeit. Sexualität und Geschlecht im Fokus queerer Politik der Repräsentationen. Frankfurt am Main: Campus

FUCHS, Martin (2007): Diversity und Differenz – Konzeptionelle Überlegungen. In KRELL, Gertraud, RIEDMÜLLER, Barbara, SIEBEN, Barbara & VINZ, Dagmar (Hrsg.): Diversity Studies. Grundlagen und disziplinäre Ansätze. Frankfurt am Main: Campus, 17-34

FUCHS, Peter (2002): Behinderung und Soziale Systeme. Anmerkungen zu einem schier unlösbaren Problem. Das gepfefferte Ferkel – Online-Journal für systemisches Denken und Handeln. Im Internet: www.fen.ch/texte/gast_fuchs_behinderung.htm (letzter Abruf: 30.10.2016)

GUGUTZER, Robert (2002): Leib, Körper und Identität. Eine phänomenologisch–soziologische Untersuchung zur personalen Identität. Wiesbaden: Springer

HARTNUSS, Birger (2009): Schule als demokratischer Ort und partnerschaftlich orientiertes Lernzentrum – 10 Thesen zu bürgergesellschaftlichen Entwicklungspotenzialen von (Ganztags-) Schulen. Im Internet: www.burgergesellschaft.de/fileadmin/pdf/gastbeitrag_hartnuss_090313_01.pdf (letzter Abruf: 30.10.2016)

HETZEL, Mechthild (2007): Provokation des Ethischen. Diskurse über Behinderung und ihre Kritik. Heidelberg: Winter

KRONAUER, Martin (2002): Exklusion. Die Gefährdung des Sozialen im hoch entwickelten Kapitalismus Frankfurt am Main: Campus

LUHMANN, Niklas (1997): Die Gesellschaft der Gesellschaft. Frankfurt am Main: Suhrkamp

MAYER, Ralf (2014): Produktivität von Heterogenität. In: KOLLER, Hans-Christoph, CASALE, Rita & RICKEN, Norbert (Hrsg.): Heterogenität – Zur Konjunktur eines pädagogischen Konzepts. Paderborn: Schöningh, 201-218

MAYER, Ralf (2017): Teilhabe und Teilung. In: MIETHE, Ingrid, TERVOOREN, Anja & RICKEN, Norbert (Hrsg.): Bildung und Teilhabe. Wiesbaden: Verlag für Sozialwissenschaften (in Vorbereitung)

MOSER, Vera (2012): Standards für die Umsetzung von Inklusion im Bereich Schule. In: DIES. (Hrsg.): Die Inklusive Schule. Standards für die Umsetzung. Stuttgart: Kohlhammer, 7-10

MOUFFE, Chantal (2010): Inklusion/Exklusion: Das Paradox der Demokratie. In: WEIBEL, Peter & ŽIŽEK, Slavoj (Hrsg.): Inklusion: Exklusion. Probleme des Postkolonialismus und der globalen Migration. 2. Aufl. Wien: Passagen Verlag, 75-90

PRENGEL, Annedore (2014): Heterogenität oder Lesarten von Freiheit und Gleichheit in der Bildung. In: KOLLER, Hans-Christoph, CASALE, Rita & RICKEN, Norbert (Hrsg.): Heterogenität – Zur Konjunktur eines pädagogischen Konzepts. Paderborn: Schöningh, 45-67

PUHR, Kirsten (2016): Thesen zu inklusionsorientierten Schulvorstellungen. In: PUHR, Kirsten & GELDNER, Jens (Hrsg.): Eine inklusionsorientierte Schule. Erzählungen von Teilhabe, Ausgrenzungen und Behinderungen. Wiesbaden: Springer VS, 325-351

SCHÄFER, Bettina & VÖLTER, Bettina (2009): Subjekt-Positionen. Michel Foucault und die Biographieforschung. In: VÖLTER, Bettina, DAUSIEN, Bettina, LUTZ, Helma & ROSENTHAL, Gabriele (Hrsg.): Biographieforschung im Diskurs. 2. Aufl. Wiesbaden: Verlag für Sozialwissenschaften, 161-188

WALDSCHMIDT, Anne (2004). „Behinderung" revisited – Das Forschungsprogramm der Disability Studies aus soziologischer Sicht. Vierteljahresschrift für Heilpädagogik 73, 365-376

WALGENBACH, Katharina (2014): Heterogenität – Intersektionalität – Diversity in der Erziehungswissenschaft. Opladen und Toronto: Barbara Budrich

WEISSER, Jan (2005): Behinderung, Ungleichheit und Bildung. Eine Theorie der Behinderung. Bielefeld: transcript

WIMMER, Michael (2014): Vergessen wir nicht – den Anderen! In: KOLLER, Hans-Christoph, CASALE, Rita & RICKEN, Norbert (Hrsg.): Heterogenität – Zur Konjunktur eines pädagogischen Konzepts. Paderborn: Schöningh, 219-240

Michael Gebauer

Inklusion und Bildungsgerechtigkeit – Kulturelle Barrieren auf dem Weg zur inklusiven Schule?

Bildungsgerechtigkeit – mit diesem Begriff bezeichnet man gegenwärtig das, was noch bis vor wenigen Jahren in der öffentlichen Diskussion emotionslos Chancengleichheit im Bildungssystem genannt wurde. Dieser neue Begriff kennzeichnet einerseits die kollektive Wahrnehmung, dass unser Bildungssystem offenbar ungerecht ist, indem es insbesondere Migrant*innen, Kinder und Jugendliche mit Behinderungen und solche aus bildungsfernen Schichten von Anfang an strukturell benachteiligt. Bemerkenswert ist nun, dass der Begriff ‚Bildungsgerechtigkeit‘ nun eine ethische Bezugsnorm impliziert, und zwar die der Gerechtigkeit bzw. Ungerechtigkeit. In dem Begriff ‚Bildungsgerechtigkeit‘ scheint damit die Vision einer Schule auf, die allen das gleiche Recht auf Bildung gewährt.

Nun ließe sich über Bildungsgerechtigkeit endlos und kontrovers debattieren, wie z.b. im ZEIT-Dossier „Der soziale Aufstieg eines Arbeiterkindes" (MAURER 2013). Tenor der Diskussion: Das ist ein hehres Ziel, allerdings nicht zu verwirklichen: „Die Schule könne keine Gerechtigkeit herstellen, […], weil sie die unterschiedlichen Voraussetzungen, die die Kinder aus ihren Elternhäusern mitbrächten, nicht ausgleichen kann," so der für Bildung zuständige Ressortleiter der ZEIT, Thomas KERSTAN (ZEIT Online 2012). Damit könnte man es nun bewenden und alles beim Alten lassen: möglichst frühzeitig beginnende und fortwährend andauernde leistungsbezogene Selektion, gegliedertes Schulwesen, Output-Orientierung, normierte Bildungsstandards und so fort, gäbe es nicht hierzulande bereits rechtlich verankerte Bildungsgerechtigkeit, zumindest für Menschen mit Behinderungen, und zwar seit dem 26.03.2009, dem Tag also, an dem die UN-Behindertenrechts-Konvention in der Bundesrepublik Deutschland in Kraft trat und diese sich damit gesetzlich zur Einführung eines inklusiven allgemeinbildenden Schulsystems verpflichtete[1].

Mit dieser politischen Entscheidung ist die Inklusion gewissermaßen zum Paradigma bzw. zum Zankapfel der Bildungsgerechtigkeit geworden, denn Deutschland tut sich sehr schwer mit der Umsetzung der UN-Behindertenrechtskonvention, mit deren Ratifizierung sich die Bundesregierung gesetzlich dazu verpflichtet

---

[1] Es sei hier angemerkt, dass sich das Recht auf Bildungsgerechtigkeit im Grunde bereits aus Artikel 28 der Kinderrechtskonvention der Vereinten Nationen ableiten lässt.

hat, allen Kindern und Jugendlichen mit Behinderungen jedweder Art uneingeschränkt den Zugang zum allgemeinbildenden Schulsystem ohne selektive Sonder- bzw. Förderbeschulung zu ermöglichen.

Inklusion ist jedoch bei Weitem nicht nur als strukturelle, administrative und organisatorische Schulreform aufzufassen. Sie ist vielmehr Ausdruck des real existierenden soziokulturellen Wandels unserer Gesellschaft, der eben auch im Bildungssystem zum Ausdruck kommt. Sie fordert ganz konkret den Wertewandel ein, der für ein menschenwürdiges, soziales und vor allem gerechtes Miteinander in der in vielfacher Hinsicht durch Heterogenität gekennzeichneten Schule und Gesellschaft der Zukunft unabdingbar notwendig ist. Die Inklusionsdebatte stellt im Grunde prägnant und drängend die Frage, in was für einer Gesellschaft wir zukünftig leben und welche Bildungseinrichtungen wir für unsere Kinder haben wollen: Die einer selektiven, exklusiven, normierenden Leistungs- und Konkurrenzgesellschaft, die Anderssein ausgrenzt, oder die einer inklusiven, solidarischen Gesellschaft, die die ohnehin gegebene Heterogenität, also die Vielfalt menschlicher Lebensweisen, Orientierungen und Identitäten in jeder Hinsicht willkommen heißt und als Bereicherung auffasst. Der Prozess der Transformation zu einem inklusiven Schulsystem kann gewissermaßen als Nagelprobe der Bildungsgerechtigkeit in Deutschland angesehen werden. Aus diesem Grund lohnt es sich, ihn in seiner offenkundigen Widersprüchlichkeit etwas genauer zu analysieren.

1 Deutschland – bei Inklusion nach wie vor eines der Schlusslichter Europas

Auf strukturell-administrativer Ebene bildet laut der DEUTSCHEN UNESCO KOMMISSION (DUK) das Schulsystem in Deutschland eines der Schlusslichter der Integration von Kindern und Jugendlichen mit besonderem Förderbedarf in den Ländern der EU (vgl. DEUTSCHE UNESCO-KOMMISSION o.J.). Immer noch sind hierzulande hohe Barrieren gegen inklusive Bildung und Erziehung zu überwinden: So genügt beispielsweise die Mehrheit der Schulgebäude nicht den Standards der Barriere-Freiheit, Transport- und Fahrdienste stehen nur für Kinder und Jugendliche mit sonderpädagogischem Förderbedarf zur Verfügung. Defizite werden auch hinsichtlich der Verfügbarkeit von Begleitassistenzen und Pflegekräften festgestellt – Umstände, die von Verantwortlichen gerne als Beispiel für die Grenzen von Inklusion ins Feld geführt werden. Offenbar fehlt hier noch die grundsätzliche Einsicht und Bereitschaft, deren notwendigen baulichen, organisatorischen, administrativen, dienstrechtlichen usw. Voraussetzungen zu schaffen bzw. deren Fehlen wird als Begründung für eine zögerliche Transformation des Schulsystems in Richtung inklusiver Bildung angeführt.

Betrachtet man die Situation in Deutschland genauer, so zeigen sich in den 16 Bundesländern im Vergleich deutliche Unterschiede hinsichtlich der Realisierung von Inklusion bzw. Integration (vgl. Abb.1.)

Inklusionsanteile: ■ 2000/01 ■ 2008/09 ■ 2013/14

Abb. 1: Anteil der Schüler*innen mit Förderbedarf, die inklusiv unterrichtet werden, an allen Schüler*innen mit Förderbedarf (in Prozent) in den Schuljahren 2000/11, 2008/09 und 2013/14 im Vergleich (Klemm 2015, 31)

Zwar sind in einigen Bundesländern (z.B. Schleswig-Holstein, Berlin und Bremen) seit der Ratifizierung der UN-Konvention auf der quantitativen Ebene durchaus beachtliche Fortschritte in Richtung Integration erzielt worden, dennoch lässt sich dem aktuellen Bildungsbericht der Bundesregierung ein Paradoxon entnehmen: Obwohl der Anteil inklusiv beschulter Kinder je insgesamt angestiegen ist, ist der Prozentsatz der Kinder mit sonderpädagogischem Förderbedarf gleichermaßen angestiegen. Wenn mehr Schüler*innen mit Förderbedarf eine allgemeine Schule besuchen, müsste zugleich die Zahl der Schüler*innen an Förderschulen zurückgehen. Überraschenderweise geschieht dies nicht. Die Zahl der Schüler*innen an Förderschulen sinkt so gut wie gar nicht. Ihr Anteil an allen Schülern (Exklusionsquote) ist nur gering von 5,2 auf 5,1 Prozent gesunken (vgl. KLEMM 2015).

Selektion und Segregation kennzeichnen also nach wie vor das Schulsystem. Ein Grund dafür liegt in der Existenz eines über viele Jahrzehnte gut ausgebauten und hochdifferenzierten Sonder- bzw. Förderschulsystems mit Schulen, Logistik und Beschäftigten, das sich, trotz quantitativer Fortschritte in Richtung Inklusion, eine deutliche autopoietische Dynamik entfaltet. Ein weiterer Grund ist im steigenden Anforderungsdruck infolge der Bemühungen um vereinheitlichende Leistungssteigerung (Bildungsstandards, Output-Orientierung) als Antwort auf das Abschneiden Deutschlands in den einschlägigen internationalen Schulvergleichstest zu sehen. Dieser führt insbesondere im Grundschulbereich zu einer einseitigen Fixierung auf die möglichst frühzeitige Aneignung von Kulturtechniken im Gleichschritt und zu immer früheren und härteren Selektionsmechanismen. In dieser Hinsicht ist Deutschland sogar international führend, denn „keine andere Nation sortiert ihre Schüler so früh und streng aus wie Deutschland. Dadurch werden einige Schüler früh zurückgelassen, wie auch die Iglu-Studie nahe legt" (TAFFERTSHOFER 2010).

Am Beispiel der Inklusion wird gegenwärtig ein kaum nachvollziehbarer Widerspruch des deutschen Schulsystems offenkundig: Einerseits bemüht man sich mehr schlecht als recht um die Umsetzung dieser Schulreform, in der es im Kern um Akzeptanz, Wertschätzung und das pädagogische Fruchtbarmachen von Heterogenität geht, und andererseits werden die Selektions- und Normierungsmechanismen mit dem Ziel der Leistungssteigerung weiter verschärft, was zwangsläufig zu einer stärkeren Stratifizierung des Schulsystems und Ausgrenzung derjenigen führen muss, die die Norm nicht erfüllen. Der UN-Fachausschuss für die Rechte von Menschen mit Behinderungen (vgl. 2016) nimmt im Allgemeinen Kommentar Nr. 4 zur UN-Behindertenrechtskonvention zu dieser Frage eindeutig Stellung: „Empirische Daten zeigen, dass sich das segregierte Sonderschulsystem trotz steigender Inklusionsquoten unter dieser Voraussetzung bestens hält: Die Segregationsquoten bleiben stabil, denn der Anstieg der Inklusionsquoten geht eben nicht mit dem Abbau von Sonderschulen einher. Stattdessen werden mit Hilfe der sonderpädagogischen Diagnostik immer mehr Grundschulkinder durch die Attestierung von sonderpädagogischem Förderbedarf zu „Inklusionskindern". Die Entwicklung seit 2009 belegt, dass die bildungspolitische Konzeption von inklusiver Bildung dem Zweck dient, das bestehende System mit seinen etablierten Strukturen, Institutionen und Überzeugungen weitgehend aufrecht zu erhalten. Zu den Überzeugungen gehört die Vorstellung, dass Kinder am besten in leistungshomogenen Gruppen lernen und gefördert werden können. Dass sich diese Überzeugung trotz gegenteiliger Ergebnisse aus Forschung und pädagogischer Praxis gesellschaftlich hartnäckig hält, liegt nachweislich an der Tatsache, dass die mit der Leistungshomogenisierung verbundene soziale Segregation der Privilegierung von Bildungsansprüchen nutzt".

Mit der nun folgenden Analyse sollen keineswegs die bisherigen Bemühungen der Kultusbehörden einiger Bundesländer und vor allem das Engagement der Lehrer*innen diskreditiert werden, die sich für eine inklusive Schule einsetzen. Es soll im Folgenden vielmehr nach den Gründen dafür gefragt werden, warum Bildungsgerechtigkeit – dargestellt am aktuellen Beispiel der Inklusion – in Deutschland so schwer zu verwirklichen ist.

In der gegenwärtigen Inklusionsdebatte werden zumeist formale, also strukturelle, institutionelle, finanzielle, dienstrechtliche usw. Gründe bemüht, um die insgesamt sehr zögerliche Umsetzung der Reform zu begründen. Es dürfte allerdings weitaus mehr mit spezifischen Eigenarten unserer Kultur zu tun haben, die in diesem Beitrag thematisiert werden sollen. Er stellt genau genommen die Frage, welchen Einfluss die tief in der jeweiligen Kultur bzw. im jeweiligen Kulturraum verwurzelten, impliziten Werte, Normen, Konventionen und Regeln auf die daraus ihr Selbstverständnis, ihr Regelwerk und ihre Alltagspraktiken ableitenden (Bildungs-) Institutionen, Organisationen und Systeme im Kontext der Inklusionsdebatte haben. Dieser Beitrag fragt nach den Gründen für eine mangelnde Bereitschaft zur Umsetzung einer inklusiv orientierten Schulreform und entfaltet die These, dass unsere Kultur mit ihren impliziten Werten, Mythen und Leitbildern strukturell und hochgradig exklusiv, selektiv und segregierend ist. Er befasst sich mit Struktur und Wirksamkeit unterschiedlicher Kulturdimensionen im Hinblick auf Bildungsgerechtigkeit, exemplarisch verdeutlicht am Beispiel des Themas ,Inklusion'. Tony BOOTH (2010, 13), einer der Autoren des ,Index for Inclusion' schreibt dazu: „Solange kulturelle Veränderungen innerhalb von Schulen […] nicht angesprochen werden, sind die Möglichkeiten für die Entwicklung pädagogischer Qualität sehr begrenzt. Deshalb kann die systematische Planung und Implementierung [von Inklusion; d. Verf.] nur dann nachhaltig werden, wenn diese aus einer Veränderung der Kultur erwächst und durch sie ergänzt wird."

Exklusive vs. inklusive Kulturen

Der Umgang mit Heterogenität und Selektion, Inklusion und Bildungsgerechtigkeit, ja mit gesellschaftlichem und bildungspolitischem Wandel und mit Innovation überhaupt ist je nach Kulturraum sehr unterschiedlich. Daher ist es zweifellos berechtigt, von inklusiven und exklusiven (Schul-)Kulturen zu sprechen. Um diesen fundamentale Unterscheidung plausibel machen zu können, ist zunächst ein kleiner Exkurs notwendig: Für das Verständnis von ,Kultur' ist ein wissenschaftlich begründetes Konzept sinnvoll. Konsensfähig erscheint hier das bereits früher (vgl. GEBAUER 2011, 10) ausführlicher beschriebene ‚Eisberg-Modell‘ der Kultur.

Abb. 2: Das Eisberg-Modell der Kultur (GEBAUER 2011, 10)

Nach diesem Modell wird unterschieden zwischen der Percepta- und der Concepta- Ebene einer Kultur. Die Percepta-Ebene ist gewissermaßen der sichtbare Teil des Eisbergs über Wasser. Er stellt deren äußerlich wahrnehmbare, materielle und objektivierte Phänomene dar (Kleidung, Ernährungsgewohnheiten, Musik, Kunst, Gesten, Symbole, Rituale usw.). Der weitaus größere und wichtigere Teil, also Wertvorstellungen, Normen, Denk-, Wahrnehmungs- und Urteilsweisen, liegt – um im Bild zu bleiben – nicht sichtbar unter Wasser, auf der Concepta- Ebene. Die Concepta-Ebene stellt das kollektive Unterbewusstsein der Angehörigen, Kollektive und Institutionen einer Kultur dar. Dieses nun leitet deren Wahrnehmung, Denken, Fühlen und letztlich Alltagshandeln. Es gestaltet unbewusst und unartikuliert Welt- und Leitbilder, Glaubenssätze und Stigmatisierungsprozesse nicht nur der Angehörigen einer jeweiligen Kultur, sondern auch deren Institutionen, Regelwerken und Mechanismen sozialer Systeme und Prozesse. Das kollektive Unterbewusstsein speist sich aus vorwiegend affektgeladenen Mustern, zum Beispiel der kulturell sehr unterschiedlich ausgeprägten Dimensionen wie der Angst vor Risiken und Unbekanntem, dem Bedürfnis nach Sicherheit und Kontrolle, dem Verhältnis zu Macht und Autorität, dem Zeitkonzept, der Gewichtung der Bedürfnisse des Individuums im Verhältnis zum Kollektiv, um zunächst nur einige Beispiele zu nennen.

Die relative Fortbeständigkeit und Beharrlichkeit von Kulturen macht die Entwicklung von Gemeinschaften, Institutionen und Systemen möglich und problematisch zugleich, da Kulturen Machtunterschiede gewähren, verstärken oder bekämpfen und eher offen, innovativ und inklusiv oder geschlossen, konservativ und exklusiv geprägt sein können. Offene, inklusive Kulturen ermutigen die Anerkennung dessen, dass eine Vielfalt an Lebensweisen und Identitäten koexistieren kann, dass Kommunikation zwischen ihnen als bereichernd erfahren wird und erforderlich macht, dass Machtunterschiede ausgeglichen werden. Die Angehörigen exklusiver Kulturen hingegen deuten Heterogenität eher als Identitätsverlust und versuchen mit allen Mitteln, diesen abzuwehren, so Tony Booth (vgl. 2010, 14).

Kulturvergleichende Studien als Indikator für Ursachen

Einer der Schwerpunkte interkultureller Forschung ist die Suche nach kulturellen Dimensionen durch systematische Erforschung und Abstrahierung kultureller Unterschiede. Die erste groß angelegte Referenzstudie dieser Art stammt von dem Niederländer Geert Hofstede (1997). Er entwickelte ein erstes Modell zur Beschreibung der Tiefenschichten von Kulturen. Hofstede fand auf der Concepta-Ebene folgende fünf Dimensionen, in denen sich Kulturen signifikant voneinander unterscheiden:

Machtdistanz (PDI)

Diese Dimension bezieht sich auf die kulturell akzeptierten Muster von Hierarchie, Machtgefälle und sozialer Ungleichheit. In Kulturen mit hoher Machtdistanz lösen Menschen mit Führungspositionen in allen gesellschaftlichen Bereichen viel Respekt aus, und es ist wahrscheinlich, dass sie ebenso viel Respekt verlangen. Der Abstand zwischen Lehrern und Schülern bzw. Studenten, Erwachsenen und Kindern, Leitern und Unterstellten wird ständig betont. In Kulturen mit niedriger Machtdistanz (z.B. Österreich, Israel, Neuseeland und die skandinavischen Länder im Gegensatz zu den Philippinen, Mexiko und Ex-Jugoslavien) sind die Unterschiede zwischen Personen in über- und untergeordneter Position oft kaum bemerkbar.

Unsicherheitsvermeidung (UAI)

Die Unsicherheitsvermeidung lässt Rückschlüsse auf den bevorzugten Grad an Strukturierung und Regulierung zu. Kulturen mit einem hohen Grad an Unsicherheitsvermeidung favorisieren vorgeschriebene Strukturen. Dies führt zu sehr genauen Gesetzen und Regeln für alle Lebenslagen. Tendenziell sind die Menschen dieser Kulturen weniger risikofreudig. Normen, soziale Regeln, Riten, organisatorische Regeln und technische Instrumente helfen, Unsicherheiten zu reduzieren oder zu bewältigen. Kulturen mit gering ausgeprägter Unsicherheitsvermeidung empfinden Risiko eher als Herausforderung, solche mit hoch ausgeprägter Unsicherheitsvermeidung hingegen reagieren mit Symptomen der Angst und Mechanismen der Kontrolle. Den höchsten Wert in dieser Dimension weist in dieser Studie Griechenland auf, ebenfalls hoch ausgeprägt ist er u.a. in Japan, Portugal und Belgien, besonders niedrig ist er in Dänemark, Schweden, Irland und Großbritannien.

Individualismus versus Kollektivismus (IDV)

Diese Dimension bezieht sich auf die Tendenz von Mitgliedern bestimmter Kulturen, entweder dem Individuum oder dem Kollektiv größere Bedeutung beizumessen. „Individualismus beschreibt Gesellschaften, in denen die Bindungen zwischen den Individuen locker sind: man erwartet von jedem, dass er für sich selbst und seine unmittelbare Familie sorgt. Sein Gegenstück, der Kollektivismus, beschreibt Gesellschaften, in denen der Mensch von Geburt an in starke, geschlossene Wir-Gruppen integriert ist, die ihn ein Leben lang schützen und dafür bedingungslose Loyalität verlangen" (HOFSTEDE 1997, 66). Australien, Kanada, USA, Großbritannien, Neuseeland sind individualistische Kulturen, wohingegen die meisten asiatischen und lateinamerikanischen Länder eher kollektivistisch orientiert sind.

Maskulinität versus Femininität (MAS)

Zwei gegensätzliche, sozusagen ,geschlechtsspezifische' Merkmale von Kulturen werden in dieser Dimension unterschieden. Das feminine Muster weist Merkmale wie die Pflege des sozial-emotionalen Klimas, Beziehungsarbeit, Mitgefühl, Toleranz, Ausgleich und Kooperation auf. Das maskuline Muster steht für Status, Leistung, Konkurrenz, Unabhängigkeit, Dominanz und Aggression; Maskuline Kulturen sind mehr durch die ,kriegerisch-männlichen' Eigenschaften gekennzeichnet: Solidarität, Toleranz und Mitgefühl spielen eine untergeordnete Rolle, und die Geschlechterrollen sind relativ strikt getrennt. Als typisch maskuline Kulturen gelten z.B. Japan, Deutschland, Italien und viele lateinamerikanische Länder[2].

---

2 Diese Dimension ist insbesondere im Zusammenspiel mit anderen Dimensionen besonders bedeutend. So wird die Kombination von Maskulinität und hoher Unsicherheitsvermeidung als kulturelle

Langzeit- versus Kurzzeitorientierung (LTO)

Wie langfristig und nachhaltig eine Kultur orientiert ist, gibt diese Dimension an. Langfristige Orientierung wird assoziiert mit Werten wie Ausdauer, Beharrlichkeit, tugendhaftem Verhalten, Ordnung der Beziehungen nach Status sowie der Einhaltung dieser Ordnung, Sparsamkeit und Schamgefühl. Alle ‚westlichen' Kulturen weisen ähnliche Werte in dieser Dimension auf; sie haben eine Orientierung auf relativ kurze Zeiträume.

Ebenfalls bedeutsam ist die Globe-Studie (vgl. HOUSE et al. 2004), auf die hier unter der Perspektive von Bildungsgerechtigkeit und Inklusion etwas ausführlicher eingegangen werden soll.

Tab. 1: Die Höchst- und Tiefstwerte sowie die Stellung Deutschlands für die neun Kulturdimensionen der Globe-Studie (GEBAUER 2011, 12)

Kulturdimensionen	Höchstwert (Land)	Tiefstwert (Land)	Deutschland
Unsicherheitsvermeidung	Schweiz (5,37)	Russland (2,88)	5,30
Machtdistanz	Marokko (5,80)	Dänemark (3,89)	5,30
Institutioneller Kollektivismus	Schweden (5,22)	Griechenland (3,25)	3,70
Gruppen-/Familienbasierter Kollektivismus	Phillipinen (6,36)	Dänemark (3,53)	4,00
Geschlechtergerechtigkeit	Ungarn (4,08)	Südkorea (2,50)	3,10
Bestimmtheit	Albanien (4,80)	Schweden (3,38)	4,50
Zukunftsorientierung	Singapur (5,07)	Russland (2,88)	4,30
Leistungsorientierung	Schweiz (4,94)	Griechenland (3,20)	4,20
Humanorientierung	Sambia (5,23)	Deutschland (3,18)	3,18

Diese Studie weist neun Kulturdimensionen auf, von denen mehrere den HOFSTEDE-Dimensionen teilweise oder weitgehend entsprechen (Unsicherheitsvermeidung, Machtdistanz, Institutioneller bzw. Gruppen- oder familienorientierter Kollektivismus). Neu hinzugekommen sind die Dimensionen *Geschlechtergleichheit* (Wie stark strebt eine Gemeinschaft die Gleichberechtigung der Geschlechter an und verringert dadurch die Geschlechterdiskriminierung?), *Bestimmtheit* (Wie weit verhält sich ein Mitglied einer Kultur oder einer Unternehmung gegenüber Anderen konfrontierend, aggressiv und selbstbewusst?), *Zukunftsorientierung* (Wie weit zeigen Individuen in einer Gesellschaft oder Organisation zukunftsorientiertes Verhalten?), *Leistungsorientierung* (Wie stark ermutigt

---

Basis für faschistische Ideologien betrachtet: Deutschland, Japan, Italien sowie Venezuela, Mexiko, Argentinien und Kolumbien haben interessanterweise genau diese Kombination.

und belohnt eine Kultur ihre Mitglieder zu Leistungsverbesserung und Höchstleistungen?) sowie die Dimension der *Humanorientierung*. Humanorientierung entspricht teilweise der Dimension ‚Maskulinität vs. Femininität' von HOFSTEDE und ist definiert als das Ausmaß, in dem eine Gesellschaft die Individuen in ihrem Verhalten hinsichtlich Fairness, Altruismus, Freundlichkeit, Großzügigkeit, Fürsorge und Gutherzigkeit Anderen gegenüber bestärkt und belohnt.

Vergleichsweise hohe Werte erzielt Deutschland in den Dimensionen ‚Unsicherheitsvermeidung' und ‚Leistungsorientierung'. Bemerkenswert ist die Dimension ‚Humanorientierung' bzw. ‚Institutioneller Inhumanismus', d.h. das Ausmaß, in dem eine Gesellschaft die Individuen in ihrem Verhalten hinsichtlich Fairness, Altruismus, Freundlichkeit, Großzügigkeit, Fürsorge und Gutherzigkeit Anderen gegenüber bestärkt und belohnt und sich dies in den Strukturen und Alltagspraktiken gesellschaftlicher Institutionen manifestiert. Humanorientierung bedeutet, dass sich Institutionen an den Bedürfnissen der Menschen orientieren, wie das Paradigma der Inklusion besagt, und nicht an den Strukturen, Notwendigkeiten und Eigenlogiken von gesellschaftlichen Institutionen wie beispielsweise dem staatlichen Schulsystem als solchem und letztlich den öffentlichen Schulen. Diese Dimension ist bei Weitem nicht in jeder Kultur gleich stark ausgeprägt. Die Länder mit der höchsten Humanorientierung weltweit sind Sambia, Irland, die Philippinen und Ägypten. Acht der zehn Länder mit der niedrigsten Humanorientierung sind europäische Länder, wobei Deutschland den Spitzenreiter in puncto institutionelle Inhumanität darstellt, gefolgt von Griechenland, Spanien, Frankreich und der Schweiz. Ein weiteres bedeutsames Ergebnis zeigt sich hinsichtlich der Dimension ‚Institutioneller Kollektivismus', also dem gemeinsamen, kooperativen und solidarischen Handeln in Institutionen. Hier liegen insbesondere die skandinavischen Länder, die nach HOFSTEDE eine gering ausgeprägte Unsicherheitsvermeidung und eine ‚feminine' Wertestruktur aufweisen, weit vorn. In Deutschland hingegen, wo Unsicherheitsvermeidung ausgeprägt und die kulturelle Prägung eher ‚maskulin' erscheint, ist diese Dimension vergleichsweise gering ausgeprägt.

Die Ergebnisse der hier aufgeführten Studien zeigen zusammenfassend, dass das kollektive Unterbewusstsein unserer Kultur auf der Concepta-Ebene geprägt ist von einem hohen Angstpotenzial und dem Bedürfnis, Unsicherheit durch Kontrolle und systemstabilisierende Maßnahmen wie Regeln, Gesetze, Verordnungen und entsprechende Strafmaßnahmen zu vermeiden, gepaart mit vorrangig ‚maskulinen' Werten wie Konkurrenz sowie Status- und Leistungsorientierung einerseits und einer vergleichsweise äußerst geringen Wertschätzung und Praktizierung ‚femininer', also humaner, an Wohlergehen, Fürsorge, Solidarität, Empathie und sozialem Miteinander orientierter Werte. Hinzu kommt eine mangelnde Kultur und Praxis solidarischer Kooperation in Institutionen. Diese Wertestruktur führt zu einer sehr geringen institutionellen Humanorientierung, also einer vorrangigen Orientierung an den Erfordernissen von Institutionen und Apparaten und weniger an den Bedürfnissen der daran partizipierenden Menschen.

Kulturen: High-Context oder Low-Context – Polychron oder Monochron

Zwei weitere, eng miteinander in Beziehung stehende Kulturdimensionen werden im Folgenden kurz beschrieben, da sie im Kontext von Inklusion ebenfalls bedeutsam erscheinen. Die erste ist die Unterscheidung in High-Context und Low-Context-Kulturen, die auf die Frage abhebt, wie das Verhältnis von Sach- und Beziehungsebene in kulturellen sowie institutionellen Praktiken und Institutionen ist. In High-Context-Kulturen haben Kooperation, Beziehungen, Emotionen, soziale Rituale und Interaktionen eine hohe Bedeutung und strukturieren sie weitgehend, beispielsweise auch hinsichtlich der Organisation von schulischem Lernen. Informationen sind oftmals implizit und in die Kommunikations- und Interaktionssituationen gebettet. In Low-Context-Kulturen hingegen steht der sachbezogene, explizite Informationsaustausch im Vordergrund, die Beziehungsebene spielt eine nachgeordnete Rolle.

Tab. 2: Unterschiede zwischen High-Context und Low-Context-Kulturen

	Low-Context	High context
Beispiel-Länder	Amerika, Großbritannien, Kanada, Deutschland, Dänemark, Norwegen	Japan, China, Ägypten, Saudi-Arabien, Frankreich, Italien, Spanien
Geschäfts einstellung	kompetitiv	kooperativ
Arbeitsethik	aufgabenorientiert	beziehungsorientiert
Arbeitsstil	individualistisch	teamorientiert
Wünsche der Beschäftigten	individuelle Ziele	Teamziele
Beziehungen	viele, lockerer, kurzzeitig	weniger, enger, langfristig
Entscheidungs- prozess	logisch, linear, regelgeleitet	intuitiv, beziehungsgeleitet
Kommunikation	eher verbal als non-verbal	eher non-verbal als verbal
Planungshorizont	eher explizit, schriftlich, formal	eher implizit, mündlich, informell
Zeitwahrnehmung	Gegenwart-/Zukunftsorientiert	tiefer Respekt vor der Vergangenheit
Umgehen mit Veränderung	Veränderung steht über Tradition	Tradition steht über Veränderung
Wissen	explizit, bewusst	implizit, nicht vollständig bewusst
Lernen	Wissen ist übertragbar (über der Oberfläche)	Wissen ist situationsabhängig (unter der Oberfläche)

Deutschland, die deutschsprachige Schweiz, aber auch die skandinavischen Länder führen die Rangliste der Low-Context-Kulturen an. Japan, die arabischen Länder und die Länder Südeuropas hingegen sind ausgesprochene High-Context-Kulturen (vgl. Tab. 2). In enger Beziehung zu diesen Kulturdimensionen steht eine weitere für Inklusionsprozesse bedeutsame – und zwar die Unterscheidung in monochronische und polychronische Zeitkonzepte von Kulturen. Monochronische Kulturen weisen einen hohen und oftmals rigiden zeitlichen Strukturierungsgrad auf, der durch Pünktlichkeit, möglichst perfektes Zeitmanagement und das Vorherrschen zielorientierter, streng getakteter, serieller Abläufe gekennzeichnet ist, wo also eins nach dem anderen erledigt wird. Polychronisch orientierte Kulturen hingegen haben ein eher prozesshaftes, diskontinuierliches und flexibles Zeitkonzept (vgl. HALL & HALL 1989). Erfolgreiche Inklusion dürfte sicher auch von der Fähigkeit abhängen, Beziehungen auf zwischenmenschlicher Ebene empathisch, dialogisch und kommunikativ sowie Lernprozesse in höherem Maße prozesshaft und flexibel zu gestalten, um unterschiedlichen individuellen Lernausgangslagen und Lerntempi angemessen gerecht zu werden.

Von der exklusiven zur inklusiven Schule

Die hier dargestellten Ergebnisse kulturvergleichender Studien machen deutlich, dass unser Schulsystem in vieler Hinsicht strukturell exklusiv ist, indem es der impliziten Systemlogik folgt, Heterogenität nach wie vor über Selektionsmechanismen organisatorisch aufzulösen und nicht pädagogisch zu bearbeiten. Inklusion kann nur dann von der Akzeptanz aller Beteiligten getragen und in vollem Umfang realisiert werden, wenn sie auf der Grundlage einer kritischen Reflexion der eigenen Kultur und deren impliziter Werte, Normen, Verbote und Gebote sowie Moralvorstellungen erwächst. Die folgende Tabelle macht deutlich, auf welche Weise sich exklusive und inklusive (Schul-)Kulturen auf Grundlage der hier vorgestellten Analyse kulturvergleichender Studien und der durch sie erfassten Kulturdimensionen unterscheiden.

Tab. 3: Merkmale exklusiver und inklusiver Schulkulturen auf der Grundlage relevanter Kulturdimensionen

Exklusive (Schul-)Kulturen	Inklusive (Schul-)Kulturen
Unsicherheits-, Angst-, Risikovermeidung Priorität: Einhalten von Regeln, Verordnungen, Standards; Fehler und Ambiguität vermeiden	Innovations- und Risikofreudigkeit Priorität: Passung von Bedürfnissen, Regeln und Standards; Fehler und Ambiguität zulassen
Maskuline Wertestruktur Priorität: Leistung, Wettbewerb, Konkurrenz, Selektion, Uniformität	Feminine Wertestruktur Priorität: Lebensqualität, Kooperation, Solidarität, Fürsorge, Partizipation, Vielfalt
Institutioneller Inhumanismus Priorität: Der Mensch dient und nutzt den Institutionen und passt sich deren Erfordernissen an	Institutioneller Humanismus Priorität: Institutionen dienen und nutzen dem Menschen und werden gemäß dessen Bedürfnissen angepasst
Low Context Priorität: Arbeit/Aufgabe, Pflichterfüllung, Zweck-Mittel-Logik, Sachbezogenheit	High Context Priorität: Beziehungen, Rituale, Atmosphäre, Emotionalität, Intuition
Monochronisch Priorität: Produkt-, Zielorientierung, linear, sequenziell, sukzessiv	Polychronisch Priorität: Prozessorientierung, flexibel, diskontinuierlich, simultan

Sie macht zugleich deutlich, welche Veränderungen im staatlichen Schulsystem zukünftig notwendig wären, um die Voraussetzungen dafür zu schaffen, dass Kinder mit sehr unterschiedlichen Lernvoraussetzungen, -motivationen und -stilen gleichermaßen willkommen sind, ihre eigenen Lernwege finden, diesen gestalten und Bildung als sinnstiftend und als persönliche Bereicherung erleben können. Wirksame Prozesse der Schulentwicklung in Richtung einer inklusiven Schule gibt es gegenwärtig bereits in einigen öffentlichen Schulen (vgl. BOBAN & HINZ 2015; BOBAN & HINZ 2016). Das ist eine ermutigende Entwicklung, für die eine Reflexion des eigenen Selbstverständnisses und der daraus resultierenden Alltagspraxen auf Grundlage der hier beschriebenen Dimensionen der Tiefenstruktur unserer Kultur vielleicht hilfreich sein kann, um den einen oder anderen ‚Blinden Fleck' des eigenen professionellen Selbstverständnisses zu erhellen und daran mitzuwirken, Bildungsgerechtigkeit, Partizipation und Selbstbestimmung in der täglichen pädagogischen Arbeit, der Institution Schule und der Gesellschaft zu verwirklichen.

Solange unbewusste, kulturell bedingte Barrieren in Schule und Bildung nicht angesprochen werden, sind die Möglichkeiten für die Entwicklung pädagogischer Qualität sehr begrenzt. Deshalb kann eine an humanitären Werten orientierte, menschenrechts-basierte Schulreform nur dann nachhaltig werden, wenn sie auf der Grundlage einer kritischen Reflexion der eigenen Kultur und deren impliziter Werte, Normen, Verbote und Gebote sowie Moralvorstellungen erwächst. Jenseits schul- und lernorganisatorischer sowie administrativer Maßnahmen gibt es in der gegenwärtigen Inklusionsbewegung einen weitgehenden Wertekonsens, der sich auf grundlegende Menschenrechte für das soziale Miteinander gründet: Gleichheit bzw. Gleichwürdigkeit, Gerechtigkeit im Sinne gleicher Rechte, Teilhabe, Respekt für und Anerkennung von Vielfalt, Dialogfähigkeit, Gemeinschaft, Nachhaltigkeit, Gewaltfreiheit, Vertrauen, Ehrlichkeit, Mut, Freude, Mitgefühl, Liebe und Fürsorge, Optimismus und Hoffnung und Schönheit. Hier kommen nun wieder die impliziten und beharrlichen kulturellen Muster ins Spiel, die einem Wandel entgegenstehen. Werte lassen sich nicht einfach kopieren, sie müssen verinnerlicht und gemeinsam mit Anderen gelebt und geteilt werden. Da Schule – ob staatlich oder frei – jedoch ebenfalls in unsere in mancher Hinsicht problematisch erscheinende Kultur eingebettet ist, soll dieser Beitrag dazu anregen, das eigene pädagogische Selbstverständnis und die daraus resultierenden Alltagspraktiken unter einer *kulturkritischen* Perspektive zu betrachten, um dadurch die Entwicklung pädagogischer Qualität voran zu bringen. Die einseitige Fixierung auf Schulentwicklung, institutionelle Rahmenbedingungen sowie die Optimierung von Lernprozessen und -umgebungen bringt wenig, wenn sie nicht mit den oben genannten Werten und dem Anspruch von Teilhabe, Selbstbestimmung und Emanzipation einhergehen. Das setzt Empathie, gegenseitige Wertschätzung sowie Beziehungs- und Dialogfähigkeit auf Augenhöhe voraus und keinen bloßen Vollzug eines von Ängsten, Unsicherheitsvermeidung und starren, typisch ‚männlichen' oder auch ‚weiblichen' Rollenmustern geprägten Erziehungszwangs. Dann kann Schule zu einem Ort werden, der alle Kinder, aber auch die Lehrerinnen und Lehrer dazu einlädt, ermutigt und inspiriert, ihre individuellen Potentiale zu entfalten.

Literatur

AUTORENGRUPPE BILDUNGSBERICHT (Hrsg.) (2012): Bildung in Deutschland 2012. Bielefeld: Bertelsmann. Im Internet: www.bildungsbericht.de/de/bildungsberichte-seit-2006/ bildungsbericht-2012/ pdf-bildungsbericht-2012/bb-2012.pdf (letzter Abruf: 30.10.2016)

AUTORENGRUPPE BILDUNGSBERICHT (Hrsg.) (2012): Bildung in Deutschland 2012. Wichtige Ergebnisse im Überblick. Bielefeld: Bertelsmann. Im Internet: www.bildungsbericht.de/de/bildungsberichte-seit-2006/bildungsbericht-2012/pdf-bildungsbericht-2012/wichtige-ergebnisse-presse2012.pdf (letzter Abruf: 30.10.2016)

BOBAN, Ines & HINZ, Andreas (Hrsg.) (2015): Erfahrungen mit dem Index für Inklusion. Kindertageseinrichtungen und Grundschulen auf dem Weg. Bad Heilbrunn: Klinkhardt

BOBAN, Ines & HINZ, Andreas (Hrsg.) (2016): Arbeit mit dem Index für Inklusion. Entwicklungen in weiterführenden Schulen und in der Lehrerbildung. Bad Heilbrunn: Klinkhardt

BOOTH, Tony (2010): Wie sollen wir zusammen leben? Inklusion als wertebezogener Rahmen für pädagogische Praxisentwicklung. Vortrag im Rahmen der Internationalen Fachtagung des Projekts

Kinderwelten vom 11.06.2010 in Berlin. Im Internet: www.gew.de/index.php?eID=dumpFile&t=f&f=24107&token=72877d00d8142 c7d3c29e2d717653f7388400e4e&sdownload= (letzter Abruf: 30.10.2016)

DEUTSCHE UNESCO-KOMMISSION (o.J.): Fragen und Antworten zu inklusiver Bildung. Im Internet: www.unesco.de/bildung/inklusive-bildung/inklusion-faq.html (letzter Abruf: 30.10.2016)

GEBAUER, Michael (2011): Warum Deutschland nicht über seinen Schatten springt. Wie die Kultur eines Landes Schulreformen beeinflusst. In: Unerzogen Magazin, 3/2011, 9-14

HALL, Edward T. & HALL, Mildred Reed (1989): Understanding Cultural Differences. Tarmouth ME: Intercultural Press

HOFSTEDE, Geert (1997): Lokales Denken, globales Handeln. DTV: München

HOUSE, Robert J., HANGES, Paul J, JAVIDAN, Mansour, DORFMAN, Peter W. & GUPTA, Vipin (Eds.) (2004): Culture, Leadership and Organizations: The GLOBE Study of 62 Societies. Thousand Oaks: Sage Publications

KERSTAN, Thomas (2012): Ist die Schule gerecht? Im Internet: www.zeit.de/2012/27/C-Bildungsgerechtigkeit (letzter Abruf: 30.10.2016)

KLEMM, KLAUS (2015): Inklusion in Deutschland – Daten und Fakten. Gütersloh: Bertelsmann Stiftung. Im Internet: www.unesco.de/fileadmin/medien/Dokumente/Bildung/ 139-2015_BST_Studie_Klemm_Inklusion_2015.pdf (letzter Abruf: 30.10.2016)

KROEBER, Alfred Louis & KLUCKHOHN, Clyde (1952): Culture: A Critical Review of Concepts and Definitions. Harvard: University Press

KULTUSMINISTERKONFERENZ (2012): Dokumentation Nr. 196: Sonderpädagogische Förderung in Schulen. 2001 bis 2010. Internet: www.kmk.org/fileadmin/pdf/Statistik/Dokumentationen/Dokumentation_SoPaeFoe_2010.pdf (letzter Abruf: 30.10.2016)

MAURER, Marco (2013): Der soziale Aufstieg eines Arbeiterkindes. Die ZEIT vom 24.01.2014, 11ff

SCHÄDLER, Johannes & DORRANCE, Carmen (2011): Barometer of Inclusive Education – Konzept, methodisches Vorgehen und Zusammenfassung der Forschungsergebnisse ausgewählter europäischer Länder. In: Zeitschrift für Inklusion, 4/2011. Im Internet: www.inklusion-online.net/index.php/inklusion/article/view/133/129 (letzter Abruf: 30.10.2016)

SCHUMANN, Brigitte (2009): Inklusion: eine Verpflichtung zum Systemwechsel – deutsche Schulverhältnisse auf dem Prüfstand des Völkerrechts. In: Zeitschrift für Inklusion, 01/2009. Im Internet: www.inklusion-online.net/index.php/inklusion-online/article/view/171/171 (letzter Abruf: 30.10.2016)

TAFFERTSHOFER, Birgit (2010): Lesen gut, Integration mangelhaft. Im Internet: http://www.sueddeutsche.de/karriere/die-ergebnisse-im-ueberblick-lesen-gut-integration-mangelhaft-1.795176 (letzter Abruf: 30.10.2016)

UN-FACHAUSSCHUSS FÜR DIE RECHTE VON MENSCHEN MIT BEHINDERUNGEN (2016): Allgemeiner Kommentar Nr. 4 zur UN-Behindertenrechtskonvention. Im Internet: www.ohchr.org/Documents/HRBodies/CRPD/GC/RighttoEducation/CRPD-C-GC-4.doc (letzter Abruf: 30.10.2016)

ZEIT Online (2012): Ist die gerechte Schule eine Illusion oder das Ziel. Im Internet: www.zeit.de/gesellschaft/schule/2012-09/bildungsminimum-streitgespraech (letzter Abruf: 30.10.2016)

Donja Amirpur und Andrea Platte

Die Erfindung der Anderen: Intersektionale und inklusive Perspektiven als Korrektiv für die Soziale Arbeit und Bildungsprozesse

> *"So that is how to create a single story: Show people as one thing –*
> *as only one thing over and over again – and that is what they become."*
> (Chimamanda Ngozi ADICHIE)

1 Einführung

In einem Vortrag mit dem Titel „The Danger of a Single Story" schildert die Autorin Chimamanda Ngozi ADICHIE (2009) Beispiele dafür, wie die (wiederholte) Fokussierung spezifischer Ereignisse oder Eigenheiten zur Reduktion auf diese führt, sie vereinfacht und somit ein ‚Erkennen' der Protagonist*innen verhindert und deren Selbstinszenierung prägt. Die Herausstellung von ‚Mastermerkmalen' ist sowohl im Kontext Sozialer Arbeit, als auch in Erziehungs- und Bildungsprozessen einerseits geläufige, Orientierung gebende und strukturschaffende Praxis, andererseits aus kritischer Perspektive Gegenstand professioneller Reflexion und aus betroffener Perspektive fragwürdig: „Mich irritiert jedoch total, wenn mein mangelndes Hörvermögen (…) *spekulativ* zu einem dominierenden Defekt erklärt wird, der über die faktische Beeinträchtigung hinaus *zwangsläufig* weiteres Unvermögen einschließt" (JAEGER & ROEBKE 2004, 155, Herv. im Original).

Diese als Konzentrierung oder Vereinfachung nachzuvollziehende Praxis ist im Bildungssystem handlungsleitend zum Beispiel für die Zuweisung zu Förderschwerpunkten und schafft auch in der Sozialen Arbeit Tatsachen, zum Beispiel durch Gruppierungen von Adressat*innen.

Die Balance zwischen zielführender Unterstützung (die sich auf herauszustellende Merkmale oder Eigenheiten berufen mag) und selbstbestimmter Gestaltungsmöglichkeit (die die individuelle Entwicklung autonomer Persönlichkeiten verlangt) ist auch eine Frage von Identität und Differenz sowie ein zentrales Dilemma von Sozialer Arbeit sowie Pädagogik: Zwischen unreflektierter Zuschreibung und Gewissheit auf der einen Seite – die sich dann machtvoll und wissend als Konstruktion z.B. von Klient*innen durch Professionelle oder von Lernenden durch Lehrende äußert – und orientierungs- oder unterstützungsloser, den Gegenübern überlassener ‚Selbstbildung', gilt es eine Balance zu finden. Anliegen des folgenden

Beitrags ist der Blick auf Spannungsfelder an den Schnittstellen von Sozialer Arbeit und Bildung, die eine solche Balance herausfordern, sowie die Suche nach deren Umsetzung.

2 Soziale Arbeit und Bildungssystem(e): Spannungsfelder

Zur Geschichte der Sozialen Arbeit gehört das Hadern mit den Aufgaben, die ihr übertragen werden, denn sie bewegt sich von jeher in einem Spannungsfeld: Auf der einen Seite ist es ihr Auftrag, sich sozialer Ungleichheit zu stellen und zu mehr sozialer Gerechtigkeit beizutragen. Auf der anderen Seite ist sie an der Aufrechterhaltung gesellschaftlicher Macht- und Ungleichheitsverhältnisse beteiligt (vgl. RIEGEL 2014), nutzt Differenzkonstruktionen und leistet Normalisierungsarbeit. Bildungssysteme hingegen scheinen in ihrem Auftrag zu eindeutigerer Gewichtung legitimiert zu sein: Schule als formale und, da für Heranwachsende verpflichtend, dominante Bildungseinrichtung übernimmt neben Qualifikations- und Sozialisationsfunktionen auch Selektions- und Allokationsfunktionen (vgl. FEND 1980); das heißt, die Vorbereitung auf unterschiedliche, entsprechend auch ungleiche Bildungsverläufe und damit Positionen in der Gesellschaft, ist ihr immanent. Dass sie damit ‚Gewinner*innen' von ‚Verlierer*innen' unterscheidet und die Reproduktion sozialer Ungleichheit fortsetzt, erscheint dadurch nahezu gerechtfertigt. Gleichwohl wird auch an sie der Anspruch herangetragen, soziale Ungleichheiten zu kompensieren. Einrichtungen und Angebote Sozialer Arbeit als non-formale Bildung zum Beispiel in der Offenen Jugendarbeit verfolgen hingegen in ihrem Selbstverständnis letztere (soziale) Funktion. Die Soziale Arbeit übernimmt hier selber Bildungsaufträge, während sie im formalen Kontext eine eher unterstützende und diese flankierende Rolle einzunehmen scheint (inwieweit diese Zuschreibung zutreffend und zuträglich ist, wird noch zu klären sein). Zeitgemäß, zunehmend aber auch zusätzlich verlegt sich der Schwerpunkt Sozialer Arbeit durch die Institutionalisierung von Kindheit und durch den Ausbau von Schule in den ‚ganzen Tag' auch in die Bildungskontexte und -einrichtungen. Im aufgezeigten Spannungsfeld ist sie dort besonders aufgefordert, Anwältin für soziale Gerechtigkeit und zur Überwindung von Barrieren zu sein.

Kann Soziale Arbeit im Sinne der Leitidee der Inklusion „eine Perspektive einnehmen, die die Kontextverhältnisse (gesellschaftliche Bedingungen und soziale Bedeutungen) als auch die im Fokus stehenden (pädagogischen) Orientierungen und Praktiken bzw. diesbezügliche Veränderungen und Bildungsprozesse hinsichtlich ihrer ein- und ausgrenzenden, auf- und abwertenden sowie normalisierenden Implikationen, Mechanismen und Folgen" (RIEGEL 2016, 135) in den Blick nimmt? Sie richtet dann ihre Aufmerksamkeit explizit nicht auf die (im pädagogischen Kontext her(aus)gestellte) vorzufindende Heterogenität. Sie lässt sich nicht leiten von einem vermeintlichen ‚Wissen über die Anderen‘, das diesen Abweichungen, Defizite oder Stärken unterstellt, im Anspruch größtmöglicher ‚Wertschätzung‘, – ein Wissen, das dann in Strukturen, Handlungsabläufen, Regelungen, Umgangsweisen institutionalisiert wird, so dass, wenn auch nicht von den Mastermerkmalen (wie bspw. Migration und die Behinderung) die Rede ist, das hegemoniale Wissen darüber und „das, was es jeweils nicht ist, darin ein- und aufgeht" (ATTIA 2013, 14). Stattdessen demontiert sie Barrieren, die Diskriminierung verursachen. Für die oben eingeforderte Balance lässt sich somit fragen, inwiefern Soziale Arbeit und Pädagogik in solidarischer, einander ergänzender Kooperation eine Ausgewogenheit zwischen der Anerkennung von Differenz und der Aufmerksamkeit für exklusionsverursachende Diskriminierung und Machtverhältnisse herzustellen in der Lage wären.

3 Terminologie – Positionierung – Adressierung

Mit der Luhmannschen Systemtheorie als häufig rekurrierter „Reflexionsrahmen für die Funktion und Wirkweise Sozialer Arbeit" (KUHLMANN 2012, 42) sind die Begriffe Inklusion und Exklusion im Kontext der Sozialen Arbeit und der Sozialwissenschaften bereits sehr viel länger relevant als im Bildungswesen und in der öffentlichen Diskussion. Beschreibt der Begriff Exklusion bei LUHMANN wertfrei einen Zustand der Nicht-Zugehörigkeit, der nicht per se Ausgrenzung bedeuten muss, so führt bereits seine Verwendung in der Sozialen Arbeit zu einer „terminologischen Brüchigkeit" (MERTEN zit. nach KUHLMANN 2012, 42), da hier Exklusion als Problematik sozialer Ungleichheit, Benachteiligung, wenn nicht gar Diskriminierung in den Blick rückt. Der Sozialen Arbeit wird die Verantwortung für die „stellvertretende Inklusionsvermittlung und für die Exklusionsvermittlung, bzw. Exklusionsverwaltung" übertragen (ebd.). Terminologisch noch irritierender und insofern Widersprüche verursachend ist vor diesem Hintergrund der Gebrauch des Begriffes der Inklusion als normative Leitidee, so wie er inzwischen im internationalen bildungspolitischen und pädagogischen Kontext vertreten wird: In Abgrenzung vom Integrationsparadigma (und nicht nur als Gegenpart von Exklusion) geht es *inklusiver Bildung* um das Ziel der Zugänglichkeit und Angemessenheit von Bildung für alle (und das gemeinschaftlich) (vgl. OTTERSBACH et al 2016, 11).

Der von Andreas HINZ bereits im Jahr 2002 verfasste Text „Von der Integration zur Inklusion – terminologisches Spiel oder konzeptionelle Weiterentwicklung?" nimmt „die zunehmende Verwirrung um zwei viel benutzte und wenig geklärte Begriffe in den Blick: den der Integration und den der Inklusion" (HINZ 2002, 1), die bis heute teilweise synonym, mit Schrägstich verwendet oder als chronologisch einander ablösende Phasen erklärt werden. Als „inklusionistische Kritikpunkte" (ebd., 2) an der Integrationspraxis macht Hinz im deutschen sowie im englischen Sprachraum die „Fixierung auf die administrative Ebene, das Festhalten an einer Zwei-Gruppen-Theorie und die administrative Etikettierung mit entsprechenden individuellen Curricula" (ebd., 5) aus. Die Diskussion auf begrifflicher und konzeptioneller Ebene fand hier ihren Ausgang in der Pädagogik des gemeinsamen Lernens, als deren Anliegen die (Wieder-) Zusammenführung von Kindern galt, die bis dato – als entweder behindert oder nicht behindert voneinander unterschieden – das deutsche Schulsystem getrennt voneinander durchliefen. Dem mag es geschuldet sein, dass bis heute inklusive Bildung dominant als Frage der Platzierung behinderter Kinder im Schulsystem behandelt wird (und ihre Weiterentwicklung quantitativ anhand von „Inklusionsquoten" (BERTELSMANN STIFTUNG 2015, 6) nachgewiesen wird). Dass die Überwindung der „Zwei-Gruppen-Theorie", damals als ein zentrales Qualitätsmerkmal der Inklusion herausgestellt, bis heute nicht vollzogen wurde, lässt die von Hinz vor 15 Jahren gestellte Frage für heute beantworten: Während die Terminologie übernommen wurde, stockt die konzeptionelle Weiterentwicklung. Denn den Terminus übernehmen auf irritierende Weise auch viele, die sich lange Zeit (zum Beispiel als überzeugte Verfechter*innen sonderpädagogischer Schonräume) professionell von ihm abgegrenzt haben. Die Verwischung einst konträrer Paradigmen lässt den Begriff der Inklusion dann auch zunehmend unklarer werden: So betiteln sich selbst durch Segregation gekennzeichnete Programme und Projekte sonder- oder behindertenpädagogischer Praxis längst als ‚inklusiv'.

Mit der Verabschiedung der UN-BRK im Jahr 2006 und ihrer Ratifizierung in Deutschland im Jahr 2009 ist Inklusion und damit auch inklusive Bildung nationales und internationales Programm geworden. Dass die Wahl einer Terminologie auch von politischen Interessen gelenkt wird, zeigt die (nicht rechtsbindende) Übersetzung der Konvention in die deutsche Sprache, in der der englische Begriff „inclusive" durch „integrativ" ersetzt wurde (vgl. dazu kritisch die Schattenübersetzung des Netzwerks Artikel 3 e.V.). Gleichwohl ist es der Verdienst dieser Konvention, dass der Begriff der Inklusion und mit ihm auch die Frage nach seiner Intention auf politischer, wissenschaftlicher, rechtlicher, sozialer und pädagogischer Ebene Aufmerksamkeit erlangt hat und konzeptionelle Weiterentwicklungen entscheidend prägt.

Optimistisch betrachtet, hat die Konvention nicht nur Diskussionen und Aktionspläne, sondern auch kritische Reflexionsprozesse bestehender sozialer, rechtlicher und pädagogischer Praxis und somit Bewegung ausgelöst. Aus pessimistischer Perspektive führen die kontroversen Positionen in der (erziehungs)wissenschaftlichen Community die mangelnde Popularität einer normativen, sich auf Werte berufenden (vgl. kritisch dazu: DANNENBECK & DORRANCE 2017) Leitidee in einem wettbewerbsorientierten und marktbestimmten (Bildungs-)System vor Augen. Erkennend, dass aus der zukunftsorientierten Alternative zu bestehenden pädagogischen Strukturen und Praktiken ein im Mainstream befindliches Pflichtprogramm geworden ist (vgl. DANNENBECK & PLATTE 2016), dem längst eher pragmatisch als visionär begegnet wird, ist es zunehmend schwer (und umso dringender erforderlich), sich zu oder in Inklusionspädagogik und -forschung zu positionieren. Zugleich kann eine solche Positionierung nicht allein professions- oder arbeitsplatzbezogen stattfinden, sondern erfordert multiprofessionelle Abstimmungen, denn „in Ganztagsschulen und inklusiven Schulen ist die alltägliche Kooperation von verschiedenen ExpertInnen (sic.) unumgänglich" (CARLE 2016) – und längst Alltag geworden. Angesichts der komplexer werdenden Anforderungen bedarf die Gestaltung von Bildungsprozessen und -einrichtungen, die als inklusive bezeichnet werden möchten, mehrfacher professioneller Perspektiven: Fachkräfte für Soziale Arbeit und pädagogische Fachkräfte, z.B. Lehrer*innen, sind vermehrt zu notwendigen Kooperationen und Einigungen aufgefordert, die – so ist zu erwarten und zu hoffen – das Verhältnis beider Professionen neu klären und auch auf dieser Ebene Dichotomien und Bilder über die jeweils Anderen dekonstruieren mögen. Denn die Reduktion eines Gegenübers auf ein ‚Mastermerkmal', sei dies eine Person, eine Gruppe oder eine Profession, und die darin drohende Vereinfachung zur ‚single story' scheint im Feld der Sozialen Arbeit ebenso Praxis zu sein wie in Bildungssettings.

Durch die vermeintliche Klarheit von Adressat*innen im Kontext von Bildung fallen diejenigen, die von der Erwartung abweichen, schnell heraus. Adressiert werden in Schule und anderen Bildungssettings Lernende – unterschiedlichen Alters, unterschiedlichen Geschlechts, unterschiedlicher biografischer Hintergründe, aber erwartungsgemäß voll Wissensdurst und Leistungsbereitschaft. Abweichung von dieser positiven Zuschreibung gibt Anlass zur Problematisierung und verlagert die Zuständigkeiten. Differenzkategorien werden gefunden oder konstruiert. So sind bspw. die ausdifferenzierten (sonder)pädagogischen Fachrichtungen und Förderschwerpunkte Ausdruck und Ergebnis der dominanten Wahrnehmung von Differenzen und des Versuchs, über Zuschreibungen Gewissheit, und infolge dann professionelle Expertise herzustellen. Die Thematisierung von Differenz war lange auch für sozialpädagogische Settings grundlegend.

Die vermeintlich begründete Singularität einer pädagogisch geforderten Expertise (z.B. in der professionellen Spezialisierung auf so genannte ‚Geistige Behinderung' oder ‚Emotionale Entwicklung') scheint dann nicht einmal kooperierender oder ergänzender Perspektiven zu bedürfen, zielt sie doch explizit und fast ausschließlich personenzentriert auf die Unterstützung der ausgewählten Adressat*innen. Das Bild, das dadurch vom Gegenüber entworfen wird, kann – inspiriert u.a. durch Georg FEUSERs Argumentation „Geistigbehinderte gibt es nicht" (1996) – als einseitige Konstruktion entlarvt werden und ist insofern Ausdruck von Macht, als die in den Blick Genommenen (vgl. SCHMIDT & SCHULZ 2017) in der Regel nicht an der Bildgestaltung beteiligt sind. Dass Fremdzuschreibungen gern Selbstinszenierungen bewirken oder beeinflussen, kann als Fortsetzung der Macht konstatiert werden – im einführenden Zitat formuliert ADICHIE: „and that is what they become".

Die Leitidee der Inklusion fordert Veränderung: „Die Kategorie der Inklusion scheint geeignet, das Adressatenproblem Sozialer Berufe dahingehend zu lösen, als damit nicht mehr primär „Zielgruppen" oder deren Vertreter*innen im Fokus stehen, sondern Bildungs- und Veränderungsprozesse zentral werden, die – bemessen an einer oder mehrere Differenzkategorien – jeweils alle Akteure einbezieht" (EPPENSTEIN & KIESEL 2012, 98).

4 Differenzpädagogiken und ihre Wirkungsweisen

Die Differenzpädagogiken, wie die Sonder-, die geschlechtssensible oder die interkulturelle Pädagogik, schließlich auch die so genannte inklusive Pädagogik[1] (zu erreichender Studienabschluss ‚Bachelor Lehramt Inklusive Pädagogik – Sonderpädagogik') blicken auf ‚ihre Differenz' und begeben sich in die Gefahr, nur einen Teil der Geschichte wahrzunehmen („The danger of a single story"), wenn sie als Vermittler*innen eines Wissens über die Anderen auftreten und als spezifische Ausdifferenzierung der Pädagogik – Wissen über Autismus-Spektrum-Störungen, Wissen zum Umgang mit Behinderung im Islam oder „Rechnen mit Prinzessin Rosarot – weil Mädchen anders lernen" (vgl. JANZ 2009) – ihre Expertise in der Unterstützung ihrer Adressat*innen einbringen. Da eine differenzzentrierte Pädagogik die Aufmerksamkeit primär auf ihre Klientel und die Kompensation deren vermeintlicher Schwächen richtet, bleibt die Reflexion der oben beschriebenen Machtausübung ebenso wie die weitere Auseinandersetzung mit Machtstrukturen und hierarchiebildenden Mechanismen ein ‚blinder Fleck'. Gilt die Adressierung von durch Differenzen ausgemachten Einzelnen oder Gruppierungen als Auftrag einer spezifischen Pädagogik, so geht es dieser eher um deren Kompensation als um die Reflexion von Wechselwirkungen und Machtstrukturen. Auf eine spezifische Differenz ausgerichtete Pädagogiken scheinen der Dominanz eines Mastermerkmals, das wie in der eingangs zitierten „Single Story" zur Singularität wird, zum Opfer zu fallen und durch das Vernachlässigen weiterer Merkmale die Komplexität pluraler Ungleichheitsstrukturen nur unvollständig erfassen zu können. Differenzpädagogiken können aber einen wesentlichen Beitrag zur (inklusiven) Bildungsgestaltung leisten, wenn sie zu *kritischen Differenzpädagogiken* werden,

---

1 Das gilt für die ‚enge', auf die Partizipation von ‚Menschen mit Behinderung' gerichtete Auslegung des Begriffs Inklusion.

indem sie sich auf herrschaftskritische Theorie- und Politikperspektiven beziehen und ihr Feld bspw. um die Gender Studies, die Migrationsforschung, die Cultural oder Disability Studies erweitern, die nicht nur auf Diversität und Pluralität verweisen, sondern auf Macht, Herrschaft und Ungleichheit. Sie machen so auf vielfältige Formen der Diskriminierung, Benachteiligung und Ausgrenzung aufmerksam und bieten durch ihre weitreichenden Analysen eine für pädagogische Settings notwendige Rahmung (vgl. BURMAN 2017): Die Auseinandersetzung der Migrationsforschung mit einer Dialektik von Differenzsensibilität und differenzübergreifenden Ansätzen, die Arbeiten der Disability Studies zu Normierungen und Normalisierungen, die der Gender Studies zu Unterdrückungs- und Machtverhältnissen. Bündeln lassen sich die kritischen Differenzpädagogiken schließlich durch eine intersektionale Perspektive.

5 Intersektionale und inklusive Perspektiven – Potentiale für die Soziale Arbeit in Bildungssystemen

Um eine im Sinne inklusiver Forschung kritische Perspektive auf bestehende Herrschaftsverhältnisse, Macht- und Dominanzstrukturen einzunehmen, um Unterdrückung und Benachteiligung beschreiben zu können und sich für deren Transformation einzusetzen, gilt es ungleichheitsgenerierende Kategorisierungen zusammenzuführen und den eindimensionalen Blick zum Beispiel auf das Patriarchat oder auf national-territoriale, auf ökonomische und politische Differenzierungen oder Macht oder Bildung oder... zu überwinden[2]. Hier geht es nicht darum, das Spezifische unsichtbar, sondern das Spezifische an der Schnittstelle der Kategorisierungen transparent zu machen. Der Intersektionalitätsansatz rückt von Singularität und Vereinfachung ab, wendet sich gegen Dichotomien und beansprucht, oben geforderte Komplexitäten zu erfassen. Für die Soziale Arbeit und Inklusive Bildung ist er also zunächst interessant, weil er mehrere Differenzlinien bzw. Kategorien[3] gleichzeitig in den Fokus nimmt und ihre

---

2 So sind mit einer konkreten Bezugnahme auf eine „herrschaftskritische Tradition" (SMYKALLA & VINZ 2011, 11) in den letzten Jahren insbesondere Arbeiten zu Geschlecht und Migration (z.B. HUXEL 2014), Behinderung und Geschlecht (KÖBSELL 2010), Klasse und Geschlecht (z.B. SCHRADER 2013), Migration und Behinderung (AMIRPUR 2016) oder eine mehrdimensionale Kombination unterschiedlicher Differenzkategorien (z.B. WALGENBACH 2005; WINDISCH 2014) erschienen.

3 In Anlehnung an WINKER und DEGELE verstehen wir unter Kategorien (auch Strukturkategorie) die strukturell verankerte Unterscheidung zwischen Gruppen, die durch Kategorien wie Geschlecht, Klasse, Migration oder Behinderung markiert sind (vgl. WINKER & DEGELE 2009, 38), unter Differenzlinie respektive Differenzkategorie hingegen mit HALL eine Unterscheidung, die das Verhältnis zu sich selbst bestimmt, wie „Ich" und „die Anderen". Zur Konstruktion von Identität kann diese Unterscheidung sowohl bewusst als auch unbewusst vollzogen werden – mit der radikalen und

Wechselwirkungen analysiert. Darüber hinaus (denn das würden zum Beispiel auch die Konzepte Heterogenität und Diversity leisten) „bezieht sich Intersektionalität allerdings ausschließlich auf soziale Ungleichheiten bzw. Machtverhältnisse, die soziale Strukturen, Repräsentationen, Praktiken und Identitäten (re) produzieren" (WALGENBACH 2015, 302).

Im Fokus stehen dabei ausschließlich Analysen sozialer Ungleichheit bzw. von Machtverhältnissen. Differenzkategorien hingegen, wie z.b. eine so genannte „Leistungsheterogenität" oder „Fachkompetenz als Diversity-Merkmal", sind keine Gegenstände von intersektionalen Analysen (vgl. WALGENBACH 2012). Das Forschungsfeld bzw. der gemeinsame Gegenstand von Intersektionalität sind Macht-, Herrschafts- und Normierungsverhältnisse, die soziale Strukturen, Praktiken und Identitäten reproduzieren. Dahinter steckt die Idee, Ansatzpunkte für ein politisches Handeln bzw. die Notwendigkeit von strukturellen Veränderungen aufzuzeigen. Damit verbindet sich der Ansatz mit dem Anliegen von inklusiver Bildung und sozialer Arbeit.

Doch welche Kategorien gilt es für eine Analyse zu berücksichtigen, die sich als intersektional bezeichnet? Kritiker*innen sprechen von einer Beliebigkeit in der Gewichtung von Kategorien (ausführlich dazu AMIRPUR 2016, 80f). BUTLER kritisiert die deduktive Herangehensweise bei der Bestimmung von Kategorien (Butler 1990, 143) und hat gleichwohl schon in den 90er Jahren auf das „embarrassed ,etc.' at the end of the list" hingewiesen (BUTLER 1990, 143). Auch ROMMELSPACHER beanstandet die deduktive Herangehensweise bei der Bestimmung von Kategorien: „Je mehr Kategorien einzubeziehen sind, desto deutlicher wird das Problem, ihre jeweilige Relevanz zu bestimmen. Umso fragwürdiger wird damit auch die Praxis, diese vorab festzulegen. Vielmehr erscheint es sinnvoll, sich an ihrer Bedeutung für die Gesellschaft zu orientieren und dabei die Kriterien und Verfahren offenzulegen, nach denen diese empirisch bestimmt wird" (ROMMELSPACHER 2009, 9). KNAPP merkt letztlich an: „Es scheint in der Intersektionalitätsdebatte einen wachsenden Konsens auch in der lang debattierten Frage zu geben, ,wie viele' so genannte ,Differenzkategorien' in Rechnung zu stellen seien. Der sich (endlich!) herauskristallisierende Konsens besteht darin, festzustellen, dass diese Frage unsinnig ist, weil sie nicht generell beantwortet werden kann [...] Die Frage hängt schlicht davon ab, was man wissen möchte und wie man sich dem annähert" (KNAPP 2011, 266). So können bspw. ausgehend von strukturwirksamen relevanten Kategorien (wie den „big four" Race, Klasse, Geschlecht und Körper bzw. Behinderung) sukzessive weitere relevante Kategorien für eine

---

beunruhigenden Erkenntnis, dass „die ,positive' Bedeutung jeder Bezeichnung – und somit ,Identität' – nur über die Beziehung zum Anderen, in Beziehung zu dem, was sie nicht ist, zu gerade dem, was von ihr ausgelassen wird, konstruiert werden kann [...]" (HALL 2004, 171). Diese beiden Differenzierungen stehen selbstverständlich in Wechselwirkung zueinander.

Inklusionsforschung in ihrer Interdependenz einbezogen werden. Hier kommt speziell den kritischen Differenzpädagogiken eine besondere Rolle zu, die für die Analyse dieser strukturwirksamen Kategorien benötigt werden. Ein Zusammenschluss der kritischen Differenzpädagogiken mit einer intersektionalen Perspektive als Rahmung kann für die Soziale Arbeit und die Gestaltung inklusiver Bildung Synergien freisetzen und die Beschränktheit der einzelnen Differenzpädagogiken durch eine Fokussierung auf die Folgen von Verwobenheiten unterschiedlicher Differenzen bzw. Strukturkategorien als diskriminierungsrelevanter Positionierungen überwinden. Als kritische Differenzpädagogiken bieten sie einer intersektionalen Perspektive das so häufig geforderte und angemahnte theoretische Fundament (vgl. EMMERICH & HORMEL 2013). (Mögliche) Reifizierungen (zur Kritik am Intersektionalitätsansatz und den Gefahren der Reifizierung vgl. HORMEL 2011, 96) können durch Kritik an der Bezugnahme auf binäre Differenzkonstruktionen, durch die Analysen von Zuschreibungspraxen und die zur sozialen Ungleichheit beitragenden Wissensbestände der entsprechenden Pädagogiken und ihrer Forschungszweige über ‚ihre Differenzen' kritisch reflektiert werden. Eine intersektionale Perspektive als Rahmung hingegen bietet weniger eine Forschungs- oder Auswertungsmethode, sondern vermittelt einen bestimmten Fokus, eine analytische Brille, mit der auf einen Forschungsgegenstand und den Kontext für eine differenzierte soziale Ungleichheitsanalyse geblickt wird. In einer intersektionalen Perspektive werden der Einbezug mehrerer Ebenen und die Analyse ihrer Wechselwirkungen zum Kern der Betrachtung. Durch diese Möglichkeiten der Analyse, die zunächst als wissenschaftliche Erkenntnisperspektive gedacht war, besitzt der Ansatz auch Potentiale für die (inklusive) Praxis. Der Ansatz schafft Gelegenheiten, die fast ausschließlich in der Wissenschaft rezipierten herrschaftskritischen Theorie- und Politikperspektiven in die Praxis zu übertragen und bietet Möglichkeiten, das kritisch-reflexive Potential der Sozialen Arbeit für inklusive Bildungssysteme fruchtbar zu machen. Sie bietet dabei weniger Antworten als Fragen (in Anlehnung an RIEGEL 2016 und WINKER & DEGELE 2009):

1. Sie fragt danach, mit welchen sozialen Strukturen (bspw. gesetzlichen Regelungen) und gesellschaftlichen Positionierungen Menschen durch die (zugeschriebene) Zugehörigkeit zu verschiedenen Strukturkategorien konfrontiert sind – wie bspw. Migration und Behinderung. Welchen Beschränkungen unterliegen bspw. Asylsuchende im Kontext von Behinderung? Die Bedeutungen und Funktionen von Kategorien bzw. Kategorisierungen werden herausgearbeitet und die damit verbundenen Herrschaftsverhältnisse sichtbar gemacht.

2. Sie fragt danach, welche (hegemonialen) Normen und Werte das Handeln beeinflussen und arbeitet Stereotype heraus, die Individuen tagtäglich

performativ hervorbringen, die zu einer Subjektivierung beitragen und gleichzeitig Macht- und Herrschaftsverhältnisse stützen.

3. Sie fragt danach, wie sich Menschen positionieren und wie sie sich von Anderen abgrenzen. Es geht um Zugehörigkeit und Grenzziehungen: Der Prozess der Abgrenzung zu Anderen beinhaltet auch, dass sich die Anderen selbst als Andere wahrnehmen und positionieren (vgl. HALL 2004). Hier kommen insbesondere „doing-difference-Ansätze" zum Tragen.

4. Und die zentrale Frage, die sich aus einer intersektionalen Perspektive ergibt, ist die nach den Wechselwirkungen. Kurzum, diese Frage bearbeitet die Interdependenzen: In welche Strukturen und symbolische Kontexte sind die sozialen Praxen eingebunden? Wie bringen sie Identitäten hervor und wie verändern sie diese?

Auf der Grundlage dieser Form von intersektionaler Analyse können bspw. eine biografische Fallarbeit ausgewertet werden (vgl. AMIRPUR 2016) und – darauf aufbauend – Maßnahmen zur Entwicklung von Empowermentstrategien und zur Stärkung von Widerstand entwickelt werden. Für die Praxis wird dann eine weitere Frage relevant:

5. Welche Möglichkeiten gibt es, Strukturen und Praxen der Ausgrenzung zu hinterfragen und zu durchbrechen? Welche Möglichkeiten gibt es zu einer Transformation und Veränderung dieser Verhältnisse beizutragen?

Anhand dieser Fragen eröffnet eine intersektionale Perspektive Wege, sie als Reflexionsinstrument pädagogischer Praxis zu nutzen und um Veränderungsprozesse zu initiieren: „Die eigenen Denk- und Handlungsweisen [werden] kritisch auf ein- und ausgrenzende Elemente sowie der weiteren Reproduktion und Festigung bestehender Verhältnisse und Differenzordnungen" hinterfragt. [...] Diesbezüglich werden in intersektionaler Perspektive pädagogisch Professionelle selbst Subjekte des Lernens bzw. von Bildung" (RIEGEL 2016, 116). Im Hinblick auf das eingangs beschriebene Spannungsfeld, in dem sich die Soziale Arbeit im Kontext von Bildung, in Kooperation mit Bildungseinrichtungen und als Komplementär in Bildungsprozessen bewegt, wird die Reflexion und die Analyse von Macht- und Dominanzstrukturen mit Hilfe einer intersektionalen Perspektive zum notwendigen Bestandteil pädagogischer Professionalität im Sinne der Leitidee der Inklusion und zur Grundlage von (inklusiven) Bildungssettings.

Literatur

ADICHIE, Chimananda Ngozi (2009): The Danger of a Single Story. Im Internet: www.youtube.com/watch?v=D9Ihs241zeg (letzter Abruf: 30.10.2016)

AMIRPUR, Donja (2016): Migrationsbedingt behindert? Familien im Hilfesystem. Eine intersektionale Perspektive. Bielefeld: transcript

ATTIA, Iman (2013): Rassismusforschung trifft auf Disability Studies. Im Internet: www.ash-berlin.eu/hsl/freedocs/265/Attia_ZeDiS_Rassismusforschung_trifft_auf_Disability_Studies_2013.pdf (letzter Abruf: 30.10.2016)

BERTELSMANN STIFTUNG (2015): Inklusion in Deutschland. Daten und Fakten. Gütersloh: Bertelsmann Stiftung

BURMAN, Erica (2017): Between feminisms and childhoods: resources for critical childhood studies. In: AMIRPUR, Donja & PLATTE, Andrea (Hrsg.): Inklusive Kindheiten. Leverkusen: Budrich (in Vorbereitung)

BUTLER, Judith (1990): Gender Trouble: Feminism and the Subversion of Identity. New York: Routledge

CARLE, Ursula (2016): Multiprofessionalität: Lust oder Last? In: Neue Deutsche Schule 8/2016, 3

DANNENBECK, Clemens & DORRANCE, Carmen (2017): Vom Wert der Inklusion. In: AMIRPUR, Donja & PLATTE, Andrea (Hrsg.): Inklusive Kindheiten. Leverkusen: Budrich (in Vorbereitung)

DANNENBECK, Clemens & PLATTE, Andrea (2016): Inklusion im Spannungsfeld von Vision und Mainstream – ein Gespräch zwischen Wissenschaftler*innen. In: HINZ, Andreas, KINNE, Tanja, KRUSCHEL, Robert & WINTER, Stephanie (Hrsg.): Von der Zukunft her denken. Inklusive Pädagogik im Diskurs. Bad Heilbrunn: Klinkhardt, 64-69

EMMERICH, Marcus & HORMEL, Ulrike (2013): Heterogenität – Diversity – Intersektionalität: Zur Logik Sozialer Unterscheidungen in Pädagogischen Semantiken der Differenz. Wiesbaden: Springer VS

EPPENSTEIN, Thomas & KIESEL, Doron (2012): Intersektionalität, Inklusion und Soziale Arbeit – ein kongeniales Dreieck. In: BALZ, Hans-Jürgen, BENZ, Benjamin & KUHLMANN, Carola (Hrsg.): Soziale Inklusion, Grundlagen, Strategien und Projekte in der sozialen Arbeit. Wiesbaden: Springer VS, 95-112

FEND, Helmut (1980): Neue Theorie der Schule: Einführung in das Verstehen von Bildungssystemen. Wiesbaden: Springer VS

FEUSER, Georg (1996): Geistigbehinderte gibt es nicht. Zum Verhältnis von Menschenbild und Integration. Im Internet: bidok.uibk.ac.at/library/feuser-geistigbehinderte.html (letzter Abruf: 30.10.2016)

HALL, Stuart (2004): Wer braucht ‚Identität'? In: HALL, Stuart (Hrsg.): Ideologie, Identität, Repräsentation. Ausgewählte Schriften 4. Hamburg: Argument, 167-187

HINZ, Andreas (2002): Von der Integration zur Inklusion – terminologisches Spiel oder konzeptionelle Weiterentwicklung? In: Zeitschrift für Heilpädagogik 53/ 2002, 354-361. Im Internet: www.jugendsozialarbeit.de/media/raw/hinz_inklusion.pdf (letzter Abruf: 30.10.2016)

HORMEL, Ulrike (2011): Differenz und Diskriminierung: Mechanismen der Konstruktion von Ethnizität und sozialer Ungleichheit. In: BILSTEIN, Johannes, ECARIUS, Jutta & KEINER, Edwin (Hrsg.): Kulturelle Differenzen und Globalisierung. Wiesbaden: Springer VS, 91-112

HUXEL, Katrin (2014): Männlichkeit, Ethnizität und Jugend. Präsentationen von Zugehörigkeit im Feld Schule. Wiesbaden: Springer VS

JAEGER, Ariane & ROEBKE, Christel (2004): Von der gehörlosen Schülerin im Gemeinsamen Unterricht zur Sonderpädagogin im Gemeinsamen Unterricht. In: BOBAN, Ines & HINZ, Andreas (Hrsg.): Gemeinsamer Unterricht im Dialog. Vorstellungen nach 25 Jahren Integrationsentwicklung. Weinheim und Basel: Beltz, 154-162

JANZ, Nicole (2009): Rechnen mit Prinzessin rosarot. Im Internet: www.taz.de/!5154900/ (letzter Abruf: 30.10.2016)

KNAPP, Gudrun-Axeli (2011): Von Herkünften, Suchbewegungen und Sackgassen. In: HESS, Sabine, LANGREITER, Nikola & TIMM, Elisabeth (Hrsg.): Intersektionalität revisited. Empirische, theoretische und methodische Erkundungen. Bielefeld: transcript, 249-272

KÖBSELL, Swantje (2010): Gendering Disability: Behinderung, Geschlecht und Körper. In: JACOB, Jutta, KÖBSELL, Swantje & WOLLRAD, Eske (Hrsg.): Gendering Disability. Intersektionale Aspekte von Behinderung und Geschlecht. Bielefeld: transcript, 17–35

KUHLMANN, Carola (2012): Der Begriff der Inklusion im Armuts- und Menschenrechtsdiskurs der Theorien Sozialer Arbeit – eine historisch-kritische Annäherung. In: BALZ, Hans-Jürgen, BENZ, Benjamin, KUHLMANN, Carola (Hrsg.): Soziale Inklusion. Grundlagen, Strategien und Projekte in der Sozialen Arbeit. Wiesbaden: Springer VS, 35-58

OTTERSBACH, Markus, PLATTE, Andrea & ROSEN, Lisa (2016): Perspektiven auf inklusive Bildung und soziale Ungleichheiten. In: Dies. (Hrsg.): Soziale Ungleichheiten als Herausforderung für inklusive Bildung. Wiesbaden: Springer VS

RIEGEL, Christine (2014): Intersektionalität als Reflexionsinstrument für professionelles Handeln in der Migrationsgesellschaft. Beitrag bei der Fachtagung Integration – Eine Frage der Perspektive?! 3.11.2014, Stuttgart. Im Internet: www.bwstiftung.de/fileadmin/Mediendatenbank_DE/ BW_Stiftung/Programme_Dateien/Gesellschaft_u_Kultur/Integration/Vielfalt_gefaellt/Prof. Dr.Riegel_Stuttgart_11_2014.pdf (letzter Abruf: 30.10.2016)

RIEGEL, Christine (2016): Bildung. Intersektionalität. Othering. Pädagogisches Handeln in widersprüchlichen Verhältnissen. Bielefeld: transcript

ROMMELSPACHER, Birgit (2009): Intersektionalität. Über die Wechselwirkung von Machtverhältnissen. Im Internet: www.birgit-rommelspacher.de/pdfs/Intersektionalit__t.pdf (letzter Abruf: 30.10.2016)

SCHMIDT, Friederike & SCHULZ, Marc (2017): Im pädagogischen Blick? Blicktheoretische Zugänge zu inklusiven Kindheiten. In: AMIRPUR, Donja & PLATTE, Andrea (Hrsg.): Inklusive Kindheiten. Leverkusen: Budrich (in Vorbereitung)

SCHRADER, Kathrin (2013). Drogenprostitution. Eine intersektionale Betrachtung zur Handlungsfähigkeit drogenbrauchender Sexarbeiterinnen. Bielefeld: transcript

SMYKALLA, Sandra & VINZ, Dagmar (2011): Einleitung. Geschlechterforschung und Gleichstellungspolitiken vor neuen theoretischen, methodologischen und politischen Herausforderungen. In: Dies (Hrsg.): Intersektionalität zwischen Gender und Diversity. Münster: Westfälisches Dampfboot, 7-16

WALGENBACH, Katharina (2005). Die weiße Frau als Trägerin deutscher Kultur. Koloniale Diskurse über Geschlecht, „Rasse" und Klasse im Kaiserreich. Frankfurt a.M.: Campus

WALGENBACH, Katharina (2012): Intersektionalität als Analyseperspektive heterogener Stadträume. In: SCAMBOR, Elli & ZIMMER, Fränk (Hrsg.): Die intersektionelle Stadt. Geschlechterforschung und Medien an den Achsen der Ungleichheit. Bielefeld: transcript, 81-92

WALGENBACH, Katharina (2015): Intersektionalität – Perspektiven auf Schule und Unterricht. In: BRÄU, Karin & SCHLICKUM, Christine (Hrsg.): Soziale Konstruktionen in Schule und Unterricht. Opladen, Berlin, Toronto: Verlag Barbara Budrich, 291-305

WINDISCH, Monika (2014). Behinderung – Geschlecht – soziale Ungleichheit: Intersektionelle Perspektiven. Bielefeld: transcript

WINKER, Gabriele & DEGELE, Nina (2009): Intersektionalität. Zur Analyse sozialer Ungleichheiten. Bielefeld: transcript

Ute Geiling und Annedore Prengel

Schubladisierung? Notizen zum Nachteil und Nutzen sonderpädagogischer Kategorien und fachdidaktischer Kompetenzstufen

Zur Konzeption der Inklusiven Pädagogik gehört unverzichtbar die Kategorie ‚Heterogenität'. Auf der Basis gleicher Rechte soll die Verschiedenheit der Lernenden wertgeschätzt werden; Heterogenität soll weder eingeebnet noch hierarchisiert werden. In dieser Situation sieht sich Inklusive Pädagogik mit dem Dilemma konfrontiert, dass sie einerseits Kategorien verwenden muss, um die verschiedenen Menschen, die sich in inklusiven heterogenen Lerngruppen versammeln, als Einzelne oder als Angehörige von Gruppierungen benennen und anerkennen zu können. Andererseits will sie aber keine Kategorien verwenden, um der Gefahr des Hierarchisierens durch etikettierende Diskriminierung, die mit kategorialen Zuschreibungen einhergeht, vorzubeugen. Auf besondere Weise sind inklusive Diagnostik und Didaktik mit diesem Problem konfrontiert: Wenn für die pädagogischen Angebote die Lernausgangslagen der in den heterogenen Lerngruppen Lernenden ausschlaggebend sind und nicht ein zuvor festgeschriebener für alle gleicher Lehrplan, müssen diagnostische Erkenntnisse gewonnen und diagnostische Aussagen getroffen werden. Diagnostische Erkenntnisse als Aussagen über die Adressaten von Bildung im Interesse eines individualisierten pädagogischen Angebots müssen in Worte gefasst werden, dafür benötigt man differenzierende Bezeichnungen und das heißt ordnende Systeme mit ‚Schubladen', die wegen ihres zuschreibenden ‚reifizierenden' Charakters zugleich abgelehnt werden. Denn Menschen begrifflich subsumierend zu bezeichnen, bedeutet immer auch sie – zumindest teilweise – in ihrer Einzigartigkeit, Vielschichtigkeit, Veränderlichkeit und Unbestimmbarkeit (PRENGEL 2013) zu verfehlen.

Angesichts dieses Dilemmas diskutiert der Beitrag Nutzen und Nachteile des Verwendens von begrifflichen Kategorien. Im ersten und zweiten Teil werden Positionen, die *für* die Verwendung sonderpädagogischer Kategorien plädieren, Ansichten gegenübergestellt, die sich kritisch *gegen* Kategorisierungen wenden. Abschließend werden Ansätze eines reflexiven Einsatzes gruppenbezogener Kategorien und didaktischer Stufenmodelle in der inklusiven Pädagogik zur Diskussion gestellt.

1 Sonderpädagogischer Kategorien als Profession und Disziplin konstituierendes Moment

Sonderpädagogik konstituiert sich, wie auch andere gesellschaftliche Teilsysteme, über definierte Personengruppen, deren Mitgliedschaft im System der Sonderpädagogik auf der Basis der Unterscheidung *behindert* versus *nicht behindert* erzeugt wird. Die Einordnung einer Person in die kategoriale Schublade *Behinderung* wird damit zur entscheidenden Prozedur im Klassifikationsprozess, der bedeutsam für die Disziplinentwicklung und die Legitimation eines Sonderschulsystems war und immer auch noch ist. „Die bisherige Konstituierung von Sonderpädagogik als Profession und Disziplin ging weitgehend einhellig von einer hinlänglichen Orientierung auf eine bestimmte Klientel (SchülerInnen mit Behinderung) und eine bestimmte Institution (Sonderschule) aus und löste dabei historisch professions- und disziplinbezogene Konstituenten ineinander auf, genauer: die Disziplin begründete sich mit den gleichen Argumenten wie die Profession. Es handelt sich hierbei um eine historische Hypothek, die aus der spezifischen Ausformung der sonderpädagogischen Profession herrührt und sich relativ bruchlos in der Theorieentwicklung der Disziplin repliziert" (MOSER 2000, 45).

Andreas HINZ (2000, 124) kennzeichnet den „Kern des traditionellen sonderpädagogischen Paradigmas" als Verflechtung der Bezugspunkte: „Spezifität der Klientel" und „Spezifität der Institution", welches, so seine damalige Einschätzung, seit Mitte der 1970er Jahre „zunehmend brüchig geworden" ist (ebd.). Vera MOSER (2000, 45) konstatiert zeitgleich, dass mit den Forschungsarbeiten zur schulischen Integration „das sonderpädagogische Konstitutionsdilemma zu Tage getreten (ist), das um die Kategorie >Behinderung< kreist" (ebd.).

Die Bearbeitung dieses Dilemmas hat schon in der kritischen Sonder- und der Integrationspädagogik der siebziger Jahre zur Sensibilisierung für Stigmatisierungseffekte und institutionelle Benachteiligungen (AAB u.a. 1974; BEGEMANN 1970) und zu Ansätzen der Dekonstruktion und Dekategorisierung geführt (vgl. WEISER 2005; HAAS 2012; KATZENBACH 2015). Nichtsdestotrotz sind auch in aktuellen Debatten Positionierungen zu finden, die negative Effekte der Schubladisierung ausblenden und nachdrücklich am Postulat der Unverzichtbarkeit von sonderpädagogischen Kategorien festhalten. Deren Nutzen wird in der Annahme der Sichtbarmachung von gruppenbezogenen Besonderheiten einschließlich spezifischer (Bildungs-)Bedürfnisse begründet. Die Fachlichkeit der Unterstützung und die Legitimation zusätzlicher sonderpädagogischer Ressourcen für diese Hilfen stellen damit die zentralen Argumente für die Unverzichtbarkeit sonderpädagogischer Kategorien dar (KATZENBACH 2015, 35f). Ein Vertreter dieser Richtung der Sonderpädagogik ist Bernd AHRBECK (2016), der zum Teil auch sehr öffentlichkeitswirksam (AHRBECK 2011) vehement vor allen Versuchen warnt, individuelle (sonder)pädagogische Unterstützung ohne sonderpädagogische Kategorien auch nur in Ansätzen zu denken. Die Argumentation für Gefahren der Dekonstruktion ist eingebunden in die Annahme einer klaren ‚Trennungslinie' zwischen Sonderpädagogik und Allgemeiner Pädagogik (AHRBECK 2011, 99), die nur in Verbindung mit der Konstruktion von ‚besonderen' Kindern und Jugendlichen – als Klientelen einer eigenständigen sonderpädagogischen Profession – aufrecht erhalten werden kann (vgl. KATZENBACH 2015, 36).

Eng sonderpädagogisch ausgerichtete Zugänge zur Inklusionspädagogik transportieren die oben benannte konstituierende Perspektive der Sonderpädagogik mit der Fixierung auf besondere Personengruppen auf der Basis dichotomer Unterscheidungen (behindert/nicht behindert bzw. mit/ohne sonderpädagogischen Förderbedarf) auch in das inhaltlich breit gefächerte Feld inklusionspädagogischer Diskurse. Nachteil und Nutzen sonderpädagogischer Klassifikationen bleiben in diesen, vor allem auf institutionelle De-Segregation orientierten Kontexten (HINZ 2013, 5) weitgehend unhinterfragt oder werden bezogen auf das Ressourcen-Etikettierungs-Dilemma aus pragmatischen Gründen als unumgänglich angesehen. Der Fokus liegt weiterhin auf dem Kind oder Jugendlichen mit Behinderung bzw. mit sonderpädagogischem Förderbedarf, an dessen Konstruktion nicht gerüttelt werden dürfe.

Hinweise auf ‚Transporte' dieser Art von Konzeptualisierungen sind seit einiger Zeit auch in der (sonder)pädagogischen Inklusionsdebatte zu finden (vgl. z.B. HAEBERLIN 2007; HAAS 2012; HINZ 2013; SIMON & GEILING 2016). Wenn Inklusion auf institutionelle De-Segregation eingeengt gedacht wird – genau das ist nach HINZ (2013) generalisierbares Merkmal dieser Ansätze – können auch Elemente der klassischen sonderpädagogischen Diagnostik wenig verändert, mit veränderter Begrifflichkeit scheinbar neu und scheinbar passend zu den Herausforderungen der Behindertenrechtskonvention die Bühne betreten. So wird in dem in 8. Auflage neu erschienenen Standardwerk „Einführung in die sonderpädagogische Diagnostik" von Konrad BUNDSCHUH und Christoph WINKLER (2014) im Vorwort offeriert, dass „vor dem Hintergrund der Inklusionsdiskussion auch im Bereich der Diagnostik im sonder- und heilpädagogischen Arbeitsfeld drängende Fragen" (ebd., 11) entstehen. Wenige Seiten später ist dann zu lesen: „Primäres Ziel der sonderpädagogischen Diagnostik ist die Feststellung des sonderpädagogischen Förderbedarfs mit einer anschließenden Entscheidung über den angemessenen Förderort (Förderschule oder Regelschule)" (ebd., 45f). Offensichtlich betreffen die „drängenden Fragen" nicht die mit der sonderpädagogischen Klassifizierung einhergehenden Probleme, die Neuauflage kommt ganz ohne derartige Hinweise und entsprechende Diskussionen aus.

Ähnliches gilt für den Grundlagentext zur „Inklusiven Diagnostik" von Holger SCHÄFER und Christel RITTMEYER (2015, 103ff) in dem Handbuch mit gleichnamigem Titel. SCHÄFER und RITTMEYER distanzieren sich von „Diagnostik im klassischen Sinne", die sie als „Status und Selektionsdiagnostik" kritisieren (ebd.,

104). Die Beschreibung ihres „neuen" Ansatzes geht allerdings kaum über seit langem diskutierte förderdiagnostische Ansätze (z.b. KORNMANN, MEISTER & SCHLEE 1986) hinaus und problematisiert die personenbezogene Statuserhebung und die Einordnung in ein vorgegebenes Klassifikationssystem nicht substantiell (vgl. SIMON 2015). Vielmehr ist hier zu lesen: „Auch im Zuge einer Inklusiven Diagnostik bedarf es eines (sonder-)pädagogischen Feststellungsverfahrens, das den Förderbedarf aus fachspezifischer Perspektive beschreibt; bedeutsam sind jedoch genauso die aus der Bedarfsfeststellung abzuleitenden individuellen Bildungsangebote. Zur Gewährung und Sicherstellung von Nachteilsausgleichen ist eine solche Bedarfsermittlung [...] zwingend notwendig" (SCHÄFER & RITTMEYER 2015, 105). Pädagogisch-didaktische Intentionen werden betont, die allerdings – jenseits einer Individualisierungsorientierung – an die „Bedarfsfeststellung" im Rahmen des Feststellungsverfahrens, also an die Zuweisung eines gruppenbezogenen Labels – gekoppelt wird. Offensichtlich gehen SCHÄFER und RITTMEYER davon aus, dass bereits die Einordnung eines Kindes bzw. Jugendlichen in eine sonderpädagogische Kategorie, Hinweise zu dessen individueller Förderung hervorbringt. In den ausgewählten Fällen, anhand derer die fehlende kritische Reflexion sonderpädagogischer Klassifikationssysteme in traditionell ausgerichteten Bereichen der Sonderpädagogik bzw. der Transport der klassisch sonderpädagogischen Konstituierung in Diskurse der Inklusion verdeutlicht wurde, beziehen sich die AutorInnen auf die administrativ gebräuchliche Wortgruppe ‚sonderpädagogischer Förderbedarf', die auf Empfehlung der KMK seit 1994 im administrativen Sprachgebrauch den Bezug auf unterschiedliche Behinderungen und Beeinträchtigungen umschreibt. Dieses modifizierte sonderpädagogische Ordnungssystem wird von HAAS (2012, 406) „als erster Dekategorisierungsversuch" gewertet, der durch Erkenntnisse aus der Integrationsbewegung, die Orientierung an Disability-Mainstream-Modellen der USA und durch die Salamanca Erklärung angeregt wurde (vgl. ebd.). Durch das Konzept des sonderpädagogischen Förderbedarfs wird die Bindung zwischen Diagnose und Institution gelockert. Eine Determinante des sonderpädagogischen Konstituierungsdilemmas (s.o.) wird dadurch also entschärft. Der Versuch zur Dekategorisierung mit Hilfe der „unscharfen Kategorie" (KATZENBACH 2015, 36ff) des sonderpädagogischen Förderbedarfs zielte durchaus auch auf die „Nivellierung der negativen Begleiterscheinungen von Kategorisierungsprozessen" (HAAS 2012, 405), die um den Begriff der Behinderung ranken. Jan WEISER (ref. ebd., 406) spricht in diesem Zusammenhang aber von einer „unvollständige(n) Dekategorisierung", da weiterhin eine strenge Orientierung an einem Klassifikationssystem besteht, für dessen Schubladen zwar andere Klassifizierungsabschnitte gewählt werden, jedoch ohne alternative Operationen – also Operationen jenseits dichotomer Unterscheidungen – zu realisieren.

2 Zur inklusiven Kritik an Kategorisierungen

Eine kategorisierungskritische Inklusionspädagogik fußt auf dem Modell heterogener Lerngruppen (BOBAN & HINZ 2015, 18f, HEINZEL & PRENGEL 2012). Sie konstituiert sich also nicht über ein bestimmtes Klientel, löst sich damit „von der ausschließlichen Perspektive auf Kinder mit sonderpädagogischem Förderbedarf" und nimmt stattdessen „den Unterstützungsbedarf aller Kinder mit unterschiedlichen Heterogenitätsdimensionen in den Blick" (KÖPFER zit. in HINZ 2013, 6). Der Begriff der Inklusion mit dieser Reichweite, verweist auf strukturelle und professionelle Reformen im Bildungswesen, die auf „die Entwicklung inklusiver Strukturen und Haltungen innerhalb einzelner Schulen" fokussieren (ebd.). „Pädagogisch betrachtet bedeutet Inklusion zunächst einmal, Vielfalt willkommen zu heißen – etwas, was sehr einfach klingt und sehr schwer zu machen ist. Gleichzeitig bedeutet es in der Folge, Konstruktionen von zwei klar abgrenzbaren Gruppierungen kritisch in den Blick zu nehmen – seien sie männlich und weiblich, deutsch und ausländisch, behindert und nicht-behindert, weiß und schwarz, reich und arm, schwul und hetero, dick und dünn oder was auch immer. Dies gilt vor allem dann, wenn die eine der beiden Gruppen gesellschaftlich abgewertet wird und die Zugehörigkeit zu ihr Diskriminierung und gesellschaftliche Marginalisierung zur Folge hat" (HINZ 2010, 191f). Im Sinne des Theorems der „egalitären Differenz" werden Differenz und Gleichheit nicht als Gegensatz, sondern in ihrem dialektischen Zusammenhang verstanden (ebd.). Kategorisierungen von SchülerInnen[1] können im Rahmen der Inklusionspädagogik in diesem universellweiten, nicht eng sonderpädagogisch ausgelegten Verständnis programmatisch in Frage gestellt werden, da die Heterogenität in Gruppen und Klassen von Kita und Schule bereits als Voraussetzung angesehen wird „und damit die Feststellung von Verschiedenheit oder gar besonderer Verschiedenheit tautologisch wäre" (MOSER 2012, 1). Dies betrifft auch die Zuschreibung sonderpädagogischen Förderbedarfs, die Gefahr läuft zu hierarchisieren und damit auch zu diskreditieren und die bezeichnete Gruppe gesellschaftlich abzuwerten. Für KATZENBACH gilt folglich: „Der Verzicht auf Kategorisierungen ist damit tief in die Programmatik inklusiver Bildung eingeschrieben" (KATZENBACH 2015, 33).

Während in betont sonderpädagogischen Ansätzen – ob mit oder ohne inklusionspädagogisch benannten Intentionen – der Nutzen von sonderpädagogischen Kategoriensystemen hervorgehoben wird, treten in der kategorisierungskritischen Inklusionspädagogik mögliche Gefahren bzw. negative Folgen dieser Form von Schubladisierung in den Vordergrund. Hans WOCKEN (2012) stellt diese Sichtweise in zwei Thesen pointiert verdichtet zur Diskussion:

---

1 Anm. d. Hrsg.: Auf Wunsch der Autorinnen wird in diesem Beitrag eine eigene Form gendersensibler Schreibweise genutzt.

- „These 1: Behinderungskategorien führen nicht zu einer Individualisierung des diagnostischen und pädagogischen Handelns, sondern genau im Gegenteil zu einer deindividualisierenden Typisierung und Pauschalisierung" (ebd., 1).
- „These 2: Kategorien sind keine harmlosen Klassifikationen, sondern vielfach mit gravierenden Stigmatisierungen verbunden" (ebd.).

WOCKEN begründet These 1 damit, dass es ja der Sinn und der erwünschte Effekt jeglicher Kategorisierung sei, zu abstrahieren und zu verallgemeinern. Deshalb höben so grobe Klassifikationssysteme, die sich um sonderpädagogische Kategorien ranken, die Einzigartigkeit des Menschen auf, weil sie ein Merkmal fokussierten, das dann die Wahrnehmung der Person insgesamt präge. „Kategorien sind der Anfang und das Mittel der Ausgrenzung, und zugleich auch der Anfang und Kern aller Vorurteile [...]" (ebd.). Den Informationsgewinn, der aus einer spezifischen sonderpädagogischen Kategorie resultieren könnte, genauer, seine pädagogische Relevanz für das Bereitstellen konkreter Unterstützungsangebote für ein Kind oder Jugendlichen in schwieriger Lernsituation, wertet WOCKEN – im Gegensatz zu den AutorInnen, die die Wirkmacht sonderpädagogische Klassifikationen positiv konnotieren (s.o.) – als eher gering. Er tauge nur für eine „unspezifische Breitbandbehandlung". „Kategoriale Pädagogik ist Schrotschuss-Pädagogik (...). Eine individualisierende Pädagogik muss dagegen die Kategorie Schublade transzendieren, sich auf den Weg zu dem je einzelnen Schüler machen und mit ihm einen persönlichen Dialog führen" (ebd.).

Ähnlich argumentieren Ines BOBAN und Andreas HINZ (2016, 64ff) bei der Beschreibung ihrer Suche nach einem inklusionstauglichen diagnostischen Konzept, dass sie „dialogisch-systemische Diagnostik" nennen. Hier wird die einzelne Person in den Mittelpunkt gestellt, deren „Individualität im sozialen Kontext gemeinsam Rechnung zu tragen" ist (ebd., 75). In „der Logik dialogisch-systemischen gemeinsamen Nachdenkens" sind „tradierte Labels und Gruppenkategorien [...] nur begrenzt hilfreich, denn sie können zum einen die Situation der Person und ihres Umfelds nur eingeschränkt klären und zum anderen drohen sie durch die in ihnen enthaltenen tradierten, in Wissenschaft geronnen(en) gesellschaftlichen Vorurteile zu Verzerrungen der Wahrnehmung zu führen. Insofern gilt es, sie als ambivalent wahrzunehmen und immer wieder kritisch zu hinterfragen" (ebd., 76).

Im Zitat wird deutlich, dass die zentrale Relevanz sonderpädagogischer Klassifikationssysteme für pädagogische Entscheidungen massiv in Frage gestellt wird, sodass diese auch nicht mehr im Zentrum einer inklusionstauglichen Diagnostik stehen können. Gruppenbezogene Kategorien werden aber keinesfalls naiv ausgeblendet und pauschal verneint, wie in der traditionellen Sonderpädagogik immer wieder behauptet (vgl. WOCKEN 2012, 4; KATZENBACH 2015, 35f). Vielmehr geht es der kategorisierungskritischen inklusiven Pädagogik um die Reflexion und das Hinterfragen von kategorialen Zuschreibungen unterschiedlicher Reichweite und die sorgsame Prüfung ihrer Relevanz im pädagogischen Alltagshandeln und möglicher nicht intendierter negativer Folgen, die auch bei der Verwendung flexibler Kategorien unter der Bedingung pauschaler, systembezogener Ressourcenzuweisung nicht ausgeschlossen werden können. Mai-Anh Boger und Annette Textor (2016, 79ff) verweisen in diesem Zusammenhang auf ein „Förderungs-Stigmatisierungs-Dilemma", womit sie zum Ausdruck bringen, dass im pädagogischen Prozess einerseits diagnostische Kategorien (wie etwa die Markierung einer erreichten Kompetenzstufe) und entsprechende Verfahren benötigt werden, um Kinder und Jugendliche zu verstehen und zielgerichtet zu unterstützen, dass diesen Einordnungen aber gleichzeitig immer die Gefahr der Stigmatisierung inne wohnt. Sie heben hervor, dass „es gerade nicht um das pauschale Weglassen von Kategorien geht, sondern um den pädagogisch reflektierten Einsatz selbiger, der sich von stigmatisierenden und fachlich unbrauchbaren Kategorien distanziert" und mit Blick auf das pädagogische Arbeitsbündnis dabei stets die „Ambivalenz diagnostischer Kategorien und Verfahren" im Blick behält (ebd., 96).

Da in der Vision einer inklusiven Schule das Mitgliedschaftsrecht einzelner Kinder grundsätzlich nicht hinterfragt wird, sondern selbstverständlich für alle Kinder existiert, steht die Vermeidung polarisierender Zuschreibungen auf der Basis der Unterscheidung behindert/nicht behindert explizit auf der Agenda einer Inklusionspädagogik, die sich uneingeschränkt am Modell heterogener Lerngruppen orientiert und auf systembezogene unterstützende Ressourcen setzt, die nicht über das Labeling einzelner Kinder und Jugendlicher ‚erkauft' werden müssen. Aktuell steht diese Intention im deutschen Bildungssystem allerdings in der Regel im Widerspruch zu verbreiteten Zuweisungspraxen von Nachteilsausgleichen bzw. sonderpädagogischen Ressourcen, die auf verwaltungstechnischen Vorschriften basieren. Dadurch wird mit der Orientierung auf Dekategorisierung zur Zeit ein Dilemma erzeugt, das nach dem Vorbild der Intersektionalitätsforschung, so Markus Dederich (2014, 9), nicht aufgehoben, „aber theoretisch und reflexiv" durch „eine spannungsreiche doppelte Perspektive", die „gleichzeitig kategorial und kategorienkritisch verfährt", zu berücksichtigen wäre. „Das bedeutet im Kern, in einem nicht abschließenden Prozess zwischen komplexitätsreduzierenden und eindeutigen kategorialen Bezeichnungen [...] einerseits und einer entweder komplexitätssteigernden Verflüssigung oder dekonstruktiven Kritik der Kategorien anderseits zu oszillieren" (ebd.). Dederich postuliert zugleich (ebd., 10), dass kategoriale Zuschreibungen im Verallgemeinerungsgrad sonderpädagogischer Kategorien notwendig sind, „um im Raum des Politischen nicht nur individuelle, sondern gruppenspezifische Probleme, etwa ungleiche Verteilung von Ressourcen oder Partizipationschancen zu identifizieren und so zu einem Mehr an Chancengerechtigkeit beizutragen".

Vor dem Hintergrund der hier zusammengetragenen Debatte stellen wir im Folgenden Möglichkeiten einer reflexiven Verwendung gruppenbezogener Kategorien und didaktischer Kompetenzstufen in der inklusionspädagogisch orientierten Diagnostik und Pädagogik vor.

3 Vorschläge zur reflexiven Nutzung gruppenbezogener Kategorien und fachdidaktischer Kompetenzstufen in der Inklusionspädagogik

In einer weiten inklusionspädagogischen Perspektive kommen vielfältige Differenzlinien in den Blick, die Zugehörigkeiten zu pluralen Gruppierungen im Sinne der internationalen Diversity-Studies und Diversity-Education thematisieren. Mit den nach Gruppen differenzierenden Erkenntnissen, die – nicht nur durch die Dis/Ability-Studies – sondern zum Beispiel auch durch die Geschlechterforschung, die inter- und transkulturelle Forschung, die Armuts- und Reichtumsforschung, die Palliativforschung, die Forschungen zu sexuellen Orientierungen oder zu Religionszugehörigkeiten möglich werden, sind stets auch Probleme gruppenbezogener Pauschalisierungen und Hierarchisierungen verbunden. Darum braucht eine an den menschenrechtlichen Prinzipen einer solidarisch angestrebten gleichen Freiheit orientierte Inklusive Pädagogik, zweierlei: Sie braucht kategorisierende Heterogenitätsdimensionen und Ordnungssysteme zur Bezeichnung von Gruppierungen, um Erkenntnisse zum Leben und Lernen, zu den Potentialen und Beeinträchtigungen, zu Privilegierungen und Benachteiligungen der Angehörigen gesellschaftlicher Teilgruppen treffen zu können und gruppenbezogenes Fachwissen für pädagogische Handlungsmöglichkeiten zu generieren, zu sammeln, zu erneuern, weiterzugeben und anzuwenden. *Und:* Sie ist sich der Fehlbarkeit jeder Begriffsbestimmung und der Gefahr des Stigmatisierens bewusst, darum bemüht sie sich um den Abbau von pauschalisierenden Hierarchisierungen aller Art (Prengel 2015).

Eine solche Ausrichtung ist mit reflexiven Formen des Einsatzes von sonderpädagogischen, geschlechterpädagogischen, sexualpädagogischen, interkulturellen, soziokulturellen und anderen Kategorien verbunden, um auf die heterogenen Zielgruppen bezogene analytische und pädagogisch-handlungsbezogene Aussagen treffen zu können. Dazu können also auch Aussagen dienen, die mit den behinderungsartspezifischen Kategorien arbeiten. Auch hinsichtlich – auf kognitive Lernentwicklungen bezogene – didaktische Stufenmodelle ist in inklusiven Kontexten eine solche reflexive Verwendung im Sinne des formativen Assessments (Geiling u.a. 2015; Prengel 2016) notwendig.

Wir möchten abschließend drei Vorschläge zur Diskussion stellen, die dazu dienen, pauschalisierende Hierarchisierungen zu vermindern, wenn in wissenschaftlichen

Studien, in diagnostischen Aussagen und in pädagogischen Handlungszusammenhängen Kategorien und Stufenbezeichnungen verwendet werden:

• Angesichts der *unvermeidlichen Unvollständigkeit und Fehlbarkeit aller kategorialer Zuschreibungen* in Wissenschaft, Diagnostik und pädagogischer Praxis sollten sie nur als vorläufig gültige Arbeitshypothesen verstanden werden, die stets revidierbar sind. Diesem Anspruch werden z.b. didaktische Kompetenzstufenmodelle gerecht, da sie Lernende nicht auf als auf einer Stufe befindlich festschreiben, sondern stets schon das Aufheben des diagnostizierten Zustands und das Anstreben der Zone der nächsten Entwicklung anvisieren (vgl. GEILING u.a. 2015).

• Angesichts der *unhintergehbaren Einzigartigkeit* jedes Einzelfalls kann das kategorial geordnete Fachwissen den einer Zielgruppe zugeordneten Menschen nützlich nur zu Gute kommen, wenn das gruppenbezogene Regelwissen einem Fallverstehen *dient*, für das die jeweils gegebene individuelle Besonderheit zentral ist.

• Angesichts der *stets gegebenen dichten ökosystemischen Verflochtenheit* jeder lernenden Person mit ihrem Umfeld ist die Verwendung von Kategorien dazu herausgefordert, intersubjektive Beziehungen, institutionelle Strukturen und materielle Gegebenheiten einzubeziehen und nach geeigneten Vorkehrungen und Interventionsmöglichkeiten im Umfeld eines jeden Mitglieds der heterogenen Lerngruppe zu suchen.

Eine solche diagnostische Perspektive, die Personen in ihrer Heterogenität als einzigartig, vielschichtig, veränderlich und damit auch unbestimmbar versteht, bezieht alle Lernenden in der heterogenen Kindergruppe und Schulklasse mit ein, um für alle individuell nach möglichst passenden Vorkehrungen suchen zu können.

Literatur

AAB, Johanna, PFEIFER, Thilo, REISER, Helmut & ROCKEMER, Hans Georg (1974): Sonderschule zwischen Ideologie und Wirklichkeit. Für eine Revision der Sonderpädagogik. Weinheim: Juventa

AHRBECK, Bernd (2011): Das Gleiche ist nicht für alle gleich gut. In: FAZ, Nr. 286, vom 8.12.2011

AHRBECK, Bernd (2016): Inklusion – Eine Kritik. 3. akt. Aufl. Stuttgart: Kohlhammer

BEGEMANN, Ernst (1970): Die Erziehung der soziokulturell benachteiligten Schüler. Braunschweig: Schroedel

BOBAN, Ines & HINZ, Andreas (2015): Der Index für Inklusion – eine Einführung. In: Dies. (Hrsg.): Erfahrungen mit dem Index für Inklusion. Bad Heilbrunn: Klinkhardt, 11-42

BOBAN, Ines & HINZ, Andreas (2016): Dialogisch-systemische Diagnostik – eine Möglichkeit in inklusiven Kontexten. In: AMRHEIN, Bettina (Hrsg.): Diagnostik im Kontext inklusiver Bildung. Bad Heilbrunn: Klinkhardt, 64-78

BOGER, Mai-Anh & TEXTOR, Annette (2016): Das Förderungs-Stigmatisierungs-Dilemma. Oder: Der Effekt diagnostischer Kategorien auf die Wahrnehmung durch Lehrkräfte. In: AMRHEIN, Bettina (Hrsg.): Diagnostik im Kontext inklusiver Bildung. Bad Heilbrunn: Klinkhardt, 79-89

BUNDSCHUH, Konrad & WINKLER, Christioph (2014): Einführung in die sonderpädagogische Diagnostik, 8. Auflage. München: Ernst Reinhardt Verlag

DEDERICH, Markus (2014): Intersektionalität und Behinderung. Ein Problemaufriss. In: „Behinderte Menschen", 1/2014. Im Internet: www.austria-forum.org/af/Wissenssammlungen/Essays/Menschen_mit_Behinderung/2014_Dederich_Intersektionalit%C3%A4t_und_Behinderung (letzter Abruf: 30.10.2016)

GEILING, Ute, LIEBERS, Katrin & PRENGEL, Annedore (2015) (Hrsg.): Handbuch ILEA-T. Individuelle Lern-Entwicklungs-Analyse im Übergang. Martin-Luther-Universität Halle-Wittenberg. Im Internet: ilea-t.reha.uni-halle.de/das_handbuch_ilea_t (letzter Abruf: 30.10.2016)

HAAS, Benjamin (2012): Dekonstruktion und Dekategorisierung: Perspektiven einer nonkategorialen (Sonder-) Pädagogik. In: Zeitschrift für Heilpädagogik, 10/2012, 404-413

HAEBERLIN, Urs (2007): Aufbruch vom Schein zum Sein. VHN 76, 253-255

HEINZEL, Friederike & PRENGEL, Annedore (2012): Heterogenität als Grundbegriff inklusiver Pädagogik. In: Zeitschrift für Inklusion, 3/2012. Im Internet: www.inklusion-online.net/index.php/inklusion-online/article/view/39/39 (letzter Abruf: 30.10.2016)

HINZ, Andreas (2000): Sonderpädagogik im Rahmen von Pädagogik der Vielfalt und Inclusive Education. In: ALBRECHT, Friedrich, HINZ, Andreas & MOSER, Vera (Hrsg.): Perspektiven der Sonderpädagogik. Neuwied, Kriftel, Berlin: Hermann Luchterhand Verlag, 24-140

HINZ, Andreas (2010): Aktuelle Erträge der Debatte um Inklusion – worin besteht der ‚Mehrwert' gegenüber Integration? In: Ev. STIFTUNG ALSTERDORF & KATH. HOCHSCHULE FÜR SOZIALWESEN BERLIN (Hrsg.): Enabling Community. Anstöße für Politik und soziale Praxis. Hamburg: Alsterdorf, 191-202

HINZ, Andreas (2013): Inklusion – von der Unkenntnis zur Unkenntlichkeit!? – Kritische Anmerkungen zu einem Jahrzehnt Diskurs über schulische Inklusion in Deutschland. In: Zeitschrift für Inklusion, 1/2013. Im Internet: www.inklusion-online.net/index.php/inklusion-online/article/view/26/26 (letzter Abruf: 30.10.2016)

KATZENBACH, Dieter (2015): De-Kategorisierung inklusive? Über Risiken und Nebenwirkungen des Verzichts auf Etikettierungen. In: HUF, Christiane & SCHNELL, Irmtraud (Hrsg.): Inklusion in KiTa und Schule. Stuttgart: Kohlhammer, 33-55

KORNMANN, Reimer, MEISTER, Hans & SCHLEE, Jörg (Hrsg.) (1986): Förderdiagnostik. Konzept und Realisierungsmöglichkeiten. 2. Aufl. Heidelberg: Edition Schindele

MOSER, Vera (2000): Sonderpädagogische Konstitutionsprobleme. In: ALBRECHT, Friedrich, HINZ, Andreas & MOSER, Vera (Hrsg.): Perspektiven der Sonderpädagogik. Neuwied, Kriftel, Berlin: Hermann Luchterhand Verlag, 45-57

MOSER, Vera (2012): Braucht die Inklusionspädagogik einen Behinderungsbegriff? In: Zeitschrift für Inklusion, 3/2012. Im Internet: www.inklusion-online.net/index.php/inklusion-online/article/view/40/40 (letzter Abruf: 30.10.2016)

PRENGEL, Annedore (2013): Inklusive Bildung in der Primarstufe. Eine wissenschaftliche Expertise des Grundschulverbandes. Frankfurt a.M.

PRENGEL, Annedore (2015): Segregierende und Inklusive Pädagogik als normative Ordnungen im Bildungswesen. In: Erwägen Wissen Ethik. Forum für Erwägungskultur, 2/2015, 274-286

PRENGEL, Annedore (2016): Didaktische Diagnostik als Element alltäglicher Lehrerarbeit – „Formatives Assessment" im inklusiven Unterricht. In: AMRHEIN, Bettina (Hrsg.): Diagnostik im Kontext inklusiver Bildung. Bad Heilbrunn: Klinkhardt, 49-64

SCHÄFER, Holger & RITTMEYER, Christel (2015): Inklusive Diagnostik. In: Ebd. (Hrsg.): Handbuch Inklusive Diagnostik. Weinheim & Basel: Beltz, 103-130

SIMON, Toni & GEILING, Ute (2016): Diagnostik zur Unterstützung schulischer Inklusion – Ansprüche und Widersprüche auf der Suche nach angemessenen Handlungspraktiken. In: BÖING, Ursula

& Köpfer, Andreas (Hrsg.): Be-Hinderung der Teilhabe. Soziale, politische und institutionelle Herausforderungen inklusiver Bildungsräume. Bad Heilbrunn: Klinkhardt, 199-208

Simon, Toni (2015): Die Suche nach dem Wesen einer Diagnostik zur Unterstützung schulischer Inklusion. Eine Replik auf Holger Schäfers und Christel Rittmeyers Entwurf einer „Inklusiven Diagnostik". In: Zeitschrift für Inklusion, 3/2015. Im Internet: www.inklusion-online.net/index. php/inklusion-online/article/view/304/268 (letzter Abruf: 30.10.2016)

Weiser, Jan (2005): Bedürfnis und Bedarf: Radikale Dekategorisierung. Die politische Arena der Sonderpädagogik. In: Sonderpädagogische Förderung 50, 187-206

Wocken, Hans (2012): Rettet die Sonderschulen? – Rettet die Menschenrechte! Ein Appell zu einem differenzierten Diskurs über Dekategorisierung. Zeitschrift für Inklusion, 1/2012. Im Internet: www.inklusion-online.net/index.php/inklusion-online/article/view/81/81 (letzter Abruf: 30.10.2016)

Carmen Dorrance und Clemens Dannenbeck[1]

Der Bildungsort Hochschule und die Entdeckung der Vielfalt

1 Einleitung

Hochschulen und Universitäten sind wissenschaftlich orientierte Bildungsorte und sollten daher die Möglichkeiten einer widerständigen Praxis gegen hochschulpolitische Entwicklungen ausloten und sich nicht mit der Funktion einer berufsbegleitenden oder -befähigenden Ausbildung abfinden. Sie bieten bildungspolitisch gestaltete Lebens- und Begegnungsräume, an denen unterschiedliche Menschen mit je eigenen Biografien, Motivlagen und Voraussetzungen miteinander interagieren und kommunizieren. Dass Studierende in dieser Hinsicht heute über wesentlich heterogenere Hintergründe verfügen, ist ebenso bekannt wie erklärbar.

Neben nach wie vor bestehenden formalen Zugangsvoraussetzungen – die in den letzten 15 Jahren deutlich spürbare Veränderungen im Sinne einer ‚Öffnung' von Hochschulen und Universitäten durchlaufen haben – existieren vielfältige Hindernisse und Stolpersteine, die den Aufenthalt an den akademischen Bildungsorten Hochschule bzw. Universität alles andere als frei von Exklusions- und Diskriminierungsrisiken erscheinen lassen und die Studierbarkeit gruppenspezifisch behindern und einschränken, oder zu benachteiligenden Studienbedingungen führen. Zu nennen wären etwa:

- Struktur- und Organisationsbedingungen, die gesunde, allzeit flexible und hochleistungsorientierte Studierende (ebenso wie entsprechend ‚verfasste' Lehrende, Verwaltungsangehörige und sonstige Mitarbeitende) als Bedingung für einen reibungslos funktionierenden und erfolgreichen Studienbetrieb voraussetzen.
- Didaktische Handlungsorientierungen, die den Erfolg von Bildungsprozessen am Maßstab von gesammelten Leistungspunkten (ECTS) und erreichten Durchschnittsnoten messen.
- Professionelle Haltungen, die die Unterschiedlichkeit von Studierenden auf verfehlte bildungs- und hochschulpolitische Entscheidungen zurückführen, die letztlich nur durch einen Austausch der Studierenden wirklich

---

1 Mitherausgeber*innen des Sammelbandes Inklusionssensible Hochschule. Gundlagen, Ansätze und Konzepte für Hochschuldidaktik und Organisationsentwicklung gemeinsam mit Anna MOLDENHAUER, Andreas OEHME & Andrea PLATTE, erschienen bei Klinkhardt (2016)

erfolgversprechend korrigiert werden könnten – ganz nach dem Brecht'schen Motto: *Das Volk hat das Vertrauen der Regierung verscherzt. Wäre es da nicht doch einfacher, die Regierung löste das Volk auf und wählte ein anderes*? Die Folge ist ein weit verbreitetes Lamento über die jeweils aktuell studierende Generation und deren vorgeblich stets zunehmende Mediokrität, ihre defizitär ausgebildete Studierfähigkeit, mangelnde Studienmotivation oder auch nicht vorhandene individuelle Rahmenbedingungen (wie sozio-ökonomische Absicherung, psychosoziale Gesundheit etc.)[3]. Die Unterstellung einer Niveauabsenkung durch ‚zu viele' oder die ‚falschen' Studierenden ignoriert dabei nicht nur soziale Ungleichheiten und soziokulturelle Heterogenitäten in der Gesellschaft, sondern offenbart auch wirkmächtige Wahrnehmungsmuster, die Differenz, Ungleichheit und Diskriminierung bereit sind in Kauf zu nehmen und willfährig zu reproduzieren.

Welche Vorbehalte stehen einer *inklusionsorientierten* Hochschule bzw. Universität heute entgegen und welche Widerstände werden ihr entgegengebracht? Der folgende Beitrag versteht sich als Essay, der primär auf eigenen Erfahrungen im Hochschulbetrieb fußt und dabei eine Hochschulentwicklung anvisiert, die sich eindeutig und unmissverständlich an den Standards orientiert, wie sie die *UN-Konvention über die Rechte von Menschen mit Behinderung (UN-BRK)* artikuliert und konsequent deren Anwendung auf Organisations-, Struktur- und Handlungsebene einfordert.

Welcher Art sind die (pädagogischen) Bedenken, die gegen Wertschätzung und Anerkennung von Vielfalt an akademischen Bildungsorten als Voraussetzung für gelingende Bildungsprozesse ins Feld geführt werden? Und weshalb entspricht der Wertschätzung von Vielfalt nicht in gleichem Maße eine Sensibilität gegenüber der Setzung und Reproduktion von Differenzen, die zu gruppenspezifischen wie individuellen Benachteiligungen und Diskriminierungen im Studienalltag führen? Wie ist der Unmut charakterisiert, der sich regt, wenn für ein barrierefreies Studium an einer Hochschule bzw. Universität *für alle* (nicht unbedingt für *jede*n*) eingetreten wird? Kann da inzwischen jede*r kommen und wenn ja, wo kommen *wir* da hin[4]? Und inwiefern spiegeln diese Hindernisse nur zum Teil spezifisch akademische Verhältnisse, zum größeren Teil jedoch allgemeine gesellschaftliche Rahmenbedingungen, deren kritische Reflexion unter Einschluss der Bereitschaft, das eigene Denken und Handeln als Akteur*in an Hochschulen und Universitäten als notwendige Voraussetzung zu betrachten, entsprechenden Transformationsprozessen den Weg bahnen könnte?

---

2 BRECHT (1997) nach dem Gedicht *Die Lösung*. In: Buckower Elegien (1953)
3 vgl. exemplarisch WOLF (2012); HIMMELRATH (2016)
4 siehe auch DANNENBECK & DORRANCE (2016)

Die hier verfolgten Fragestellungen verstehen sich als im Kern *politische* Fragestellungen, auch dort, wo sie pädagogische und didaktische Aspekte ansprechen; und sie sehen sich nicht schon dann beantwortet, wenn bildungspolitisch der Wille zum Ausdruck gebracht scheint, punktuell und nach Maßgabe von zur Verfügung stehenden begrenzten (finanziellen etc.) Ressourcen die Studienbedingungen gezielt für Menschen mit Behinderung und chronischer Krankheit zu verbessern. Vielmehr geht es in der Tat bei der Anwendung der UN-BRK um die *Gestaltung* von Vielfalt[5] und die Etablierung einer diversity- und inklusionsorientierten und zugleich differenzsensibilisierten Praxis in Lehre und Verwaltung[6].

2 Auf dem Weg

Handlungsanlässe für Hochschulen, sich auf einen entsprechenden Weg zu machen, gibt es inzwischen eine ganze Reihe. Sei es, dass man sich von der Bewerbung um und der Teilnahme an einem Audit-Verfahren nach Außen einen Beitrag zur Profilbildung des jeweiligen Bildungsstandorts verspricht und damit nach Innen die Hoffnung verbindet, spezifische Mobilisierungs- und Motivationseffekte freizusetzen, um so ein probates Mittel zur Impulssetzung an die Hand zu bekommen, Teilhabebarrieren abzubauen und Diskriminierungen konzeptionell entgegenzutreten; sei es, dass unter Berufung auf den bildungspolitischen Diskussionsstand (vgl. HRK 2009[7]) hochschulweite Debatten geführt oder auf Grundlage gesetzter Orientierungsrahmen (vgl. BUNDESMINISTERIUM FÜR ARBEIT UND SOZIALES 2011)[8] entsprechende Aktionspläne und Strategien entwickelt werden.

---

5 *Vielfalt gestalten* ist der Name des Diversity Audits des *Stifterverbandes für die Deutsche Wissenschaft e.V.* Der Umgang mit Diversität als Kernaufgabe künftiger Hochschulentwicklung wird dabei aus einer zunehmend vielfältig zusammengesetzten Studierendenschaft hinsichtlich beispielsweise kultureller oder sozialer Herkunft, aber auch in Bezug auf Bildungsbiografien oder individuelle Lebensumstände abgeleitet. Im Internet: www.stifterverband.org/diversity-audit (letzter Abruf 30.10.2016).

6 Der Beitrag erlaubt sich, Hochschule und Universität pragmatisch als Bildungsorte zu fokussieren und sich somit auf das Handlungsfeld der Lehre zu konzentrieren, auch wenn Lehre und *Forschung* im Hochschulalltag natürlich kaum als getrennt voneinander ge- und erlebt werden.

7 Bereits 2009 verabschiedete die Hochschulrektorenkonferenz (HRK) auf ihrer 6. Mitgliederversammlung Empfehlungen zu einer „Hochschule für Alle" mit Blick auf die Studienbedingungen mit Behinderung und chronischer Krankheit.

8 Im Ersten Nationalen Aktionsplan der Bundesregierung zur Umsetzung der UN-BRK erfährt die Hochschulentwicklung eine entsprechende Berücksichtigung. Allerdings wird hier das Problem primär als eines der strukturellen Barrieren für ‚Studierende mit einer gesundheitlichen Schädigung' begriffen: „Nach dem Hochschulrahmengesetz bzw. den diese Bundesregelung mittlerweile ersetzenden Landesregelungen darf diese Gruppe im Studium nicht benachteiligt werden".

Bisweilen geht der Impuls für eine Verbesserung der Rahmenbedingungen zur Herstellung ungehinderter Studienbedingungen auch von Vertreter*innen der Hochschulen selbst aus, wie im Forderungspapier des *Netzwerktreffens der Beauftragten für Studierende mit Behinderung und chronischer Erkrankung der bayerischen Hochschulen für angewandte Wissenschaften und Universitäten* vom 17.07.2015[9]. Darüber hinaus sind in diesem Zusammenhang zum einen die Aktivitäten des Deutschen Studentenwerks (DSW) zu nennen, die mit ihrer Öffentlichkeitsarbeit und Vernetzungspolitik[10], einer Reihe von Fortbildungsveranstaltungen sowie der Durchführung repräsentativer Studien wie *BEST*[11] einen unschätzbaren Beitrag zur Erhellung von Studienbedingungen leisten, die durch gruppenspezifisch wirksame und individuell erfahrbare Teilhabebarrieren und Diskriminierungsrisiken geprägt sind. Zum anderen sind es Studierende selbst, auf deren Initiative hin etwa Gendergerechtigkeit (bspw. Einrichtung von Unisex-Toiletten), Kultursensibilität (bspw. Einrichtung von transreligiösen Gebetsräumen der Stille, Gestaltung einer Willkommenskultur und Schaffung von Angebotsstrukturen für geflüchtete Studierende und Studieninteressierte, Planung und Durchführung rassismuskritischer Veranstaltungen) oder soziale Gerechtigkeit (Widerstände gegen Studiengebühren) zu Themen des verhandelten Studienalltags werden.

Abgesehen davon ist auch die UN-BRK ein bedeutsamer Diskursanlass über Teilhabebarrieren und Diskriminierungserfahrungen im Studium nachzudenken und aktiv zu werden. Während also ein entsprechender Diskurs, der sich mal in der Rede von einer „Inklusiven Hochschule", mal mit der Formel einer „Hochschule für alle" verbindet, etabliert ist, lohnt auch hier – nicht anders als in den übrigen gesellschaftspolitischen Handlungsfeldern, in denen seit geraumer Zeit der Umgang mit wahrgenommener Vielfalt thematisiert wird – ein näherer und kritischer Blick auf diesen Diskurs selbst. Weniger die Frage nach den spürbaren

---

Die Angebote der Hochschulen müssen zudem möglichst ohne fremde Hilfe in Anspruch genommen werden können und die entsprechenden Belange von Studierenden mit Behinderungen müssen in den Prüfungsordnungen berücksichtigt werden" (ebd., 49).

9 Abrufbar unter dem Titel: „Die Umsetzung der UN-Behindertenrechtskonvention an den bayerischen Hochschulen für angewandte Wissenschaften und Universitäten – Inklusive Hochschulen" (LELGEMANN & SCHNEEBERGER 2015). Im Internet: www.behindertenbeauftragter.uni-wuerzburg.de/fileadmin/32500250/Forderungspapier_Beauftragte_16_07_2015.pdf (letzter Abruf 30.10.2016).

10 Hingewiesen sei hier auf den Newsletter Tipps und Informationen der Informations- und Beratungsstelle Studium und Behinderung (IBS) als bundesweites Kompetenzzentrum zum Thema „Studium und Behinderung". www.studentenwerke.de/de/content/die-ibs-stellt-sich-vor (letzter Abruf: 30.10.2016).

11 Die Studie „BEST – beeinträchtigt studieren" wurde 2011 als Sondererhebung zur Situation von Studierenden mit Behinderung und chronischer Krankheit zum ersten Mal durchgeführt. Es ist beabsichtigt, sie ebenfalls repräsentativ in 2016 zu wiederholen. Im Internet: www.studentenwerke.de/de/content/best-beeinträchtigt-studieren-0 (letzter Abruf: 30.10.2016).

Veränderungen, die sich angesichts knapper Ressourcen in Grenzen halten und dennoch durchaus auf lange Zeit gesehen punktuelle und situative Verbesserungen für spezifische Gruppen von benachteiligten Studierenden mit sich gebracht haben, sei hier fokussiert, als die Rahmung des ausgemachten Problems, das sich bildungspolitisch, hochschulpolitisch und handlungspraktisch so offensichtlich auf die Tagesordnung gestellt sieht. Anders gesagt: Interessant ist es, sich genauer anzusehen, *welches* Verständnis von Vielfalt unterschiedlichen Interventionsanlässen jeweils zugrunde liegt – mithin, auf welche Frage ‚Inklusion' (oder Diversity-Orientierung) eigentlich die Antwort gibt.

3 Um wen es geht, um was es geht

Um im herrschenden Begriffsdschungel vor lauter Bäumen den Wald nicht zu übersehen, wäre es hilfreich, nicht in erster Linie zu versuchen die virulenten Begrifflichkeiten (Inklusion, Diversity, Heterogenität etc.) definitorisch zu vereinheitlichen (oder zu vereindeutigen) – was stets nur perspektivisch, also in theoretisch reduzierender Weise erfolgen könnte – sondern einen *diskurstheoretisch informierten analytischen* Blick auf ihren jeweiligen kontextuellen und konnotativen Gebrauch im Hochschulalltag zu werfen. Begriffsverwendungen erfolgen stets intentional und verbinden sich mit spezifischen, nicht immer selbsterklärenden und offen gelegten Interessen – und sie entfalten dynamische Wirkung, insofern sie jeweils Bedeutungsräume erschließen, aber auch verändern. Statt sich auf die (mehr oder weniger hilflose) Suche nach einem vermeintlich ‚richtigen', angemessenen, möglicherweise auch (lediglich) politisch korrekte(er)en Begriff zu machen, lohnt es sich also, den *Gebrauch* der verschiedenen kursierenden heterogenitätsbezogenen Begriffe nachzuvollziehen; darauf zu achten, was die Begrifflichkeiten und ihre Verwendungen jeweils im Denken (bezüglich wirksamer und angewandter Wahrnehmungsmuster und Wertorientierungen) und in der Praxis (didaktisch, pädagogisch, verwaltungsbürokratisch etc.) auf allen Ebenen von Hochschulen und Universitäten (auch strukturell-organisatorisch) ‚anrichten'.
Dabei sind durchaus spannende Entdeckungen zu machen. Unter dem Stichwort ‚Inklusion' wird beispielsweise, im Anschluss an die allgemein bildungspolitisch durchgesetzte Lesart, eine (durchaus überwiegend als sinnvolle, bisweilen notwendige, vereinzelt sogar als moralisch gebotene) Verbesserung der Studienbedingungen für Menschen mit (körperlichen und sinnesbezogenen) Beeinträchtigungen verstanden. Diese Verkürzung der Perspektive des hochschulpolitisch zu gestaltenden Moments der ‚Bewältigung zunehmender Vielfalt' führt dann in der Praxis zu ganz charakteristischen Konfliktsituationen.

Zum einen sortiert und trennt diese Art der Problemauffassung legitime studentische Anliegen von illegitimen Anliegen. Die Bereitschaft zur Gewährung etwa von Nachteilsausgleichen, die als solche an diagnostizierte Behinderungen oder chronische Erkrankungen gebunden sind[12] sortiert sich dementsprechend nach dem Grad der (oftmals äußerlich) wahrnehmbaren (bzw. wahrgenommenen, sprich diagnostisch belegbaren) Behinderung, wohingegen all jene Beeinträchtigungen, die von den Betroffenen nicht den Entscheidungsorganen präsentiert werden (können oder wollen), deutlich weniger bis keine Chancen haben, als studienbeeinträchtigende Bedingung Anerkennung zu finden. Während die Definitionsmacht bzgl. des Sortierungskriteriums 'Beeinträchtigung' einseitig auf Seiten der Hochschule und den jeweils entscheidungsbefugten Instanzen (etwa Prüfungsausschüssen) verbleibt (die sich vielfach eher unreflektiert eines diagnosegläubigen medizinischen Modells von Behinderung bedienen), sehen sich die Betroffenen aufgefordert, die ihnen entgegengebrachten defizitären Zuschreibungen ungebrochen zu übernehmen. Sie sehen sich dadurch auf ein Identitätsangebot zurückgeworfen, das sie (möglicherweise) bereits in langjährigen Kämpfen um Anerkennung und Durchsetzung in einem auf Selektion und Separation bedachten schulischen Bildungssystem mit einigem Erfolg überwunden zu haben glaubten. Alternativ dazu sehen sie sich veranlasst, Benachteiligung und Diskriminierungsrisiken (stillschweigend) in Kauf zu nehmen (das Etikettierungs-Ressourcen-Dilemma reproduziert sich in dieser Weise auch auf Hochschulebene). Die Gewährung von Nachteilsausgleichen steht dabei stets im Verdacht, mit (letztlich erschlichenen) Vorteilen im studentischen Konkurrenzkampf um effizienzoptimierte Employability verbunden zu sein. Der Gewährung von Nachteilsausgleichen stehen Bedenken entgegen, Leistungsdefizite zu legitimieren, die die (behauptete) Qualität der akademischen Bildung und das geforderte fachliche Niveau in Frage stellen oder professions- und disziplinpolitisch hochgehaltene Leistungsniveaus der Ausbildung bedrohen. Die Beantragung (und auch Genehmigung) eines Nachteilsausgleichs ist stets mit dem Risiko verbunden, Misstrauen gegenüber der Studierfähigkeit der*des Antragsteller*in zu erregen[13].

---

12 Zu den rechtlichen Rahmenbedingungen von Nachteilsausgleichen vgl. GATTERMANN-KASPER (2012). Im Internet: www.uni-hamburg.de/studieren-mit-behinderung/downloads/nta-pruefungen.pdf (letzter Abruf: 30.10.2016).

13 Die BEST Studie des DSW (2011) belegt empirisch die Bandbreite der Erfahrungen von Studierenden, die einen entsprechenden Nachteilsausgleich beantragen. Ebenso gewährt sie Einblick in die Motivlagen derjenigen möglicherweise Anspruchsberechtigten, die auf eine Beantragung verzichten. Die BEST-Studie kehrt in ihrer methodischen Anlage die Beweislast der Beeinträchtigung um. Sie bezieht sich nicht auf diagnostisch nachgewiesene Beeinträchtigungen, sondern auf Studierende, die nach eigener Wahrnehmung gesundheitsbedingte Beeinträchtigungen im Studium *erfahren*.

Die rechtliche Regelung des Nachteilsausgleichs, die in der Praxis durchaus auch positiv (etwa großzügig und sensibel) ausgelegt werden kann, entspringt gleichwohl einer reinen *Integrationslogik* – und gerät auf diese Weise zwangsläufig in Konflikt mit dem menschenrechtlich begründeten Anspruch der UN-BRK. Denn Inklusionsorientierung im Sinne einer konsequenten Anwendung der UN-BRK würde bedeuten: Statt einer *kategorialen* Identifizierung von Anspruchsberechtigten als Voraussetzung für die Gewährung von Nachteilsausgleichen, geht es um die *Herstellung* von Studienbedingungen, die Behinderung oder chronische Erkrankung nicht zum Diskriminierungsrisiko und zur Teilhabebarriere werden lassen.

Eine weitere Blickverschiebung der Problemdefinition ergibt sich durch die Einsicht, dass Teilhabebarrieren und Diskriminierungsrisiken keineswegs auf die Lebenssituation beschränkbar sind, als behindert oder chronisch krank zu gelten. Unterschiedliche körperliche Voraussetzungen als Aspekte menschlicher Vielfalt anzuerkennen, bedeutet in dieser Hinsicht, die *notwendigen* Bedingungen zur Studierbarkeit herzustellen, deren *studienrelevante* Bedeutung also zu verschieben – und letztlich in ihnen auch eine Ressource zu erkennen. Gleiches gilt aber auch für andere Bedingungen, die insbesondere durch spezifische Lebenserfahrungen geprägt sind – Alter, kulturelle und soziale Herkunft, Gender, gewählte Lebensformen etc. sind mit Erfahrungen verbunden, die in die Gestaltung von akademischen und wissenschaftlichen Bildungsprozessen als Momente egalitärer Differenz[14] im Sinne einer Pädagogik der Vielfalt (PRENGEL 2006, zuerst 1995) einfließen müssen und fruchtbar zu machen wären. Studieren mit Kind etwa oder mit einem Pflegefall in der Familie, aber auch Studierende unter besonderen belastenden sozio-ökonomischen Rahmenbedingungen stoßen keineswegs immer auf Anerkennungsbereitschaft. Bedingungen herzustellen für ein solches ressourcenorientiertes Selbstverständnis aller im akademischen Betrieb Agierenden, wäre hingegen Kernaufgabe einer ‚inklusionsorientierten' Fort-, Aus- und Weiterbildung im Bereich etwa der Hochschullehre.

Freilich besteht der derart beschreibbare „Wald" durchaus aus (einzelnen unverwechselbaren) Bäumen. Möglicherweise macht die Forderung nach Inklusion im Sinne einer politischen und praktischen Gestaltung von diskriminierungsfreier und gleichwürdiger Teilhabe, *konkrete Integrations*maßnahmen und *zielgruppenspezifische* Interventionen nicht überflüssig. Jedoch folgen aus *inklusions*orientierten Bemühungen ggf. konkreten individuellen Bedarfen angemessene Integrationsmaßnahmen und nicht umgekehrt. ‚Inklusion' entsteht wohl nicht durch die Summierung integrationsoptimierter Einzelmaßnahmen und Insellösungen. Die Vorstellung inklusiver Verhältnisse verliert auf diese Weise etwas von ihrer utopischen Aura (weil unfinanzierbar), die konkrete Schritte auf einen

---

14 vgl. auch PRENGEL (2013)

Sankt-Nimmerleins-Tag verbannt. Inklusionsorientierung wird vielmehr zu einer ständigen (hochschul)politischen Gestaltungsaufgabe, zu einer anhaltenden Herausforderung für die Praxis der Lehre, zu einer permanenten Revolution der bestehenden Verhältnisse aus der Einsicht heraus, dass es um die Gewährleistung von Teilhabe und die Vermeidung von Diskriminierung geht. Nichtintegrierbarkeit verweist immer auf ein zu lösendes Problem, dessen Vorhandensein einer Bedingungsanalyse bedarf und repräsentiert nicht die ‚definitive Grenze der Inklusion' aufgrund eines vermeintlich unüberwindbaren Defizits. Inklusionsorientierung *eröffnet* die Diskussion um die Bedingungen von Integration und schließt diese Diskussion nicht etwa ab durch eine bloße Erweiterung von Festlegungen, unter welchen Umständen erfolgversprechend studiert werden kann. Integration kann praktisch an den Verhältnissen scheitern – auf *Inklusionsorientierung* aber kann nur unter Preisgabe der normativen Grundlagen der Gesellschaft verzichtet werden.

4 Akzentverschiebungen

Bereits 2001 machten LUTZ & WENNING darauf aufmerksam, dass die Entdeckung der Vielfalt in der Erziehungswissenschaft sich nicht in der anerkennungstheoretisch begründeten Lobpreisung unterschiedlicher Herkünfte erschöpfen darf. Der wertschätzend motivierten Hinwendung an und Aufmerksamkeit gegenüber wahrgenommener Vielfalt entspricht deren differenzreproduzierende Markierung. Diversitätsorientierung als Querschnittsthema hochschulpolitischer Strategie zu verankern, bleibt solange Stückwerk, solange die damit verbundenen Entwicklungen und Veränderungen nicht als *reflexive Prozesse* verstanden werden, die über Maßnahmen zur gruppenspezifischen Verbesserung von Studienbedingungen hinausreichen. Während eine strategische Konzeption von Chancengleichheit stets Gefahr läuft, strukturelle Benachteiligungsmuster nicht im Blick zu haben oder aus dem Auge zu verlieren, wäre ein strategisches Gesamtkonzept der Organisationsentwicklung an Vorstellungen von realisierter Chancen*gerechtigkeit* auszurichten, das ungehinderte und diskriminierungsfreie Studienbedingungen *gewährleistet* und nicht nur *ermöglicht*.

Gerechtigkeitskriterien resultieren in diesem Kontext aus der (An)Erkennung von Differenz(en) im Wissen um deren potenzielle Wirkmächtigkeit bezüglich der (Re)Produktion von gesellschaftlichen und sozialen Ungleichheitsverhältnissen. Maßnahmen zur Herstellung von Chancengerechtigkeit sind somit nicht schon ableitbar aus der Identifizierung benachteiligter Zielgruppen selbst, sondern vielmehr aus der Identifizierung benachteiligender Prozesse und Verhältnisse, die zielgruppenspezifische Muster und Charakteristika aufweisen mögen, benachteiligte

Gruppen (Behinderte, Studierende mit Migrationshintergrund etc.) an sich aber erst konstituieren. Somit muss sich jegliche Proklamierung *realisierter* Benachteiligungs- und Barrierefreiheit zwangsläufig mit dem Vorwurf konfrontiert sehen, den Blick von der selbstverpflichtenden *Gewährleistung* ungehinderter Studienbedingungen weg auf diejenigen zu lenken, die mit den nunmehr ausgewiesenen ‚inklusiven und diversitätssensiblen' Bedingungen im Hochschulalltag zurechtkommen müssen/sollen. *Behauptete* Gleichstellung und -behandlung erschwert und verunmöglicht letztendlich die Artikulation von Exklusions*erfahrungen* – denn dann kann nicht sein, was nicht sein darf. Aus diesem Grund ist die Einrichtung etwa einer unabhängigen und niedrigschwellig zugänglichen sowie nachhaltig tägigen (also hinsichtlich Zeit- und Personalressourcen hinreichend ausgestatteten) Beschwerdestelle für Diskriminierungs*erfahrungen* aller Art ein wesentlicher und unverzichtbarer Kernbestandteil diversitätssensibler Organisationsstrukturen. Diversitätssensible Haltungen beschränken sich nicht auf die Anerkennung von Vielfalt, sondern bedingen die Wahrnehmung der Möglichkeit von Exklusions- und Diskriminierungserfahrungen. Die Beweislast darf nicht auf die Schulter der Betroffenen verlagert werden.

Um bei einer bekannten Karikatur anzusetzen: Allen die gleiche Aufgabe zu stellen, bei drei auf die Bäume zu klettern, ist nicht Ausdruck von Chancengleichheit, sondern manifestiert ein Höchstmaß an Ungerechtigkeit. Nachteilsausgleiche für identifizierte Gruppen von Benachteiligten können aber solange nicht als Ausdruck ‚inklusiver' Verhältnisse interpretiert werden, solange nicht an die Aufgabenstellung selbst (vom Sinn und Unsinn der Abprüfung des konkurrenzhaft betriebenen Bäumekletterns als Erfolgsnachweis für akademische Bildung) und ihren diskriminierenden exklusiven Charakter herangegangen wird. Erst durch eine barrierefreie Prozessgestaltung des Hochschulbetriebs auf allen Ebenen (unter Einschluss von Verwaltung und Lehre) wird das Problem der Inklusionsorientierung überhaupt tangiert.

Wenn (An)Erkennung von Heterogenität gleichbedeutend ist mit dem Für-Möglich-Halten von Diskriminierung und Exklusion schließt das die Bereitschaft ein, die Bedingungen ihrer Möglichkeiten gestaltend zu analysieren und zu verändern. Chancengerechtigkeit anzustreben bedingt dabei zugleich ein planmäßig strukturiertes (Implementierung von diversitäts- und inklusionsorientierten Prozessen) wie auch ein nachhaltig reflexives Vorgehen (Fort-, Aus- und Weiterbildung sowie Supervision bezüglich des jeweils eigenen Denkens und Handelns unter Einbezug aller Akteur*innen). Im Fokus von Beratung und Unterstützung in diesem Zusammenhang steht die Gewährleistung und Sicherstellung von Teilhabe und Nichtdiskriminierung als Ausdruck eines menschenrechtlich fundierten Verständnisses von Diversität und Vielfalt. Damit treten Fragen der (nicht nur baulichen) Erreichbarkeit, Zugänglichkeit und Nutzbarkeit von Informationen, Beratung und Unterstützungsangeboten gleichberechtigt neben Fragen, die auf deren Qualität bezogen sind. Die Befunde der BEST-Studie (2011) belegten dies in eindrucksvoller Weise. Heterogene Biografien, individuelle Erfahrungshintergründe und konkrete Lebenssituationen sind in dem Maße weniger mit Exklusionsrisiken verbunden, in dem sie als vorhanden realisiert werden. Ihr unterstelltes Vorhandensein und ihre angenommene Wirkmächtigkeit kann in Lernprozessen eine positive Funktion erfüllen, ihre Anrufung aber birgt auch stets das Risiko der Differenzsetzung. Darin besteht die grundsätzliche Schwierigkeit, die sich in der Praxis auch als (bisweilen unauflösbares) Dilemma erweisen kann, dass die Anrufung von Heterogenitätsmerkmalen immer auch ein Moment der Zu- und Festschreibung enthält. So werden Heterogenitätsmerkmalsträger*innen unversehens zur Bereicherung verpflichtet, der zu entsprechen eine nicht geringere individuelle Belastung darstellen kann, als jede Form negativer Stigmatisierung und Diskriminierung. Die Janusköpfigkeit der *wertschätzenden Unterstellung* von Vielfalt und ihrer *differenzsetzenden Anrufung* zu reflektieren, gehört zu den vornehmsten Learning Outcomes diversitätssensibler Fort-, Aus- und Weiterbildung.

Die Auseinandersetzung mit Fragen der Gestaltung von Vielfalt an Hochschulen und Universitäten mündet in der Regel rasch in eine Reihe konkreter Umsetzungsmaßnahmen. Darüber hinaus wird in strategisch verankerten Willensbekundungen häufig auf die grundsätzliche und übergreifende Aufgabe verwiesen, eine Diversitätskultur zu schaffen. Was mit dieser jedoch konkret gemeint ist (oder sein kann), verbleibt meistens deutlich weniger im Bereich des Konkreten. Die Institutionalisierung von reflexiven Momenten würde die Verhältnisse und Hochschulpraxen (ebenso wie die Hochschulpolitik insgesamt) einem ständigen Stresstest aussetzen. Sie müssten sich fortlaufend bewähren, auf Exklusionsrisiken hin überprüfen lassen. Nicht in der Implementation von Ausgleichs- und Förderungsmaßnahmen (Integrationslogik), sondern in der Bereitschaft zur kritischen Selbstbefragung bemisst sich das Maß an gelebter Diversitätssensibilität. Insofern sollte an die Stelle der selbstbewussten Verkündigung von Diskriminierungsfreiheit eine diskriminierungskritische Orientierung treten, statt einer positiv (aus) formulierten ‚inklusiven' Hochschule bzw. Universität sollte strategisch auf eine exklusionskritisch ausgerichtete lernende Organisationsentwicklung gesetzt werden, statt einer tabuisierenden Antidiskriminierungsemphase geht es um die Etablierung machtkritischer Perspektiven. Dazu gilt es sämtliche Ebenen, sämtliche Akteur*innen und sämtliche Prozesse einzubeziehen, miteinander in Kontakt und Austausch zu bringen. Die Wege Vielfalt zu gestalten, sind selbst vielfältig. Sie sollen am Bestehenden ansetzen (auf Basis etwa einer Bestandsaufnahme existierender Angebotsstrukturen, Maßnahmen, Instrumente, strategischen Ausrichtungen), führen aber in eine veränderte Zukunft, insofern sie sich nicht in der Optimierung oder Ergänzung des Bestehenden erschöpfen, sondern auf eine Hochschule für alle zielen, in denen Heterogenität nicht mit Teilhabebarrieren und Exklusionsrisiken verbunden ist.

5 Barrierefrei Lehren, Lernen und Prüfen

Greifen wir exemplarisch einen Bereich heraus, der gemeinhin eine besonders hohe Hemmschwelle darstellt, wenn es um kritisch-reflexive Veränderungsprozesse an Hochschule und Universität geht. Die Freiheit der Lehre gebietet es, dass den Lehrenden Perspektiven und Wege eröffnet werden, die Praxis aus eigener Einsicht und selbstbestimmt einer kritisch-reflexiven Überprüfung zu unterziehen, inwieweit und inwiefern sie mit Exklusions- und Diskriminierungsrisiken verbunden ist. Das Stichwort Barrierefreiheit wird dabei rasch konnotiert mit Ängsten und Befürchtungen (etwas falsch zu machen oder aus Unkenntnis zu übersehen), aber auch mit Bedenken und Abwehr (die Unterstellung, eine Ausrichtung der Lehre an individuellen studentischen Bedürfnissen führe zu Niveauabsenkungen und belege letztendlich nur vorhandene studentische Defizite bis hin zu Zweifeln an der Studierfähigkeit). Barrierefreie Lehre wird insofern einmal als tendenziell überfordernde Zusatzbelastung, ein andermal als ungerechtfertigte Zumutung empfunden. Ob einer solchen Rahmung des Themas *Barrierefreiheit* möglicherweise Missinterpretationen zugrunde liegen, wird nicht geprüft, solange nicht die Zielsetzungen einer barrierefreien Lehre selbst einer nachhaltigen und kontinuierlichen Reflexion unterzogen werden.

Barrierefreiheit als Qualitätsmerkmal von Lehre bemisst sich *inklusionstheoretisch* nicht notwendigerweise an der Berücksichtigung und Einhaltung formaler Standards, die es unterschiedlichen Gruppen von Studierenden mit Behinderung oder chronischer Erkrankung technisch und organisatorisch (besser) erlauben, an einer ansonsten unveränderten Lehre teilzuhaben. (Was nicht heißt, dass es wünschenswert und im konkreten Fall notwendig wäre, um die *Integration* etwa von Studierenden mit eingeschränktem Sehvermögen zu ermöglichen, sich ganz gezielt und bewusst unterschiedlicher Medien zu bedienen und diese ggf. im Regelbetrieb anzubieten). Vielmehr geht es um die *prinzipielle* Bereitschaft, die eigene Lehre an der Bandbreite der unterschiedlichen Bedürfnisse der Studierenden auszurichten. Es versteht sich von selbst, dass dies im Rahmen gänzlich anonymisierter Studienbedingungen keine ausschließlich individuell zu bewältigende Herausforderung, sondern (auch) eine hochschul- und bildungspolitische Aufgabe darstellt. Es geht dabei nicht nur um die Formen der Beteiligung an (Präsenz)Lehre, sondern auch um die Gestaltung des Lernens und deren lehrender Begleitung – und die Praxis des Prüfungswesens.

Die studentische Partizipation an Lehrinhalten und der Form ihrer Vermittlung, ebenso wie die Neugier (und Begleitung) von selbstgesteuerten Lernphasen werden zu bedeutsamen Momenten einer anvisierten Barrierefreiheit, indem sie besser in der Lage sind, individuell unterschiedlich gelagerten Interessen und Bedürfnissen Rechnung zu tragen, als standardisierte inputorientierte Lehrformen und vorgeschriebene, auf reine Replikation zielende, Lernformen (‚Bulimielernen').

Auch das Prüfungswesen, wie die Prüfungspraxis, wären nach Prüfungsformen und -inhalten zu hinterfragen und individuelle Prüfungsformen zu ermöglichen (was bislang durch die Nachteilsausgleichsregelungen prüfungsrechtlich durchaus bereits gegeben ist), die nicht im Verdacht stehen, qualitative Zugeständnisse und Kompromisse an das jeweilige Bildungsniveau dazustellen.

Diese Aufgabenbeschreibung lässt erahnen, dass das Thema *Vielfalt gestalten* nicht nur eine hochschulpolitische Dimension in sich trägt, sondern darüber hinaus eine bildungsphilosophische Herausforderung beinhaltet und insofern von sehr grundlegender Brisanz ist. Nicht nur Fragen der konkreten Öffnung von Hochschulen und Universitäten für bislang tendenziell übersehene oder benachteiligte Sondergruppen (Studienberechtigte mit Behinderung oder chronischer Erkrankung, Studienberechtigte mit unterschiedlichen sexuellen der religiösen Orientierungen etc.) oder neu ins Auge gefasster Zielgruppen (Migrant*innen, Flüchtlinge, sozial Benachteiligte, Studienberechtigte mit Kind oder familiären Belastungen, Berufserfahrung etc.) stellen sich, angesichts sich verändernder gesellschaftlicher Rahmenbedingungen, sondern es stellen sich Fragen nach der grundsätzlichen Funktion akademischer Bildung in einer neoliberalen globalisierten Leistungsgesellschaft, die sich gleichwohl zu Werten bekennt, wie sie bspw. in der UN-BRK menschenrechtlich begründet formuliert sind. Die daraus entstehende Spannung muss Hochschule und Universität zu einem Ort werden lassen, an dem Demokratiebewusstsein, Partizipationsbereitschaft, Diskriminierungsfreiheit, gesellschaftliche Verantwortung und Kritikfähigkeit zu zentralen Momenten der Praxis ebenso wie des Learning Outcomes werden können.

Literatur

BRECHT, Bert (1997): Buckower Elegien, 1953. In: Ausgewählte Werke in sechs Bänden. Vol. 3. Gedichte 1. Frankfurt a.M.: Suhrkamp Verlag, 404

BUNDESMINISTERIUM FÜR ARBEIT UND SOZIALES (2011): Unser Weg in eine inklusive Gesellschaft. Der Nationale Aktionsplan der Bundesregierung zur Umsetzung der UN-Behindertenrechtskonvention. Im Internet: www.bmas.de/SharedDocs/Downloads/DE/PDF-Publikationen/a740-nationaler-aktionsplan-barrierefrei.pdf?__blob=publicationFile (letzter Abruf: 30.10.2016)

DANNENBECK, Clemens & DORRANCE, Carmen (2016): Da könnte ja jede/r kommen! – Herausforderung einer inklusionssensiblen Hochschulentwicklung. In: DANNENBECK, Clemens, DORRANCE, Carmen, MOLDENHAUER, Anna, OEHME, Andreas & PLATTE, Andrea (Hrsg.): Inklusionssensible Hochschule. Grundlagen, Ansätze und Konzepte für Hochschuldidaktik und Organisationsentwicklung. Bad Heilbrunn: Klinkhardt, 22-33

DANNENBECK, Clemens, DORRANCE, Carmen, MOLDENHAUER, Anna, OEHME, Andreas & PLATTE, Andrea (Hrsg.) (2016): Inklusionssensible Hochschule. Grundlagen, Ansätze und Konzepte für Hochschuldidaktik und Organisationsentwicklung. Bad Heilbrunn: Klinkhardt

HOCHSCHULREKTORENKONFERENZ (HRK) (2009): Eine Hochschule für Alle. Empfehlung der 6. Mitgliederversammlung am 21.04.2009 zum Studium mit Behinderung/chronischer Krankheit. Im Internet: www.hrk.de/uploads/tx_szconvention/Entschliessung_HS_Alle.pdf (letzter Abruf: 30.11.2016)

DEUTSCHES STUDENTENWERK (Hrsg.) (2012): BEST – beeinträchtigt studieren. Sondererhebung zur Situation von Studierenden mit Behinderung und chronischer Krankheit. Im Internet: www.studentenwerke.de/de/content/best-beeinträchtigt-studieren-0 (letzter Abruf: 30.10.2016)

GATTERMANN-KASPER, Maike (2012): Nachteilsausgleiche für Studierende mit Beeinträchtigungen im Prüfungsverfahren. Im Internet: www.uni-hamburg.de/studieren-mit-behinderung/downloads/nta-pruefungen.pdf (letzter Abruf: 30.10.2016)

HIMMELRATH, Armin (2016): Diverser, nicht dümmer. In: Deutschlandfunk vom 09.07.2016. Im Internet: www.deutschlandfunk.de/abiturienten-und-studenten-diverser-nicht-duemmer.724.de.html?dram:article_id=359623 (letzter Abruf: 30.10.2016)

INFORMATIONS- UND BERATUNGSSTELLE STUDIUM UND BEHINDERUNG (IBS). Im Internet: www.studentenwerke.de/de/content/die-ibs-stellt-sich-vor (letzter Abruf: 30.10.2016)

LELGEMANN, Reinhard & SCHNEEBERGER, Stefan (Hrsg.) (2015): Die Umsetzung der UN-Behindertenrechtskonvention an den bayerischen Hochschulen für angewandte Wissenschaften und Universitäten – Inklusive Hochschulen Forderungspapier des Netzwerktreffens der Beauftragten für Studierende mit Behinderung und chronischer Erkrankung der bayerischen Hochschulen für angewandte Wissenschaften und Universitäten vom 16.07.2015. Im Internet: www.behindertenbeauftragter.uni-wuerzburg.de/fileadmin/32500250/Forderungspapier_Beauftragte_16_07_2015.pdf (letzter Abruf: 30.10.2016)

LUTZ, Helma & WENNING, Norbert (Hrsg.) (2001): Unterschiedlich verschieden. Differenz in der Erziehungswissenschaft. Opladen: Leske und Budrich

PRENGEL, Annedore (2006): Pädagogik der Vielfalt: Verschiedenheit und Gleichberechtigung in Interkultureller, Feministischer und Integrativer Pädagogik. Reihe Schule und Gesellschaft. 3. Aufl. Wiesbaden: VS Verlag

PRENGEL, Annedore (2013): Pädagogische Beziehungen zwischen Anerkennung, Verletzung und Ambivalenz. Opladen, Berlin, Toronto: Barbara Budrich

STIFTERVERBAND FÜR DIE DEUTSCHE WISSENSCHAFT: Diversity Audit Vielfalt gestalten. Im Internet: www.stifterverband.org/diversity-audit (letzter Abruf: 30.10.2016)

WOLF, Gerhard (2012): Das Niveau sinkt (Im Interview mit Lena Greiner). In: Der SPIEGEL 40/2012. Im Internet: www.spiegel.de/spiegel/print/d-88861729.html (letzter Abruf: 30.10.2016)

Oliver Koenig

Inklusion in die Welt bringen

1 Einleitung

Das Feld inklusiver Pädagogik mit einem Blick über die offenen Grenzen hinaus zu gestalten, dabei stets dem Mensch als Bürger*in in einer dialogischen Art und Weise zugewandt und gleichsam innewerdend der möglichen Zukünfte, die durch unser Wirken in die Welt kommen wollen – diese Intention und Herangehensweise kann wohl als eine gelten, welche mich mit den in diesem Buch zu Würdigenden und ihrem unermüdlichen und inspirierenden Wirken verbindet. Was, so fragte ich mich, als ich die Einladung erhielt einen Artikel zu verfassen, kann mein Beitrag sein, der diese gemeinsame Intention, wenn schon (noch) nicht in der Praxis, so doch zumindest theoretisch einen Schritt weiter denkt. Dabei, und so wird hoffentlich meine ausschweifende Einleitung verziehen, möchte ich Leser*innen die Möglichkeit geben, die Emergenz meiner noch unvollständigen Denkvorgänge im Sinne Bohms (vgl. 1998) und dessen Unterscheidung zwischen Thought (Gedachtem) und Thinking (Denken) nachvollziehen zu können. Damit hoffe ich auch zum Ausdruck zu bringen, dass es wir selbst sind, die sowohl als Akteur*innen und Gegenstand das Feld durch unsere Rolle als Lehrende und Lernende gestalten und von diesem gestaltet werden.

Die letzten Jahre meines Wirkens habe ich mich, ausgehend von der Theorie U (vgl. Scharmer 2009) intensiv mit der Frage beschäftigt, wie wir im Feld der Behindertenhilfe sowie in der Ausbildung zukünftig in pädagogischen Arbeitsbereichen wirkender Pädagog*innen *inklusive soziale Felder* kultivieren können, die uns dabei unterstützen, aus dem subjektiven Gefühl des *Feststeckens* (vgl. Koenig 2015) in unserem unablässigen „in-die-Welt-bringen sozialer Realität" zu einer Bewegung der *Er-Neu-erung* beizutragen. In meinem Versuch besser zu verstehen, warum die gleiche Intervention in Individuen und Organisationen häufig so unterschiedliche Reaktionen hervorruft, bin ich auf eine Reihe von Zugängen an und in den Grenzbereichen von Lernen, Entwicklung, Transformation und Emergenz gestoßen, deren Aufarbeitung und Nutzbarmachung m.E. einen Beitrag leisten können, das in diesem Buch vertretene Anliegen zu befördern.

Dabei möchte ich unmittelbar an jenen Beitrag anschließen, dessen Entstehen den vorläufigen Höhepunkt meiner Zusammenarbeit mit Ines Boban und Andreas Hinz im Rahmen der gemeinsamen Gestaltung der Inklusionsforscher*innentagung 2014 dargestellt hat. In diesem erwähnten wir (vgl. Koenig & Schweinschwaller 2016) eher beiläufig, dass einer der Gründe, warum selbst erprobte und bewährte transformative Prozesse – trotz vielfach enorm hohen Energieaufwands – häufig nicht zu den intendierten Zielsetzungen und deren Nachhaltigkeit beitragen, der ist, dass sowohl Individuen als auch Organisationen häufig (noch) nicht über die entwickelten Voraussetzungen verfügen, um gemachte Erfahrungen in organisationale bzw. individuelle Strukturen (des Selbst-Welt-Bezuges) zu integrieren. Dabei wurde meine – nicht abgeschlossene und anfänglich „undeterminierte Suchbewegung" – (vgl. NOHL et al. 2015) auch durch die Aussage von Philipp STREIT, einem Mitglied des Teams der studentischen Mitarbeiter*innen, im Rahmen der Tagung befördert, der während einer Plenumsdiskussionen, in der über unterschiedliche hochschuldidaktische Zugänge diskutiert wurde, einwarf, dass er die Schwelle zu einer inklusiven Weltsicht NICHT im Rahmen seines Studiums überschritten hätte.

Dieser Beitrag möchte daher der Frage nachgehen, welche (ermöglichenden) Lernräume und erfahrungen (angehende) Pädagog*innen dazu befähigen, im Sinne LYRAS (2012) sowie GANZ (2010) (Gestaltungs-)Verantwortung erkennen und annehmen zu können „to create conditions that enable others to achieve shared purpose in the light of uncertainty" (GANZ 2010, 1). Dabei orientiere ich mich explizit an der von LEUTHOLD (2016, 87) verfolgten These, dass inklusive Handlungskompetenzen und Weltsichten nicht als voraussetzungslos angenommen werden können. Insofern werden stets die Fragen mitschwingen, welche Herausforderungen, Möglichkeiten und Veränderungsnotwendigkeiten den Hochschulen und Studiengängen als dem sozialen Feld zukommen, in dem erwartet wird, dass Studierende entsprechende Handlungskompetenzen erwerben können.

Dazu werde ich zunächst einen unvollständigen Blick darauf richten, wie diese Fragen innerhalb des akademischen Felds der inklusiven Pädagogik aktuell verhandelt werden. Daraufhin skizziere ich MEZRIOWS Entwurf einer Theorie transformativer Lernprozesse und versuche, Parallelen und Unterschiede im aktuellen deutschsprachigen Diskurs aufzuzeigen. KEGANS konstruktivistische Lern- und Entwicklungstheorie wird darauf aufbauend mit der Intention dargestellt, dass die Entwicklung inklusiver Weltsichten und Handlungskompetenzen einen Prozess der Entwicklung zunehmend belastbarer individueller Bedeutungsbildungssysteme darstellt, zu deren Herausbildung eine entwicklungssensible Kultur und Haltung in besonderem Maße beitragen kann. Als mögliche Synthese wird abschließend TAYLORS Ansatz emergenter Lernprozesse vorgestellt und einige Implikationen für eine zukünftige Gestaltung universitärer Praxis sowie damit im Zusammenhang stehender Forschungsdesiderate im Feld der Inklusion gegeben.

2 Der Umgang mit Heterogenität

In den letzten Jahren mehren sich Beiträge, wie der von Löwe (2013), mit denen attestiert wird, dass gesteigerte Komplexitätsanforderungen an pädagogische Akteur*innen auf eine zunehmend pluralistische Gesellschaft zurückzuführen sind, die sich im pädagogischen Alltag der Lehrkräfte durch vermehrte Ausprägungsformen von Heterogenität manifestieren. Gleichzeitig, so hält Baglieri (2008, 601) fest, ist der Pfad, den Lehrer*innen beschreiten (müssen), „as they learn to think inclusively" in der inklusiven Pädagogik noch weitestgehend unerforscht. Ist Inklusion eine Frage entsprechender Ressourcenausstattungen, der Vermittlung und des Erwerbs von entsprechendem behinderungs- und problemlagenspezifischem Fachwissen sowie didaktischer und konzeptioneller Kompetenzen? Oder ist es doch vielmehr eine Frage der richtigen Einstellungen oder Haltung? Diese Fragen, und was sie für die Gestaltung von Studiengängen für zukünftig (inklusiv) Lehrende bedeuten, werden sowohl in Praktiker*innenkreisen als auch innerhalb der wissenschaftlichen Community aktuell hitzig und oft dichotomisierend debattiert (vgl. Seitz & Haas 2015). Wie Baglieri (vgl. 2008, 585) auf der Basis eines Reviews einschlägiger internationaler Forschungsbefunde aufzeigt, sind ein Großteil der Studiengänge nicht in der Lage, positiv auf die Einstellungen von Lehrer*innen gegenüber Menschen mit Behinderung sowie in Relation zu deren (schulischer) Inklusion einzuwirken.

So sprechen sich Budde & Hummrich (vgl. 2013, o.S.) für einen notwendigen „Wandel in den professionellen Orientierungen von Lehrpersonen" aus, dem sie einen größeren Stellenwert beimessen als einer Ausweitung des methodisch-didaktischen Spektrums. Dabei plädieren sie in Anlehnung an Entwicklungen im Feld interkultureller Pädagogik für ein Verständis *„reflexiver Inklusion"*. Darunter verstehen sie „das Wahrnehmen und Ernstnehmen von Differenzen und das Sichtbarmachen von darin eingeschriebener Benachteiligung, als auch den Verzicht auf Festschreibung und Verlängerung impliziter Normen durch deren Dekonstruktion" (ebd.). Dabei, so fordern sie weiter, wäre allerdings eine „Engführung auf die eine Kategorie Behinderung zu vermeiden und für ein breites, intersektionales Verständnis" (ebd.) einzutreten.

Doch welche mentalen Anforderungen werden hier an aktuell und zukünftig Lehrende überhaupt postuliert, welches „verstecktes Curriculum" (vgl. Kegan 1994) gilt es dabei zu erfüllen. Überforderung, zunehmende Unsicherheit genauso wie das Bilden von (zumeist gewerkschaftlich unterstützen) „negativen Allianzen[1]"

---

1 In Taylors (vgl. 2011) weiter unten beschriebenen Theorie bzw. Phasenmodell emergenter Lernprozesse, beschreibt sie eine Reihe von psychologischen Abwehrmechanismen, durch die sich Lernende gegenüber neuartigen Lernerfahrungen abgrenzen, so z.B. das Bilden von „negativen Allianzen": „at this point in the journey (..) we may be tempted to merge our discontent with that of others. Negatively focused alliances with others often create justification of our blaming behavior

(vgl. TAYLOR 2011) prägen das Erleben und Handeln vieler Pädagog*innen im Feld. Gegen diese inneren Widerstände werden Versuche des Einwirkens auf Schulkultur und -struktur oft als „Wundermittel" angepriesen.

Auf diesen einseitigen und dominaten Umstand, der von der Annahme ausgeht, dass Lehrer*innen Inklusion entsprechend konzeptionell umsetzen könnten, weist auch SEITZ (vgl. 2007) hin. Dabei streicht sie heraus (ebd., 129), dass die Fähigkeit, Heterogenität zu „sehen" und didaktisch zu „verhandeln", nicht als voraussetzungslos betrachtet werden können und bezieht sich dabei auf PRENGELS (vgl. 2006) Idee unterschiedlicher – und veränderbarer – Erkenntnishorizonte. Heterogenität könne demnach „als ein perspektivgebundenes, dynamisches und mehrdimensionales Konstrukt verstanden werden, das hintergründig auf Werte- und Normenentscheidungen verweist" (SEITZ 2007, 129f). Daraus folgert sie, dass Unterrichtsentwicklung nicht unabhängig von den Akteur*innen und deren persönlicher Entwicklung gedacht werden kann: Die Komplexität des Wahrnehmungsrahmens von Heterogenität steht in einem engen Zusammenhang mit der jeweiligen Komplexität des didaktischen Denkens und Handelns. Und dies hat reale praktische Konsequenzen. So bringen Lehrer*innen mit ähnlich heterogenen Lernvoraussetzungen konfrontiert unterschiedliche didaktische Arrangements in die Welt. Beobachtbare Ausprägungsformen reichen dabei von einem reinen Instruieren (alle Lernen das Gleiche) zu einem Schaffen unterschiedlicher Leistungszüge bis hin zur Gestaltung zieldifferenter Lernformen am gemeinsamen Gegenstand. SEITZ folgert daraus, dass „Kompetenzen für eine professionalisierte inklusive Unterrichtspraxis nicht in Form einer Anhäufung von Wissensvorräten erworben werden" (SEITZ 2007, 134) können, und plädiert dafür, pädagogisches Handeln sowie theoretisches und empirisches Wissen in einer kasuistischen Orientierung, in einen umfassenden Reflexionsprozess zusammenzuführen.

Im verstärkten Anstoßen von reflexiven Prozessen, so zieht es sich durch die hier rezipierte Literatur, liegt demnach ein verstärkt zu bedienender Hebel im Zuge der notwendigen Professionalisierung. Dabei ist auffällig, wie sehr dem (inklusions-)pädagogischen Diskurs ein explizites, theoretisch fundiertes und praktisch belastbares Verständnis von transformierend wirkenden Lern- und Bildungprozessen fehlt, in dem und durch die eine Erweiterung und Veränderung von Erkenntnishorizonten stattfinden kann. Genau darauf soll im Folgenden eingegangen werden.

---

through solidarity in our complaints. The common ground is opposition to the same person(s) and/or practice(s). In ongoing community and work settings, these groups can become pockets of chronic dissent that have a destructive impact not only on the system in which they occur but also on our own progress in dealing with the realities we encounter" (TAYLOR 2011, 67f).

3 Transformative Lern- und Bildungsprozesse

Die Entwicklung und Ausdifferenzierung von Theorien transformativer Lern-
bzw. Bildungsprozesse verweist auf eine knapp 60-jährige Entwicklungsgeschich-
te, die laut ILLERIS (vgl. 2010, 56) von ROGERS bereits in den frühen 50er Jahren
grundgelegt wurde. Mit dem Begriff „signifikantes Lernen" verband ROGERS einen transformierenden Lernprozess, der mehr ist als eine bloße Akkumulation
von Tatsachen und Fakten, da dieser sämtliche Bereiche des Daseins und der Organisation des Selbst berührt. Durch eine Umstrukturierung und Verknüpfung
einer größeren Anzahl von Schemata, davon ging ROGERS aus, kommt es zu einer
Veränderung der Persönlichkeit, von Ansichten und somit zu einer Erweiterung
von Handlungsoptionen des Individuums. Auch wies ROGERS bereits darauf hin,
dass signifikantes Lernen zumeist als Folge (existentieller) Krisenerfahrungen
eintritt, wenn die Person in eine Situation gerät, in der sie mit ihren bisherigen
persönlichen Grundlagen nicht mehr zurechtkommt, anderseits aber die Notwendigkeit besteht, die Lage zu meistern.

Als Vordenker der internationalen Diskussion wird gemeinhin MEZIROW gehan-
delt, der seine sich entwickelnde Theorie (vgl. MEZIROW 2000) transformativer
Lernprozesse in den frühen 70er Jahren im Rahmen einer qualitativen Studie
über den Wiedereinstieg von ehemaligen Hausfrauen und Müttern in universitäre
Aus- und Weiterbildungen (vgl. MEZIROW 1975) entwickelt hat. Für MEZIROW
bezieht sich transformatives Lernen auf Prozesse, in denen Menschen ihre für
gegeben geglaubten Bedeutungsrahmen („Frames of Reference"), von denen aus
sie Wirklichkeit konstruieren und Handlungen setzen, transformieren, d.h. diese
umfassender, tiefgreifender, offener und gefühlsmäßig sensibler gestalten. In seiner Studie wies er empirisch nach, dass Menschen auf eine bestimmte Qualität
von desorientierenden Dillemata treffen, die sie nicht in der sonst üblichen Art
und Weise lösen können, d.h. „by simply learning more about them or learning
how to cope with them more effectively" (MEZIROW 1978, 101, zit. in NOHL et
al. 2015, 112). Er beobachtete und beschrieb einen Lernzyklus, durch den Menschen dabei unterstützt würden, unhinterfragte Annahmen reflexiv zu bearbeiten
und/oder eine neue Richtung in ihrem Leben einzuschlagen. Dieser Lernzyklus
folgt laut MEZIROW den folgenden Phasen: „(1) a disorienting dilemma; (2) self-
examination with feelings of fear, anger, guilt or shame; (3) a critical assessment of
assumptions; (4) Recognition that one's discontent is shared; (5) Exploration for
new roles, relationships and actions; (6) Planning a course of action; (7) Acquiring
knowledge and skills for implementing one's plans; (8) provisional trying of new
roles; (9) Building competence and self-confidence in new roles and relationships
(10) a reintegration into one's life on the basis of conditions dictated by one's
new perspective" (MEZIROW 2000, 22).

Auch im Feld der allgemeinen Pädagogik hat laut NOHL (vgl. 2015) eine promi-
nente theoretische Parallelentwicklung stattgefunden. In seiner Monographie zur
Grundlegung einer Theorie transformativer Bildungsprozesse definiert KOLLER
(2012, 16) diese als „Lernprozesse höherer Ordnung", die zu einer grundlegenden Veränderung der Figuren des Welt- und Selbstverhältnisses" von Menschen
beitragen. Derartige Bildungsprozesse würden sich potentiell immer dann vollziehen, wenn Menschen mit neuen Problemlagen konfrontiert sind, für deren
Bewältigung die Figuren ihres bisherigen Selbst- und Weltverständnisses nicht
mehr ausreichen (KOKEMOHR 2007, 21 zit. in KOLLER 2012, 16). Durch die aktive Auseinandersetzung mit neuen Problemlagen entstünden neue „Dispositionen
der Wahrnehmung, Deutung und Bearbeitung" (ebd.), wodurch die Person in die
Lage versetzt würde, den Problemen besser als bisher gerecht zu werden.

Zur genaueren Differenzierung transformativer Lernprozesse greift NOHL (vgl.
2015, 164f) auf MAROTZKIs (vgl. 1990) grundlagentheoretische Differenzierung
von Lernen und Bildung zurück, die sich an BATSEONs (vgl. 1987) kybernetischem
Modell unterschiedlicher Lernebenen orientiert. Eine Verhaltensänderung (Lernen erster Ordnung) passiert dann, wenn ein Individuum lernt, auf „denselben
Reiz in verschiedenen Kontexten unterschiedlich zu reagieren" (MAROTZKI 1990,
36 zit. in NOHL 2015, 167). Von Lernen zweiter Ordnung (Lernen des Lernens)
kann gesprochen werden, wenn die/der Lernende beginnt wahrzunehmen, dass
jede Erkenntnis in einen bestimmten Bedeutungsrahmen eingebunden ist. Durch
die Reflexion grundlegender Annahmen werden die Schemata des Lernenden zur
Disposition gestellt und transformiert. Den eigenen Selbst-Weltbezug als einen
von vielen möglichen Bedeutungsrahmen zu erkennen, diese in ihren jeweils unterschiedlichen Prämissen zu verstehen und in der Lage zu sein, situationsadäquat
auf unterschiedliche Rahmen zurückgreifen zu können, charakterisierte für BATE-
SEON ein Lernen des Typs dritter Ordnung.

Genau hier, in der Evozierung von Lern- und Bildungsprozessen zweiter und dritter Ordnung und dem Erkennen der Bedingungen, welche die Herausbildung
inklusiver Selbst-Weltbezüge und Handlungskompetenzen ermöglichen können,
zeigt sich m.E. für das Feld der inklusiven Pädagogik eine zentrale Zukunftsher-
ausforderung. Daher geht der nächste Abschnitt der Frage nach, was genau dieses
Selbst ist und unter welchen Bedingungen sich dessen denkender und handelnder
Bezug zur Welt transformiert.

4 Welches Selbst transformiert?

An dieser Stelle soll der propädeutische Versuch der näheren Bestimmung des
Selbstbegriffes auf der Grundlage von KEGANS Arbeiten (vgl. 1982 & 1994)
unternommen werden. Dessen Werk sieht GUNNLAUGSON (vgl. 2007) als

Ausgangspunkt einer zweiten Welle von empirischen und theoretischen Arbeiten, die versuchen, das Wesen transformierender Lernprozesse ganzheitlicher zu verstehen. In seinem Aufsatz „What `form` transforms", führt KEGAN (vgl. 2000) mit der Unterscheidung von in-*form*-ativem und trans-*form*-ativem Lernen eine bedeutsame Erweiterung in den Diskurs ein. Ersteres beschreibt für KEGAN Lernaktivitäten, die darauf abzielen „to increasing our fund of knowlegde, (...) our repertoire of skills, at extending already established cognitive capacities into new terrain" (KEGAN 2000, 48). Dahingegen stellt Trans-*form*-atives Lernen die Form selbst „at risk for change" (ebd., 49), und bezieht sich unmittelbar auf die epistemologischen Grundlagen des Lernens und der Frage „Wie wir wissen".

Mensch-sein heißt für KEGAN Bedeutung schaffen, insofern bilden die Fragen, wie der Mensch Welt konstruiert, aber auch wie der Mensch von der Welt konstruiert wird, den Mittelpunkt seiner Arbeiten. Mensch-sein ist für KEGAN gleichermaßen eine Aktivität, ein ständiger Prozess und das Ergebnis eines Prozesses. Seine „konstruktivistische Entwicklungstheorie" verortet er innerhalb der philosophischen Strömung eines „reconstructive postmodernism" (KEGAN 1994, 324ff), die im Unterschied zu einer dekonstruktiven Lesart versucht „to re-ellaborate and re-appropriate modernist categories (such as reason, freedom, equity, rights, self-determination) on less absolutistic grounds" (ebd.). Insbesondere im Feld inklusiver Pädagogik wird der Entwicklungsbegriff häufig vorschnell als Ausdruck eines kategorial sonderpädagogischen, kolonialen bzw. neoliberalen Weltbildes verstanden. Dem stellt KEGAN einen ganzheitlichen Entwicklungsbegriff entlang qualitativ unterscheidbarer und dis-kontinuierlich verlaufender Stufen der Bewusstseins- und der Bedeutungsbildung als Präzisierung gegenüber. Dieser könnte, meines Erachtens, auch für ein Weiterdenken des Bildungs- und Inklusionsbegriffs als einem evolutionären Entwicklungsprozess, der jeweils einer neuen, zunehmend belastbareren, komplexeren und offeneren Gestalt entgegenstrebt, von Bedeutung sein (vgl. RICHTER 2014; LEUTHOLD 2016).

Für KEGAN ist Entwicklung ein lebenslanger und aktiver Prozess, in dem das „offene System Mensch" mit seiner Umwelt interagiert und dabei in der Organisation seiner Erfahrungen Bedeutungsbildungssysteme ausbildet. Als natürliche „Emergenzen des Selbst" (KEGAN 1982) weisen diese eine jeweils eigene epistemische Gestalt auf. Das grundlegende Organisationsprinzip ist für KEGAN dabei eine spezifische Subjekt-Objekt Struktur. Diese gibt keine Auskunft über den Inhalt, sondern nur über die Art der Organisation. Als Teil unserer Bewusstseinsstruktur können Objekte dabei sowohl relationale Aspekte, Merkmale der Persönlichkeit als auch bestimmte Überzeugungen und Annahmen sein: „that we can reflect on, handle, look at, be responsible for, relate to each other, take control of, internalize, assimilate, or otherwise operate upon" (KEGAN 1994, 32).

Subjekte hingegen sind jene Elemente unserer Bedeutungs-Bildung „that we are identified with, tied to, fused with or embedded in" (ebd.). Als solche entziehen sie sich (noch) unserer bewussten Bearbeitung. In der Summe beschreibt KEGAN fünf Strukturen der Bedeutungsbildung bzw. Weltbezuges des Selbst, von denen die letzten drei für das Erwachsenenalter von besonderer Bedeutung sind. In der Reihenfolge ihrer Entwicklungsposition sind dies der „socialized mind", der „self-authoring mind" sowie der „self-transforming mind" (KEGAN & LASKOW-LAHEY 2011, 17), die anhand der folgenden Tabelle ausschnitthaft beschrieben werden:

Tab. 1: Strukturen der Bedeutungsbildung (KEGAN & LASKOW-LAHEY 2011, 17)

Socialized mind	We are shaped by the definitions and expectations of our personal environment. Our self coheres by its alignment and loyalty to that, which with it identifies. This can express itself in our relationships with people, with „schools of thought" (ideas and beliefs) or both.
Self-Authoring mind	We are able to step back enough from the social environment to generate an „internal seat of judgement" or personal authority that evaluates and makes choices about external expectations. Our self coheres by its alignment with its own belief system/ideology/personal code; by its ability to self direct, take stands, set limits and create and regulate its boundaries on behalf of its own voice.
Self- Transforming mind	We can step back from and reflect on the limits of our own ideology or personal authority; see that any one system of self-organization is in some way partial or incomplete; be friendlier towards contradiction and opposites; seek to hold on to multiple systems rather than projecting all but one on the other. Our self coheres through its ability not to confuse internal consistency with wholeness or completeness, and through its alignment with the dialectic rather than either-or pole.

Das Überschreiten eines Weltbezuges in der Form der Transzendenz und Integration einer Subjekt- in eine Objektstruktur ist für KEGAN ein fließender und fragiler Lernprozess. So wie MEZIROW geht auch KEGAN von der Notwendigkeit von katalytischen Erfahrungen aus, in dem ein vorher als Gleichgewicht wahrgenommener Zustand beginnt aufzubrechen. Individuelle Entwicklung ist dabei letzlich entscheidend von (Bildungs-)Kontexten abhängig, welche transformierende Lernprozesse fördern oder behindern können. Es benötigt sowohl eine haltende Umgebung als auch eine Begleitung durch eine soziale Bezugsperson, die gemeinsam den Kontext ausmachen, in dem Entwicklung geschehen kann. Die Aufgabe dieses Kontexts ist für KEGAN dreigestaltig und weist große Ähnlichkeiten mit dem Überschreiten der Schwelle am Grunde des U auf (vgl. KOENIG & SCHWEIN-SCHWALLER 2016). Zunächst müsse ein Gefäß geschaffen werden, in dem eine entwicklungsförderliche Balance von Vertrauen und Offenheit besteht und Lernende sich hinreichend gehalten fühlen. Durch stetige Herausforderung und Affirmation soll die lernende Person beim Erkennen und Überschreiten ihrer*seiner Schwelle und dem dafür notwendigen Prozess des Loslassens unterstützt werden. In der Phase der Re- oder Neuorganisation der Subjekt-Objekt-Verhältnisse besteht die Aufgabe dabei in der Nähe zu bleiben, so dass die Lernenden „firm ground in a new place" bilden können (vgl. BERGER 2004, 345f). Im Feld der inklusiven Pädagogik hat LEUTHOLD (vgl. 2016) begonnen aufzuarbeiten, wie wir von der Berücksichtigung einer entwicklungsorientierten Perspektive profitieren können. Im Rahmen einer empirischen Untersuchung mit Studierenden an der Universität Erfurt entwickelte er auf der Grundlage von LOEVINGERs Modell der Selbstentwicklung ein Modell von Inklusionsverständnissen auf der Basis unterschiedlicher Entwicklungsstufen. Dabei geht es LEUTHOLD darum, auf der Basis eines genaueren Verständnisses der heterogenen „Selbst-Welt-Adressen" von Studierenden (ebd., 100) die Frage zu klären, wie eine neue „Kultur des Lernens" an Universitäten gestaltet werden kann. Um erste Spuren zu identifizieren, wie eine solche Kultur im Rahmen von Lehr- und Lernsettings geschaffen werden könnte, möchte ich im Rahmen dieses Beitrages und gleichsam als Versuch einer Synthese abschließend TAYLORs Modell emergenter Lernprozesse skizzieren. Dieses baut gleichsam auf einem theoretisch fundierten als auch entwicklungssensiblen Verständnis transformierender Lernprozesse auf.

5 Emergentes Lernen

In ihrem Buch „Emergent Learning for Wisdom" beschreibt TAYLOR (vgl. 2011) Muster emergenter Lernprozesse aus der Perspektive der Lernenden, die diesen Prozess durchschreiten. Grundlage für ihr Prozessmodell bildet eine qualitative Studie, in welcher sie die Erfahrungen von Lernenden in einem Studiengang für „Self-Directed Learning" analysierte. Durch die Wahl der Innen-Perspektive beabsichtigt TAYLOR die Vielfalt an Lernprozessen sichtbar zu machen. Diese umfassen neben der Veränderung von Denkstrukturen auch „patterns in what we sense and feel, how we relate to others, and who is significant in our change experience" (ebd., 56). Im Unterschied zu MEZIROWs linearem Verständis transformierender Lernprozesse beschreibt TAYLOR einen zirkulären Lernkreislauf. Durch die Betonung des emergenten Charakters von Lernprozessen möchte sie herausstreichen, dass die Qualität eines sich neu entfaltenden Selbst-Weltbezuges aus einem vorherigen Zustand des Gleichgewichts entspringt. Emergenz kann hier als eine dem Menschen innewohnende, aber intentional nicht bewusst verfügbare Erweiterung seines Möglichkeitshorizonts verstanden werden. TAYLORs hier vereinfacht dargestellter Kreislauf besteht aus vier Phasen und Schwellen.

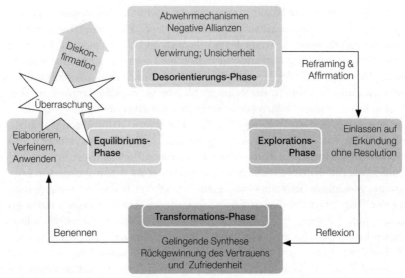

Abb. 1: Kreislauf emergenter Lernprozesse (übersetzt und adaptiert aus Taylor, 2011, 81)

Equilibrium oder Gleichgewichtsphase: Spätestens mit der Adoleszenz haben wir ein breit belastbares Spektrum an inneren Schemata erlernt, welche uns dabei unterstützen, Erfahrungen, die wir machen, sowie Handlungen, die wir ausführen, reflexiv erklären zu können. Emergentes Lernen hat seinen Ausgangspunkt (erste Schwelle) zumeist in einem Moment der Diskonfirmation: „Whether experienced and expressed as a sudden shock or as gradually intensifying unease, the beginning of learning is marked by a challenging surprise, triggered by an unexpected event" (Taylor 2011, 62).

Disorientierungsphase: Bevor ich noch wirklich begreife, was mir begegnet, stellt sich oft ein Gefühl von Orientierungslosigkeit und Verwirrung ein. Wir sehen uns Bedingungen ausgesetzt, für die wir uns nicht hinreichend vorbereitet fühlen, empfinden manchmal sogar ein Gefühl des Verlusts des eigenen Selbstwerts und Selbstvertrauens, neigen zu einer strengen Selbstbewertung, fühlen uns verletzlich und reagieren mit Gefühlen von Unwohlsein bis hin zur Angst. Taylor beschreibt die Gefahren einer „verschleppten" Roten Zone: „One real possibility is that we remain stuck in the Red Zone and out of the emergent learning process. To the extent these patterns are replicated more and more widely in a social context, it becomes the foundation of a culture of fear and suspicion" (Taylor 2011, 66). Als zweite Schwelle des gesamten Lernprozesses sieht Taylor daher intentional gesetzte Handlungen positiver Affirmation durch „glaubwürdige" Dritte in der jeweiligen Lernsituation. Damit sind explizit Lehrende in ihrer Rolle als Ermöglicher*innen von emergenten Lernerfahrungen angesprochen. Deren Aufgabe besteht darin, die Lernenden im Prozess des „Reframing" zu begleiten und zu unterstützen, die unangenehme Situation als Lernmöglichkeit zu begreifen.

Explorationsphase: TAYLOR zeigt auf, dass der Eintritt in die Explorationsphase in einem westlichen kulturellen Kontext einen signifikanten „shift of mind" darstellen kann. Normalerweise erwarten wir zu wissen, was als nächstes kommt sowie welche Ziele und Pläne wir haben, um Erstere zu erreichen. Die Lernleistung im erfolgreichen Durchschreiten der roten Zone besteht darin, dass eigene Nicht-Wissen anzuerkennen. Der Eintritt in die Explorationsphase stellt einen Wechsel von einem analytischen, deduktiven zu einem intuitiven, erfahrungs- und handlungsorientierten Zugang dar. Dieses Einlassen auf „Erkundung ohne Resolution" erreicht in der Regel einen natürlichen Sättigungspunkt, den TAYLOR als dritte Schwelle beschreibt und zumeist zu einem Prozess intensiver Reflexion führt, in dem die gemachten Erfahrungen und Einsichten bedeutungsvoll miteinander verbunden werden.

Transformationsphase: Aus diesen intensiven Reflexionsprozessen kann ein „powerful major insight that reveals a fundamentally new perspective" (TAYLOR 2011, 75) entspringen, der uns intellektuell und gefühlsmäßig dabei unterstützt, ein neues übergreifendes Muster zu sehen und entsprechend zu handeln: „This transformation we experience opens up a new approach (second-order learning) in a significant aspect of our lives. It may pave the way for a new understanding of ourselves and our life purpose (third-order learning) (ebd., 77). Wir bemerken, wie das abhanden geglaubte Gefühl von (Selbst-)Vertrauen und Zufriedenheit in einer neuen Qualität zurückkommt. Dadurch fällt es uns leicht, die vierte und letzte Schwelle des emergenten Lernprozesses zu überschreiten und gegenüber bedeutsamen Anderen zu benennen, was wir erkannt haben: „When we are able to name such an experience and its significance to us, we make it noticeable, not only to others but also in our own memories as a turning point" (TAYLOR 2011, 78).

Equilibriumsphase: Genauso spürbar und Erleichterung stiftend ist die Rückkehr aus dem intensiven Erleben der Transformationsphase zu der Phase eines sich neu einstellenden Gleichgewichts. Ich kann auch in unterschiedlichen Situationen über (Kern-)Bestandteile meiner neuen konzeptionellen Orientierung verfügen, diese anwenden und verfeinern und mich wieder als handlungskompetent erleben.

6 Implikationen für universitäre Praxis und Forschung

Eine Besonderheit von TAYLORs Theorie, und gleichsam ihre Anschlussfähigkeit zu Fragen der Vorbereitung und Begleitung von angehenden Pädagog*innen, ergibt sich daraus, dass sie einen formalen Bildungsort als Ausgangspunkt genommen hat. Dieser, so schreibt sie: „provided the experience of an adaptive democracy in the classroom, recognizing that we do not learn new ways of being and acting paradigmatically without living them, no matter how compelling the ideas. We cannot think our way into a radically new perspective; we need to have an embodied experience of, at minimum, a replica of that new way of being and acting" (TAYLOR 2011, 197). Eine der großen Zukunftsherausforderungen wird m.E. darin liegen, angesichts der das Feld inklusiver Pädagogik durchdringenden Unsicherheit und Unvorhersagbarkeit, grundlegende Prämissen und handlungsleitende Annahmen radikal zu überdenken. Für TAYLOR et al. (2002, 353) bedeutet dies die hochschuldidaktische Umkehrung der folgenden sechs Prinzipien, welche universitäre Praxis traditionell geleitet haben:

- von der Theorie zur Praxis
- von Teilen zum System
- von Aufgaben und Rollen zum Prozess
- vom Wissen zum Lernen
- von individueller Handlung zur Zusammenarbeit
- von losgelöster Analyse zum reflexiven Verstehen

So wie CLARKE-HABIBI (2005) als Beispiel eines transformativen Lernprojekts zur Förderung von Friedenserziehung in Bosnien-Herzegowina beschreibt, wird es auch für das Feld der inklusiven Pädagogik notwendig sein, im Prozess der Konzeptualisierung der notwendigen Transformationen, im Feld inklusiver Strukturentwicklung und Professionalisierung „a comprehensive and integrative vision of itself" (ebd., 38) zu entwickeln. Dies setzt voraus, auch die eigenen Transformationen, welche Lernende und Lehrende auf dem Weg zu zunehmend inklusiven Handlungskompetenzen und Weltsichten durchschreiten, entsprechend in den Blick zu nehmen (vgl. ALDAHEFF-JONES 2012, 190). Dass die dafür notwendige Umwendung der Aufmerksamkeit gerade in westlichen akademischen Kontexten so kritisch betrachtet und vielfältige rationalistische Diskurse zur Abwendung desselben zur Folge hat, hebt auch TAYLOR hervor, wenn sie schreibt: „Among the ways that we diminish the value of going ‚inside' is the assumption it is a form of self-preoccupation, egocentrism, and selfindulgence, that it distracts us from responsible service to others, our community, and our workplace [...] Certainly, self-attention can be narcissistic, but we need a more refined consideration of ‚Inside', distinguishing ‚inside-in' that is a destination from ‚inside-out' that is a process in order to engage beyond ourselves. Paradoxically, ‚insideout' process is a means of connecting, not disconnecting. It is a way of bringing our whole selves to a task" (TAYLOR 2011, 201).

Der Blick in den internationalen Diskurs aber auch in die ‚Mutterdisziplin‘ der allgemeinen Pädagogik hat gezeigt, dass wir auf ein zunehmend belastbares Repertoire an Theorien und Praktiken transformativer Lern- und Bildungsprozesse zurückgreifen können, die es auch für das Feld inklusiver Pädagogik sowohl reflexions- als auch handlungsanleitend nutzbar zu machen gilt. Für zukünftige Forschung besteht ein großes Lernpotential darin, sowohl retrospektiv als auch im Prozess des Lernens ‚über‘ Inklusion, Heterogenität und Professionalisierung, die Ausgangsvoraussetzungen und Lernwege hin zu einem inklusiven Selbst-Weltbezug zu rekonstruieren, zu dokumentieren und als Gegenstand gemeinsamer Reflexion wieder in den Lehr- Lernprozess zurückzuspielen. Derart wird es uns vielleicht besser gelingen, die Intention von Ines BOBAN und Andreas HINZ fortzuführen, unsere eigene Verantwortung zu erkennen, Lernräume zur Ermöglichung transformativer Lernerfahrungen zu schaffen und gemeinsam aktiv an der Gestaltung und Kultivierung des emergenten sozialen Feldes der Inklusion mitzuwirken.

Literatur

ALHADEFF-JONES, Michael (2012): Transformative Learning and the Challenges of Complexity. In: TAYLOR, Edward W. & CRANTON, Patricia (Hrsg.): The Handbook of Transformative Learning: Theory, Research, and Practice. San Francisko: Wiley, 178-194

BAGLIERI, Susan (2008): 'I connected': reflection and biography in teacher learning toward inclusion. In: International Journal of Inclusive Education 5-6/2008, 585-604

BATESON, Gregory (1987): Steps to an Ecology of Mind. Northvale (N.J.) & London: Jason Aronson

BERGER, Jennifer (2004): Dancing on the Threshold of Meaning. Recognizing and Understanding the Growing Edge. In: Journal of Transformative Education, 4/2004, 336-351

BOHM, David (1998): Der Dialog. Das offene Gespräch am Ende der Diskussionen. Stuttgart: Klett-Cotta

BUDDE, Jürgen & HUMMRICH, Merle (2013): Reflexive Inklusion. In: Zeitschrift für Inklusion Online, 4/2013. Im Internet: www.inklusion-online.net/index.php/inklusion-online/article/view/193/199 (letzter Abruf: 30.10.2016)

CLARKE-HABIBI, Sara (2005): Transforming Worldviews: The Case of Education for Peace in Bosnia and Herzegovina. In: Journal of Transformative Education 1/2005, 33-56

GANZ, Marshall (2010): Leading Change. Leadership, Organization and Social Movements. Boston: Harvard Business Press

GUNNLAUGSON, Olen (2007): Shedding Light on the Underlying Forms of Transformative Learning Theory. Introducing Three Distinct Categories of Consciousness. In: Journal of Transformative Education 2/2007, 134-151

ILLERIS, Knud (2010): Lernen verstehen. Bedingungen erfolgreichen Lernens. Bad Heilbrunn: Klinkhardt

KEGAN, Robert (1982): The evolving self: problem and process in human development. Cambridge: Harvard University Press

KEGAN, Robert (1994): In over our heads: the mental demands of modern life. Cambridge: Harvard University Press

KEGAN, Robert (2000): What „Form" Transforms? A Constructive-Developmental Approach to Transformative Learning. In: MEZIROW, Jack (Hrsg.): Learning as Transformation. San Francisco: Jossey-Bass, 35-69

KEGAN, Robert; LASKOW-LAHEY, Lisa (2011): Immunity to change: how to overcome it and unlock potential in yourself and your organization. Boston: Harvard Business Press

KOENIG, Oliver (2015): Personenzentrierte Organisationen und die U Theorie oder über die Kunst des ‚in Bewegung Kommens'. In: KRUSCHEL, Robert & HINZ, Andreas (Hrsg.): Zukunftsplanung als Schlüsselelement von Inklusion. Praxis und Theorie personenzentrierter Planung. Bad Heilbrunn: Klinkhardt, 42-52

KOENIG, Oliver & SCHWEINSCHWALLER, Thomas (2016): Wie kommt das Kamel durchs Nadelöhr? Die Theorie U als Prozess für soziale Transformation. In: HINZ, Andreas, KINNE, Tanja, KRUSCHEL, Robert & WINTER, Stephanie (Hrsg.): Von der Zukunft her denken – Inklusive Pädagogik im Diskurs. Bad Heilbrunn: Klinkhardt, 17-42

KOKEMOHR, Rainer (2007): Bildung als Welt- und Selbstentwurf im Fremden. Annäherungen an eine Bildungsprozesstheorie. In KOLLER, Hans-Christoph & MAROTZKI, Wilfried (Hrsg.): Bildungsprozesse und Fremdheitserfahrungen. Beiträge zu einer Theorie transformatorischer Bildungsprozesse. Bielefeld: transcript

KOLLER, Hans-Christoph (2012): Bildung anders denken. Einführung in die Theorie transformatorischer Bildungsprozesse. Stuttgart: Kohlhammer

LEUTHOLD, Alexander (2016): Inklusion – was wollen wir darunter verstehen und wer soll das können? In: HINZ, Andreas, KINNE, Tanja, KRUSCHEL, Robert & WINTER, Stephanie (Hrsg.): Von der Zukunft her denken – Inklusive Pädagogik im Diskurs. Bad Heilbrunn: Klinkhardt, 87-102

LÖWE, Claudia (2013): Schlüsselqualifikationen pädagogischer Professionalität in inklusiven Schulentwicklungsprozessen. In: Zeitschrift für Inklusion Online, 4/2013. Im Internet: www.inklusion-online.net/index.php/inklusion-online/article/view/198/204 (letzter Abruf: 30.10.2016)

LYRA, Olga (2012): Führungskräfte und Gestaltungsverantwortung. Inklusive Bildungslandschaften und die Theorie U. Bad Heilbrunn: Klinkhardt

MAROTZKI, Winfried (1990): Entwurf einer strukturalen Bildungstheorie. Biographietheoretische Auslegung von Bildungsprozessen. Weinheim: Dt. Studienverlag

MEZIROW, Jack (1975): Education for Perspective Transformation: Women's Reentry Programs in Community Colleges. New York: Center for Adult Education

MEZIROW, Jack (Hrsg.) (2000): Learning as Transformation. Critical Perspectives on a Theory in Progress. San Francisco: Jossey-Bass

NOHL, Arnd-Michael (2015): Bildung und transformative learning. Eine Parallelaktion mit Konvergenzpotentialen. In: VERSTÄNDIG, Dan; HOLZE, Jens & BIERMANN, Ralf (Hrsg.): Von der Bildung zur Medienbildung. Wiesbaden: Springer, 163-177

NOHL, Arnd-Michael; VON ROSENBERG, Florian & THOMSEN, Sarah (2015): Bildung und Lernen im biographischen Kontext. Empirische Typisierungen und praxeologische Reflexionen. Wiesbaden: Springer

PRENGEL, Annedore (2006): Pädagogik der Vielfalt. Verschiedenheit und Gleichberechtigung in Interkultureller, Feministischer und Integrativer Pädagogik. 3. Aufl. Wiesbaden: Springer

RICHTER, Beate (2014): Bildung relational denken. Eine strukturtheoretische Präzisierung des transformatorischen Bildungsbegriffs anhand von Robert Kegans Entwicklungstheorie. Dissertation. Humboldt-Universität zu Berlin:

SCHARMER, Otto (2009): Theorie U: Von der Zukunft her führen. Presencing als soziale Technik. Heidelberg: Carl-Auer

SEITZ, Simone (2007): Warum Unterrichtsentwicklung und LehrerInnenprofessionalisierung zusammengehören. In: DEMMER-DIECKMANN, Irene & TEXTOR, Annette (Hrsg.): Integrationsforschung und Bildungspolitik im Dialog. Bad Heilbrunn: Klinkhardt, 127-136

SEITZ, Simone & HAAS, Benjamin (2015): Inklusion kann gelernt werden! Weiterbildung von Lehrkräften für die Inklusive Schule. In: VHN, 1/2016, 9-21

TAYLOR, Marilyn (2011): Emergent Learning for Wisdom. New York: Palgrave

TAYLOR, Marilyn, GUERRE, Don, GAVIN, James & KASS, Raye (2002): Graduate Leadership Education for Dynamic Human Systems. In: Management Learning, 33/2002, 349-369

TAYLOR, Edward W. & CRANTON, Patricia (Hrsg.) (2012): The Handbook of Transformative Learning: Theory, Research, and Practice. San Francisko: Wiley

Barbara Wenders

Verfahren zur Feststellung des sonderpädagogischen Unterstützungsbedarfs, der Förderschwerpunkte und zur Entscheidung über die Zukunft des gegliederten Schulsystems in Deutschland

hier: Antrag auf Eröffnung des Verfahrens durch eine Betroffene

Formblatt A 4

An die Bezirksregierungen,   **März 2016**
die Landesregierungen und die Bundesregierung

Sehr geehrte Damen und Herren,
hiermit bitte ich, eine Betroffene, für das Schulsystem in Deutschland das
Verfahren zur Feststellung des sonderpädagogischen Unterstützungsbedarfs
in allen Förderschwerpunkten einzuleiten.
Eine formlose schriftliche Begründung füge ich diesem Antrag bei.

Name:	Vorname:	Geburtsdatum:	KiTa:	Anschrift:
GSD (Gegliedertes Schulsystem Deutschland)	16 verschiedene Vornamen = (alle Bundesländer)	aus dem vorletzten Jahrhundert	3-Stände-Kita	16 verschiedene Länderadressen

Datengewinnung

- Anzahl der Schulen, die offen und differenziert arbeiten können
- Zusammenhang zwischen pathologischer Schulangst bei Eltern, Kindern und Lehrer*innen und der Verteilung der Kinder nach Klasse 4 (bzw. 6 in Berlin) auf mindestens vier verschiedene Schulformen
- Anzahl der Jugendlichen ohne Schulabschluss
- Gesundheitszustand der Schüler*innen, vor allem des Rückgrats
- Gesundheitszustand der Lehrer*innen, vor allem des Rückgrats
- Anzahl und Entwicklung der Anzahl der Burn-Out-Kandidat*innen
- Häufigkeit und Dosierung der Medikamenteneinnahme bei Schüler*innen und Lehrer*innen wegen Schulproblemen

- Häufigkeit der Präsentiersymptomatik ,Schulprobleme' beim Kinder- und Jugendpsychiater
- Repräsentative Bestandsaufnahme der Schulgebäude
- Zusammenhang zwischen politischen Machtverhältnissen und der Umsetzung beziehungsweise Verhinderung der Umsetzung guter Pädagogik
- Feststellung einer Ballung von Armut und Migration in Haupt- und Sonderschulen und Brennpunkt-Grundschulen
- Aussage des Sonderberichterstatters der UNO, MUÑOZ, zum deutschen Schulsystem
- Willkür bei der Feststellung von Behinderungen (Etikettierungsschwemme)
- Systematische, kaum zu identifizierende Aussonderungsverfahren
- Zahl der Abschulungen
- Abschaffung der so genannten Etikettierung und so genannten Pauschalversorgung der Schulen mit pauschalen Stellen bei gleichzeitig vermehrter Arbeitsbelastung
- Reduzierung des Inklusionsgedankens auf so genannte ,Behinderte'
- Ungleiche Bezahlung der Lehrer*innen unterschiedlicher Schularten
- Unterschiedliche Verwaltungszuständigkeiten für KiTa, Schule und Jugendhilfe
- Nicht-Kompatibilität zwischen Mehrgliedrigkeit und Inklusion, Versuch der Durchsetzung von Inklusion ohne Strukturveränderungen

Stellungnahme

1 Allgemeines Lernverhalten

Das Lernverhalten des Schulsystems ist abhängig vom Lernverhalten der Vertreter*innen dieses Systems, auch derjenigen, die nicht an der ,Front' kämpfen, sondern diese eher aus einem Verwaltungs- bzw. Aufsichtsblick heraus meiden. Diese reproduzieren ein Lernverhalten, welches sich aus den eigenen Erfahrungen des grauen, vorsintflutlichen, betonhaften Systems speist. Der Missstand wird somit genehmigt und verwaltet, statt dass die Front radikal unterstützt bzw. verändert wird.

Lehrer*innen verhalten sich in der Fläche gehorsam und reproduzierend. Das Gesamtsystem scheint resistent gegenüber Erkenntnissen der Wissenschaft und erfolgreicheren Bildungssystemen im Ausland.

2 Sozialverhalten

Gleich und Gleich gesellt sich gerne. Die Entscheidungsträger*innen des herrschenden Schulsystems glauben an die sortenreine Sortierung der Schüler*innen, an artgerechte Haltung in Schonräumen oder Verwahranstalten, an ein nachhaltigeres Lernen in Edelanstalten und/oder Restanstalten. Sie sind gehorsam, unfrei und abhängig von Macht oder der Angst vor Machtverlust.

3 Bisher angewandte Fördermaßnahmen

Verschiedene Versuche einer Einflussnahme durch:
* hochrangige Inklusionsforscher*innen und andere hochrangige Wissenschaftler*innen
* diverse Publikationen
* Best-practice-Schulen
* Konzept für die Neugründung einer Schule von 1-13 (z.b. Primus Berg Fidel)
* Auslobung von Schulpreisen
* Kongresse aller Art
* Initiativen aller Art (Aufwändige Parallelentwicklungen und Initiativen ohne Synergieeffekte, wie ‚Schule im Aufbruch‘, ‚Archiv der Zukunft‘ , ‚EduAction‘, ‚Schule für Alle‘ und so weiter)

Die Möglichkeiten der Fördermaßnahmen sind ausgeschöpft.

4 Sonstige Hinweise

Um eine *erfolgreiche und friedliche* Gesellschaft zu bilden, muss der sonderpädagogische Förder- oder Unterstützungsbedarf überprüft werden. Er wird in folgenden Förderschwerpunkten vermutet:
* Geistige Entwicklung
* Lernen
* Sehen
* Hören und Kommunikation
* Sprache und Kommunikation
* Emotionale und soziale Entwicklung
* Körperliche und motorische Entwicklung
* Autismus

Münster im März 2016

Barbara Wenders
Lehrerin für „Grund- und Hauptschule und Sonderpädagogik" an der Primusschule Berg Fidel

Impulse zum Diskurs um Partizipative und Demokratische Bildung

Jo Jerg

Inklusion im Aufwachsen begreifen lernen – Demokratie(-bildung) und Partizipation von Anfang an ermöglichen

> „*Wenn wir wahren Frieden in der Welt erlangen wollen,*
> *müssen wir bei den Kindern anfangen.*"
> (Mahatma Gandhi)

Mit Gandhis Zielvorstellung von Frieden ist eine Idee verbunden, die davon überzeugt ist, dass eine Politik und Praxis benötigt wird, die eine von gegenseitigem Respekt geprägte Welt schafft. Dies kann nur gelingen, wenn weltweit alle Kinder von Anfang an in eine Welt eingebunden werden, in der Vielfalt wertgeschätzt wird. Die Flucht von über 28 Millionen Mädchen und Jungen und die Zahl von 50 Millionen Kindern, die weltweit heute in der Fremde aufwachsen (vgl. UNICEF 2016) sowie die derzeitigen Debatten um Geflüchtete u.a. in Europa zeigen, dass es dringend geboten ist, für eine andere Zukunft zu sorgen, die u.a. nicht ausschließlich am Wachstum der reichen Nationen und der Unternehmen orientiert ist, sondern sich der Menschenrechte verbindlich annimmt.

Inklusion beruht auf dem Gedanken, Vielfalt als eine Ressource zu sehen und Unterschiede wahrzunehmen mit dem Bemühen, Bewertungen von Merkmalen – wie beispielsweise Geschlecht, soziale, kulturelle, religiöse Zugehörigkeit, individuelle Beeinträchtigungen – zu vermeiden. Gebunden ist dieser hohe Anspruch an einem respektvollen Umgang mit Vielfalt und an die Anerkennung der Menschenrechte, die für ein pädagogisches Inklusionsverständnis Grundlage für die Gestaltung von Lebenswelten sind (vgl. Hinz 2004). Inklusion ist deshalb kein neues Projekt, sondern mit dem Willen verbunden, den Alltag so zu gestalten, dass alle Kinder mit ihren Fähigkeiten und in ihrem Tempo teilhaben können.

Für die Entwicklung einer inklusionsorientierten Gesellschaft von sozial verantwortungsvoll handelnden Bürger*innen gibt es gute Gründe, dies schon mit dem Eintritt in die erste Bildungsinstitution ‚Kindertageseinrichtung' zu beginnen. Der vorliegende Beitrag stellt vor dem Hintergrund der heutigen Erkenntnisse in der frühkindlichen Bildung die Bedeutung der Vielfalt von Anfang an und die damit erforderliche Partizipation von Kindern zur Demokratiebildung in den Mittelpunkt.

1 Die Bedeutung der frühkindlichen Bildung

Das Verständnis von Bildung, Erziehung und Betreuung sowie die Bedeutung der Kindertageseinrichtungen als erste Bildungsinstitution im Lebenslauf von Kindern in Deutschland ist im Kontext gesellschaftlicher Verhältnisse zu begreifen und hat in den letzten 15 Jahren sichtbare Veränderungen erfahren.[1] In Deutschland besuchen ca. 95 % der Kinder zwischen dem 3. und 6. Lebensjahr (vgl. STATISTISCHES BUNDESAMT 2015, 119) die Kindertageseinrichtung – sie ist inzwischen die erste allgemeine öffentliche Institution für fast alle Kinder. Da für den Besuch einer Kindertageseinrichtung Elternbeiträge erhoben werden, wird der Zugang für Kinder, die diese Bildungseinrichtung auch dringend benötigen, erschwert. In diesem Zusammenhang ist zudem anzumerken, dass in Deutschland mit einer Quote vom 4,2% der Bildungsausgaben im Vergleich zu den anderen 35 OECD-Staaten (Durchschnitt 4,8%) unterdurchschnittlich in die Bildung investiert wird (vgl. OECD 2016).

Die Teilhabe an den Angeboten der frühkindlichen Bildung wird gegenwärtig auch schon eng mit dem Erfolg einer Bildungsbiografie von Kindern verbunden. Die bundesweiten Debatten über die PISA-Studie u.a. und deren Folgen haben seit 2000 dazu geführt, dass z.B. Sprachbildung intensiviert wurde. Gleichzeitig sind die Bildungschancen und Bildungserfolge in Deutschland im Vergleich zu anderen OECD-Staaten immer noch stark von der sozialen und kulturellen Herkunft abhängig (vgl. OECD 2016).

1.1 Recht auf Bildung und Kinderwelten

Alle Menschen sind gleich an Würde und Rechten geboren – so heißt es in der Allgemeinen Erklärung der Menschenrechte 1948. Damit sind diese universell, unteilbar und dauerhaft. Bildung ist darin ein Menschenrecht und in der UN-BRK wird ein inklusives Bildungssystem eingefordert. Die Umsetzung des Rechts auf inklusive Bildung und ihre Verträglichkeit mit der Realisierung von Menschenrechten kann in Bildungseinrichtungen anhand des „4-A-Schemas" – Availability (Verfügbarkeit), Accessibility (Zugänglichkeit), Acceptability (Annehmbarkeit) und Adaptability (Adaptierbarkeit)[2] – überprüft werden.

Vor dem Hintergrund eines generellen Rechtsanspruchs auf einen Kita-Platz ist mit dem Eintritt in die Kindertageseinrichtung als in der Regel erste öffentliche Institutionserfahrung eine kontinuierliche Begegnung mit vielfältigen Lebenswelten

---

1 Bei einer gesamtdeutschen Betrachtung muss auf die unterschiedlichen Strukturen, Angebote, Besuchsquoten u.a. der Kindertagesbetreuung in der DDR und der früheren Bundesrepublik verwiesen werden (vgl. WEHRMANN 2006).

2 Ausführliche Darstellung vgl. UN-Sozialpakt /allg. Bemerkungen (GCE/C12/1999/10 des UN-Sozialpakts & UN-Sonderberichterstattung). Im Internet: www.un.org/Docs/journal/asp/ws.asp?m=E/C.12/1999/10 (letzter Abruf: 30.10.2016).

verbunden. Die Lebenswelten der Kinder sind u.a. neben den veränderten sozio-kulturellen Subkulturen und unterschiedlichen Lebens- und Familienformen auch vom Wandel anderer Teilsysteme wie z.b. Wirtschaft und Verkehr bestimmt. Die Aneignungsmöglichkeiten der Kinder z.b. sind heute sehr stark institutio-nell geprägt. Seit den 1970er Jahren wird unter dem Aspekt der Verinselung/ Verpädagogisierung des Alltags das Verschwinden von Kinderwelten, Spielräumen und Zeiträumen rund ums Haus in Nachbarschaften thematisiert (vgl. MUCHOW 1980, ZEIHER 1983) sowie der Verlust an Raum für unbeobachtetes Spiel (vgl. u.a. ROLFF & ZIMMERMANN 1997). Damit verbunden ist auch der Rückzug des privaten Lebens aus den öffentlichen Räumen (vgl. HANSEN 2008, 7).

Laut STATISTISCHEM BUNDESAMT (2016) lebten im Jahr 2014 26% der 13 Milli-onen minderjährigen Kinder in Deutschland ohne Geschwister in einem Haus-halt. Dieser Fakt bedeutet, dass ein Viertel der Kinder keine Geschwister hat, mit denen sie zuhause ohne Erwachsenen-Arrangements lernen, gemeinsam spielen, aber auch teilen lernen können/müssen etc.

1.2 Erkenntnisse aus der Forschung

Ausgangspunkt für die hohe Bedeutung und Intensivierung einer inklusiven Ori-entierung („eine Kita für alle") sind Erkenntnisse aus der Forschung, die aufzeigen, dass die Gestaltung der ersten Jahre von besonderer Relevanz ist. Kindertagesein-richtungen sind eine erste und wichtige „Vermittlungsinstanz zwischen dem Indi-viduum und der Gesellschaft" (STURZENHECKER 2005, 19). „Die Säuglings- und Kleinkindforschung der letzten Jahrzehnte hat deutlich gemacht, dass jedes Kind von Geburt an mit Forschergeist, Wissensdurst und Kompetenzen ausgestattet ist, die es ihm erlauben – in Interaktion mit erwachsenen Bezugspersonen – eigen-ak-tiv sich selbst, die Welt und die Menschen um sich herum zu erforschen und sich dabei Wissen anzueignen, das sein Weltbild tagtäglich komplexer werden lässt. Von Geburt an sind Kinder aktive Lerner in sozialen Zusammenhängen" (NIED et al. 2011, 11). Das Bild des Kindes bekam durch eine differenzierte Betrachtung von Selbstbildungs- und Ko-Konstruktionsprozessen eine neue Bedeutung für die Gestaltung von Lernprozessen (vgl. BRAUNSTEINER & JERG 2017).

Neben der Beziehungsgestaltung mit den primären Bezugspersonen wird den Kinderwelten eine wichtige Sozialisationsfunktion zugemessen. „Wissenschaftli-che Studien konnten zeigen, dass schon Babys sich für Gleichaltrige interessieren und dass im zweiten Lebensjahr rasante Entwicklungen im sozialen Verhalten zu beobachten sind, wenn Kinder regelmäßig Erfahrungen mit anderen Kindern machen" (VIERNICKEL 2000, 18). Es gilt deshalb, neben der Bindungs- und Be-ziehungsgestaltung von pädagogischen Fachkräften zum Kind, die Kind-Kind-Interaktion und ihre Bildungsprozesse zu fördern. „Als besonders förderlich erweisen sich frühkindliche Bildungsangebote in Kindertageseinrichtungen für Kinder aus sozialen Problemlagen: hier zeigen sich vor allem für die kognitive

Entwicklung positive Auswirkungen, insbesondere dann, wenn es sich um eine qualitativ hochwertige Kindertagesbetreuung handelt" (AHNERT 2005, 11). Für Kinder mit Behinderungen hat dies u.a. auch SCHÖLER bestätigt, dass je schwerer die Behinderung ist, umso notwendiger ein Kind die vielfältigen Anregungen der nichtbehinderten Kinder braucht (vgl. SCHÖLER 2002, 115).

Umfangreiche Forschungsarbeiten von GURALNICK zu sozialen Interaktionen zeigen, „dass Inklusion, d.h. die soziale Teilhabe aller Kinder am Gruppengeschehen, dann gelingt, wenn Bildungsangebote für alle Kinder zugänglich sind und die individuellen Bedürfnisse und Interessen aller Kinder berücksichtigen" (GURALNICK 2009, 21). Gelungene Inklusion ist dann gegeben, wenn „bedeutungsvolle soziale Beziehungen zwischen allen Kindern möglich sind bzw. nach Bedarf unterstützt werden und alle Kinder selbst darüber bestimmen können, mit wem sie interagieren oder befreundet sein möchten" (ebd., 21).

In Bezug auf Exklusionsmechanismen in Kindertageseinrichtungen zeigen AUTRATA & SCHEU 2008 auf, dass Ausgrenzung ein alltägliches Phänomen ist und dabei Wertvorstellungen von Erwachsenen im Kontext der Entwicklung von normativen Grundsätzen für die Wirklichkeitskonstruktion in den Kinderwelten bedeutsam sind. Die Definitionsmacht der Erwachsenen in Kindertageseinrichtungen darüber, welches Verhalten ‚gut', ‚schlecht', ‚normal', ‚störend', ‚falsch' usw. ist hat zur Folge, dass sich Kinder je nach Angepasstheit mit den mächtigen Erwachsenen solidarisieren und sich an deren Definitionen orientieren.

Einhergehend mit den veränderten Lebensbedingungen im 21. Jahrhundert und gestützt durch Erkenntnisse aus der Forschung erhöht sich der Einfluss der institutionellen frühkindlichen Bildung und Erziehung. Während traditionell Erziehung und Bildung in den ersten Lebensjahren überwiegend Aufgabe der Eltern war und ist, wird die öffentliche Bildung zunehmend bedeutsamer. Gleichzeitig liegt die Kontinuität und Spezifikation in den ersten Lebensjahren eines Kindes darin, dass die Machtverhältnisse so gestaltet sind, dass sie in den Händen der Erwachsenen liegen und somit eine hohe Machtasymmetrie den Beziehungen in der frühen Kindheit zugrunde liegt (vgl. KNAUER & HANSEN 2010).

2 Heterogenität und Diversität

Das Bildungs-, Betreuungs- und Erziehungsangebot von Kindertageseinrichtungen ist im SGB verankert und „soll sich am Alter und dem Entwicklungsstand, den sprachlichen und sonstigen Fähigkeiten, an der Lebenssituation sowie den Interessen und Bedürfnissen des einzelnen Kindes orientieren und seine ethnische Herkunft berücksichtigen" (SGB VIII, § 22 (2)). Vor diesem Hintergrund ist die Auseinandersetzung mit Vielfalt, Heterogenität und Diversität von Anfang an bedeutsam. Vielfalt ist gegeben. Vielfalt ist Normalität. Die Frage ist, wie ist Vielfalt zu entdecken, zu begreifen, wahrzunehmen, anzunehmen, zu bewerten, in Herrschafts- und Machtverhältnisse eingebunden und vieles mehr (vgl. Jerg 2016)? Der Diskurs über Heterogenität und Diversität ist für den Bereich der frühkindlichen Bildung ein zentraler Bezugspunkt, damit z.b. die Frage einer Inklusionsorientierung nicht allein auf die Dimension ‚Behinderung' begrenzt bleibt.

Vielfalt bzw. Heterogenität bedeutet nichts anderes als Verschiedenheit. Wir sind alle verschieden und das ist eigentlich nichts Besonderes und doch etwas sehr Bedeutsames im alltäglichen Leben. Heterogenität ist ein relativer Begriff, der sich durch einen Vergleich ergibt, wenn das Kriterium Ungleichheit festgestellt wird. Er beruht nicht auf objektiven, sondern auf zugeschriebenen Eigenschaften und auf zeitlich begrenzten Zustandsbeschreibungen. Nicht abgeschlossen ist die Anzahl der Merkmale[3] (vgl. Wenning 2007). Prengel greift den von Honneth geprägten Begriff der „egalitären Differenz" auf und definiert Heterogenität als „verschieden, ohne einander untergeordnet zu sein" (2010, 20). Daraus ergibt sich auch die Erkenntnis, dass Heterogenität keine Normabweichung festlegt, sondern dass jeder Mensch einzigartig ist und daher auch anders als alle anderen (vgl. Brügelmann 2002, 31).

Heterogenität und Diversität werden oft synonym benutzt. „Diversität meint zunächst einen Zustand von Heterogenität in Organisationen" (Podsiadlowski 2002, 262) und folgt dem Grundsatz, dass eine Person ihr Gegenüber anders wahrnimmt bzw. einer anderen Gruppe zuordnet. Die Perspektive auf Diversität macht deutlich, dass nicht mehr der ethnische Unterschied, die interkulturelle Besonderheit oder andere Merkmale im Vordergrund stehen, sondern vielmehr die Verschiedenheit an sich als Strukturelement unserer Gesellschaften gilt (vgl. Boehnisch & Schröer 2007, 253). Das hat zur Folge, dass wir immer nach dem Kontext fragen, in welchem die Unterschiedlichkeiten eingebettet sind, und dies geht über eine Beschreibung der Unterschiede hinaus. Das Konzept der Diversität wird auch von Autor*innen, die Machtverhältnisse, Hierarchien, gesellschaftliche Ungleichverhältnisse und gruppenbezogene Ausgrenzungen problematisieren, als Antidiskriminierungsstrategie bezeichnet (vgl. Mecheril 2009). Diversitätsansätze haben den Anspruch, zwischen Differenz und Ungleichheit zu unterscheiden. Das Akzeptieren von Differenz wendet sich gegen dominante Einheitskonstrukte von Identitäten, während die Forderung nach Beseitigung von Ungleichheit benachteiligende und hierarchische soziale Verhältnisse sowie Verteilungsgerechtigkeit und Ausgrenzungsstrukturen in den Blick nimmt. Eine zentrale Rolle bei der

---

3 Bedeutsam für eine vertiefte Betrachtung sind die subjektorientierten und objektorientierten Heterogenitätsmerkmale, die sich auf die Lebenswelten der Personen bzw. auf die strukturellen und institutionellen Rahmenbedingungen beziehen (vgl. Bank et al. 2011, 6ff).

Anerkennung von Verschiedenheit bzw. Umgang mit Gleichheit und Ungleichheit spielen elementare Gerechtigkeitsfragen. Die Milieuforschung weist darauf hin, dass sich Migrant*innenmilieus vielmehr nach ihren Wertvorstellungen, Lebensstilen und ästhetischen Vorlieben unterscheiden (vgl. MERKLE 2011, 88). Bei der Betrachtung der Bildungs- und Orientierungspläne der Bundesländer unter dem Aspekt von Heterogenität wird sichtbar, dass in allen Plänen Heterogenitätsdimensionen wie Geschlecht, Migration, Behinderung etc. im Einzelnen aufgenommen werden und Vielfalt positiv und/oder als Bereicherung thematisiert wird. Die Kategorien werden in der Regel immer in einem binären Differenzdiskurs geführt, in Gegensätzen wie Kinder mit und ohne Behinderung, Kinder mit und ohne Migrationsgeschichte und damit wird ein Merkmal dominant hervorgehoben (vgl. SCHMUDE & PIOCH 2014, 74f). Ein Diskurs über intersektionale Zusammenhänge bleibt bisher noch aus.

2.1 Das Konzept der Intersektionalität als Brücke eines reflektierten Umgangs mit Differenzlinien und Unterschieden

Eine wichtige Hilfe, um bei der Wahrnehmung und Analyse von Differenzlinien nicht in ein einfaches 2-Theorien-Konzept zu verfallen, sondern der Komplexität der Lebenswelten Rechnung tragen zu wollen, bietet der Diskurs der Intersektionalität. „Hinter dem Theoriekonzept *Intersektionalität* verbirgt sich die Herausforderung, explizit mehrere Differenzlinien gleichzeitig in den Blick zu nehmen und Verbindungen und Überschneidungen zwischen *verschiedenen* Ausgrenzungsverhältnissen, Zuschreibungsmustern und Gruppenkonstruktionen zu thematisieren" (LEIPRECHT 2012, 50). Damit verbunden ist eine Analyse der sozialen Positionierung von Menschen in Gesellschaften, die Achsen der Ungleichheit (vgl. KLINGER et al. 2007) aufzeigt und Differenzlinien wie Geschlecht/Sexualität, Ethnie/Nation, Klasse/Schicht, Generation/Alter und Behinderung nicht isoliert betrachtet.

Die Betrachtung von Zusammenhängen zwischen Differenzlinien kann mit drei Perspektiven erfolgen:
– Eine interkategoriale Perspektive, die Gemeinsamkeiten und Unterschiede zwischen den sozialen Kategorien in den Blick nimmt, u.a. hinsichtlich der Frage(n), welche Unterschiede und Verbindungen haben die Kategorien Migration, Geschlecht, Behinderung, Religion usw. in der Kindertageseinrichtung?
– Eine intrakategoriale Perspektive, die den Blick darauf richtet, wie sich Heterogenität innerhalb von Kategorien und Gruppen zeigt, z.B. Gemeinsamkeiten bzw. Unterschiede zwischen Kindern mit Migrationshintergrund/-geschichte.
– Eine antikategoriale Perspektive, die sich mit einer grundlegenden Infragestellung der Einordnung, Sortierung und Benennung von Kategorien auseinandersetzt (vgl. LEIPRECHT 2012, 51).

Diese Auseinandersetzung mit der Verwobenheit von Differenzlinien bietet die Chance, z.B. Jungen nicht miteinander gleichzusetzen oder Unterschiede von Mädchen mit Migrationsgeschichten wahrzunehmen. Dieser intersektionelle Ansatz versucht, Personen nicht nur auf ein Merkmal zu begrenzen. In der Regel werden dagegen durch die Begrenzung auf ein Merkmal diese immer dann in den Blick genommen, wenn ein Defizit- und Förderaspekt damit verbunden ist. Eine auf ein Einzelmerkmal bezogene Kategorisierung von Personen führt in der Regel zu gefährlichen Begrenzungen und Verallgemeinerungen, wie die aktuellen Diskurse über Geflüchtete zeigen. Gerade eine komplexe und individuell differenzierte Verknüpfung von Differenzlinien kann vor pauschalen Verdächtigungen von Kulturgruppen schützen. Die kritische Auseinandersetzung mit Differenzen basiert auf der theoretischen Grundlage, dass Denken ohne Ordnungen und Kategorien nicht möglich ist und diese daher zur Verständigung nötig sind. Zudem wächst jedes Kind in einer Umwelt auf, in der Vorstellungen von Gruppen und Kategorien schon in der Welt sind, aber durch einen reflexiven Diskurs thematisiert werden können, d.h. sie sind Reflexionen zugänglich (vgl. LEIPRECHT 2012, 52). Ein Ansatz dieser Denkweise ist die diversitätsbewusste Pädagogik.

2.2 Diversitätsbewusstsein in der Pädagogik

„Eine ‚diversitätsbewusste' Pädagogik thematisiert soziale Heterogenität als ‚Ensemble sozialer Differenzlinien', anstatt im Sinne eines Entweder-Oder ausschließlich einer einzelnen Differenzlinie wie etwa Klasse oder Geschlecht oder Ethnizität pädagogische Relevanz beizumessen..." (MECHERIL & VORRINK 2012, 92). Dabei geht es um:

– einen „angemessenen Umgang mit dem Zusammenwirken vielfältiger Identitäts- und Zugehörigkeitspositionen" (ebd., 92),

– die Wirkmächtigkeit verschiedener Differenzverhältnisse in den Blick zu bekommen und

– den Diskurs der Diversität in diejenigen machttheoretischen Bahnen zu lenken, die heute Herrschaft, Ungleichheit und Differenz aufzeigen (vgl. ebd.).

Diversitätsbewusstes Handeln bedeutet diskriminierungskritisches Handeln, das z.B. kritisch auf historisch-eingebundene Kulturbegriffe oder Behinderungskonstruktionen blickt und ihre Engführungen und Überbetonungen thematisiert. Das betrifft alle Differenzlinien. Dies wird konkret z.B. durch Begegnungen erlebbar. Hier können vorherrschende Differenzlinien ihre bisherige Dominanz verlieren: Migrationshintergrund, Behinderung o.ä. können durch die Wahrnehmung anderer Kompetenzen und Fähigkeiten von zugehörigen Personen dieser Gruppierungen relativiert werden, in den Hintergrund treten oder sogar oft in Vergessenheit geraten.

Diversitätsbewusste Ansätze legen eine besondere Aufmerksamkeit auf die konstruierten Differenzlinien sowie auf das Zusammenspiel und die Bewertung unterschiedlicher Differenzlinien und auf die kritisch-selbstreflexiven Verstrickungsräume und legen sie offen, um mehr soziale Gerechtigkeit zu erzielen. „‚Diversity' ist kein Patentrezept, sondern eine politische und soziale Praxis, die selbst auf ihre ausschließenden Effekte zu betrachten ist" (MECHERIL & VORRINK 2012, 99).

3 Partizipation als Strukturqualität

Demokratiebildung entwickeln zu wollen bzw. zu ermöglichen bedeutet, Kinder, Jugendliche und Erwachsene an der Gestaltung der Bildungseinrichtung zu beteiligen und sie an wichtigen Entscheidungen partizipieren zu lassen. Vor diesem Hintergrund ist Partizipation ein Strukturmerkmal einer inklusionsorientierten Einrichtung.

3.1 Partizipation für die Gestaltung der Zukunft

Partizipation (lat. participare = teilhaben), lässt sich mit „das Teilhaben, Teilnehmen, Beteiligtsein" (DUDEN) übersetzen. „Partizipation heißt, Entscheidungen, die das eigene Leben und das Leben der Gemeinschaft betreffen, zu teilen und gemeinsam Lösungen für Probleme zu finden" (SCHRÖDER 1995, 14). Mit dieser Definition werden vier zentrale Kompetenzen angesprochen, die für eine Zukunftsgestaltung notwendig sind:

- Es braucht Entscheidungsfähigkeit: Dies setzt zunächst voraus, dass Kinder lernen, Interessen und Wünsche zu äußern.
- Es benötigt ein Verantwortungsbewusstsein, das zu erarbeiten ist, um für das eigene Leben und das der Gemeinschaft Antworten zu finden und damit die Umgebung mitgestalten zu können.
- Es bedarf einer Kommunikationsfähigkeit, um sich gegenüber anderen Kindern und Erwachsenen äußern zu lernen und gemeinsam mit anderen Lösungen zu finden.
- Es erfordert die Entwicklung einer Problemlösungskompetenz, die vor dem Hintergrund des ständigen Wandels bedeutsam ist und die dafür Sorge trägt, dass Kinder sich selbstwirksam erfahren (vgl. ebd.).

„Kinder beteiligen, heißt ihnen etwas zuzutrauen und etwas zuzumuten" (HANSEN 2008, 9). Dies respektiert das Bedürfnis von Kindern, eigene Erprobungsräume wählen zu wollen, aber auch die Aufgabe, die eigenen Interessen als Kind formulieren lernen zu können. In diesem Sinne hat Partizipation eine zentrale Funktion für das Erlernen demokratischen Handelns.

3.2 Partizipation und Demokratie als Kinderrecht

„Demokratisches Handeln verlangt die Fähigkeit, die eigenen Interessen zu kennen, die Interessen anderer wahrnehmen und einbeziehen zu können, sich mit anderen auseinandersetzen zu können, in der Lage zu sein, gemeinsam nach Lösungen zu suchen und die Folgen unterschiedlicher Entscheidungen abschätzen zu können" (INSTITUT FÜR PARTIZIPATION UND BILDUNG 2014, 2). Grundlagen für die Partizipation bilden Kinderrechte, die auf unterschiedlichen Rechtsebenen formuliert sind. Zwei bedeutsame rechtliche Grundlagen sind die UN-Kinderrechtskonvention (KRK) und das Sozialgesetzbuch. Artikel 12 (Berücksichtigung des Kindeswillens) der KRK garantiert ein Recht auf Mitsprache und Beteiligung und basiert auf einem Verständnis von Kindern als aktive Mitglieder der Gesellschaft – unabhängig vom Alter: „(1) Die Vertragsstaaten sichern dem Kind, das fähig ist, sich eine eigene Meinung zu bilden, das Recht zu, diese Meinung in allen das Kind berührenden Angelegenheiten frei zu äußern, und berücksichtigen die Meinung des Kindes angemessen und entsprechend seinem Alter und seiner Reife." Kindertageseinrichtungen als Bildungsinstitutionen im Bereich der frühen Kindheit sind im Sozialgesetzbuch VIII verankert. Diesem liegt folgender Grundgedanke und Rechtsanspruch zugrunde: „Jeder junge Mensch hat ein Recht auf Förderung seiner Entwicklung und auf Erziehung zu einer eigenverantwortlichen und gemeinschaftsfähigen Persönlichkeit" (SGBVIII §1, Absatz 1)[4].

Mit dem Bezug auf die Rechte von Kindern als normative Bestimmung (vgl. KRK) werden im Detail die feinen Unterschiede von Begrifflichkeiten und Wirklichkeiten sichtbar. Rechte sind Grundsteine eines demokratischen Systems; sie sind aber immer in Spiele der Macht eingewoben und für machtbenachteiligte Gruppen in der Praxis zu erkämpfen. Ein zentrales Grundproblem in unserem demokratischen System liegt darin, dass die Grund- und Beteiligungsrechte von Kindern formuliert sind, aber wenig wirksam werden. Kinder sind Träger*innen von Rechten, aber es fehlen gesetzliche Regelungen, welche die Beteiligungsrechte der Kinder genauer bestimmen. Es bleibt eher bei Mitsprache- und Mitwirkungsrechten der Kinder und weniger bei einer (Mit-)Entscheidungsmacht (vgl. HANSEN et al. 2009). Diese strukturelle Verankerung von Partizipationsrechten ist die eine Seite. Die andere Seite bilden unabhängig davon die individuelle Haltung und die biografischen Erfahrungen von Fachkräften, die sichtbar machen, dass mit jedem Personalwechsel die Partizipationsrechte wieder von neuem angeeignet werden müssen. Im Alltag der Kindertageseinrichtung ist es deshalb eher eine „Gnade" der Erwachsenen, welche Partizipationsmöglichkeiten Kindern zugesprochen werden, da sie noch nicht mündig, geschützt und für sich selbst Entscheidungen treffen können (vgl. STURZENHECKER 2005).

---

4 In der Regel wird in den Bildungsplänen der Bundesländer auf die Rechtsnormen des SGB und die KRK Bezug genommen (vgl. u.a. Orientierungsplan BW, 18).

Für den praktischen Alltag bedeutet dies, Freiräume für mitverantwortliche Selbstbestimmung bereitzustellen. Dies ist ein enorm hoher Anspruch und eine neue Denkweise, weil die Formen und die Gestaltung der Entscheidungsteilhabe, um die Kinder entsprechend ihrer individuellen Entwicklung einzubinden, passgenau sein müssen. Ziel muss es sein, Demokratie lernend bzw. handelnd zu erfahren. „Wird Partizipation verstanden als Beteiligung an Entscheidungen, wird sie zum zentralen Bestandteil einer subjektorientierten und demokratieorientierten Pädagogik" (HANSEN et al. 2009, 46).

Die Partizipation der Kinder kann auf unterschiedlichen Niveaus erfolgen. REGNER & SCHUBERT-SUFFRIAN (2011) unterscheiden auf der Grundlage von SCHRÖDER (1995) folgende Stufen der Partizipation:

1. Informiertwerden,
2. Gehörtwerden,
3. Mitbestimmen,
4. Selbstbestimmen (13ff).

Die Formen der Partizipation lassen sich differenzieren in institutionalisierte Beteiligung (Kinderparlament/ Kinderrat), projektorientierte Beteiligung und situationsbezogene Beteiligung. Vorgeschaltet einer Festlegung des Partizipationsrahmens der Kinder sollte ein Konsensprozess der Fachkräfte in der jeweiligen Kindertageseinrichtung sein, in dem die Beteiligungskultur und -struktur sowie die Themenstellungen, an denen Kinder mitentscheiden, erarbeitet werden (vgl. HANSEN et al. 2009, 47).

In Anknüpfung an die Tradition emanzipatorischer Partizipation reichen deshalb Mitsprache, Mitwirkung und Mitbestimmung nicht aus, sondern die mitverantwortliche Selbstbestimmung erfüllt erst das Kriterium einer „echten" Partizipation (vgl. INSTITUT FÜR PARTIZIPATION UND BILDUNG 2014, 1).

3.3 ,Die Kinderstube der Demokratie'

Das Modellprojekt ,Die Kinderstube der Demokratie' (2001 – 2003) in Schleswig-Holstein stellte sich die Frage, ob und wie Kinder von Anfang an der Gestaltung des Alltags und des Zusammenlebens beteiligt werden können und was es dazu braucht. HANSEN, KNAUER & STURZENECKER (2009) ziehen folgende 6 Erkenntnisse aus dem Projekt, die zusammengefasst hier vorgestellt werden:

• *Partizipation beginnt in den Köpfen der Erwachsenen:* „Kinder können ihre Rechte noch nicht selbst einfordern – der Beginn von Partizipation liegt immer in der Verantwortung der Erwachsenen" (ebd., 47). Die Reflexion des Machtgefälles zwischen Kindern und Erwachsenen und die Miteinbindung der Eltern sind kontinuierlich gefordert.

- *Partizipation ist ein Schlüssel zu Bildung und Demokratie:* Der Perspektivenwechsel von einer Vermittlungs- zu einer Aneignungsorientierung bedarf der Partizipation.
- *Partizipation braucht methodische Kompetenzen:* Dazu gehört u.a. Wissen um die Beteiligungsmöglichkeiten der Kinder zu haben sowie auf ihrem Niveau Entscheidungsräume zu sehen, Planungsverfahren zu kennen, Dialoge zu führen und eigene Positionen deutlich machen zu können sowie Konflikte als normale Bestandteile in Partizipationsprozessen zu betrachten.
- *Partizipation entsteht durch Erfahrung und Reflexion:* Zentrale Elemente sind u.a.: Die Initiierung von Entwicklungsprozessen, die die persönliche Haltung in Begleitprozessen reflektieren und das Einüben der Rolle der kooperativen Assistent*innen (Mithilfe) ermöglichen sowie die Bereitschaft zur Machtabgabe, verbunden mit dem Herausfinden, wo konkret Macht verantwortungsbewusst abgegeben werden kann.
- *Partizipation führt zu Teamentwicklungsprozessen:* Unterschiedliche Positionen, Interessen, Bedürfnisse und Wünsche müssen verhandelt werden. Diese gemeinsame Reflexion hat positive Effekte im Teambildungsprozess. Partizipationsprozesse im Team sind Voraussetzung für eine gelingende und nachhaltige Mitbestimmung der Kinder.
- *Partizipation ist machbar*, wenn die Erwachsenen über Partizipationskompetenzen verfügen. Erfahrungen aus Projekten zeigen: Kinder übertragen ihre Partizipationsrechte und Erfahrungen auf andere Lebensbereiche, in andere Funktionssysteme und entwickeln dadurch Nachhaltigkeit (vgl. ebd., 47ff).

Partizipation beschränkt sich nicht auf die Innen- und Außenräume einer Kindertageseinrichtung. Bewusst werden auch die Sozialräume, die Spielräume sowie die gelegentlich selbst aufgesuchten Streifräume der Kinder mit in den Blick genommen. Streifzüge durch das Gemeinwesen können einen Beitrag leisten, um den öffentlichen Raum für Kinderwelten wieder zurückerobern.

4 Fazit

> *„Unter Demokratie verstehe ich, dass sie dem Schwächsten*
> *die gleichen Chancen einräumt wie dem Stärksten."*
>
> (Mahatma Gandhi)

Die Auseinandersetzungen um Vielfalt und Partizipation machen deutlich, dass Inklusion gebunden ist an eine echte Mit-Entscheidung aller Kinder. Dies setzt voraus, dass in einem gemeinsamen Lernprozess die Bedürfnisse und Interessen von Kindern in sehr unterschiedlichen Kontexten im Alltag der Kindertageseinrichtung von Bedeutung sind, wobei bei Bedarf die Kinder auf Gestaltungsanregungen und Konsensbildungsprozesse der Erwachsenen angewiesen sind – im Bewusstsein, dass Kindertageseinrichtungen Menschrechtsinstitutionen sein sollten. Die Chance, von Anfang an Vielfalt zu (er-)leben, beeinflusst die Konstruktionen der Wirklichkeiten und ist mit der Hoffnung verbunden, dass Begegnungen das Bild des Fremden, Angst und Abwertung etc. begrenzen und dominante Kategorien durch ihren Bedeutungsverlust keine so umfangreichen De-Konstruktionsprozesse beim Erwachsenwerden bzw. im Erwachsenenalter wie seither notwendig machen. Kinder brauchen vielfältige Spielpartner*innen und Spielsituationen sowie eine anregungsreiche Umgebung. Eine inklusive Ausrichtung von Anfang an ist deshalb notwendig, weil nur die Begegnungen, die real ermöglicht werden, die Lebenswelten bereichern können (vgl. KNAPP 2013).

Literatur

AHNERT, Lieselotte (2005): Entwicklungspsychologische Erfordernisse bei der Gestaltung von Betreuungs- und Bildungsangeboten in Kleinkind- und Vorschulalter. In: AHNERT, Lieselotte, ROSSBACH, Hans-Günter, NEUMANN, Ursula, HEINRICH, Joachim & KOLETZKO, Berthold (Hrsg.): Bildung, Betreuung und Erziehung von Kindern unter sechs Jahren. Materialien zum Zwölften Kinder- und Jugendbericht. Band 1. München: Deutsches Jugendinstitut, 9-53

AUTRATA, Otger & SCHEU, Bringfriede (2008): Soziale Arbeit. Eine paradigmatische Bestimmung. Wiesbaden: VS

BANK, Volker, EBBERS, Ilona & FISCHER Andreas (2011): Lob der Verschiedenheit – Umgang mit Heterogenität in der sozialwissenschaftlichen Bildung. Journal of Social Science Education Volume 10/5, 3-13. Im Internet: www.jsse.org/index.php/jsse/article/viewFile/1159/1062 (letzter Abruf: 30.10.2016)

BRAUNSTEINER, Maria-Luise & JERG, Jo (2017): Bildung und Lernen im inklusiven Kontext. In: BOBAN, Ines & HINZ, Andreas (Hrsg.): Inklusive Bildungsprozesse gestalten. Nachdenken über Horizonte, Spannungsfelder und mögliche Schritte. Seelze: Friedrich (in Vorbereitung)

BRÜGELMANN, Hans (2002): Heterogenität, Integration, Differenzierung. Empirische Befunde – pädagogische Perspektiven. In: HEINZEL, Friederike & PRENGEL, Annedore (Hrsg.): Heterogenität, Integration und Differenzierung in der Primarstufe. Opladen: Leske und Budrich, 31-43

BOEHNISCH, Lothar & SCHRÖER, Wolfgang (2007): Politische Pädagogik. Eine problematisierte Einführung. München: Beltz Juventa

GURALNICK, Michael J. (2009): Qualitätsbeurteilung bei der Inklusion in der frühen Kindheit. In: HEIMLICH, Ulrich & BEHR, Isabel (Hrsg.): Inklusion in der frühen Kindheit. Internationale Perspektiven. Berlin: Lit Verlag, 13-21

HANSEN, Rüdiger, KNAUER, Raingard & STURZENHECKER, Benedikt (2009): Die Kinderstube der Demokratie. Partizipation von Kindern in Kindertageseinrichtungen. In: TPS (Theorie und Praxis der Sozialpädagogik) 2/2009, 46-50

HANSEN, Rüdiger (2008): Beteiligung in Kindertageseinrichtungen – zwischen partizipativer Pädagogik und politischer Partizipation. In: STANGE, Waldemar (Hrsg.): Beteiligungsbausteine Band 5: Partizipation in Kindertagesstätte, Schule und Jugendarbeit. Münster, 33-82. Im Internet: www.kinderpolitik.de/images/downloads/Beteiligungsbausteine/c/Baustein_C_1_1.pdf (letzter Abruf: 30.10.2016)

HINZ, Andreas (2004): Vom sonderpädagogischen Verständnis der Integration zum integrationspädagogischen Verständnis der Inklusion!? In: SCHNELL, Irmtraud & SANDER, Alfred (Hrsg.): Inklusive Pädagogik. Bad Heilbrunn: Klinkhardt, 41-74

INSTITUT FÜR PARTIZIPATION UND BILDUNG (2014): Selbstverständnis. Im Internet: www.partizipation-und-bildung.de/startseite/selbstverstandnis/ (letzter Abruf: 30.10.2016)

JERG, Jo (2016): Inklusion in Kindertageseinrichtungen – Zur aktuellen Debatte über Vielfalt und Inklusion. In: DIE GEMEINDE (BWGZ): Zeitschrift für die Städte und Gemeinden, Stadträte, Gemeinderäte und Ortschaftsräte; Organ des Gemeindetags Baden-Württemberg (Hrsg.), 7/2016, Stuttgart Eigenverlag, 323-325

KLINGER, Cornelia, KNAPP, Gudrun-Axeli & SAUER, Birgit (Hrsg.) (2007): Achsen der Ungleichheit. Zum Verhältnis von Klasse, Geschlecht und Ethnizität. Frankfurt/New York: Campus

KNAUER, Raingard & HANSEN, Rüdiger (2010): Zum Umgang mit Macht in Kindertageseinrichtungen. Reflexionen zu einem häufig verdrängten Thema. In: TPS (Theorie und Praxis der Sozialpädagogik) 8/2010, 24-28

KNAPP, Natalie (2013): Kompass neues Denken. Wie wir uns in einer unübersichtlichen Welt orientieren können. Reinbek bei Hamburg: Rowohlt

LEIPRECHT, Rudolf (2012): Integrativ – inklusiv – Diversitätsbewusst: Fachdiskurse und Praxisformen in Bewegung. In: SEITZ, Simone, FINNERN, Nina-Kathrin, KORFF, Natascha & SCHEIDT, Katja (Hrsg.): Inklusiv gleich gerecht? Inklusion und Bildungsgerechtigkeit, Bad Heilbrunn: Klinkhardt, 46-62

MECHERIL, Paul & VORRINK, Andrea J. (2012): Diversity und Soziale Arbeit: Umriss eines kritisch-reflexiven Ansatzes. In: ARCHIV für Wissenschaft und Praxis der sozialen Arbeit. 1/2012, 92-101

MECHERIL, Paul (2009): Diversity Mainstreaming. In: LANGE, Dirk & POLAT, Ayca (Hrsg.): Unsere Wirklichkeit ist anders. Migration und Alltag. Perspektiven politischer Bildung. Bonn: Bpb, 202-210.

MERKLE, Tanja (2011): Milieus von Familien mit Migrationshintergrund. In: FISCHER, Veronika & SPRINGER, Monika (Hrsg.): Handbuch Migration und Familie. Schwalbach: Wochenschau, 83-99

MUCHOW, Marta (1980): Der Lebensraum des Großstadtkindes. Bentheim: Beltz

NIED, Franziska, NIESEL, Renate, HAUG-SCHNABEL, Gabriele, WERTFEIN, Monika & BENSEL, Joachim (2011): Kinder in den ersten drei Lebensjahren in altersgemischten Gruppen. Anforderungen an frühpädagogische Fachkräfte. WiFF Expertisen Band 20. München: WiFF

PODSIADLOWSKI, Astrid (2002): Diversität in Organisationen und Arbeitsgruppen. In: ALLMENDINGER, Jutta & HINZ, Thomas (Hrsg.): Organisationssoziologie, Kölner Zeitschrift für Soziologie und Sozialpsychologie, Sonderheft 42/2002, 260-283

PRENGEL, Annedore (2010): Inklusion in der Frühpädagogik. Bildungstheoretische, empirische und pädagogische Grundlagen. Band 5. München: WiFF

REGNER, Michael & SCHUBERT-SUFFRIAN, Franziska (2011): Partizipation in der Kita. Projekte mit Kindern gestalten. Freiburg, Basel, Wien: Herder Verlag

SCHMUDE, Corinna & PIOCH, Deborah (2014): Schlüssel zu guter Bildung, Erziehung und Betreuung – Kita inklusiv! Inklusive Kindertagesbetreuung – Bundesweite Standortbestimmung und weitergehende Handlungsnotwendigkeiten. Berlin: Alice-Salomon-Hochschule

SCHÖLER, Jutta (2002): Kinder und Jugendliche mit besonderen pädagogischen Bedürfnissen. In: EBERWEIN, Hans & KNAUER, Sabine (Hrsg.): Integrationspädagogik. 6. Aufl. Weinheim und Basel: Beltz, 109-119

SCHRÖDER, Richard (1995): Kinder reden mit! Beteiligung an Politik, Stadtplanung und Stadtgestaltung. Weinheim und Basel: Beltz

STATISTISCHES BUNDESAMT (2015): Pressemitteilung vom 18. September 2015: Jedes vierte minderjährige Kind ist ein Einzelkind. Im Internet: www.destatis.de/DE/PresseService/Presse/Pressemitteilungen/2015/09/PD15_343_122pdf.pdf?__blob=publicationFile (letzter Abruf: 30.10.2016)

STATISTISCHES BUNDESAMT (2016): Statistiken der Kinder- und Jugendhilfe. Kinder und tätige Personen in Tageseinrichtungen und in öffentlich geförderter Kindertagespflege am 01.03.2015. Im Internet: www.destatis.de/DE/Publikationen/Thematisch/Soziales/KinderJugendhilfe/TageseinrichtungenKindertagespflege5225402167004.pdf;jsessionid=04B76E843868851BF14BDCF63D4E9524.cae2?__blob=publicationFile (letzter Abruf: 30.10.2016)

STURZENHECKER, Benedikt (2005): Was man aus dem Modell der "deliberativen Demokratie" in der Kita machen könnte, oder: große Demokratietheorie geht auch im Kleinen. In: KiTa spezial – KinderTageseinrichtungen aktuell, Sonderausgabe Nr. 4/2005, 19-24

OECD (2016): Bildung auf einen Blick 2016: OECD-Indikatoren. Im Internet: www.oecd.org/berlin/publikationen/bildung-auf-einen-blick.htm (letzter Abruf: 30.10.2016)

ROLFF, Hans-Günther & ZIMMERMANN, Peter (1997): Kindheit im Wandel. Weinheim: Beltz

UNICEF (2016): Erster globaler UNICEF-Bericht zu Flucht und Migration von Kindern. Im Internet: www.unicef.de/presse/2016/report-kinder-entwurzelt/121912 (letzter Abruf: 30.10.2016)

VIERNICKEL, Susanne (2000): Spiel, Streit, Gemeinsamkeit. Einblicke in die soziale Kinderwelt der unter Zweijährigen. Landau: Empirische Pädagogik

WEHRMANN, Ilse (2006): Bildungspläne als Steuerungsinstrumente der frühkindlichen Erziehung, Bildung und Betreuung – Zur Rolle der Bildungspläne im Rahmen des Reformbedarfs. Dissertation. Im Internet: www.plattform-educare.org/INTERIMSORDNER%20F%C3%9CR%20PDF-DATEIEN/Dissertatin%20warum%20Bildungspl%C3%A4ne.pdf (letzter Abruf: 30.10.2016)

WENNING, Norbert (2007): Heterogenität als Dilemma für Bildungseinrichtungen. In: BOLLER, Sebastian, ROSOWSKI, Elke & STROOT, Thea (Hrsg.): Heterogenität in Schule und Unterricht. Handlungsansätze zum pädagogischen Umgang mit Vielfalt. Weinheim und Basel: Beltz, 21-31

ZEIHER, Helga (1983): Die vielen Räume der Kinder. Zum Wandel räumlicher Lebensbedingungen seit 1945. In: PREUSS-LAUSITZ, Ulf, BÜCHNER, Peter, FISCHER-KOWALSKI, Marina, GEULEN, Dieter, KARSTEN, Maira Eleonora, KUKLE, Christine, RABE-KLEBERG, Ursula, ROLFF, Hans-Günter, THUNEMEYER, Bernd, SCHÜTZE, Yvonne, SEIDL, Peter, ZEIHER, Helga & ZIMMERMANN, Peter (Hrsg.): Kriegskinder – Konsumkinder - Krisenkinder. Weinheim und Basel: Beltz, 176-195

Hans Wocken

Demokratie lernen und leben im Klassenrat
Der Klassenrat als Manifestation von Kinderrechten

1 Prolog

Was ist ein Klassenrat? Der Einstieg in das Thema soll durch einige ausgewählte Definitionen ermöglicht werden:

> „Der Klassenrat ist eine regelmäßig stattfindende, strukturierte Gesprächsrunde, in der sich Schülerinnen und Schüler und die Klassenlehrkraft gemeinsam mit konkreten Anliegen der Klassengemeinschaft (z.b. Ausflüge, Projekte, Organisationsfragen, Probleme und Konflikte) beschäftigen und dafür möglichst einvernehmliche Lösungen finden" (BLUM 2015, 51).

> „Der Klassenrat ist eine institutionalisierte, regelmäßige Zusammenkunft aller Schüler/-innen einer Klasse (+ Lehrer/-in) mit deutlich strukturiertem Ablauf und klarer Rollenverteilung, mit dem Ziel, soziales Verhalten, Verantwortungsbewusstsein, Problemlösefähigkeiten und Gemeinschaftsgefühl einzuüben" (SCHREIBER u.a. o.J., 31).

> „Der Klassenrat ist ein demokratisches Schulorgan, in dem Kinder und Jugendliche eigene Anliegen artikulieren und klären, sich eine Meinung bilden, Kontroversen und Diversity-Konflikte reflektieren und Entscheidungen aushandeln. Sie übernehmen Verantwortung für den eigenen Lernprozess und beteiligen sich an der inhaltlichen und methodischen Ausgestaltung des Unterrichts. Sie gestalten in Verbindung mit der Schüler_innenvertretung durch eigene Aktivitäten das Schulleben" (DeGeDe 2015, 12).

Die Definitionen lassen durchaus zahlreiche Gemeinsamkeiten erkennen, zugleich scheinen feine Akzentuierungen durch: Ist der Klassenrat eher eine soziale „Gesprächsrunde" oder auch ein „demokratisches Schulorgan"? Versteht sich der Klassenrat vornehmlich als ein Forum zur Lösung von Konflikten oder auch als „ein partizipatives Lernarrangement mit basisdemokratischer Selbstregulation der Gruppe" (DeGeDe 2015, 5)? Die Nuancierungen und Facetten in den Definitionen machen immerhin deutlich: Es gibt nicht ‚den' einzig möglichen und wahren Klassenrat. Was der Klassenrat ist, ‚definiert' und bestimmt zu guter Letzt jeder Klassenrat selbst.

Als ein geistiger Vater des Klassenrates wird der amerikanische Philosoph und Pädagoge John DEWEY (1859-1952) angesehen. In seinem Buch „Demokratie und Erziehung" versteht DEWEY die Schule als eine „embryonic society", also als einen Mikrokosmos, der die Gesellschaft im Kleinen abbildet. Der Klassenrat ist ein Instrument, um auf der Ebene der kleinen sozialen Einheit Klasse Demokratie zu erleben, zu erfahren und konkret einzuüben. Weil effektives Lernen auf selbständiges, aktives Handeln und eigenen Erfahrungen („learning by doing") beruht, muss „das Grundprinzip der Schule als Form gemeinschaftlichen Lebens" (DEWEY) ausgestaltet werden (REICH 2008).

Die konzeptionelle Entwicklung des Klassenrats verdanken wir im Wesentlichen dem französischen Reformpädagogen Celestin FREINET (1856-1966). Dieser organisierte seine Klasse nach dem Vorbild von landwirtschaftlichen Kooperativen (‚Genossenschaften'), in denen Bauern Anbau, Ernte und Vermarktung ihrer Produkte kooperativ planen und solidarisch umsetzen. Die ‚Klassenkooperative' von FREINET zeichnet sich – im Unterschied zu anderen Konzepten – durch eine stark unterrichtsbezogene, ‚didaktische' Ausrichtung aus. Im Klassenrat werden sowohl die Gestaltung des Unterrichts, die Auswahl von Inhalten und die Planung und Durchführung gemeinschaftlicher Vorhaben beraten als auch die Arbeitsergebnisse präsentiert und reflektiert. Der Klassenrat gilt als das Herz der Freinet-Pädagogik, die dem vielzitierten Motto „Den Kindern das Wort geben" (FREINET) folgt.

Ohne Bezug zur Freinet-Pädagogik entwickelte der Alfred-Adler-Schüler Rudolf DREIKURS (1897-1972) ein individualpsychologisch fundiertes Konzept des Klassenrates. Nach ADLER ist für alle Menschen das Streben nach Anerkennung und Wertschätzung sowie nach einem angemessenen Platz und Status innerhalb einer Gemeinschaft, also nach Geltung, handlungsleitend. Das individualpsychologische Konzept setzt durch dreierlei Aspekte eigene Akzente: Erstens das Prinzip der Ermutigung, zweitens die Anerkennung der Gleichwertigkeit aller, drittens das durch Lehrer*innen gelenkte Gruppengespräch. In der Praxis steht nicht mehr, wie bei FREINET, die Selbstverwaltung im Rahmen der Klassenkooperative im Vordergrund, sondern der Klassenrat profiliert sich als ein Streitschlichtergremium und soziales Problemlösungsinstrument (DREIKURS 2003).

Diese beiden konzeptionellen Ausrichtungen – kooperative Konfliktbearbeitung versus partizipative Gestaltung des Unterrichts und des Gemeinschaftslebens – bestimmen bis heute die widerstreitenden Schwerpunkte, die in Theorie und Praxis des Klassenrates nicht leicht auszubalancieren sind.

2 Merkmale und Elemente des Klassenrates

Nach diesem Prolog wird nun auf die Merkmale und Elemente des Klassenrates im Einzelnen eingegangen. Zur Vertiefung sei insbesondere auf die Arbeiten von BLUM und BLUM (2012), FRIEDRICHS (2009a), DAUBLEBSKY (2006) sowie der DeGeDe (2015) hingewiesen.

2.1 Rahmen

Der Klassenrat bedarf bestimmter organisatorischer und institutioneller Standards, die einen verlässlichen Rahmen bieten und eine erfolgreiche Umsetzung ermöglichen.

2.1.1 Schule

Der Klassenrat sollte als „Keimzelle und Fundament einer demokratiepädagogischen und partizipativen Schulentwicklung" (DeGeDE 2015, 25) verstanden werden. Die Einführung des Klassenrates in einer einzelnen Klasse (,Insellösung') ist möglich, aber wenig sinnvoll, weil sie zur Entwicklung einer demokratischen Schulkultur auf allen Ebenen der Schule dann nur wenig beitragen kann. Idealerweise wird der Klassenrat nicht nur in einer Klasse eingeführt, sondern progressiv von Jahrgang zu Jahrgang fortschreitend in der ganzen Schule. Auch eine Top-Down-Strategie ist wenig empfehlenswert, weil eine Verordnung demokratischer Lebens- und Lernformen ,von oben' ein Widerspruch in sich selbst ist und der Akzeptanz der Reform sowie der Identifikation mit der demokratiepädagogischen Zielsetzung eher abträglich ist. Die Implementation des Konzepts sollte von Anbeginn an demokratisch und partizipativ erfolgen. Alle relevanten schulischen Gremien, Arbeitskreise und Foren sind mit dem Projekt zu befassen und in den Reformprozess einzubeziehen. Nach einer hinreichenden schulweiten Diskussion sollte der Klassenrat schließlich im Schulprogramm explizit verankert werden. Alle beteiligten und betroffenen Akteure, die Lehrer*innen, die Kinder und Jugendlichen und auch die Eltern erhalten vorher Gelegenheit, sich eingehend über das Konzept des Klassenrates zu informieren und auf die Einführung vorzubereiten. Zur Vorbereitung empfehlen sich neben dem Studium einschlägiger Literatur und Videofilme insbesondere Hospitationen in Schulen, die über längere Praxiserfahrungen verfügen. In der Pilotphase können das Coaching durch erfahrene pädagogische Fachkräfte oder auch die Ausbildung von Schüler*innen zu „Klassenratsexpert*innen" hilfreich sein. Ein differenziertes Konzept zur Ausbildung von Klassenratsmoderatoren haben BLUM und BLUM (2012) vorgelegt.

2.1.2 Raum

Wenn Menschen zusammenkommen, um ureigene Belange zu beraten und zu regeln, dann sollte diese Versammlung gleichberechtigter Personen auch symbolisch als eine Gemeinschaft der Gleichen wahrnehmbar und erlebbar sein. Der Klassenrat findet im Sitzkreis am Boden oder in einem Stuhlkreis statt; wichtig ist, dass jede*r jede*n anschauen kann. Der Kreis gilt als ein Ausdruck von Gleichheit und Gemeinsamkeit:

> „Der Gedanke der egalitären Gemeinschaft und Verbundenheit kann in der Figur des Kreises besonders gut symbolisiert werden, weil es im Kreis kein ,Oben' und kein ,Unten' gibt. Die kreisförmige Anordnung einer Menschengruppe um ein Zentrum sichert

allen Teilnehmern eine gleichwertige Position. Die Mitglieder handeln von Angesicht zu Angesicht auf gleicher Ebene" (HEINZEL zit. in FRIEDRICHS 2009b, 59).

2.1.3 Zeit

Der Klassenrat ist kein Gremium, das nur sporadisch oder nur in aktuellen Konfliktfällen zusammentritt, sondern wird vielmehr als ein verbindlich stattfindendes demokratisches Forum fest institutionalisiert. Er findet sehr regelhaft und absolut verlässlich statt und hat einen festen Platz in der Woche. In aller Regel tritt der Klassenrat einmal in der Woche zusammen, und zwar am Freitag in der letzten Schulstunde. Die Anliegen der Kinder und Jugendlichen, die in der laufenden Woche anfallen, werden also nicht sofort behandelt, sondern erst einmal vertagt und mit zeitlicher Verzögerung erst am Ende der Schulwoche thematisiert. Das erfordert von den Kindern einige Geduld, die sie aber umso besser aufbringen, wenn sie sich sicher darauf verlassen können, dass ihr Anliegen auf jeden Fall in dieser Woche noch behandelt wird. Ausfallende oder unzuverlässige Klassenratstermine untergraben in wachsendem Maße das Vertrauen in die Verlässlichkeit einer demokratischen Institution.

2.2 Ablauf

Ein Klassenrat ist ein hochstrukturiertes Ritual. Die Grundelemente einer Klassenratssitzung kehren immer wieder und zwar in der gleichen Reihenfolge:

1. Eröffnung des Klassenrates

Die*der Moderator*in eröffnet die Sitzung des Klassenteams, begrüßt alle Teilnehmer*innen und stellt die Mitglieder des Leitungs-bzw. Moderator*innenteams vor. Dann weist sie*er zur Vororientierung auf ein großes Plakat hin, das in schematisierter Form die vorläufige Tagesordnung bekannt macht.

2. Anerkennungsrunde

Den Auftakt eines Klassenrates bildet immer eine ‚positive Runde'. Alle sagen reihum einen Satz zu etwas Gelungenem oder positiv Erlebtem aus dem Klassenalltag oder sprechen ein wertschätzendes persönliches Lob für das Verhalten einzelner Klassenmitglieder aus. Die Anerkennungsrunde soll dazu anregen, die Wahrnehmung aller für positive Entwicklungen und persönliche Fortschritte zu entwickeln; zugleich ist die Anerkennungsrunde ein gutes Mittel, um eine positive Atmosphäre von gegenseitiger Wertschätzung zu schaffen.

3. Klassenämter und -dienste

Dieser Tagesordnungspunkt ist nur dann relevant, wenn entweder bei Klassenratsrollen oder bei den Klassenämtern und -diensten (vgl. HÖVEL 1995) etwa im monatlichen Rhythmus ein Wechsel ansteht. Die Neubesetzung der

Funktionsrollen und Klassendienste erfolgt nach Möglichkeit auf der Basis der Freiwilligkeit. Eine neue Ämter- und Rollenverteilung wird auf einem großen Plakat schriftlich festgehalten und in der Klasse öffentlich ausgehängt. Die Leitidee der Ämterverteilung ist, dass jedes Kind der Klasse sich an den Gemeinschaftsaufgaben beteiligt und im Laufe eines Schuljahres verschiedene, ihm zuträgliche Verantwortlichkeiten für gemeinschaftliche Aufgaben übernimmt.

4. Protokoll

Der Protokollführer der letzten Sitzung liest die Beschlüsse des vorherigen Klassenrates vor. Alle Teilnehmer*innen überprüfen, ob die getroffenen Absprachen eingehalten wurden und die gefundenen Lösungen sich als tragfähig erwiesen haben. Andernfalls wird Gesprächsbedarf angemeldet und das fragliche Thema erneut auf die Tagesordnung gesetzt.

5. Festsetzen der Tagesordnung

Ein Mitglied der Moderation liest die auf der Wandzeitung notierten Anliegen vor und schlägt dem Klassenrat eine Reihenfolge der Bearbeitung vor. Es empfiehlt sich, langwierige Debatten zu vermeiden und die Tagesordnungspunkte in der Reihenfolge aufzurufen, wie sie auf der Wandzeitung notiert sind.

6. Tagesordnung

Die Bearbeitung der Tagesordnungspunkte erfolgt immer nach dem gleichen Schema. Eine ritualisierte Abfolge von Schritten vermittelt Orientierung und Sicherheit. Die diskursive Bearbeitung weist eine unterschiedliche Verlaufsstruktur auf, je nachdem, welche inhaltliche Ausrichtung im Fokus eines Anliegens steht: Handelt es sich thematisch eher (1) um eine Sachfrage oder (2) um einen sozialen Konflikt zwischen Personen?

1. Wenn inhaltliche Anliegen und Probleme anstehen, erhält immer die*der Antragssteller*in eines Anliegens zuerst das Wort. Dann werden zunächst klärende Nachfragen zu dem vorgebrachten Anliegen gestellt. Wenn das Problem oder das Anliegen hinlänglich klar sind, können die Ratsmitglieder sich in einer Pro- und Contra-Runde für oder gegen einen Antrag aussprechen oder in einem Brainstorming Lösungsvorschläge für das anstehende Problem unterbreiten.

2. Bei sozialen Konflikten hat die*der Beschwerdeführer*in das erste Wort, ihr*ihm folgt sodann die beklagte Person, die ihre Sicht des Konflikts darstellt. Anschließend können die Mitschüler*innen ihre Wahrnehmung der Konfliktlage einbringen.

In dieser Phase geht es nicht um eine Bewertung des Konflikts und schon gar nicht um eine Suche nach dem Schuldigen, sondern in erster Linie um eine sachliche Klärung und ein empathisches Verständnis des Konflikts. „Es geht also nicht

darum, Schuldige' oder ‚Störer*innen' zu finden, auch nicht um ‚Gesprächsthe-
rapie' oder ‚Harmonisierungsakte', sondern um konkrete Regeln und Regelungen zur Kooperation und Kommunikation in der Klasse" (Hövel 1995, 65). Im
nächsten Schritt werden mögliche Lösungen eingebracht und gesammelt.

7. Beschlüsse

Die Bearbeitung eines Tagesordnungspunktes endet immer mit Beschlüssen, Vereinbarungen, Lösungen oder Abstimmungen.

1. Im Falle von Sachthemen und -problemen sollte bei der Entscheidungsfindung nach Möglichkeit eine Konsenslösung, mindestens jedoch eine Zwei-
   drittelmehrheit angestrebt werden. Kampfabstimmungen treiben eher einen
   Keil zwischen die Klasse. Bei hoch kontroversen Meinungslagen sollte ein
   Moratorium und eine erneute Befassung erwogen werden.
2. Bei einem sozialen Konflikt entscheiden schließlich die beteiligten Parteien
   selbst, welche Konfliktlösung für sie in Frage kommt. Nur wenn beide Konfliktparteien sich einvernehmlich auf eine Konfliktlösung verständigt haben,
   kann der Konflikt als beendigt gelten.

8. Reflektion

Nach einer förmlichen Beendigung des Klassenrates übernehmen die
Klassenlehrer*innen wieder die Gesprächsleitung. Sie sollten nach dem Ende der
Sitzung den Schüler*innen die Möglichkeit geben, gemeinsam über die vergange-
ne Sitzung nachzudenken, Gelungenes zu würdigen und Verbesserungsvorschläge
einzubringen. In den Gesprächen werden die Fragen „Wie war die Sitzung?", „Wie
war die Leitung?" und „Wie war das Plenum?" gemeinsam reflektiert. Solche Me-
tagespräche dienen der fortwährenden, formativen Verbesserung des Klassenrates.

2.3 Akteure und Rollen

Im Folgen werden die im Rahmen eines Klassenrates agierenden Akteure und
Rollen dargestellt und ihre Bedeutung für den Prozess skizziert.

2.3.1 Teilnehmer*innen

Mitglieder eines Klassenrates sind alle Schüler*innen einer Schulklasse und
die*der Klassenlehrer*in in der Schulklasse. Alle Mitglieder des Klassenrates sind
gleichberechtigt. Die Gleichberechtigung der Mitglieder drückt sich bei Wahlen
und Abstimmungen in dem demokratischen Grundprinzip ‚Jede Person hat eine
Stimme' aus. Alle Ratsmitglieder haben die gleichen Rechte und Pflichten: Sie haben ein Vorschlagsrecht für eigene Tagesordnungspunkte; sie haben ein Rederecht
zu den aufgerufenen Themen; sie genießen sanktionsfreie Meinungsfreiheit für
die Äußerung eigener Standpunkte; sie können für die anstehenden Probleme
und Konflikte Lösungsvorschläge unterbreiten; sie übernehmen bereitwillig an

sie übertragene Ämter in der Klasse oder gemeinsam beschlossene Aufgaben; sie engagieren sich für den Klassenrat und übernehmen Klassenratsfunktionen und -rollen; sie halten sich an die gemeinsam verabredeten Regeln. Der Klassenrat kann Gäste (Eltern, andere Lehrer*innen, Schüler*innen aus Parallelklassen) einladen und Besucher*innen zulassen. Gäste und Besucher*innen haben auf zustimmenden Beschluss ein Rederecht, aber niemals ein Abstimmungsrecht.

2.3.2 Moderator*innen

Alle demokratischen Versammlungen brauchen ein Team von Personen, das diese Versammlung leitet, organisatorisch unterstützt und dokumentiert. Damit eine Klassenratssitzung überhaupt ordnungsgemäß funktioniert, braucht es unverzichtbar eine Leitung und eine*n Protokollführer*in. Diese beiden Rollen sind zugleich die anspruchsvollsten Aufgaben und sind deshalb doppelt zu besetzen Die Rolle der Leitung wird von FREINET mit dem Label ‚Präsident*in' belegt; ich persönlich bevorzuge weniger hierarchieträchtige Rollenbezeichnungen wie ‚Sprecher*in', ‚Vorsitz', ‚Leiter*in' oder schlicht ‚Moderator*in'.

Das Amt der*des Moderator*in kann reihum nach Klassenliste rotieren, von der Lehrkraft oder von der*dem Vorgänger*in bestimmt oder aufgrund freiwilliger Meldung vergeben werden; es stellt recht hohe Ansprüche und ist wohl nicht jedermanns Sache. Im Interesse eines funktionierenden Klassenrats ist die freiwillige Amtsübernahme die Methode der Wahl. Die Amtsdauer wird im Klassenrat festgelegt, aus Übungsgründen sollte sie sich über mehrere Ratssitzungen erstrecken. Die*der „Chef-Moderator*in" hat die Aufgabe, die Sitzung zu eröffnen, die Tagesordnung in Absprache mit dem Moderator*innenteam festzulegen, die Tagesordnungspunkte aufzurufen, die Aussprache zu leiten, die Diskussion zu bündeln, zu gegebener Zeit Beschlüsse und Entscheidungen herbeizuführen und schließlich den Klassenrat im gegebenen Zeitrahmen zu beenden. Sie*er wird bei dieser recht schwierigen Aufgabe ggf. von einer*einem Leitungsassistent*in und weiteren Rollenträger*innen unterstützt.

Das schwierigste Element der Moderationsaufgabe ist die Gesprächsleitung: Wort erteilen, Zwischenrufe nicht zulassen, Abweichungen vom Thema verhindern, den Stand der Diskussion kurz bilanzieren, auf eine straffe, ergebnisorientierte Diskussion bedacht sein und mit Konsequenz per Abstimmung eine Entscheidung herbeiführen.

Die ‚alten' Protokollführer*innen verlesen das Protokoll der vorhergehenden Klassenratssitzung und leiten damit eine Aussprache darüber ein, ob die Beschlüsse und Vereinbarungen eingehalten wurden. Die ‚neuen' Protokollführer*innen fertigen kein Verlaufsprotokoll, sondern lediglich ein Ergebnis- und Beschlussprotokoll an.

Über die obligaten Klassenratsämter hinaus sehen Klassenratskonzepte durchaus bedenkenswerte optionale Ratsrollen vor. Hier sind insbesondere zu nennen:

Zeitwächter*in, Regelwächter*in und Redelistenführer*in. Letztere*r notiert die Reihenfolge der Wortanmeldungen und ruft auf, wer als nächste*r Redner*in dran ist. Die*der Zeitwächter*in kontrolliert insbesondere die verfügbare Zeit, die bei der Festsetzung der Tagesordnung den einzelnen Tagesordnungspunkten zugestanden wurde. Die*der Regelwächter*in bringt in jeder Klassenratssitzung die Gesprächsregeln durch Aufhängen einer Regeltafel sichtbar in Erinnerung und mahnt während einer Aussprache durch ein vereinbartes nonverbales Zeichen die Einhaltung der Gesprächsregeln an. Auf weitere Klassenratsrollen sollte verzichtet werden, da Überkomplexität und Überregulierung desorientierend und wenig hilfreich sind.

2.3.3 Lehrer*in

Der Klassenrat stellt Lehrer*innen vor eine schwierige Herausforderung. Sie müssen aus der ihnen aufgetragenen Rolle als Mandant*in der Gesellschaft und der Schule aussteigen, zurücktreten, Macht abgeben und „den Schülern das Wort geben" (FREINET). Das ist leichter gesagt als getan. Lehrer*innen wird auferlegt und sie sind es gewohnt, im Schulleben und in der Unterrichtsgestaltung eine eindeutig führende Rolle einzunehmen. Im Klassenrat sind Lehrer*innen nun ein normales Mitglied des Klassenrats, eines von allen Ratsmitgliedern, mit gleichen Rechten und Pflichten. Sie müssen – wie alle anderen auch – eigene Anliegen vorher als Tagesordnungspunkt beantragen, sich zu Wort melden und warten, bis sie dran sind, dürfen nicht ständig helfend eingreifen oder korrigierend intervenieren. Und die Beschlüsse des Klassenrates sind für sie genauso verbindlich wie für alle anderen. Dieser doch dramatische Rollenwechsel fällt nachvollziehbar nicht leicht. „Den Schülern das Wort geben" bedeutet, die traditionelle Rolle der Lehrkraft als dominante*r Chef*in des Schul- und Unterrichthaltens in Frage zu stellen. Eine sehr konsequente Orientierung an der Klassenratsidee ist fraglos auch mit einem merklichen Rückbau der Lehrer*innendominanz verbunden. Die Kinder können nur dann Verantwortung für sich selbst und andere übernehmen, wenn die Lehrer*innen ihnen ganz bewusst auch zunehmend mehr Verantwortung übertragen.

Allerdings: ‚Klassenrat' können die Schüler*innen nicht von Anfang an, sie müssen es lernen. Die Einführung in das Konzept des Klassenrates und die Einübung von Klassenratskompetenzen ist eine bleibende Aufgabe der Lehrer*innen. Damit die Schüler*innen ‚Klassenrat lernen' können, ist es notwendig, dass die Lehrer*innen im Verlaufe des Lern- und Entwicklungsprozesses nacheinander in vier verschiedene Rollen schlüpfen:

1. Modeling

Im ersten Schuljahr oder generell bei der Einführung sollten die Klassenlehrer*innen zunächst die Leitung des Klassenrates übernehmen und modellhaft demonstrieren, wie man eine Klassenratssitzung moderiert.

2. Coaching

Im Zuge der schrittweisen Übergabe von Moderationsfunktionen an die Schüler*innen leisten die Klassenlehrer*innen kontinuierlich prozesshafte Unterstützung. Nach dem Ende des Klassenrats, nicht während des Klassenrates, geben die Klassenlehrer*innen den Moderator*innen in einem Reflexionsgespräch ein Feedback über ihre Durchführung. Dabei werden bereits erworbene Kompetenzen hervorgehoben und gemeinsam Verbesserungsmöglichkeiten überlegt.

3. Scaffolding

„Gerüste bauen" kann etwa bedeuten: Im Klassenrat werden etwa für jeden Tagesordnungspunkt Formulierungshilfen auf einem Plakat im Klassenzimmer ausgehängt. Ein weiteres Beispiel: Den Protokollführer*innen werden einfache Formulare als Strukturierungshilfe ausgegeben.

4. Fading

Wenn die Kinder und Jugendlichen selbstständig mit den Routinen, Regeln und Strukturen des Klassenrats umgehen können, ziehen sich die Pädagogen auf ihre Rolle als gleichberechtigte Mitglieder des Klassenrats zurück (DAUBLEBSKY & LAUBLE 2006).

Die Rolle der Lehrkraft als gleichberechtigtes Mitglied eines Klassenrates hat zwei wichtige Grenzen, die nicht zur Diskussion gestellt werden können:

• Erstens: Lehrer*innen haben ein Vetorecht und eine Vetopflicht, wenn die Beschlüsse des Klassenrates gegen Moral und Sitte verstoßen oder zu bindenden schulgesetzlichen Vorschriften und Bestimmungen im Widerspruch stehen.
• Zweitens: Die Klassenlehrer*innen sind weiterhin für die Disziplin zuständig, dies ist nicht Aufgabe der Moderator*innen.

2.4 Elemente des Klassenrats

Nun sollen die wesentlichen Elemente eines Klassenrates detailliert zur Sprache kommen.

2.4.1 Die Wandzeitung

Alle Ratsmitglieder haben das Recht, Themenwünsche und Anträge für eine Klassenratssitzung einzubringen. Die Themenwünsche und Anträge müssen im Vorfeld schriftlich eingebracht werden. Für die Themensammlung eignen sich entweder ein Klassenratsbuch oder eine Wandzeitung. In der Freinet-Pädagogik ist seit alters her die Wandzeitung üblich. Wer auf der Wandzeitung ein Anliegen einträgt, muss diesen Antrag mit dem eigenen Namen unterzeichnen. Wer den Eintrag anderer unterstützen möchte, kann zusätzlich unterschreiben. Die Wandzeitung bezweckt, dass die Themen des nächsten Klassenrats allen bekannt sind und alle sich darauf einstellen können. Das öffentliche Aushängen und namentliche Unterzeichnen der Anliegen kann dazu anhalten, Kritik sachlich zu formulieren. Das Aufstellen eines Briefkastens, in den die Ratsmitglieder anonymisierte Anträge einwerfen können, wird nicht empfohlen. Der Klassenrat ist ein Ort der Meinungsfreiheit; alle Schüler*innen sollen lernen, für ihre Meinung gerade zu stehen, und sie sollen erfahren, dass sie ihre Meinung auch sanktionsfrei äußern dürfen.

2.4.2 Themen

Im Klassenrat sollten alle Themen Platz finden, die in der Lebenswelt von Kindern und Jugendlichen eine Rolle spielen. Die Themenwünsche lassen sich in drei Themenfelder einordnen:

1. Selbstverwaltung und Planungen

Wandertage, Klassenreisen, Feste und Feiern, Klassenraumgestaltung, Klassenkasse, Klassenämter und -dienste, u.a.

2. Umgang miteinander

Lob und Anerkennung, Streitigkeiten, Konflikte in der Klasse, Diversity-Herausforderungen (Gender, Migration, Behinderungen, …) u.a.

3. Mitgestaltung des Unterrichts

Umfang von Hausaufgaben, Auswahl von Unterrichtsinhalten, Mitsprache bei der Sitzordnung, Planung von Unterrichtsprojekten, Ordnungsmaßnahmen, u.a.

Zur Strukturierung der Themenvorschläge wird empfohlen, die Wandzeitung in drei Rubriken zu unterteilen:

1. Lob und Anerkennung

„*Name,* ich lobe dich, weil …"; „Ich finde gut, dass …"; „Mir hat gefallen, dass …"

2. Anliegen und Vorschläge

„Ich wünsche …"; „Ich schlage vor …"

3. Probleme und Konflikte

„*Name,* ich kritisiere dich, weil …"; „Ich finde nicht gut, dass …."

2.4.3 Modell der Konfliktbearbeitung

Die Schüler*innen erlernen im Klassenrat eine strukturierte Methode, wie soziale Konflikte ohne Niederlagen und ohne Verlierer*innen zur Zufriedenheit aller gelöst werden können. Die Schritte der Konfliktbearbeitung ähneln Modellen, die aus Mediations- und Streitschlichtungsverfahren bekannt sind (RADEMACHER 2009):

1. Konflikt benennen und kommunizieren
2. Perspektiven der Konfliktpartner einholen
3. Konflikt gemeinsam klären und verstehen
4. Mögliche Konfliktlösungen sammeln
5. Lösungsansätze bewerten
6. Einvernehmliche Verständigung über eine Lösung
7. Versöhnung und Reintegration.

2.4.4 Regeln und Rituale

Der Klassenrat ist der Ort, an dem die Regeln für das Zusammenleben in einer Klassengemeinschaft demokratisch erarbeitet und verbindlich gemacht werden können. Wenn die Regeln des Zusammenlebens nicht vorgegeben, sondern partizipativ ausgehandelt werden, darf mit einer größeren Akzeptanz und einer hohen Identifikation mit den gemeinsam erarbeiteten und verabschiedeten Regeln gerechnet werden. Es kann zwischen allgemeinen Regeln für das Zusammenleben in der Klasse und spezifischen Regeln für den Klassenrat unterschieden werden.

Die Gesprächsregeln für den Klassenrat sollten in Ich-Form formuliert sein. Eine Liste der Gesprächsregeln wird von der*dem Regelwächter*in in jeder Klassenratssitzung sichtbar aufgehängt.

Typische Gesprächsregeln sind etwa:
– „Ich melde mich, wenn ich etwas sagen will!"
– „Ich rede nur, wenn ich dran bin!"
– „Ich schaue meinen Gesprächspartner an und spreche ihn direkt an!"
– „Ich rede nur zu dem jeweiligen Thema!"
– „Ich beleidige, beschimpfe oder verletze niemanden!"

Für die Entwicklung einer demokratischen Gesprächskultur haben insbesondere die direkte Anrede des Gesprächspartners und ein absolutes Diskriminierungsverbot eine herausragende Bedeutung.

Die direkte Ansprache vermeidet, dass ‚über' eine andere Person gesprochen und diese dadurch zu einem Objekt degradiert wird, über das man verhandeln und urteilen darf. Die Regel der direkten Ansprache fordert dagegen, zu dem Gesprächspartner*innen Blickkontakt aufzunehmen und ihn persönlich anzusprechen: *„Name, du hast …"* .

Das absolute Diskriminierungsverbot basiert auf der respektvollen Achtung der*des anderen als einer gleichwertigen und gleichwürdigen Person und untersagt alle Formen einer despektierlichen Abwertung und Entwürdigung des anderen. Im Klassenrat ist kein Platz für: Anschreien, Einschüchtern, Anklagen, Beleidigen, Beschimpfen, Beschämen, Auslachen, Bloßstellen, Drohungen, ungerechtes Beschuldigen, Zuschreiben negativer Eigenschaften und ähnliche Diskriminierungen. Eine von Respekt und Wertschätzung geprägte Gesprächskultur ist nicht allein menschenrechtlich gefordert, sondern ist in dem individualpsychologischen Postulat der Gleichwertigkeit begründet und entspricht auch dem pädagogischen Anliegen einer inklusiven Bildung, eine egalitäre Gemeinsamkeit der Verschiedenen zu fördern (vgl. PRENGEL 2013).

2.4.5 Protokoll

Die Ergebnisse der Beratungen (Vereinbarungen, Absprachen, Beschlüsse, Lösungen) werden von den beiden Protokollführer*innen in einem Beschlussprotokoll festgehalten. Hierfür werden von den Klassenlehrer*innen formalisierte Vorlagen bereitgestellt.

3. Der inklusive Mehrwert

Was hat nun all dies, was hat der Klassenrat mit Inklusion zu tun? In der gebotenen Kürze an dieser Stelle lediglich einige fragmentarische Notizen.

3.1 Klassenrat und Kinderrechte

Die Schule wird von Kindern und Jugendlichen nicht selten als eine ,Lernvollzugsanstalt' erlebt. Die Inhalte des Lernens haben sie nicht ausgewählt, sie werden von der Schule verbindlich vorgegeben. Die Formen und Wege des Lernens bestimmen weitgehend die Lehrer*innen, ohne Mitwirkung der Schüler*innen. Und „der Ort des Lernens, die Klasse ist eine Zwangsgemeinschaft: eine Gruppe, die über einen längeren Zeitraum besteht, ohne dass ihre Mitglieder an ihrer Zusammensetzung mitwirken konnten" (FRIEDRICHS 2009b, 55). Viele Kinder und Jugendliche erleben Schule als einen Ort der Fremdbestimmung, an dem über sie entschieden und verfügt wird, an dem sie keine Rechte haben.

Die Menschenrechtscharta der Vereinten Nationen, die Kinderrechtskonvention, das Grundgesetz der Bundesrepublik Deutschland sowie die Behindertenrechtskonvention garantieren allen Menschen einschließlich Kindern sowie Jugendlichen mit und ohne Behinderung das Recht auf eine individuelle Persönlichkeit und freie Entfaltung. Kinder haben – wie alle anderen Menschen auch – Rechte. Als ein wegweisender Pionier der Kinderrechte kann der große polnische Pädagoge Janusz KORCZAK angesehen werden, der in seinen Werken „Wie man ein Kind lieben soll" (1919) und „Das Recht des Kindes auf Achtung" (1929) die gleichen Menschenrechte, die für Erwachsene gelten, auch für Kinder eingefordert und ihnen umfassende Beteiligungsrechte zugestanden hat:

> „Das Kind hat ein Recht darauf, dass seine Angelegenheit ernsthaft behandelt und gebührend bedacht wird. Bis jetzt hing alles vom guten Willen und von der guten oder schlechten Laune des Erziehers ab. Das Kind war nicht berechtigt, Einspruch zu erheben. Dieser Despotismus muss ein Ende haben" (KORCZAK in: STÄHLING 2003, 197).

Janusz KORCZAK war seiner Zeit weit voraus, aber auch FREINET war ein früher Vorkämpfer der Kinderrechte. Noch vor der Verabschiedung der Kinderrechtskonvention im Jahre 1969 hat die Freinet-Bewegung eine „Charta der fundamentalen Rechte und Bedürfnisse der Kinder und Jugendlichen" (1968) verfasst. Darin heißt es: „Die Kinder haben das Recht, sich demokratisch zu organisieren und für die Respektierung ihrer Rechte und die Verteidigung ihrer Interessen einzutreten" (In: HÖVEL 1995, 53).

Der Klassenrat kann als eine Manifestation der Kinderrechte angesehen werden. Im Klassenrat werden einschlägige Forderungen der Kinderrechtskonvention umgesetzt:

– „Die Vertragsstaaten sichern dem Kind, das fähig ist, sich eine eigene Meinung zu bilden, das Recht zu, diese Meinung in allen das Kind berührenden Angelegenheiten frei zu äußern, und berücksichtigen die Meinung des Kindes angemessen und entsprechend seinem Alter und seiner Reife" (Artikel 12, Absatz 1).

– „Die Vertragsstaaten erkennen das Recht des Kindes an, sich frei mit anderen zusammenzuschließen und sich friedlich zu versammeln" (Artikel 15, Absatz 1).

Im Klassenrat werden die Rechte der Kinder ernst genommen. Er ist jener Ort in der Schule, an dem das Wort der Kinder zählt; an dem die Kinder ihre eigenen Belange selbst regeln; an dem sie weitmögliche Mitbestimmungs- und Partizipationschancen erhalten, sowohl bezüglich des Zusammenlebens in der Schule wie auch bezüglich der Gestaltung des Unterrichts. Mit den Worten der Deutschen Gesellschaft für Demokratiepädagogik: Der Klassenrat ist ein partizipatives Lernarrangement mit basisdemokratischer Selbstregulation der Gruppe. Gleichberechtigt mit den Pädagog*innen bestimmen sie ihren Lernprozess und übernehmen Verantwortung für das Zusammenleben innerhalb der Klasse und darüber hinaus in der Schulgemeinschaft sowie im Stadtteil (vgl. DeGeDe 2015, 5). Wenn der Klassenrat nicht eine kleine Nische innerhalb der Klasse und eine kleine Insel innerhalb der Schule bleibt, dann kann er die Keimzelle und der Sauerteig einer menschenrechtsbasierten Bildung sein.

3.2 Klassenrat und Kompetenzerwerb

Eltern und auch Lehrer*innen vertreten immer wieder den Standpunkt, dass der Klassenrat eigentlich nichts mit Schule zu tun hat und man dort nichts Richtiges lernt. Die Gegenthese lautet: Kinder und Jugendliche entdecken im Klassenrat ohne Bewertung und ohne Beschämung ihre eigenen Kompetenzen und können diese durch die Anerkennung und das regelmäßige Feedback der Klasse weiterentwickeln. Der Klassenrat ist „ein Lernarrangement zur Entwicklung personaler, sozialer und demokratischer Kompetenzen in einer inklusiven Schule" (DeGeDe 2015, 24).

Personale Kompetenzen

Durch die intensiven Austauschprozesse nehmen alle Schüler*innen sich selbst als verschieden von anderen wahr und werden zugleich durch das soziale Feedback mit der Wahrnehmung ihrer Person durch die anderen konfrontiert. Die Kinder erleben sich im sozialen Spiegel der anderen, die ihnen direkt ins Gesicht sagen: „*Name*, Du hast …". Die stetigen Korrekturprozesse können ein wertvoller Beitrag zur Identitätsentwicklung und zum Aufbau einer realistischen Selbsteinschätzung sein. Wer in einer Diskussion seine eigene Meinung einbringen und standhaft verteidigen will, braucht Selbstzutrauen und Stehvermögen. Zu sich selbst stehen und in einer Diskussion über Standing verfügen, kann eine Vorstufe späterer Zivilcourage sein. Die aktive Beteiligung an der Bearbeitung von zahlreichen Konflikten und Kontroversen trägt zu einer Schärfung der Urteilsfähigkeit bei. Das diskursive Abwägen des Für und Wider, die Berücksichtigung von sozialen Zwängen, biografischen Bedingungen und persönlichen Motiven sind eine vorzügliche Schule moralischer Erziehung. Hat jemand ein Anliegen in der Ratsrunde erfolgreich durchgesetzt, darf man positive Auswirkungen auf das Selbstvertrauen und die Selbstwirksamkeit erwarten: „Ich kann etwas bewirken!" Die Übernahme von Klassendiensten, die Mitarbeit an gemeinsamen Arbeitsvorhaben und überhaupt die partizipative Beteiligung an der Gestaltung des gemeinsamen Lebens und von gemeinsamen Lernprozessen sind wirksame Eigenerfahrungen, die das Gefühl der Solidarität mit anderen und der Verantwortlichkeit für andere entwickeln und stärken.

Sozial-emotionale Kompetenzen

Regelmäßige Klassenversammlungen leisten einen unschätzbaren Beitrag zur Förderung der sozial-kommunikativen Kompetenzen. Die Schüler*innen müssen sich in das Gespräch einbringen, die eigene Meinung klar und verständlich formulieren, den eigenen Standpunkt überzeugend begründen, sich an vereinbarte Gesprächsregeln halten und nicht zuletzt auch selbst anderen zuhören. Kommunikative Kontroversen über sachliche Probleme oder über soziale Konflikte fordern und fördern Empathie. Empathie meint das Vermögen, sich in andere einzufühlen, vorübergehend die Perspektive der*des anderen zu übernehmen und die Angelegenheit mal mit ihren*seinen Augen zu sehen (Perspektivenübernahme), zu verstehen, warum sie*er anders denkt, und nachzuempfinden, was sie*er fühlt.

Der Klassenrat ist auch eine Schule der Emotionalität. Weil der Klassenrat die Schüler*innen dazu anhält, die eigenen Gefühle, Motive, Interessen und Bedürfnisse angemessen zu äußern, gewinnen sie im Umgang mit der eigenen Emotionalität dazu. Im Klassenrat darf man nicht nur andere kritisieren, man muss auch selbst berechtigte Kritik einstecken können. Konflikte und Kontroversen können betroffen machen und die Gefühle aufwühlen. Um Gegensätze, Spannungen, Widersprüche und unklare Situationen aushalten zu können, bedarf es der Ambiguitätstoleranz. Wer am Wochenanfang in einen sozialen Konflikt verwickelt war oder ein persönlich bedeutsames Anliegen auf der Wandzeitung vermerkt hat, muss Geduld üben und gegebenenfalls den Klassenrat am Freitag abwarten können (Frustrationstoleranz).

Methodische Kompetenzen

Die Schüler*innen gewinnen im Klassenrat auch methodische und instrumentelle Fähigkeiten hinzu. Das regelmäßige Protokollieren übt eine Fähigkeit, die auch im späteren Leben gebraucht wird. Der Klassenrat ist ein echtes Übungsfeld, um sich in der Leitung und Moderation von Gesprächen zu erproben. Die Schüler*innen lernen mit dem Klassenrat ein einfaches, lebensbedeutsames Modell der Konfliktbearbeitung kennen (vgl. Kap. 2.3.3).

3.3 Klassenrat und Demokratie

Der Klassenrat hat seine Wurzeln – wie mit dem Verweis auf Dewey und Freinet dargetan wurde – in der Idee der Demokratie. Entsprechend versteht sich der Klassenrat nicht als eine bloße ‚Methode‘, sondern als eine demokratische Lebensform, als gelebte und praktizierte Demokratie. Anhand ausgewählter Artikel des Grundgesetzes soll in einigen Grundzügen dargestellt werden, welchen Imperativen und Grundprinzipien demokratisches Lernen verpflichtet ist bzw. welche demokratischen Kompetenzen, Haltungen und Einstellungen durch den Klassenrat erworben werden können.

Der basale Grundwert des Grundgesetzes ist die Menschenwürde (Art. 1 GG). Diese Würde ist „unantastbar"; sie muss weder verdient noch erworben werden. Daraus folgt, dass alle Menschen und auch alle Kinder und Jugendliche ein Recht auf Achtung, Anerkennung und Respekt haben. Der Klassenrat pflegt eine demokratische Kultur der Wertschätzung, die in besonderer Weise in der Praxis der Anerkennungsrunde zum Ausdruck kommt.

Nach Art. 3 des GG sind alle Menschen vor dem Gesetz gleich. Im Klassenrat machen die Ratsmitglieder die demokratische Basiserfahrung der Gleichheit und lernen, die prinzipielle Gleichwertigkeit aller Menschen ungeachtet ihrer Vielfalt und Unterschiedlichkeit anzuerkennen. Bei Abstimmungen zählt die Stimme der Lehrkraft nicht mehr als die Stimme einer*eines „schlechten" Schüler*in, eines behinderten Kindes oder von Jugendlichen mit Migrationshintergrund. Nach Art. 20 ist Rechtsstaatlichkeit ein Exzellenzmerkmal von Demokratie. Die Formen und Regeln des gesellschaftlichen Lebens sind in demokratischen Gremien und Verfahren beschlossen worden und gelten für alle. Auch das Regelwerk des Klassenrates hat bindenden, verpflichtenden Charakter für alle Mitglieder des Klassenrates.

Zur Rechtsstaatlichkeit gehört auch das demokratische Grundprinzip, dass alle gesellschaftlichen Konflikte ausnahmslos ohne jegliche Anwendung von Gewalt auszutragen sind. Der Klassenrat strebt Konfliktlösungen an, die möglichst auf dem Konsens der Konfliktparteien beruhen und weder Niederlagen noch Verlierer*innen implizieren.

Der Grundsatz, dass alle Staatsgewalt vom Volk ausgeht, verpflichtet Demokratien dazu, hinlängliche Möglichkeiten zur basisdemokratischen Zustimmung und Mitwirkung zu gewährleisten. Der Klassenrat ist ein basisdemokratisches Organ, in dem das Recht auf Partizipation und Mitbestimmung konkret umgesetzt wird. Er wird von dem stolzen Selbstbewusstsein der Schüler*innen getragen: „Wir sind die Klasse!"

3.4 Klassenrat und Inklusion

In neueren Darstellungen taucht immer mehr Inklusion als ein eigenständiger Begründungszusammenhang und spezifischer Aufgabenbereich des Klassenrates auf. Dieser gedanklichen Spur sei abschließend gefolgt.

Eine inklusive Schule ist der politischen Idee einer demokratischen Gesellschaft verpflichtet. Demokratie und Integration haben beide das ‚Miteinander der Verschiedenen' (ADORNO) zum Ziel. Integration und Demokratie zielen beide auf die ‚Bewältigung der Andernheit in der gelebten Einheit' (BUBER) ab (vgl. WOCKEN 2014, 30). Demokratie und Inklusion passen hinsichtlich ihrer menschenrechtlichen Begründung und ihrer politischen und pädagogischen Zielsetzungen zueinander; sie machen sozusagen gemeinsame Sache.

In dem Kapitel „Klassenrat und Kompetenzenerwerb" wurde detailliert dargestellt, welches Potential der Klassenrat für die Aneignung personaler, sozialer, emotionaler und methodischer Kompetenzen hat. Dabei sollte unausgesprochen und zwischen den Zeilen zugleich deutlich geworden sein, welch hohe Relevanz die angeführten Kompetenzen auch und gerade für eine inklusive Erziehung und Bildung haben. Das vorherige Kapitel „Klassenrat und Demokratie" hat dann insbesondere den Bereich „Soziale Kompetenzen" noch weiter aufgefächert und in Richtung spezifisch politischer und demokratischer Aspekte entfaltet. Auch hier lag bei der Erörterung demokratiepädagogischer Prinzipien und Haltungen die unmittelbare inklusionspädagogische Relevanz offen zutage und war nahezu mit den Händen greifbar. Was kann nun von einer Erörterung der Paarung „Klassenrat und Inklusion" noch Neues erwartet werden? Nun, die Schnittmengen zwischen den Konstrukten ‚Sozialkompetenz', ‚Demokratiekompetenz' und ‚Inklusionskompetenz' sind so groß, dass wirkliche Überraschungen und Neuigkeiten kaum zu erwarten sind. Die Paarung der Konzepte „Klassenrat und Inklusion" kann indes bisherige Überlegungen noch verfeinern und zuspitzen, weil sie den ureigenen, spezifisch inklusiven Aspekt in den Fokus der Betrachtungen rückt: Diversity.

Der DEGEDE kommt der Verdienst zu, als eine der ersten Publikationen den Klassenrat ausdrücklich in den Kontext von Inklusion und Diversity gerückt zu haben. In Anlehnung an die Schrift „Wir sind Klasse!" (DEGEDE 2015) seien dreierlei Hinsichten genannt, die die Institution des Klassenrats für inklusionspädagogische Aufgaben geradezu prädestinieren:

1. Sensibilisierung für Diversity,
2. Sensibilisierung für Diskriminierungen und
3. Zusicherung von Gleichheit, Partizipation und Zugehörigkeit.

(1) Der Klassenrat hat die Aufgabe und die Chance, die existierende Vielfalt von Identitäten und Identitätskonstruktionen bewusst wahrzunehmen, zu respektieren und zu reflektieren. In den Konfliktgesprächen werden ausdrücklich Perspektivenwechsel und empathisches Verstehen der Verschiedenheit kultiviert. Die Wahrnehmung von Diversity ist immer wieder Anlass, die Norm der ‚Normalität' zu hinterfragen und Vielfalt ausdrücklich als Wert zu schätzen.

(2) Der Klassenrat sollte ein absolut diskriminierungsfreier Ort ohne jegliche Beschämung und Beschädigung von Einzelnen sein. Die Schüler*innen prüfen aufmerksam, ob irgendein Diversity-Merkmal (gender, class, ethnicity u.a.) der Grund und Auslöser eines sozialen Konfliktes ist. Alle Ratsmitglieder achten auf gewaltfreies Sprechen, Vermeidung diskriminierender Begriffe und abwertender Urteile; sie üben und kultivieren eine Sprache der Wertschätzung und des Respekts.

(3) Der Klassenrat versteht sich als ein Ort der Egalität, der allen Ratsmitgliedern gleiche Würde und gleichen Wert zubilligt. Bei gemeinsamen Vorhaben und Aktivitäten wird bewusst darauf geachtet, dass alle Ratsmitglieder Chancen zur Beteiligung und Mitwirkung erhalten und ergreifen. Wo immer sich Tendenzen zu Außenseitertum oder sozialer Exklusion andeuten, entwickelt der Klassenrat Maßnahmen zur (Wieder)herstellung von Zugehörigkeit.

Den Abschluss dieses Beitrags soll ein treffend formuliertes Zitat bilden: „Eine grundlegende Leistung der demokratisch verfassten Schule [und des Klassenrates; H.W.] ist die Ausgestaltung der Kinderrechte als respektvoll gelebtes Miteinander im Dienste von Gleichheit und Diversity" (DEGEDE 2015, 4).

Literatur

BLUM, Eva (2015): Der Klassenrat. Ein Erfolgsmodell. In: schulmagazin 5 bis 10, 83, 51-54

BLUM, Eva & BLUM, Hans-Joachim (2012): Der Klassenrat. Ziele, Vorteile, Organisation. 2. Aufl. Mülheim: Verlag an der Ruhr

DAUBLEBSKY, Benota & LAUBLE, Silvia (2006): Eine Handreichung für die Praxis. Der Klassenrat als Mittel demokratischer Schulentwicklung. Berlin: BLK

DEUTSCHE GESELLSCHAFT FÜR DEMOKRATIEPÄDAGOGIK E.V. (DeGeDe) (Hrsg.) (2015): Wir sind Klasse! Anerkennung, Engagement und Vielfalt im Klassenrat. Berlin /Jena

DREIKURS, Rudolf (2003): Psychologie im Klassenzimmer. Stuttgart: Klett-Cotta

FREINET, Celestin (1979): Die moderne französische Schule. Übersetzt und besorgt von Hans JÖRG. 2. Aufl. Paderborn: Schöningh

FRIEDRICHS, Birte (2009a): Praxisbuch Klassenrat. Gemeinschaft fördern, Konflikte lösen. Weinheim: Beltz

FRIEDRICHS, Birte (2009b): Klassenrat. In: EDELSTEIN, Wolfgang, FRANK, Susanne, SLIWKA, Anne (Hrsg.): Praxisbuch Demokratiepädagogik. Sechs Bausteine für die Unterrichtsgestaltung und den Schulalltag. Bonn: Bundeszentrale für politische Bildung, 54-71

HÖVEL, Walter (1995): Demokratie im Klassenraum. Die Rechte der Kinder und der Klassenrat. In: DIETRICH, Ingrid (Hrsg.): Handbuch Freinet-Pädagogik. Eine praxisbezogene Einführung. Weinheim: Beltz , 46-72

PRENGEL, Annedore (2013): Pädagogische Beziehungen zwischen Anerkennung, Verletzung und Ambivalenz. Opladen: Budrich

RADEMACHER, Helmolt (2009): Mediation und konstruktive Konfliktbearbeitung. In: EDELSTEIN, Wolfgang, FRANK, Susanne & SLIWKA, Anne (Hrsg.): Praxisbuch Demokratiepädagogik. Sechs Bausteine für die Unterrichtsgestaltung und den Schulalltag. Bonn: Bundeszentrale für politische Bildung, 91-113

REICH, Kersten (2008): Klassenrat. Im Internet: methodenpool.uni-koeln.de/download/klassenrat. pdf (letzter Abruf: 30.10.2016)

SCHREIBER, Dagmar, WITT, Katja & KLIEWE, Anke, Democaris e.V. (o.J.): Klassenrat. Berlin. Im Internet: bildungsserver.berlin-brandenburg.de/fileadmin/bbb/themen/Demokratiebildung/Kapitel_3_aus_RAA-Broschuere.pdf (letzter Abruf: 30.10.2016)

STÄHLING, Reinhard (2003): Der Klassenrat - Fortführung reformpädagogischer Praxis. In: BURK, Karlheinz, SPECK-HAMDAN, Angelika & WEDEKIND, Hartmut (Hrsg.): Kinder beteiligen - Demokratie lernen? Frankfurt: Grundschulverband, 197-207

WOCKEN, Hans (2014): Inklusion - warum? Motive und Argumente für gemeinsames Lernen. In: Dies: Im Haus der inklusiven Schule. Grundrisse - Räume - Fenster. Hamburg: Feldhaus Verlag, 20-48

Meital Hershkovich, Jaqueline Simon und Toni Simon

Menschenrechte, Demokratie, Partizipation und Inklusion – ein (fast) in Vergessenheit geratenes Wechselverhältnis?

Im Beitrag wird zunächst kritisch auf die mangelnde Aufmerksamkeit für Fragen der Demokratie(sierung) und Partizipation im Kontext inklusiver Pädagogik hingewiesen. Anschließend werden Grundlagen demokratischer Bildung[1] bündig zusammengefasst und deren Potenziale für inklusive, demokratische Lern- und Erfahrungswelten angedeutet.

1 Omnipräsenz, Ambivalenz und Amnesie?

Inklusion ist Mainstream (vgl. DANNENBECK & PLATTE 2016). Wäre dieser Umstand nicht mit einer besonderen Ambivalenz verbunden, wäre er Anlass zu großer Freude, denn was gibt es Schöneres als breite Aufmerksamkeit für ein bedeutsames Anliegen? In den gegenwärtigen Diskursen ist jedoch alles andere als klar, was tatsächlich gemeint ist, wenn vielerorts von Inklusion die Rede ist. So konstatiert bspw. KATZENBACH (2016, 17): „Je länger über Inklusion diskutiert wird, desto unklarer scheint zu werden, was mit Inklusion überhaupt gemeint ist." Inklusion ist eine „semantische Klammer" geworden (vgl. DLUGOSCH 2013 in Anlehnung an HELMKE et al.), was durchaus verwundert, da in den Anfängen der hiesigen Inklusionsdebatten u.E. klar(er) war, was Inklusion meinen und als Konsequenzen implizieren sollte. Die Idee inklusiver Pädagogik vereint von Beginn an u.a. Theorien und Konzepte der Integrationsforschung, sodass sie nicht gänzlich etwas völlig Neues bedeutet, jedoch Tradiertes kritisch infrage stellt und Bewährtes unter

---

1 Der Begriff „demokratische Bildung" ist einerseits nicht mit dem der „Demokratiebildung", der v.a. im Kontext der politischen Bildung gebräuchlich ist, zu verwechseln. Andererseits wird unter „demokratischer Bildung" durchaus Unterschiedliches verstanden. Im Rahmen dieses Beitrages bezeichnet „demokratische Bildung" (oder auch democratic education) eine weltweite pädagogische Bewegung, die u.a. auf zwei Maximen fußt: der Gewährleistung möglichst maximaler Autonomie bezogen auf das eigene Lernen (dies schließt die selbstbestimmte Wahl darüber ein, was, wann, wie, wo und mit wem (nicht) gelernt werden soll) sowie die uneingeschränkte Gleichberechtigung und Gleichwürdigkeit aller an Schule Beteiligter. Settings demokratischer Bildung, wie demokratische Schulen, verstehen sich somit als Orte gelebter Demokratie, die ihren Schüler*innen die Möglichkeit realer und relevanter Partizipation durch demokratische Strukturen/Organe zusichern.

einem spezifischen Fokus in sich zu vereinen sucht. Die frühen deutschsprachigen Auseinandersetzungen mit dem pädagogischen Inklusionsbegriff und -konzept (z.b. bei HINZ 2002, 2004; SANDER 2004) beinhalteten (eigentlich) deutliche Positionen, die zeigten, dass die originäre Idee inklusiver Pädagogik auch mit Abgrenzungen zu vorangegangenen Entwicklungen im pädagogischen Kontext einherging. Eine damit verbundene Hoffnung war, dass „Inklusion die Chance bietet, vom häufig eher sonderpädagogischen Zugang der Integration tatsächlich zu einem allgemein- bzw. schulpädagogischen Zugang der Inklusion zu kommen" (BOBAN & HINZ 2004, 41).

Mit Blick auf den Status quo scheint die Hoffnung auf einen „notwendigen Bruch" nicht erfüllt (vgl. DANNENBECK & PLATTE 2016, 65). Im Gegenteil: es wird kritisch auf die sonderpädagogische Verkürzung respektive spezifische Re-kontextualisierungen[2] der originären Idee inklusiver Pädagogik verwiesen (vgl. z.B. HINZ 2013; BUDDE & HUMMRICH 2015; AMRHEIN 2016). Rückblickend scheinen sich mit zunehmender Ausbreitung der Debatten um Inklusion in der Pädagogik neben dieser ersten zudem weitere spezifische Schieflagen entwickelt zu haben. So war die Inklusionsdebatte lange Zeit überwiegend auf den Bereich Schule beschränkt und bezog sich in diesem Kontext (zu) stark auf organisatorische oder methodische Fragen, sodass didaktische Fragen weitgehend unbearbeitet geblieben sind (vgl. KORFF 2015, 30 und 37 in Anlehnung an SEITZ). Ferner haben bestimmte Themen/Fragen – zugunsten einer exzessiven Beschäftigung mit sonderpädagogischen/sonderpädagogik-affinen – eine geringe(re) bzw. kaum systematische Aufmerksamkeit erfahren. Es scheint, als seien Themen wie z.B. soziale Ungleichheit und rassistische Strukturen und Logiken (vgl. DANNENBECK & PLATTE 2016, 67) oder altersspezifische Diskriminierungen (vgl. SIMON 2015, 198) z.T. in Vergessenheit geraten. Auf Menschenrechte, Demokratie und Partizipation trifft dies ebenso zu – so die These dieses Beitrags.

2 Menschenrechte, Demokratie und Partizipation – alte Ansprüche neu denken?

Inklusion ist originär ein menschenrechtsbasierter Ansatz, der neben Nicht-Diskriminierung auch Demokratisierungsprozesse und die umfassende Partizipation aller Akteur*innen einfordert (vgl. z.B. BOOTH & AINSCOW 2002; CUMMINGS et al. 2003; BOBAN & HINZ 2004). Auf diese ursprüngliche Ausrichtung der inklusiven

---

2 Den Begriff der Rekontextualisierung entlehnt AMRHEIN (2016) von FEND (2008), der diesen auf die Umsetzung von Vor- und Aufgaben im Schulsystem auf den unterschiedlichen Akteur*innenebenen bezieht. Rekontextualisierung kann bündig als Uminterpretation respektive Adaption eines ursprünglichen Anliegens/Auftrages durch die jeweils handelnden Akteur*innen beschrieben werden.

Pädagogik verweisen auch HINZ et al. (2016, 10), wenn sie Inklusion „als Antwort auf unzureichend eingelöste Menschenrechte (u.a.) im Bildungsbereich" bezeichnen, „die einen Abbau von Barrieren und damit eine grundlegende Veränderung von Kulturen, Strukturen und Praktiken in der Bildung im Sinne einer Demokratisierung des Systems für alle" verlangt (ebd.). Menschenrechte (im *umfassenden* Sinne), Demokratie und Partizipation sind demnach Grundpfeiler und Anliegen bzw. Struktur- und Prozessmerkmale der inklusiven Pädagogik und inklusiver Institutionen (wie z.b. Schulen) (vgl. exempl. WAGNER 2012; REICH 2012, 2014; SIMON & HERSHKOVICH 2016/2016a; PRENGEL 2016). Gleichzeitig sind sie – so der Eindruck – eher Randthemen der Inklusionsforschung.

Zwar gibt es spätestens seit 2009 eine rege Beschäftigung mit der UN-Behindertenrechtskonvention (UN-BRK), die eigentlich „dem ‚Empowerment' der Menschen" insgesamt dient (BIELEFELDT 2009, 4), diese wird jedoch nicht selten als „Spezialkonvention" (ebd., 13) ausgelegt und somit ihrer eigentlichen Tragweite beraubt. Neben dieser Engführung der UN-BRK finden sich nur selten Bezüge auf z.b. die UN-Kinderrechtskonvention (UN-KRK), aus der jedoch ebenso vielfältige und tiefgreifende Konsequenzen im Hinblick auf inklusive Bildung gezogen werden könn(t)en (vgl. z.b. SIMON & KRUSCHEL 2013; REITZ 2015; SIMON 2015). Dass die UN-KRK, die u.a. die Partizipationsrechte von Kindern und Jugendlichen betont und auf die Notwendigkeit der Beachtung ihrer Interessen bei *allen* sie betreffenden Angelegenheiten verweist, in der Inklusionsforschung wenig herangezogen wird, überrascht, da die umfassende Partizipation aller Kinder und Jugendlichen z.b. im Index für Inklusion (vgl. BOOTH & AINSCOW 2002; BOBAN & HINZ 2003) eine zentrale Forderung darstellt und als „durch und durch demokratisches Anliegen" (BOBAN & HINZ 2004, 44) formuliert wird. Durch die starke Fixierung auf die UN-BRK zur menschenrechtlichen Legitimation von Inklusion sowie ihre (Fehl-)Interpretation als ‚Spezialkonvention' werden inklusionspädagogische Diskussionen um die Einlösung der Menschenrechte mitunter stark verengt und auf eine bestimmte marginalisierte Menschengruppe bezogen geführt, was gleichzeitig andere marginalisierte bzw. von Diskriminierung bedrohte/betroffene Menschengruppen auszuschließen droht (Stichwort soziale Ungleichheit, rassistische und altersspezifische Diskriminierung) und einem intersektionalen Verständnis von Inklusion entbehrt. In diesem Fall werden Menschenrechte in der Inklusionsforschung nicht *umfassend (genug)* diskutiert und eingefordert. Zudem lässt sich fragen, ob diese spezifische Fixierung auf die UN-BRK die weitgehende ‚Marginalisierung' des Themas Partizipation zumindest z.T. zu erklären vermag. Denn während die UN-KRK explizit Partizipationsrechte formuliert, wurde der in der englischsprachigen UN-BRK enthaltene Begriff „participation" mit „Teilhabe" ins Deutsche übersetzt, obgleich beide Begriffe in ihrer Bedeutung nicht

identisch sind[3]. Unabhängig von dieser Fehlübersetzung wird der Partizipationsbegriff, so er in inklusionspädagogischen Diskursen explizit verwendet wird, nicht
selten i.S. von (sozialer) Teilhabe verwendet[4] (vgl. SCHWAB 2014, 39ff; SCHWAB
2015, 127f).
Für die bisherige Inklusionsforschung lässt sich somit u.E. eine terminologische
Unschärfe und ungenügende Beschäftigung mit Fragen der Partizipation und Demokratisierung feststellen. Auch wenn in den letzten Jahren vermehrt Arbeiten
zu diesen Themen entstanden sind (vgl. BOBAN & HINZ 2008; GIDION 2011;
WAGNER 2012; BOBAN et al. 2012; REICH 2012; SIMON & KRUSCHEL 2013;
REICH 2014; BOBAN & KRUSCHEL 2015; REITZ 2015; SIMON 2015; SIMON &
HERSHKOVICH 2016/2016a), erfahren sie bei weitem nicht so eine Aufmerksam-
keit wie z.B. die individuelle Förderung von Schüler*innen oder die professionelle
Entwicklung von Fachkräften, obwohl sie für diese äußerst bedeutsam sind. So
entsteht der Eindruck, dass sich v.a. nur *eine* Facette der Idee der inklusiven als
demokratische Schule durchgesetzt hat. Nämlich die, dass eine demokratische
Schule eine nicht-aussondernde sein muss (vgl. DEPPE-WOLFINGER 2004; HINZ et
al. 2016, 10). Demokratie ist jedoch nicht nur ein *Struktur-*, sondern v.a. auch ein
*Prozess*merkmal inklusiver Institutionen und setzt so verstanden Möglichkeiten
realer und relevanter Partizipation bzw. „Partizipationsfragen und demokratische
Wege von Entscheidungen" (HINZ 2011, 61; vgl. auch BOBAN & HINZ 2008)
voraus.

3 Partizipation – (k)ein Neuland für die die hiesige (Schul-)Pädagogik?[5]

Die demokratische Partizipation von Kindern und Jugendlichen in für ihr Leben relevanten Bereichen wie Familie, Schule oder Kommune ist hierzulande
kein Neuland. Sie wird, u.a. als Bestandteil von Diskussionen um notwendige
Humanisierungs- und Demokratisierungsprozesse, traditionell im demokratiepädagogischen und menschenrechtlichen sowie vereinzelt auch im inklusionspädagogischen Kontext (z.B. REICH 2014; SIMON & HERSHKOVICH 2016/2016a)

---

3 Der v.a. in der Sonderpädagogik anzutreffende Teilhabebegriff drückt z.B. eine eher passive Rolle
des Subjekts aus, während der v.a. in der Demokratiepädagogik verwendete Partizipationsbegriff
eine aktive Rolle des Subjekts i.S. von Selbst- und Mitbestimmung impliziert. Zur Kritik an der
Übersetzung der UN-BRK siehe z.B. HIRSCHBERG (2010, 2), zur Differenz von Partizipation und
Teilhabe siehe bündig FATKE und SCHNEIDER (2005, 7) oder SCHWAB (2015, 127f).
4 Zuweilen wird Teilhabe auch i.S. von Partizipation verwendet (vgl. z.B. bei BOBAN &
HINZ 2003, 117).
5 Grundlage dieses und der folgenden zwei Abschnitte sind die Beiträge von HERSHKOVICH und
SIMON (2016/2016a) sowie SIMON und HERSHKOVICH (2016/2016a).

eingefordert. Zudem gilt die „effektive Beteiligung (Partizipation) der Schülerinnen und Schüler [...] an wichtigen schulischen und unterrichtlichen Belangen" in allgemeinen schulpädagogischen Diskursen – zumindest theoretisch – längst „als Kennzeichen einer guten Schule" (HURRELMANN & PALENTIEN 1997, 23). Zur Beschreibung von (Nicht-)Partizipation wird dabei auf unterschiedliche Modelle zurückgegriffen. Ein klassisches Modell ist die achtstufige „ladder of participation" von HART (1997). Ein in der deutschsprachigen Pädagogik populäres Modell ist das von OSER und BIEDERMANN (2007), das (Nicht-) Partizipation entlang von sieben Stufen klassifiziert (Pseudopartizipation, Indirekte Partizipation III-I, Teilpartizipation in Handlungsinseln, bereichsspezifische und vollkommene Partizipation). Partizipation meint pointiert zusammengefasst „das aktive und nachhaltige Mitwirken und Mitbestimmen von Kindern und Jugendlichen an Planungen und Entscheidungen, die ihre Lebenswelt betreffen, sowie an deren Verwirklichungen" (FATKE & SCHNEIDER 2008, 12). Es geht also um „gemeinsam getragene, demokratische Entscheidungen" (ebd.), die Dialog, Diskurs und Machtteilung voraussetzen. Eine wesentliche – allerdings keinesfalls selbstverständliche – Bedingung für (gelingende) Partizipation ist, dass sie zugelassen wird. Deutsche Schulen mit ihrer „Kultur einer weitgehend partizipationsfernen Lebenswelt" (EDELSTEIN et al. 2011, 120) sind jedoch – trotz eines gut ausgearbeiteten Theorie-Fundaments und vielfältiger (erprobter) Konzeptionen für die Partizipation von Kindern und Jugendlichen – weit davon entfernt, demokratisch zu sein (vgl. EDELSTEIN 2007). Ihre Strukturen, Kulturen und Praktiken hemmen oder verhindern im Allgemeinen demokratische Partizipation (vgl. COELEN 2010, 40; REITZ 2015, 5). Dies wird als „Verletzung der Menschen- bzw. Kinderrechte in Schule [...] (vgl. z.B. K.R.Ä.T.Z.Ä. 1998, KLEMM 2008, EDELSTEIN et al. 2011, SIMON 2015)" (SIMON & HERSHKOVICH 2016a, 224) kritisiert. Es besteht weitgehend Konsens darüber, dass Demokratie und Partizipation sich nicht primär kognitiv vermitteln lassen, sondern v.a. durch aktives Erleben und Erfahren in einer Schule, die „einen demokratischen Habitus erzeugt" (EDELSTEIN 2007, 12). Dieser Forderung sind in Deutschland in den letzten Jahren einige Schulen konsequent gefolgt. Die bundesweite Zahl demokratischer bzw. in hohem Maße demokratische Partizipation zulassender Schulen, zu denen z.B. die Freie demokratische Schule Kapriole in Freiburg, die Neue Schule Hamburg, die Freie Ganztagsschule LEONARDO in Jena, die Freie Schule Leipzig oder die Bildungsschule Harzberg gehören, lag Ende 2015 bei mindestens 17 (vgl. SIMON & HERSHKOVICH 2016, 6f/2016a, 225ff)[6]. Diese Schulen zeigen u.a., dass die echte Beteiligung von Schüler*innen an zentralen Belangen von Schule zugunsten einer

---

6 Darüber hinaus gibt es eine Vielzahl von Initiativen zur Gründung neuer demokratischer Schulen und auch Kindertagesstätten (siehe z.B. www.eudec.org/Member+Start-up+Groups, letzter Abruf: 30.10.2016).

umfassenden Verwirklichung der Menschenrechte und gesteigerten Humanisierung und Demokratisierung möglich ist. Sie zeigen aber auch, dass *umfassende* demokratische Partizipation in Deutschland v.a. in nicht-staatlichen bzw. freien Alternativschulen stattfindet (vgl. ebd.).

4 Schule als Ort gelebter Menschenrechte? Grundlagen und strukturelle Merkmale demokratischer Schulen

Bezüglich der Wahrung von Menschenrechten und umfassender demokratischer Partizipation in Schule lohnt sich für die hiesige Inklusionsforschung ein Blick auf die Theorie und Praxis demokratischer Bildung[7]. Nach HECHT (2005) zielt demokratische Bildung *erstens* auf die Erziehung zur Freiheit, sodass jede*r die Fähigkeit entwickeln kann, selbstständig und selbstorganisiert zu lernen. Die Aufgabe von Pädagog*innen ist es, Schüler*innen dabei zu helfen, Wege und ,Werkzeuge' zu entwickeln und zu nutzen, um individuelle Ziele zu verfolgen und zu verwirklichen. *Zweitens* sollen Schüler*innen zu Respekt vor jedem Menschen erzogen werden, wofür nach HECHT Strukturen geschaffen werden müssen, die die Menschenrechte in Schule verwirklichen und schützen. Daher betonen demokratische Schulen „values of democracy and the constant attempt to give practical application to equal rights and responsibilities, freedom of speech and action, participation through intrinsic motivation and involvement in decision making" (HECHT & RAM 2010, 28).

Demokratische Schulen zeichnen sich durch den Verzicht auf fremdbestimmte Beurteilungen (wie z.B. Noten), die Praxis direkter Demokratie, das Zugeständnis von Bildungs- und Lernfreiheit prinzipiell altersgemischter Lerngemeinschaften, weitgehende Selbstregulierung sowie die demokratisch-partizipative Achtung und Sicherung von Vielfalt und Individualität aus (vgl. KLEMM 2013, 130ff). Das Leben und Lernen in diesen Schulen baut auf einer demokratischen Verwaltung durch alle Beteiligte (Lehrkräfte, Personal, Schüler*innen sowie Eltern) und dem Konzept pluralistischen Lernens[8] auf. Letzteres impliziert – im Vergleich zum ,herkömmlichen' Lernen in Schule – u.a. einen überdurchschnittlichen Grad an Selbstbestimmung der Schüler*innen bezogen auf ihr Lernen. Demokratische Schulen verstehen sich als Orte der Achtung der Menschenrechte und umfassend sowie konsequent gelebter Demokratie, die „nicht ausschließlich

---

7 Einzelne inklusionspädagogische Auseinandersetzungen mit diesem Konzept finden sich bei BOBAN und HINZ (2008), BOBAN et al. (2012), BOBAN und KRUSCHEL (2015) sowie SIMON und HERSHKOVICH (2016).

8 Für mehr Informationen zum Konzept des pluralistischen Lernens siehe z.B. HECHT (2002, 2005), BOBAN und HINZ (2008) oder BOBAN et al. (2012).

als Regierungssystem oder Schulordnung, sondern vielmehr als grundsätzliche Einstellung zum menschlichen Umgang miteinander verstanden" wird (KA-SHI 2008, 36). In diesen Schulen sind nicht „die Didaktik und Inhalte einer so genannten Demokratiepädagogik [...] das Ziel, sondern Demokratie als Strukturmerkmal" (KLEMM 2013, 132). „Im Gegensatz zur Vorstellung des deutschen BLK-Programms ‚Demokratie Leben & Lernen', in welchem die Schulparlamente nur als ‚Ratgeber und Stimmungsbarometer' fungieren, sind in Demokratischen Schulen alle Entscheidungen des Parlaments, insofern sie nicht gegen Landesgesetze verstoßen, verbindlich und müssen von allen Beteiligten eingehalten werden. Die Befugnisse des Schulparlaments umfassen selbst die Einstellung und Entlassung von Lehrkräften und die Verwaltung der Finanzen" (KASHI 2008, 37).

5 Die demokratische Gemeinschaft als Element der Umsetzung und Sicherung der Menschenrechte in Schule

Demokratische Schulen haben i.d.R. *erstens* ein Parlament, die Schulversammlung (die Legislative), in dem jedes Mitglied der Schulgemeinschaft (Schüler*innen, Lehrkräfte, weiteres Personal und meist auch die Eltern) die gleiche Chance hat die eigene Meinung anzubringen und an Entscheidungsfindungsprozessen mitzuwirken. Im Parlament, das vom Parlaments-Komitee geleitet wird und i.d.R. u.a. über Schulregeln, aber auch die Finanzen der Schule oder Einstellungen und Entlassungen von Lehrkräften entscheidet, wird eine direkte Demokratie praktiziert, sodass jede*r Einfluss nehmen und für die Entwicklung der Schule mitverantwortlich sein kann. Neben dem Parlament gibt es *zweitens* verschiedene selbst organisierte Komitees (die Exekutive, wie bspw. Finanz-, Parlaments-, Personal-Komitees), die für alle möglichen Aspekte in der Schule verantwortlich sind. Ein weiteres wichtiges Komitee ist *drittens* das Disziplinar- und Mediations-Komitee (die Judikative[9]), das für die Wahrung von Gerechtigkeit, die Einhaltung der Schulregeln sowie die Lösung von Konflikten verantwortlich ist und im Falle der Verletzung von Schulregeln autorisiert ist, auf diese (auch strafend) zu reagieren. Ein *viertes* Element, das ebenfalls der Wahrung der Menschenrechte dient, ist wie oben angedeutet das Konzept des pluralistischen Lernens (vgl. HECHT 2002), welches Schüler*innen besondere Autonomie bei allen ihr Lernen betreffenden Fragen einräumt (inklusive des uneingeschränkten Rechts, Dinge *nicht* zu lernen oder zu tun).

Im Kern basiert demokratische Bildung auf der Überzeugung, dass jede*r etwas lernen sollte, weil sie*er es lernen will und nicht, weil sie*er dazu gezwungen

---

9 Die Aufgaben der Judikative werden je nach Schule z.T. auch vom Parlament übernommen.

wird[10]. Somit wird dem *Recht* auf Bildung Nachdruck verliehen und sich gleichsam vom Bildungs*zwang* distanziert. Dies geschieht allerdings nicht völlig ‚unkontrolliert'. Schüler*innen demokratischer Schulen haben i.d.R. eine*n Mentor*in, die*der mit ihnen in *gleichwürdige* Dialoge tritt und die Aufgabe hat, gemeinsam mit der*dem Schüler*in die Prozesse zu reflektieren, die die*der Schüler*in in der Schule durchläuft. Sie reflektieren mit ihnen Entscheidungen und Entwicklungen bezüglich ihrer Lernprozesse, sprechen mit ihnen aber ebenso über ihre Freundschaften, Familien, Gefühle etc. Die Mentor*innen treten in sehr intensive Beziehungen mit den Schüler*innen[11] und begleiten ihre individuelle Entwicklung[12], ohne ihnen Autonomie abzusprechen. Dies verdeutlicht, dass demokratische Schulen die klassischen Beziehungen und Hierarchien des traditionellen Bildungswesens zu verändern versucht haben, indem sie das Fundament der Schule hin zu einer geteilten Verantwortung für den Alltag verändert haben. Schüler*innen können in relevanten Fragen mitbestimmen, ihre Stimmen sind gleichwertig, ihre Meinungen, Bedürfnisse und Interessen werden ernst genommen und gemeinsam mit den Pädagog*innen übernehmen sie (mehr) Verantwortung. Dies bedingt veränderte Rollen(-Verständnisse) aller Akteur*innen, das Einlassen auf Dialog und Diskurs, (einen) Vertrauen(svorschuss) sowie gegenseitige Anerkennung und folgt der Prämisse der umfassenden Wahrung der Menschenrechte.

6 Fazit

Für die Inklusionsforschung lassen sich u.E. spezifische Entwicklungsfelder identifizieren: Zunächst gilt es, theoretische und thematische Schieflagen zu benennen, kritisch zu reflektieren und zu bearbeiten. Originäre Themen/Ansprüche der Inklusionspädagogik, so scheint es, müssen z.T. ‚neu entdeckt' werden. Um terminologische Unschärfen zu vermeiden/beseitigen, gilt es u.E. den Partizipationsbegriff innerhalb der Inklusionsforschung zu klären und vom sonderpädagogischen Begriff der Teilhabe abzugrenzen. Diese Notwendigkeit deutet ein Theorie-Transfer-Defizit an und unterstreicht, dass es erforderlich ist, im Kontext

---

10 Während es demokratische Schulen gibt, die einen Stundenplan anbieten, aus dem die Schüler*innen frei wählen können, was sie (nicht) machen wollen, haben andere demokratische Schulen keinerlei Art von Stundenplan oder vorab organisierter Aktivitäten. Hier gehen Lehr-Lern-Settings stets von der Initiative der Schüler*innen aus.

11 Zur Bedeutung pädagogischer Beziehungen für die (inklusive) Pädagogik siehe PRENGEL (z.B. 2013).

12 Da sich die Schüler*innen ihre Mentor*innen selbst aussuchen, kann hier im Gegensatz zum klassischen Schüler*innen-Lehrer*innen-Verhältnis vom Zustandekommen eines echten „pädagogischen Arbeitsbündnisses" (vgl. OEVERMANN 1996) ausgegangen werden.

der Inklusionspädagogik verschiedene Forschungs- und Diskurslinien zu bündeln. Wie oben zumindest angedeutet, gibt es in Deutschland eine Tradition der Auseinandersetzung mit der Partizipation von Kindern und Jugendlichen (z.B. in Schulen), an die angeknüpft werden könnte. Bisher geschieht dies seitens der Inklusionsforschung (noch) nicht ausreichend genug, obwohl es *ursprünglich* selbstverständlich war, dass „Inklusion bedeutet, dass alle Stimmen zur *Geltung kommen*" (BOBAN & HINZ 2004, 40; Hervorh. d. A.). Ferner scheint es notwendig, das menschenrechtliche Fundament der Inklusion vor/von einer Verkürzung zu bewahren/zu befreien. Eine Auseinandersetzung mit z.B. Kinderrechten als Fundament inklusiver Pädagogik (vgl. SIMON 2015) liefert u.E. dafür denkbare Anreize. Auch die Beschäftigung mit der Theorie und langjährigen, internationalen Praxis demokratischer Schulen ist u.E. hierfür ein Feld lohnenswerter Anregungen[13]. Die inklusive Pädagogik als menschenrechtsbasierter Ansatz kann sich dabei, so BOBAN et al. (2012, 178), v.a. vom Konzept des pluralistischen Lernens, welches ein anderes als für Schule typisches Lehr-Lern-Verständnis impliziert und einen Beitrag zu inklusionsdidaktischen Diskussionen leisten könnte, als auch von der Partizipationspraxis der demokratischen Bildung anregen lassen[14]. Beide Elemente demokratischer Bildung und ihrer Schulen basieren auf der Achtung der Menschenrechte sowie gelebter Demokratie und helfen dieselben abzusichern.

Literatur

AMRHEIN, Bettina (2016): Inklusion als Mehrebenenkonstellation – Anmerkungen zu Rekontextualisierungstendenzen in inklusiven Bildungsreformen. In: Dies. (Hrsg.): Diagnostik im Kontext inklusiver Bildung. Theorien, Ambivalenzen, Akteure, Konzepte. Bad Heilbrunn: Klinkhardt, 17-36

BIELEFELDT, Heiner (2009): Zum Innovationspotenzial der UN-Behindertenrechtskonvention. 3. Aufl. Berlin: DIM

BOBAN, Ines & HINZ, Andreas (2003): Index für Inklusion. Lernen und Teilhabe in Schulen der Vielfalt entwickeln. Halle: Martin-Luther-Universität

BOBAN, Ines & HINZ, Andreas (2004): Der Index für Inklusion – ein Katalysator für demokratische Entwicklung in der „Schule für alle". In: HEINZEL, Friederike & GEILING, Ute (Hrsg.): Demokratische Perspektiven in der Pädagogik. Wiesbaden: VS, 37-48

BOBAN, Ines & HINZ, Andreas (2008): „The inclusive classroom" – Didaktik im Spannungsfeld von Lernprozesssteuerung und Freiheitsberaubung. In: ZIEMEN, Kerstin (Hrsg.): Reflexive Didaktik – Annäherungen an eine Schule für alle. Oberhausen: Athena, 71-98

---

13 Lohnenswert daher, da sie ein Setting darstellen, das konzeptionell auf die Achtung der Menschenrechte ausgelegt ist und über viele Jahre Strukturen, Kulturen und Praktiken einer Bildung für und durch Menschenrechte etabliert hat. Ferner kann (zweckrational) auf verschiedene Studien zur ‚Effektivität' dieser Schulen verwiesen werden (vgl. SIMON & HERSHKOVICH 2016, 11f/2016a, 232f).

14 Demokratische Schulen können sich ihrerseits von der inklusiven Pädagogik anregen lassen, „Unterstützung zur Wahrnehmung individueller Freiheit im sozialen Kontext auch bei massiven Unterstützungsbedarfen anzustreben und der Gefahr vorzubeugen, bestimmte Fähigkeiten für die Strukturierung des eigenen Lernens vorauszusetzen und dadurch Menschen tendenziell auszuschließen" (BOBAN et al. 2012, 178).

BOBAN, Ines & KRUSCHEL, Robert (2015): „Thinking outside the box" – produktive Irritationen durch ein internationales Kooperationsprojekt. In: SCHNELL, Irmtraud (Hrsg.): Herausforderung Inklusion. Theoriebildung und Praxis. Bad Heilbrunn: Klinkhardt, 313-321

BOBAN, Ines, KRUSCHEL, Robert & WETZEL, Anja (2012): The Marriage of Inclusive and Democratic Education. In: SEITZ, Simone, FINNERN, Nina-Kathrin, KORFF, Natascha & SCHEIDT, Katja (Hrsg.): Inklusiv gleich gerecht? Inklusion und Bildungsgerechtigkeit. Bad Heilbrunn: Klinkhardt, 174-179

BOOTH, Tony & AINSCOW, Mel (2002): Index for Inclusion. Developing learning and participation in schools. Bristol: CSIE

BUDDE, Jürgen & HUMMRICH, Merle (2015): Inklusion aus erziehungswissenschaftlicher Perspektive. In: Erziehungswissenschaft 26 (2015) 51, 33-41

COELEN, Thomas (2010): Partizipation und Demokratiebildung in pädagogischen Institutionen. In: Zeitschrift für Pädagogik 56 (2010) 1, 37-52

CUMMINGS, Colleen, DYSON, Alan & MILLWARD, Alan (2003): Participation and democracy: what's inclusion got to do with it? In: ALLAN, Julie (Eds.): Inclusion, Participation and Democracy: What is the purpose? Dordrecht: Kluwer, 49-65

DANNENBECK, Clemens & PLATTE, Andrea (2016): Inklusion im Spannungsfeld von Vision und Mainstream – ein Gespräch zwischen Wissenschaftler*innen. In: HINZ, Andreas, KINNE, Tanja, KRUSCHEL, Robert & WINTER, Stephanie (Hrsg.): Von der Zukunft her denken. Inklusive Pädagogik im Diskurs. Bad Heilbrunn: Klinkhardt, 64-69

DEPPE-WOLFINGER, Helga (2004): Demokratische Perspektiven in der Inklusiven Pädagogik. In: HEINZEL, Friederike & GEILING, Ute (Hrsg.): Demokratische Perspektiven in der Pädagogik. Wiesbaden: VS, 21-36

DLUGOSCH, Andrea (2013): Professionalität und Inklusion. Vortrag auf der Gemeinsamen Jahrestagung der DGfE Kommission Grundschulforschung und Didaktik der Primarstufe und der DGfE Sektion Sonderpädagogik, 30.09.-02.10.2013, Braunschweig

EDELSTEIN, Wolfgang (2007): Demokratie als Praxis und Demokratie als Wert – Überlegungen zu einer demokratiepädagogisch aktiven Schule. In: LISUM (Hrsg.): Demokratie erfahrbar machen – demokratiepädagogische Beratung in der Schule. Ludwigsfelde-Struveshof: LISUM, 7-17

EDELSTEIN, Wolfgang, BENDIG, Rebekka & ENDERLEIN, Oggi (2011): Schule: Kindeswohl, Kinderrechte, Kinderschutz. In: FISCHER, Jörg, BUCHHOLZ, Thomas & MERTEN, Roland (Hrsg.): Kinderschutz in gemeinsamer Verantwortung von Jugendhilfe und Schule. Wiesbaden: VS, 117-140

FATKE, Reinhard & SCHNEIDER, Helmut (2005): Kinder- und Jugendpartizipation in Deutschland. Gütersloh: Bertelsmann-Stiftung

FATKE, Reinhard & SCHNEIDER, Helmut (2008): Partizipation von Kindern und Jugendlichen in Deutschland. Gütersloh: Bertelsmann-Stiftung

FEND, Helmut (2008): Schule gestalten. Systemsteuerung, Schulentwicklung und Unterrichtsqualität. Wiesbaden: VS

GIDION, Niklas (2011): Der Beitrag der „Demokratischen Schulen" zu einem inklusiven Schulsystem. In: HINZ, Andreas, KÖRNER, Ingrid, NIEHOFF, Ulrich (Hrsg.): Auf dem Weg zur Schule für alle. Barrieren überwinden – inklusive Pädagogik entwickeln. 2. Aufl. Marburg: Lebenshilfe-Verlag, 192-212

HART, Roger (1997): Children's Participation. The Theory and Practice of Involving Young Citizens in Community Development and Environmental Care. London & New York: Earthscan

HECHT, Yaacov & RAM, Eyal (2010): Dialogue in Democratic Education – The Individual in the World. In: e-Journal of Alternative Education, (1) 2010, 27-45

HECHT, Yaacov (2002): Pluralistic Learning as the Core of Democratic Education. Tel Aviv: IDE

HECHT, Yaacov (2005): Democratic Education: A Beginning of a Story. Jerusalem: Bravura Books

HERSHKOVICH, Meital & SIMON, Toni (2016): Every voice counts – The Democratic School Hadera (Israel) as an example of a profound humanization and democratization of school. In: Schulpädagogik heute, 13/2016

HERSHKOVICH, Meital & SIMON, Toni (2016a): Jede Stimme zählt – Die Demokratische Schule Hadera als Beispiel einer tiefgreifenden Humanisierung und Demokratisierung von Schule. In: HUND-GÖSCHEL, Gabriel, HADELER, Swantje & MOEGLING, Klaus (Hrsg.): Was sind gute Schulen? Teil 2: Schulprofile und Unterrichtspraxis. Immenhausen: Prolog Verlag, 22-28

HINZ, Andreas (2002): Von der Integration zur Inklusion – terminologisches Spiel oder konzeptionelle Weiterentwicklung? In: Zeitschrift für Heilpädagogik 9/2002, 354-361

HINZ, Andreas (2004): Vom sonderpädagogischen Verständnis der Integration zum integrationspädagogischen Verständnis der Inklusion!? In: SCHNELL, Irmtraud & SANDER, Alfred (Hrsg.): Inklusive Pädagogik. Bad Heilbrunn: Klinkhardt, 41-74

HINZ, Andreas (2011): Notwendige Bedingungen bei der Umsetzung von Inklusion. In: WERNSTEDT, Rolf & JOHN-OHNESORG, Marei (Hrsg.): Inklusive Bildung. Die UN-Konvention und ihre Folgen. 2. Aufl. Berlin: FES, 59-62

HINZ, Andreas (2013): Inklusion – von der Unkenntnis zur Unkenntlichkeit!? Kritische Anmerkungen zu einem Jahrzehnt Diskurs über schulische Inklusion in Deutschland. In: Zeitschrift für Inklusion Online, 1/2013. Im Internet: www.inklusion-online.net/index.php/inklusion-online/article/view/26/26 (letzter Abruf: 30.10.2016)

HINZ, Andreas, KINNE, Tanja, KRUSCHEL, Robert & WINTER, Stephanie (2016): Einführung in den Band. In: Dies. (Hrsg.): Von der Zukunft her denken. Inklusive Pädagogik im Diskurs. Bad Heilbrunn: Klinkhardt, 9-13

HIRSCHBERG, Marianne (2010): Partizipation – ein Querschnittsanliegen der UN-Behindertenkonvention. Berlin: DIM

HURRELMANN, Klaus & PALENTIEN, Christian (1997): Rahmenbedingungen der Gesundheitsförderung in Schulen. In: WILDT, Beatrix (Hrsg.): Gesundheitsförderung in der Schule. Neuwied u.a.: Luchterland, 15-25

KASHI, Uriel (2008): Demokratiebildung in Israel. Geschichte und aktuelle Ansätze. Berlin: Stiftung EV. Im Internet: www.stiftung-evz.de/fileadmin/user_upload/EVZ_Uploads/Publikationen/Studien/Demokratiebildung_in_Israel_mit_Vorwort_AJC_ENDFASSUNG.pdf (letzter Abruf: 30.10.2016)

KATZENBACH, Dieter (2016): Inklusion, psychoanalytische Kritik und der Differenzdiskurs. In: GÖPPEL, Rolf & RAUH, Bernhard (Hrsg.): Inklusion. Idealistische Forderung. Individuelle Förderung. Institutionelle Herausforderung. Stuttgart: Kohlhammer, 17-29

KLEMM, Ulrich (2013): Geschichte und Gegenwart Freier Demokratischer Schulen. In: GÜRLEVIK, Aydin, PALENTIEN, Christian & HEYER, Robert (Hrsg.): Privatschulen versus staatliche Schulen. Wiesbaden: Springer VS, 115-135

KORFF, Natascha (2015): Inklusiver Mathematikunterricht in der Primarstufe. Erfahrungen, Perspektiven und Herausforderungen. Baltmannsweiler: Schneider

OEVERMANN, Ulrich (1996): Theoretische Skizze einer revidierten Theorie professionalisierten Handelns. In: COMBE, Arno & HELSPER, Werner (Hrsg.): Pädagogische Professionalität. Untersuchungen zum Typus pädagogischen Handelns. Frankfurt a.M.: Suhrkamp, 70-182

OSER, Fritz & BIEDERMANN, Horst (2007): Partizipation – ein Begriff, der ein Meister der Verwirrung ist. In: QUESEL, Carsten & OSER, Fritz (Hrsg.): Die Mühen der Freiheit. Probleme und Chancen der Partizipation von Kindern und Jugendlichen. Zürich/Chur: Rüegger, 17-37

PRENGEL, Annedore (2013): Pädagogische Beziehungen zwischen Anerkennung, Verletzung und Ambivalenz. Opladen: Budrich

Prengel, Annedore (2016): Bildungsteilhabe und Partizipation in Kindertageseinrichtungen. Weiterbildungsinitiative Frühpädagogische Fachkräfte, WiFF Expertisen, Band 47. München

REICH, Kersten (2012): Partizipation ist die Lösung – nicht das Problem. In: Dies. (Hrsg.): Inklusion und Bildungsgerechtigkeit. Standards und Regeln zur Umsetzung einer inklusiven Schule. Weinheim & Basel: Beltz, 220-225

REICH, Kersten (2014): Inklusive Didaktik. Bausteine für eine inklusive Schule. Weinheim & Basel: Beltz

REITZ, Sandra (2015): Kinder und Jugendliche haben ein Recht auf Partizipation. Was aus menschenrechtlicher Sicht im Bildungsbereich getan werden muss. Berlin: DIM

SANDER, Alfred (2004): Konzepte einer inklusiven Pädagogik. In: Zeitschrift für Heilpädagogik 55 (5), 240-244

SCHWAB, Susanne (2014): Schulische Integration, soziale Partizipation und emotionales Wohlbefinden in der Schule. Ergebnisse einer empirischen Längsschnittstudie. Wien: Lit Verlag

SCHWAB, Susanne (2015): Partizipation. In: HEDDERICH, Ingeborg, BIEWER, Gottfried, HOLLENWEGER, Judith & MARKOWETZ, Reinhard (Hrsg.): Handbuch Inklusion und Sonderpädagogik. Bad Heilbrunn: Klinkhardt, 127-131

SIMON, Toni & HERSHKOVICH, Meital (2016): Democracy as basis of 'good' and inclusion-orientated schools. In: Schulpädagogik heute, 13/2016

SIMON, Toni & HERSHKOVICH, Meital (2016a): Demokratie als Basis ‚guter‘ und inklusionsorientierter Schulen. In: MOEGLING, Klaus, HUND-GÖSCHEL, Gabriel & HADELER, Swantje (Hrsg.): Was sind gute Schulen? Teil 1: Konzeptionelle Überlegungen und Diskussion. Immenhausen: Prolog Verlag, 219-236

SIMON, Toni & KRUSCHEL, Robert (2013): Gesundheitsförderung mithilfe des Index für Inklusion? In: Zeitschrift für Inklusion Online, 2/2013. Im Internet: www.inklusion-online.net/index.php/inklusion-online/article/view/13/13 (letzter Abruf: 30.10.2016)

SIMON, Toni (2015): Kinderrechte als Fundament inklusiver (Schul)Pädagogik. Exemplarische Implikationen ihrer Wahrung für die (Um)Gestaltung des Lebens- und Lernraumes Schule. In: SCHNELL, Irmtraud (Hrsg.): Herausforderung Inklusion. Theoriebildung und Praxis. Bad Heilbrunn: Klinkhardt, 197-203

WAGNER, Petra (2012): Thesen zum Verhältnis in Inklusion und Partizipation. Unveröffentlichtes Manuskript. Berlin

Katrin Ehnert und Kathrin Kramer

Democratic Education –
Hoffnungsträger menschenrechtsbasierter Bildung in Schule und Lehrer*innenaus- und weiterbildung!?

In diesem Beitrag soll ausgehend von der Frage Frank NONNENMACHERs (2009): „Ist die Schule eine demokratische Institution?" (ebd., 117) der pädagogische Ansatz der ‚Democratic Education' als *ein* möglicher (?) Hoffnungsträger diskutiert werden. Welche Auswirkungen eine konsequente Umsetzung dieses Ansatzes an Demokratischen Schulen für das Lernen und Leben der Mitglieder der Schulgemeinschaft hat, soll im Folgenden herausgearbeitet werden. Zudem werden Potenziale und Anregungen, die sich durch die Betrachtung der Arbeit der Lernbegleiter*innen und das Experimentalprogramm der Lehrer*innenausbildung des IDE (Institute for Democratic Education) für die Arbeit von ‚Professionellen' an Schulen bzw. die Lehrer*innenaus- und weiterbildung in Deutschland finden lassen, im Anschluss aufgezeigt.

1 Schule – eine demokratische Institution?

Der Kinder- und Jugendpartizipation wird in den letzten Jahren ein immer größerer Stellenwert eingeräumt. Auch in Schulen hat diese Partizipationsbewegung Einzug gehalten und wird durch unterschiedlichste Projekte und Programme[1] ‚versucht' zu realisieren. Je nach Programm, Projekt, Institution und Akteur*in weisen diese jedoch einen sehr unterschiedlichen Umfang an Partizipationsmöglichkeiten für die Mitglieder der Schulgemeinschaft auf. Grundlegend für die Initiierung stellt sich jedoch noch immer folgende von Frank NONNENMACHER (2009) zu Recht gestellte Frage: „Ist die Schule eine demokratische Institution?" (ebd., 117). Für die meisten Schulen kann diese Frage aus Sicht der Autorinnen klar verneint werden, da eine wirklich demokratische Handlungsweise in und von der Schule ausgehend kaum garantiert werden kann. So ist keine Schule von der

---

1 Hierunter finden sich neben der in den Schulgesetzen verankerten Schüler*innenvertretung Programme und Projekte wie das „Lehrstück ‚Wir gründen eine Dorfgemeinschaft' - Eine Einführung in demokratische Streitkultur, politische Urteils- und Identitätsbildung sowie gesellschaftstheoretisches Denken" nach Andreas PETRIK (2005) und weiterführend dazu David JAHR (2015), die „Schule als Staat: Demokratiekompetenz durch lernendes Handeln" nach Michael MARKER (2009) oder das „BLK-Programm: Demokratie lernen & leben" nach Wolfgang EDELSTEIN et al. (2009)

Allokationsfunktion befreit (vgl. ebd.). Selbst wenn Autoren wie Helmut FEND (2006, 53) den Begriff der Selektion heute ablehnen, da die Schule nicht von Bildungslaufbahnen ausschließen, sondern je nach Qualifikation die entsprechenden Aufgaben und Anforderungen bereitstellen soll, so ist es letztlich ‚Auslese' – verbunden mit der permanenten Leistungsüberprüfung, Bewertung und Einstufung durch vermeintlich „mit Disziplinargewalt und Amtsautorität ausgestattete Personen" (NONNENMACHER 2009, 117). Veränderungen in den Kulturen, Praktiken und Strukturen[2] der Schule hin zu einer demokratischeren Institution stehen somit immer noch gesellschaftlich sowie gesetzlich einschränkende Gegebenheiten entgegen, die eine wirkliche Umsetzung von Partizipation der Schüler*innen in Form einer *vollkommenen Partizipation* nach OSER & BIEDERMANN (2007) behindern. Der Grad der Partizipation an ihrem Schulalltag, die den Mitgliedern der Schulgemeinschaft zugestanden wird, kann dabei allerhöchstens in die Stufen der *Pseudopartizipation* (z.b. die im Schulgesetz verankerte Schüler*innenvertretung)[3] bis zur *Bereichsspezifischen Partizipation* (z.b. in Schulen mit Just-community-Ansatz)[4] eingeordnet werden.

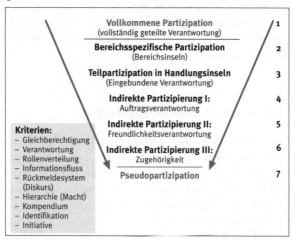

Abb. 1: Partizipationsstufen nach OSER & BIEDERMANN 2007 (aus: BUROW 2008, 17)

---

2 entnommen aus dem Index für Inklusion (vgl. BOOTH & AINSCOW 2002/2011; BOBAN & HINZ 2003)

3 Zwar werden (v.a. in den weiterführenden Schulen) Schülervertreter*innen gewählt, jedoch bleibt zum einen meist unklar, welchen Stellenwert und welche Funktionen diese in der Schule sowie in Konferenzen einnehmen, und zum anderen sind die Mitwirkungsmöglichkeiten der betreffenden Schüler*innen eher gering bzw. für die letztlichen Entscheidungen der Schule häufig irrelevant.

4 Schulen mit dem Just-Community-Ansatz bieten nach OSER & BIEDERMANN (2007) den Schüler*innen eine größere Verantwortung und Mitbestimmungschancen bei allen Themen, die v.a. die Schulkultur betreffen. Themen der Ausbildung (z.b. Curricula, Bewertung) der Schüler*innen bleiben dabei unberührt.

Es existieren jedoch Schulen, die unter der Berücksichtigung der gesellschaftlichen und sozialen Bedingungen entsprechende Strategien entwickeln, um den Mitgliedern ihrer Schulgemeinschaft eine vollkommene Partizipation zu ermöglichen. Diese Schulen heißen *Demokratische Schulen*[5] und arbeiten nach dem pädagogischen Ansatz *Democratic Education*.

2 Democratic Education – eine Begriffsannäherung

„Democratic education begins with freedom and respect for young people."
(BENNIS & GRAVES 2006, 6)

Freiheit und Respekt vor jungen Menschen – an genau diesem Punkt setzt *Democratic Education* an, oder die leider eher ungünstige, weil widersprüchliche Übersetzung der *Demokratischen Bildung*, die u. U. schnell mit den „bereits bestehenden pädagogischen Ansätzen und der Verankerung demokratischer Bildung im Schulgesetz kollidiert" (KRAMER 2014, 18). Zudem verweisen BENNIS und GRAVES (2006) auf Schwierigkeiten einer Definitionsbildung hin, da wohl jede*r, die*der sich in irgendeiner Weise mit diesem Thema befasst, eine eigene Definition herstellen würde (vgl. ebd., 6f). Gleichwohl stellen sie grundlegende Gemeinsamkeiten heraus, die sie zu folgender Definition führt:

„Democratic education is an educational approach grounded in respect for human rights and a broad interpretation of learning, in which young people have the freedom to organize their daily activities, and in which there is equality and democratic decision-making among young people and adults" (ebd., 7).

Democratic Education ist somit ein pädagogischer Ansatz, in dem es nicht primär um die Vermittlung von Inhalten oder Kompetenzen in Bezug auf demokratische Prozesse und Strukturen geht. Es handelt sich um ein ‚radikales' pädagogisches Grundverständnis, das im Gegensatz zu konventionellen (schul-) pädagogischen Konzepten ein viel weiter gefasstes Verständnis von Lernen, Lehren sowie auch Partizipation umfasst. Es ermöglicht Menschen ihre täglichen Aktivitäten selbstbestimmt zu organisieren und somit ihren individuellen Weg des Lernens, der Rückschritte, Fehler und Langeweile, aber auch Herausforderungen, Erfolge und Spaß beinhaltet, zu gehen (vgl. HERSHKOVICH & SIMON 2016). HECHT (2002) bezeichnet dieses Verständnis des Lernens als *pluralistisches Lernen* (vgl. ebd.) und sieht es als „the Core oft Democratic Education" (ebd., 1). Die demokratische Mitbestimmung von jungen und erwachsenen Menschen gleichermaßen (vgl.

---

5 Vertiefende Informationen finden sich im Artikel von SIMON, SIMON & HERSHKOVICH in diesem Buch.

Kruschel 2014, 136), der gegenseitige Respekt und eine Kommunikation auf Augenhöhe sind grundlegend für dieses pädagogische Konzept (vgl. Hecht 2002, 2). Welche Bedeutung dies für das gemeinsame Leben und Lernen an Demokratischen Schulen für die Mitglieder der Schulgemeinschaft hat, wird im Folgenden beschrieben.

3 Schüler*innen und Lernbegleiter*innen[6] an Demokratischen Schulen

‚Was interessiert mich wirklich? Was ist mir wichtig? Womit möchte ich meine Zeit verbringen? Welches Wissen brauche ich für mein Leben und woher bekomme ich neues Wissen? Wenn es ein Angebot gibt, warum sollte ich dieses wählen? Sollte ich vielleicht selbst ein Angebot stellen? Mit wem möchte ich gern zusammen Zeit verbringen? Wem vertraue ich mich an? In welchem Gremium möchte ich mitarbeiten? Welchen Antrag stelle ich?' Dies sind u.a. Fragen, die sich Schüler*innen, aber auch Lernbegleiter*innen an Demokratischen Schulen immer wieder im Laufe ihrer Schulzeit stellen und die täglich eine Vielzahl von Entscheidungen von ihnen verlangen. Das ist nicht immer einfach und kann insbesondere in der ersten Zeit zu einem „Freiheitsschock" (Hecht 2010, 213) führen. Die Schüler*innen haben jedoch viel Zeit, um sich auf diesen Prozess einzulassen und werden dabei von einer*einem selbstgewählten Mentor*in begleitet. Mit dieser Person treffen sich die Schüler*innen regelmäßig und besprechen Themen, die ihr Lernen betreffen, aber auch persönliche Dinge, die gerade ‚anstehen'. Da die Schüler*innen an Demokratischen Schulen selbst über ihre Lerngegenstände und -wege entscheiden[7], entstehen Lerngruppen auf der Grundlage gleicher Interessenlagen, die nur selten jahrgangshomogen sind. Daher gibt es kein einheitliches Curriculum und auch keine Noten, sollten diese nicht ausdrücklich von den Schüler*innen gewünscht werden (vgl. Hinz 2014, 17; Pellinghaus 2014, 51). In den meisten Demokratischen Schulen gibt es einen ‚Angebotsplan'. Aus diesem können die Schüler*innen, aber auch die Lernbegleiter*innen das für sie bedeutsame Angebot wählen. Fehlt ihnen etwas, können Anträge gestellt und zum Beispiel Honorarkräfte für ‚Spezialthemen' in der Schulversammlung beantragt werden. Auch gibt es die Möglichkeit für die Schüler*innen selbst ein Angebot für die Schulgemeinschaft anzubieten. So existieren neben den klassischen Fächern

---

6 An einigen Demokratischen Schulen und auch im Rahmen dieses Artikels wird der Begriff der*des Lernbegleiter*in für die veränderte Rolle der Erwachsenen, die an Demokratischen Schulen arbeiten, genutzt, um diese klar von der ‚traditionellen' Lehrer*innenrolle abzugrenzen.

7 Im Sinne des pluralistischen Lernens entscheiden die Schüler*innen selbst, wann sie, was, mit wem und wo sie lernen (vgl. Hecht 2002, 2).

wie Mathematik, Deutsch, Englisch auch mitunter Angebote wie Roboter, Mangas, Steine oder PC-Spiele. Entscheidungen werden in der Schulversammlung nach dem Mehrheitsprinzip „ein Mensch eine Stimme" oder soziokratisch nach dem Konsent[8]-Prinzip gefällt. Bei Konflikten oder Problemen können Anträge an das Lösungskomitee, das aus gewählten Schüler*innen und Lernbegleiter*innen besteht, gestellt werden, die in diesem Gremium zeitnah besprochen werden. Um den Schultag zu strukturieren, werden häufig weitere Gremien, wie das Einladen- und Kennenlern-Komitee, Veranstaltungskomitee, Wahl- oder Putzkomitee gebildet, in denen sich die Schüler*innen engagieren. Die Partizipation in den unterschiedlichen Gremien, aber auch das Anbieten und Einfordern von Angeboten zu Themen, welche die Schüler*innen wirklich interessieren, tragen ebenso dazu bei, dass diese bereits sehr früh Verantwortung für sich selbst und ihr Lernen, aber auch für die gesamte Schulgemeinschaft übernehmen.

> „Die Demokratische Schule ist im Prinzip ganz einfach – und gleichzeitig unglaublich schwer. Denn sie nimmt den Professionellen jede Sicherheit; die Sicherheit eines Curriculums, die Sicherheit eines Methodenrepertoires, die Sicherheit fester Zielsetzungen. Insofern ist die Demokratische Schule etwas ganz anderes als das, was wir heute machen" (HINZ 2014, 17).

Für Lernbegleiter*innen bedeutet dies, dass sie keinen curricularen Standards verpflichtet sind. Sie müssen keine Gruppe von Schüler*innen auf Grund gleichen Alters in einer Klasse zur gleichen Zeit unterrichten, können bedürfnisorientiert arbeiten und auf die individuellen Stärken und Bedürfnisse aller Schüler*innen eingehen. Bewertungen, wenn diese ausdrücklich gewünscht werden, geschehen in einem gemeinsamen Prozess und orientieren sich ausschließlich an individuellen Bezugsnormen (vgl. ROTHE 2014; KRAMER 2014, 73). Lernbegleiter*innen an einer Demokratischen Schule sollten das theoretische Konzept des pädagogischen Grundverständnisses der Democratic Education leben, sich für dessen Umsetzung bewusst entscheiden und diese Entscheidung immer wieder reflektieren (vgl. KRAMER 2014, 36). Sie sind in erster Linie Mitglieder der Schulgemeinschaft und haben somit in allen Entscheidungsprozessen eine Stimme. Sie können Anträge einbringen und in den unterschiedlichen Gremien, die den Schulalltag strukturieren, mitarbeiten. Sie sind Begleiter*innen, Vertraute, Unterstützer*innen, Dienstleister*innen, aber auch Lehrende (vgl. ROTHE 2014). An Demokratischen Schulen verstehen sich die Lernbegleiter*innen als Gesprächspartner*innen, als jemanden, die*der viel Wissen und Informationen besorgen kann und dies, wenn es von den Schüler*innen gewünscht wird, auch tut (vgl. ebd.). Sie*er soll an dem

---

8 Im Gegensatz zum *Konsens*, wo alle Mitglieder eine Gruppe eine Entscheidung mittragen müssen, können beim *Konsent* bereits gemeinschaftlich Entschlüsse getroffen werden, wenn es keine schwerwiegenden Einwände mehr gibt (vgl. FRIESS & KRUSCHEL 2011; KRUSCHEL 2016).

Prozess, den die Schüler*innen durchlaufen, teilnehmen, ohne dabei zu leiten oder zu lenken. Die Herausforderungen für Lernbegleiter*innen bestehen somit darin „[...] bei hoher Präsenz und entsprechender Qualifikation in Fragen des Lernens und seinen Unterstützungsmöglichkeiten eine möglichst große Zurückhaltung zu pflegen" (Boban & Hinz 2008, 92). In diesem Prozess verstehen sich Lernbegleiter*innen selbst als Lernende, die in der Lage sind, in dem Bereich, in dem sie ‚unterrichten‘, einen ‚Flow‘ zu erleben (vgl. Hecht 2010, 222). Das Verhältnis zwischen Lernbegleiter*innen und Schüler*innen ist freundschaftlich, beratend, unterstützend und von gegenseitigem Respekt geprägt. Kommunikation findet stets in einem anerkennenden, ehrlichen und einem auf Gleichwertigkeit beruhenden Dialog auf Augenhöhe statt. „Authentizität und Transparenz sind wichtige Eigenschaften, die insbesondere für diesen Dialog von Bedeutung sind" (Kramer 2014, 37). Die dialogische Beziehung bezieht sich natürlich auch auf die Kooperation der Teammitglieder untereinander sowie zu anderen Einrichtungen. In einem Team zu arbeiten heißt sich gegenseitig anzuerkennen, die Stärken und Talente zu kennen, sich gegenseitig zu unterstützen und den Willen zu haben, sich persönlich wie auch gemeinsam weiterzuentwickeln.

> „Es ist hilfreich, dass Modelle wie [Demokratische Schulen; d. A.] real existieren. Überall gibt es diese neue Blumenart, die auch sprießt – an vielen Stellen gibt es eine realisierte Wirklichkeit, die das umsetzt. Das bedeutet, die Vision ist nicht unwirklich, sondern es gibt bereits Orte, an denen Menschen damit beste Erfahrungen machen. Diese Erfahrungen sind dokumentiert und zugänglich. Deswegen bin ich optimistisch, dass die Zeit für einen solchen Schritt jetzt reif ist" (Boban 2014, 17).

Dieses veränderte Verständnis von Schule, Lernen, Schüler*innen und der Arbeit der ‚Professionellen‘ bedarf u.a. einer Veränderung der Aus- und Weiterbildung der Menschen, die schon jetzt und zukünftig an Schulen arbeiten.

4 The Incubator for Educational Initiatives[9]

Seit 2008 besteht zwischen der Martin-Luther-Universität Halle-Wittenberg und dem Kibbutzim College of Education (Tel Aviv, Israel) eine enge Verbindung, die 2012 mit einem Kooperationsvertrag offiziell besiegelt wurde (vgl. Boban & Kruschel 2015). An diesem renommierten College bekam das Institute for Democratic Education (IDE) die Möglichkeit, ein Experimentalprogramm

---

9 Auf der Seite des Kibbutzim College Of Education, lässt sich die Bezeichnung „The Hothouse for Educational and Social Initiatives" finden. In diesem Artikel wird zur Bezeichnung des Experimentalprogrammes der Lehrer*innenausbildung am Kibbutzim College der Begriff des Institute of Democratic Education verwendet.

der Lehrer*innenausbildung zu etablieren (vgl. Kashi 2008, 41). Was diese Lehrer*innenausbildung so einzigartig macht und inwiefern sie sich von in Deutschland bestehenden Programmen, Projekte bzw. dem Lehramtsstudium unterscheidet, soll im Folgenden aufgezeigt werden.

„Its first objective is to create the conditions and the surroundings in which future educators are encouraged to formulate and express their ideas, to test them in the complex reality, and to respect the ideas of others even as they confront them in critical dialogue. Another important objective is to provide the disciplinary and pedagogical knowledge that will qualify future teachers to teach a range of subjects. A third objective is to encourage initiative and leadership skills so that the graduates of the program will have the ability to bring about needed changes in teaching and learning processes and in the school organization" (Kibbutzim College Of Education, o. J.).

Die Ausbildung am Kibbutzim College dauert vier Jahre und richtet sich an Menschen, die sich bereits für eine gerechtere und demokratischere Gesellschaft eingesetzt haben und dies auch zukünftig wollen (vgl. ebd.). In Deutschland entscheidet (noch immer und fast ausschließlich) der Numerus clausus der Bewerber*innen über eine Immatrikulation zum Lehramtsstudium; Vorerfahrungen oder die Begründung in Form eines Motivationsschreibens sind keine Voraussetzung. Die Student*innen in Tel Aviv belegen, wie auch andere Lehramtsstudierende, Pädagogik-Kurse in zwei gewählten Hauptfächern (z.B. Literatur, Bibel[10], Biologie/Chemie mit dem Schwerpunkt auf Umweltbildung) und beschäftigen sich mit Fragen der didaktischen Vermittlung, aber auch der Geschichte der Erziehungswissenschaften. Darüber hinaus bekommen die Studierenden die Möglichkeiten, neben dem Abschluss der zwei gewählten Hauptfächer auch ein Zertifikat in Democratic Education zu erlangen.

Wie auch das BLK- Modellprogramm[11] „Demokratie lernen & leben" (vgl. Edelstein et al. 2009) liegt der Fokus bei den in Deutschland derzeit existierenden Programmen wie dem Masterstudiengang: „Demokratiepädagogische Schulentwicklung und soziale Kompetenzen" der FU Berlin[12] meist auf der Vermittlung einzelner als bedeutsam erachteter Elemente der Demokratisierung von Schule (vgl. Nonnenmacher 2009, 120). Dabei wird Lehrer*innen gelehrt, „[...] was unter Demokratie und Demokratiepädagogik zu verstehen ist und wie demokratische Schulentwicklung funktioniert" (campus.leben 2014). Erst im Anschluss bekommen die Teilnehmer*innen die Möglichkeit, das Erlernte in der Praxis

---

10 In Israel ist ‚Bibel' ein Unterrichtsfach.

11 Das Bund-Länder-Kommission (BLK) für Bildungsplanung und Forschungsförderung unter der Leitung von Edelstein et al. (2009) „Demokratie lernen & leben" strebt an, Demokratie praxisbezogen zu unterrichten (vgl. Pellinghaus & Wetzel 2014, 21).

12 www.fu-berlin.de/studium/studienangebot/master/demokratiepaed_schulentwicklungssoziale-kompetenzen/index.html (letzter Abruf: 30.10.2016)

auszuprobieren. Am Kibbutzim College of Education sammeln die Studierenden bereits im ersten Studienjahr praktische Erfahrungen im Bereich von Democratic Education, indem sie pro Woche einen Tag an einer Demokratischen Schule verbringen. Die Besuche werden im Anschluss direkt mit einer*einem Mentor*in ausgewertet. Im zweiten Jahr arbeiten sie bereits als Lernbegleiter*innen an einer (staatlichen) demokratischen Schule (vgl. SIMON & HERSHKOVICH 2016) und haben dann im dritten Jahr die Wahl, eine der Schulformen zu wählen, in der sie weiterarbeiten möchten. Dies ermöglicht ihnen neben einer Vielzahl von unterschiedlichen Erfahrungen und Einblicken eine bewusste Entscheidung für eine der beiden Schulformen zu treffen. Für die Reflexion, Diskussion und den Austausch mit ihren Kommiliton*innen über die praktischen Erfahrungen, aber auch Ideen für unterschiedliche Projekte, bietet das Institut den Studierenden eine Vielzahl an Möglichkeiten. Eine ist die „Gemeinde der Lernenden", die zweimal im Monat stattfindet und im Studienplan verankert ist (vgl. KASHI 2008, 41f). Bereits diese Elemente zeigen, dass ein Schwerpunkt der Ausbildung auf den praktischen Erfahrungen, dem Austausch, der Reflexion und nicht zuletzt einer bewussten Entscheidung für dieses Studium und den Beruf der Lernbegleiter*in liegt. Im Zentrum der gesamten Ausbildung steht jedoch das sogenannte *Gewächshaus (,green house')*. Im ersten Studienjahr treffen sich wöchentlich über mehrere Stunden Gruppen von ca. 15 Studierenden, um sich mit ihrer eigenen Persönlichkeit, der Selbsterkenntnis und Selbstfindung auseinanderzusetzen (vgl. KASHI 2008, 44). „Welche Erlebnisse empfinden die Studierenden als besonders prägend für die eigene Identität? Mit welchen Themen beschäftigen sie sich gern? Welche Schlussfolgerungen bergen diese Erkenntnisse für die zukünftige Lehrertätigkeit?" (ebd.) Der Prozess wird mit Hilfe gruppendynamischer Übungen und Methoden des *Self-Managed Learning*[13] strukturiert und von einer*einem Mentor*in begleitet. Diese*dieser verfolgt die Diskussion, formuliert Feedbacks und unterstützt so die Selbstreflexion der Studierenden. Die gesamte Gruppe lernt dabei, die Kommiliton*innen besser einschätzen zu können und Fragen so zu stellen, dass sie einen Lernprozess unterstützen und nicht hemmen. Das erste Studienjahr schließt für die Studierenden mit der bewussten Entscheidung für ein Thema, das sie im Lauf des Studiums intensiver verfolgen und das am Ende in der Entwicklung eines pädagogischen Projektes mündet (vgl. ebd., 45). Die folgenden zwei Jahre des Gewächshauses arbeiten die Studierenden eigenverantwortlich und selbstbestimmt an ihren Projekten und haben weiterhin die Möglichkeit, sich regelmäßig mit ihren Kommiliton*innen im Rahmen des Gewächshauses über ihre

---

13 Diese Methoden lassen sich üblicherweise in Managercoachings wiederfinden und beschäftigen sich mit der Frage, wie Menschen ihr eigenes Lernen organisieren. Siehe auch: selfmanagedlearning.org/?page_id=285 (letzter Abruf: 30.10.2016)

Fortschritte auszutauschen, ihre Arbeitsschritte zu reflektieren, sich gegenseitig zu unterstützen und zu inspirieren (vgl. ebd.). Diese Zeit ist vergleichbar mit dem seit 2015 in Berlin stattfindenden *Autodidaktischen Seminar,* welches im Rahmen des *HandlungsSpielRaums*[14] angeboten wird (vgl. HANDLUNGSSPIELRAUM)[15]. Im universitären Kontext bietet beispielsweise die *Hochschullernwerkstatt Erziehungswissenschaften* der Martin-Luther-Universität Halle-Wittenberg den Studierenden u.a. einen Raum für eigene entdeckende Lernprozesse sowie einen gemeinsamen Austausch und die Reflexion dieser. Auch haben die Studierenden die Möglichkeit, eigene Projekte in den Räumlichkeiten zu initiieren und durchzuführen oder Seminare zum Thema Lernbegleitung zu besuchen (vgl. LERNWERKSTATT MLU).

5 Fazit

„Jede zukünftige Lehrerausbildung sollte sich [...] an Versuchen beteiligen,
innovative Lernumgebungen zu schaffen, in denen alle Lehramtsstudierenden
sich selbst als individuelle Lernbegleiter erfahren können"
(HAGSTEDT 2014, 223)

Die Umsetzung des pädagogischen Denkansatzes Democratic Education an Demokratischen Schulen weist verschiedene Potenziale auf, die als Anregungen für Schulen sowie die Aus- und Weiterbildung von Lehrer*innen genutzt werden können. Democratic Education ermöglicht Schüler*innen und Lernbegleiter*innen auch im Schulalltag die Möglichkeit einer *vollkommenen Partizipation* und stellt somit – aus Sicht der Autorinnen – die Grundlage einer menschenrechtsbasierten Bildung. In Bezug auf Schule bedeutet dies, alle Mitglieder als kompetente und wertvolle Teile der Schulgemeinschaft wahrzunehmen und anzuerkennen, ihnen die Möglichkeit zu geben, im Sinne des pluralistischen Lernens ihr eigenes Lernen selbstbestimmt zu gestalten und Strukturen und Regeln, die wirklich alle Belange den Schulalltag betreffen, mitzuentscheiden. Dies führt dazu, dass sich die Aufgaben und die Rollen der Erwachsenen, die an der Schule arbeiten, grundlegend verändern. Die bewusste Entscheidung für diese Arbeit – sich selbst als Lernende wahrnehmen, einen ‚Flow' erleben können, Kinder und Jugendliche als kompetent und Expert*innen ihrer Lebenswelt anerkennen und sie im Prozess des Lernens begleiten wollen – sind dafür wichtige Voraussetzungen. Aber auch

---

14 www.handlungsspielraum-berlin.de (letzter Abruf: 30.10.2016)
15 „Das Semester ist eine freie Form des (Selbst-)Studiums, das an einen zeitlichen Rahmen und den regelmäßigen Austausch in einer Gruppe geknüpft ist. Sie richtet sich an Menschen, die auf der Suche nach Lernwegen abseits von Schule, Ausbildung oder Universität sind. Als Format kann das Semester überall stattfinden, und jede*r kann teilnehmen" (ebd.).

die Arbeit in einem Team und die Offenheit und Bereitschaft einer ständigen Weiterentwicklung gehören dazu. Die Fragen, die sich die Studierenden am Kibbutzim College im ersten Studienjahr stellen und die große Bedeutung, die den praktischen Erfahrungen, der Selbstbestimmung und Selbstfindung durch u.a. den Austausch und der Reflexion eigener und fremder Lernprozesse beigemessen wird, weisen große Parallelen zu dem Lernen und Leben der Schüler*innen und Lernbegleiter*innen an Demokratischen Schulen auf und können so als Anregungen für die Lehrer*innenaus- und weiterbildung betrachtet werden. So könnte die Bewerbung für das Lehramt um ein Motivationsschreiben und*oder zuvor absolvierte Pflichtpraktika ergänzt werden. Auch eine Erhöhung des Praxisanteils und eine kontinuierliche Begleitung an Schulen unterschiedlicher pädagogischer Ausrichtung wäre denkbar. Die Etablierung eines studienbegleitenden und über einen längeren Zeitraum angelegten *Gewächshauses*, möglicherweise in Form eines *autodidaktischen Seminars* und*oder der *Gemeinde der Lernenden*, könnte den Studierenden eine wichtige Plattform bieten, Prozesse des eigenen und fremden Lernens bewusst wahrzunehmen, darüber in einen Austausch zu kommen und somit die Auseinandersetzung mit der eigenen Identität anzuregen.

Literatur

BENNIS, Dana. M. & GRAVES, Isaac R. (Hrsg.) (2006): The Directory of Democratic Education. United States of America: Alternative Education Resource Organization

BOBAN, Ines & HINZ, Andreas (2008): "The inclusive classroom". Didaktik im Spannungsfeld von Lernprozesssteuerung und Freiheitsberaubung. In: ZIEMEN, Kerstin (Hrsg.). Reflexive Didaktik. Annäherungen an eine Schule für alle. Oberhausen: Athena, 1-100

BOBAN, Ines & Hinz, Andreas (Hrsg.) (2003): Index für Inklusion. Lernen und Teilhabe in der Schule der Vielfalt entwickeln. Martin-Luther-Universität, Halle (Saale)

BOBAN, Ines (2014): Vorwort. In: BOBAN, Ines, ECKMANN, Theo & HINZ, Andreas (Hrsg.): Lernen durch Vielfalt. Variationen aus der sozialästhetischen und inklusiven Praxis. Bochum/Freiburg: projekt verlag (Beiträge zur Sozialästhetik, 12), 17

BOBAN, Ines & KRUSCHEL, Robert (2015): „Thinking outside the box" – produktive Irritationen durch ein internationales Kooperationsprojekt. In: SCHNELL, Irmtraud (Hrsg.): Herausforderung Inklusion. Theoriebildung und Praxis. Bad Heilbrunn: Klinkhardt, 313-321

BOOTH, Tony & AINSCOW, Mel (2000/2002/2011) (Hrsg.): Index for Inclusion: developing learning and participation in schools. Centre for Studies on Inclusive Education

BUROW, Olaf-Axel (2008): Partizipation als unterschätzte Ressource der Ganztagsschulentwicklung – Theoretischer Hintergrund und praktische Verfahren. In: Mitwirkung! Ganztagsschulentwicklung als partizipatives Projekt. Deutsche Kinder und Jugendstiftung (DKJS). Themenheft 10, 13-39. Im Internet: www.ganztaegig-lernen.de/sites/default/files/dkjs%20th10-3%20online.pdf (letzter Abruf: 30.10.2016)

CAMPUS.LEBEN (2014): „Veränderung in den Schulalltag bringen. Freie Universität Berlin. Im Internet: www.fu-berlin.de/campusleben/lernen-und-lehren/2014/140730_master-demokratiepaedagogik/index.html (letzter Abruf: 30.10.2016)

EDELSTEIN, Wolfgang, FRANK, Susanne & SLIWKA, Anne (Hrsg.) (2009): Praxisbuch Demokratiepädagogik: sechs Bausteine für die Unterrichtsgestaltung und den Schulalltag. Bonn: Bundeszentrale für Politische Bildung.

FEND, Helmut (2006): Neue Theorie der Schule: Einführung in das Verstehen von Bildungssystemen. Wiesbaden: VS

FRIESS, Sabrina & KRUSCHEL, Robert (2011): „Konsens oder Konsent? - Soziokratie an Schulen in den Niederlanden", Unerzogen Magazin, 04/2011, 40-44

HAGSTEDT, Herbert (2014): Lernbegleitung. Herausforderung für die Lehrerbildung von morgen. In: HAGSTEDT, Herbert & KRAUTH, Ilse Marie (Hrsg.): Lernwerkstätten: Potenziale für Schulen von morgen. Frankfurt: Grundschulverband, 220-231

HANDLUNGSSPIELRAUM (o. J.): Autodidaktisches Semester im HandlungsSpielRaum. Im Internet: www.handlungsspielraum-berlin.de/autodidaktisches-semester (letzter Abruf: 30.10.2016)

HECHT, Yaacov (2002): Pluralistic Learning as the Core of Democratic Education. Im Internet: www.aapae.edu.au/documents/pluralistic.pdf (letzter Abruf: 30.10.2016)

HECHT, Yaacov (2010): Demokratic Education. A beginning of a Story. Israel: Developing a Culture of Innovation Company Ltd.

HERSHKOVICH, Meital & SIMON, Toni (2016): Every voice counts – The Democratic School Hadera (Israel) as an example of a profound humanization and democratization of school. In: Schulpädagogik heute, 13/2016, 219-236

HINZ, Andreas (2014): Vorwort. In: BOBAN, Ines, ECKMANN, Theo & HINZ, Andreas (Hrsg.) (2014): Lernen durch Vielfalt. Variationen aus der sozialästhetischen und inklusiven Praxis. Bochum/Freiburg: projekt verlag (Beiträge zur Sozialästhetik, 12), 17

JAHR, David (2015): Inklusion im Politikunterricht. Potenziale und Grenzen der Dorfgründung für einen heterogenitätssensiblen Unterricht. In: SIEDENBIEDEL, Catrin & THEURER, Caroline (Hrsg.): Grundlagen inklusiver Bildung. Teil 1 Inklusive Unterrichtspraxis- und -entwicklung, Immenhausen: Prolog, 135-151

KASHI, Uriel (2008): Demokratiebildung in Israel. Geschichte und aktuelle Ansätze. Im Internet: www.stiftung-evz.de/fileadmin/user_upload/EVZ_Uploads/Publikationen/Studien/Demokratiebildung_in_Israel_mit_Vorwort_AJC_ENDFASSUNG.pdf (letzter Abruf: 30.10.2016)

KIBBUTZIM COLLEGE OF EDUCATION (o. J.): The Institute for Democratic Education. Im Internet: www.smkb.ac.il/en/democratic (letzter Abruf: 30.10.2016)

KRAMER, Kathrin (2014): Lernbegleiter*innen an Demokratischen Schulen – Anregungen für die Rollen von Lehrkräften im inklusiven Unterricht. Unveröffentlichte Wissenschaftliche Hausarbeit. Halle: Martin-Luther-Universität

KRUSCHEL, Robert (2014): Demokratische Schulen – ein Ausweg aus der Bildungskrise? In: BOBAN, Ines, ECKMANN, Theo & HINZ, Andreas (Hrsg.): Lernen durch Vielfalt. Variationen aus der sozialästhetischen und inklusiven Praxis: Demokratische Bildung, Kooperatives Lernen, Zukunftsplanung. Beiträge zur Sozialästhetik, Bd. 12. Bochum/Freiburg: Projekt Verlag, 117-140

KRUSCHEL, Robert (2016): Schulen soziokratisch organisieren. In: FRÜCHTEL, Frank, STRASSNER, Mischa & SCHWARZLOOS, Christian (Hrsg.): Relationale Sozialarbeit. Versammelnde, vernetzende und kooperative Hilfeformen. Weinheim & Basel: Beltz Juventa, 255-261

LERNWERKSTATT MLU (o. J.): Unsere Lernwerkstatt. Selbstverständnis. Im Internet: www.philfak3.uni-halle.de/institut/lernwerkstatt/dielernwerkstatt/2640678_2885615/ (letzter Abruf: 30.10.2016)

MARKER, Michael (2009): Schule als Staat: Demokratiekompetenz durch lernendes Handeln. Schwalbach/TS.: Wochenschau-Verl.

NONNENMACHER, Frank (2009): Politische Bildung in der Schule. Demokratisches Lernen als Widerspruch im System. In: Jahrbuch für Pädagogik 2009. Frankfurt am Main 116-126. Im Internet: www.topologik.net/NONNENMACHER_Topologik_6.pdf (letzter Abruf: 30.10.2016)

OSER, Fritz & BIEDERMANN, Horst (2007): Partizipation – ein Begriff, der ein Meister der Verwirrung ist. In: QUESEL, Carsten & OSER, Fritz (Hrsg.): Die Mühen der Freiheit. Probleme und Chancen der Partizipation von Kindern und Jugendlichen. Zürich/Chur: Rüegger, 17-37

PELLINGHAUS, Leonie (2014). Demokratische Schulen in der Praxis: Erfahrene Prozesse von Lernen und Partizipation. In: BOBAN, Ines, ECKMANN, Theo & HINZ, Andreas (Hrsg.): Lernen durch Vielfalt. Variationen aus der sozialästhetischen und inklusiven Praxis. 12 Bände. Bochum/Freiburg: projekt verlag (Beiträge zur Sozialästhetik, 12), 47-70

PELLINGHAUS, Leonie & WETZEL, Anja (2014): Democratic Education und das Lernen – Eine Einführung. In: BOBAN, Ines, ECKMANN, Theo & HINZ, Andreas (Hrsg.): Lernen durch Vielfalt. Variationen aus der sozialästhetischen und inklusiven Praxis. Bochum/Freiburg: projekt verlag (Beiträge zur Sozialästhetik, 12), 19-45

PETRIK, Andreas (2005): Lehrstück: „Wir gründen eine Dorfgemeinschaft" Eine Einführung in demokratische Streitkultur, politische Urteils- und Identitätsbildung sowie gesellschaftstheoretisches Denken. Im Internet: www.blk-demokratie.de/fileadmin/public/praxisbausteine/gym_corveystras-se_hamburg/Dorfgruendung_Kurzbeschr.pdf (letzter Abruf: 30.10.2016)

ROTHE, Stefanie (2014). Vom Lehrer zum Lernbegleiter - neue Wege für Sonderpädagogen. In: BOBAN, Ines, ECKMANN, Theo & HINZ, Andreas (Hrsg.): Lernen durch Vielfalt. Variationen aus der sozialästhetischen und inklusiven Praxis. 12 Bände. Bochum/Freiburg: projekt verlag (Beiträge zur Sozialästhetik, 12), 99-116

SIMON, Toni & HERSHKOVICH, Meital (2016): Democracy as basis of 'good' and inclusion-orientated schools. In: Schulpädagogik heute, H. 13/2016, 22-28

Nicola Kriesel, Hannah Hummel und Petra Burmeister

Spagat zwischen Inklusion und Exklusion?
Teilhabe von Eltern in der Konzeption
von Demokratischen Schulen[1]

Inklusion und Demokratie werden in Anlehnung an Ines BOBAN und Andreas HINZ gern als Zwillingspärchen bezeichnet (vgl. BOBAN & HINZ 2011; BOBAN, KRUSCHEL & WETZEL 2012) – das eine ist ohne das andere nicht möglich, wenn es ‚zu Ende' gedacht ist. Beide Ideen sind Garant für Menschenrechte, die selbstverständlich für alle Menschen gelten – in Gesellschaften wie in Institutionen. Demokratische Schulen beanspruchen diese Garantie der Mitbestimmung, Teilhabe und Würde (vgl. HERSHKOVICH, SIMON & SIMON 2017) gerne für sich – mit einer Ausnahme: Eltern. Im Konstrukt Demokratischer Schulen, insbesondere solcher, die sich verstärkt auf das Sudbury-Modell berufen, werden Eltern dezidiert nicht als Teil der Schulgemeinschaft angesehen und haben damit auch keine Teilhabe an der Entscheidungsfindung der Gemeinschaft. Hier werden sie, mal mehr und mal weniger bewusst, aufgrund ihrer Rolle ausgeschlossen. Gleichwohl werden sie natürlich als Geldgeber*innen benötigt und selbstverständlich auch als Vertraute – natürlich für ihre Kinder, aber auch für die Schule und das pädagogische Team. Vertrauen als Grundstein an diesem Ort, an den sie ihre Kinder geben, für den sie bezahlen und Arbeitsstunden leisten. In der Regel haben Eltern in jeder staatlichen Regelschule mehr Entscheidungsrechte als in einer Demokratischen Schule. Dafür gibt es einerseits gute Gründe: Kinder brauchen elternfreie Räume, in denen sie in Unabhängigkeit derer, auf die sie so angewiesen sind, eigenständige Entscheidungen über das eigene Tun und Sein treffen können. Andererseits bleibt im Hinblick auf Inklusion (Alle sind willkommen!) ein schaler Beigeschmack in der Realität solch bewusster Exklusion.

Dieser Beitrag richtet seinen kontroversen Blick auf die Teilhabe von Eltern an demokratischen Schulen. Dabei wird über die verbindenden Grundsätze der Schulen als Mitglieder des BFAS e.V. über zwei konkrete Beispiele der Teilhabe der Eltern an der Netzwerk-Schule in Berlin und der Freien Schule Leipzig hin zu konkreten Anregungen für ein gelingendes Miteinander der Bogen gespannt.

---

1 Dieser Beitrag folgt, trotz des Kontextes seiner Veröffentlichung, keinem wissenschaftlichen Anspruch. Die Autorinnen arbeiten seit mehreren Jahren gemeinsam ehrenamtlich im Vorstand des Bundesverbandes der Freien Alternativschulen (BFAS e.V.). Sie sind u.a. Mütter von Schüler*innen an Freien Schulen und haben alle drei unterschiedliche Arbeitserfahrungen an solchen.

Dem Beitrag liegt ein einfaches, aber prägnantes Verständnis von Inklusion zu Grunde: „In einer inklusiven Gesellschaft ist es normal, verschieden zu sein. Jede*r ist willkommen" (KRIESEL & ENGELHARDT 2016 in Anlehnung an die Aktion Mensch). Oder, wie Eberhard SCHULZ (2016) in seinem Kommentar titelt: „Inklusion ist, wenn keiner mehr darüber spricht". Freie Alternativschulen haben sich in ihren Grundsätzen selbst verpflichtet, inklusive Lern- und Lebensorte zu sein, die Kindern, Jugendlichen und Erwachsenen gleichermaßen Schutz und das Recht auf Selbstbestimmung gewähren. Also wird es nochmals klar, dass Inklusion jede*n in einer Gemeinschaft meint und für alle da ist. Daher stellt sich die Frage um so dringender, ob Eltern als Teil der demokratischen Schulgemeinschaft wahrgenommen werden.

1 Eltern an Demokratischen Schulen

Kinder gehen nicht zufällig oder aus Versehen an Freie und Demokratische Schulen. Ihre Eltern haben im Vorfeld bewusste Entscheidungen getroffen. Sie sind bereit, Geld zu zahlen und sich in Arbeitsgruppen oder -einsätzen zu engagieren. Sie haben Vorstellungen davon, wie die Welt sich verändern kann, und wollen sichere und freie Orte für ihre Kinder, an denen diese sich selbstbestimmt entfalten können – frei und in Begleitung. Entweder sind sie ‚Überzeugungstäter*innen' und haben sich bei der Schulwahl viele Gedanken gemacht, wollen sich beteiligen, haben viele eigene Ideen, wollen sich einbringen und die Schule mitgestalten. Oder sie haben mitsamt ihren Kindern im staatlichen Regelschulsystem traumatische Erfahrungen gemacht, die oft die ganze Familie in große Not gebracht haben, und sich in der Folge auf die Suche nach Alternativen gemacht. Für diese sind Freie und Demokratische Schulen oft so etwas wie die letzte Hoffnung; sie brauchen die Sicherheit, in ihrem Sein angenommen zu werden. Ob das an diesen Schulen dann auch wirklich eingehalten wird – so inklusiv wie versprochen, auch bezüglich jeglicher Verhaltensoriginalität, die sanktionsfrei bleibe –, prüfen Eltern und Kinder manchmal lang und ausgiebig – oft auch zum Leid der Schulgemeinschaft. Hier ist von ebendieser Gemeinschaft mitunter großer Langmut gefragt in diesem langwierigen Prozess die Überzeugung zu verankern, dass Inklusion möglich sei, gemacht werde und für alle gelte.

2 Wer gehört dazu?

Demokratische Schulen sind häufig sehr regelkonforme, manchmal auch ‚überregelte' Orte mit systematischen und juristischen Verfahren bei Konflikten. Das heißt immer auch, dass es viele Gelegenheiten gibt, gegen diese gemeinsam beschlossenen Regeln zu verstoßen. Für solche Kinder, die als sogenannte ‚Quereinsteiger*innen' aus dem staatlichen Regelschulsystem kommen, und deren Eltern kann das eine schmerzvolle Erinnerung sein, denn auch die bei Regelüberschreitung drohenden (so genannten) Konsequenzen sind manchmal härter als in der staatlichen Regelschule (etwa Schulausschluss für mehrere Tage), und werden intern durch den Glauben an die Richtigkeit von Mehrheitsbeschlüssen in der Schulversammlung legitimiert. Die Schulgemeinschaft wird in Demokratischen Schulen definiert als Gruppe derer, die ihren Alltag dort verbringen. Das sind Schüler*innen sowie Teile des pädagogischen Teams und der Schulverwaltung. Sie wollen gleichberechtigt und auf Augenhöhe ihre Schule gemeinsam gestalten; unabhängig von Alter, Fähigkeit und Kompetenz soll jede*r die gleichen Stimm- und Gestaltungsrechte haben. Das höchste Gremium einer Demokratischen Schule ist die Schulversammlung (vgl. HERSHKOVICH, SIMON & SIMON 2017).

3 Freie Alternativschulen und Demokratie

Die Demokratischen Schulen in Deutschland haben sich, wie alle anderen Mitgliedsschulen im Bundesverband der Freien Alternativschulen (BFAS e. V.), zu den sogenannten Berliner Grundsätzen von 2011 (BFAS 2011, Herv. d. A.) bekannt, in denen nicht nur ein demokratisches Miteinander proklamiert wird, sondern (im dritten Grundsatz) Freie Schulen auch als inklusive Lern- und Lebensorte benannt werden:

1. „Freie Alternativschulen sind Orte der Gemeinschaft, die von allen Beteiligten kooperativ gestaltet und kritisch hinterfragt werden. Die dabei gesammelten Erkenntnisse und Erfahrungen ermutigen und befähigen sie, sich gesellschaftlichen Problemen zu stellen, konstruktive Lösungen zu erarbeiten und neue Formen von Gesellschaft zu erproben.

2. Freie Alternativschulen sind selbstorganisierte Schulen. Die Gestaltung der Selbstverwaltung ist für Kinder, Jugendliche, Eltern und die in der Schule Tätigen eine prägende Erfahrung im demokratischen Umgang miteinander. Sie schaffen ihre eigenen Regeln und Strukturen, die veränderbar bleiben. Dies fördert Gemeinsinn, gewaltfreie Konfliktlösungen und Verständnis für die Situation anderer.

3. Freie Alternativschulen sind *inklusive Lern- und Lebensorte*. Kinder, Jugendliche und Erwachsene haben hier das gleiche Recht auf Selbstbestimmung und Schutz. Die Bedürfnisse aller Beteiligten werden gleichermaßen geachtet.

4. Lernen braucht verlässliche Beziehungen. An Freien Alternativschulen ist ein respektvolles Miteinander und das daraus erwachsende Vertrauen Grundlage dieser Beziehungen.

5. Menschen an Freien Alternativschulen begreifen Lernen als lebenslangen Prozess. Bestandteile des Lernens sind auch das Spielen, soziale und emotionale Erfahrungen und die Interessen der Kinder, Jugendlichen und Erwachsenen. So entstehen individuelle Lernwege, die emanzipatorische Lernprozesse eröffnen können.

6. Freie Alternativschulen sind Lern- und Lebensräume, die durch Sensibilität und Offenheit für Veränderungen und Entwicklungen gekennzeichnet sind. Sie integrieren verschiedene pädagogische Vorstellungen in ihren Konzepten und setzen diese in vielfältiger Weise um."

Die Eltern finden hier nur einmal Erwähnung, und zwar im zweiten Grundsatz, in dem es um Selbstorganisation, Selbstverwaltung und den demokratischen Umgang miteinander geht. Ob mit den Erwachsenen im dritten Grundsatz die Eltern ‚mitgemeint' sind, bleibt offen. Die außerdem zugrunde liegenden ‚Wuppertaler Thesen' des BFAS e.V. von 1986 nennen Eltern explizit an zwei Stellen (KRIESEL 2011, 28):

1. Die gesellschaftlichen Probleme der Gegenwart und Zukunft (Ökologie, Kriege, Armut) sind auf demokratische Weise nur von Menschen zu lösen, die Eigenverantwortung und Demokratie leben können. Alternativschulen versuchen, Kindern, Lehrern und Eltern die Möglichkeit zu bieten, Selbstregulierung und Demokratie im Alltag immer wieder zu erproben. Das ist die wichtigste politische Dimension der Alternativschulen.

2. Alternativschulen sind selbstverwaltete Schulen. Die Gestaltung der Selbstverwaltung ist für Eltern, Lehrer und Schüler prägende Erfahrung im demokratischen Umgang miteinander. [...]"

Hier wird deutlich, dass Eltern in der Entwicklung von Freien Schulen insbesondere politisch, aber auch organisatorisch eine wesentliche Rolle spielen. Die Mehrheit der Mitgliedsschulen des BFAS e.V. sind Eltern-Initiativ-Schulen. Eltern sind diejenigen, die im Bereich der Alternativschulpädagogik ihr Grundrecht auf Schulgründung (Art. 7 GG) in Anspruch nehmen und Lern- und Lebensorte für ihre Kinder entwickeln.

4 Demokratische Schulen und Teilhabe an Entscheidungen

Demokratische Schulen nehmen für sich in Anspruch, eine demokratische Gesellschaft mit demokratischer Verwaltung abzubilden. Zugleich wollen sie der Selbstbestimmung der Mitglieder der demokratischen Gemeinschaft ‚Schule' größtmöglichen Raum lassen. Die Freiheit der einzelnen endet dort, wo die Sicherheit der Gemeinschaft bedroht ist. Gleichzeitig ist oft zu hören, dass die Demokratie in Demokratischen Schulen denjenigen vorbehalten sein solle, die wesentliche Teile ihrer Lebenszeit in der Schule verbringen, also Schüler*innen und Mitarbeiter*innen. Diesen beiden Gruppen ist eine Teilhabe in der demokratischen Schulversammlung zugesichert, unabhängig von Alter, Fähigkeiten oder anderen Eigenschaften. Eltern sind hier, in diesem zentralen Entscheidungsorgan, in der Regel ausgeschlossen. Die Begründungen dafür sind vielfältig: Es sollen nur die entscheiden dürfen, die auch direkt betroffen sind von der Entscheidung, denn die Schule ist ein Sozialisationsraum, in dem Teilhabe direkt erfahren werden kann; Schulen sollen auch deshalb elternfrei sein, weil Kinder sich dort unabhängig von elterlicher Einflussnahme entwickeln und erproben sollen; hintergründig schwingt auch die Angst mit, dass die Mitbestimmung von Eltern – mit ihrer großen Divergenz an Ansprüchen und Befürchtungen (von „Lasst die Kinder in Ruhe!" bis „Mein Kind lernt hier nicht genug!") – Unruhe ins alltägliche Schulleben bringen könnte. Genauso vielfältig wie die Demokratischen Schulen selbst sind auch die Arten und Weisen, wie dort mit Eltern umgegangen wird. Der Wikipedia-Eintrag zu Demokratischen Schulen zeigt das Spektrum genauer auf: „Demokratische Schulen unterscheiden sich auch darin, inwieweit sie die Eltern der Schüler einbeziehen. In einigen Schulen dürfen Eltern beispielsweise über Finanzen mitabstimmen, in einigen haben sie ein Stimmrecht auch im alltäglichen Schulleben, in anderen überhaupt keines. In manchen Schulen wird die Anwesenheit von Eltern als störend empfunden, in anderen sind sie willkommen, in noch anderen wird die Mitarbeit der Eltern erwartet. Einige Schulen sind als Community Schools organisiert, in denen der Übergang von Schulleben und Familienleben fließend und die Schule eher Teil einer größeren Gemeinschaft ist, die zusammenlebt und teilweise auch ihre Erwerbsarbeit gemeinsam organisiert" (WIKIPEDIA 2016). An Sudbury-Schulen beispielsweise sind Eltern direkt beteiligt an der jährlichen School Assembly, die den Finanzhaushalt der Schule beschließt (vgl. WILKE o.J.).

Wir wollen im Folgenden anhand zweier Beispiele von Demokratischen Schulen zeigen, wie Teilhabe von Eltern konzeptionell aussehen kann und uns der Frage widmen, inwiefern dies als inklusiv zu beurteilen ist.

Beispiel 1: Die Netzwerk-Schule Berlin

Die Netzwerk-Schule Berlin ist 2008 eröffnet worden. Ihr Träger ist der freie Jugendhilfeträger Netzwerk Spiel/Kultur, der sich u.a. seit langem intensiv mit Kinderrechten beschäftigt und dessen Vorstand seit langem die Gründung einer Demokratischen Schule plante. Seit mittlerweile acht Jahren wächst die Schule und hat mittlerweile über 60 Schüler*innen im Alter von 6 bis 18 Jahren. Die Netzwerk-Schule ist keine Eltern-Initiativ-Schule.

Ihrem Konzept ist mit Blick auf die Beteiligung von Eltern zu entnehmen (vgl. NETZWERK-SCHULE 2007, 33f, Herv. d. A.):

„Eltern sind in den meisten Fällen die wichtigsten Bezugspersonen ihrer Kinder. Aus diesem Grund werden ihre Ansichten und Hinweise von der Schule sehr ernst genommen. Ihre Ideen, Anregungen, Wünsche und Kritik werden gehört und gewürdigt. Gerade eine Schule mit unkonventionellen Strukturen benötigt die Unterstützung der Eltern. Ihr Vertrauen in ihre Kinder bildet das Fundament, auf das unsere Schule baut. Wir streben ein offenes und aufgeschlossenes Verhältnis zu den Eltern an. Sie werden die Möglichkeit haben, sich jederzeit über das Schulleben zu informieren. Wir werden ein Kommunikationssystem aufbauen, das diesen Ansprüchen gerecht wird [...]. Wichtig ist, dass die Eltern ihre Kinder unterstützen. Sie sollten darauf vertrauen, dass ihre Kinder das Bedürfnis und die Fähigkeit haben, sich Wissen selbständig anzueignen und soziale Umgangsformen zu entwickeln. *Allerdings sollen die Schüler in der Schule auch eigene Erfahrungen – ohne den direkten Einfluss ihrer Eltern – machen können. Deshalb werden die Eltern in der Schulversammlung, dem Entscheidungsgremium für die alltägliche Schulorganisation, kein Stimmrecht bekommen. Mit diesem Ansatz folgen wir den positiven Erfahrungen vieler Demokratischer Schulen.* Die Eltern haben die Möglichkeit, im Rahmen von Vollversammlungen [...] Einfluss auf die Schulentwicklung, auf das Schulgeld und auf die Verwendung des Jahresbudgets der Schule zu nehmen. [...] Wer an konkreten Aufgaben interessiert ist, kann in den entsprechenden Elterngruppen mitarbeiten. Eltern können beispielsweise Exkursionen und Schulfahrten begleiten, Feste mit vorbereiten, bei Öffentlichkeitsarbeit helfen und die Elternabende durch Themenwahl mitgestalten. Eltern sind auch da gefragt, wo sie in ihren Berufen und an ihren Arbeitsplätzen einzelnen Schülern Möglichkeiten des „Praxislernens" anbieten können [...]. Vor Abschluss des Schulvertrages werden die Eltern in Gesprächen mit unserem Konzept vertraut gemacht. Diese Gespräche sind notwendig, um auf die vielfältigen Fragen, Wünsche und Ängste der Eltern bezüglich des ungewöhnlichen Schulmodells schon im Vorfeld einzugehen."

Beispiel 2: Freie Schule Leipzig

Die Freie Schule Leipzig ist die einzige Freie Schule im Bundesverband der Freien Alternativschulen mit einer Genehmigung aus der DDR. Sie ist im September 1990 genehmigt worden. Eltern und Mitarbeitende der Freien Schule Leipzig waren 2007/08 maßgeblich an der Gründung der European Democratic Education Community (EUDEC e.V.) beteiligt. Ihr Konzept hat die Freie Schule Leipzig in den letzten Jahren überarbeitet und modifiziert. Über die Rolle der Eltern ist dort Folgendes zu lesen (FREIE SCHULE LEIPZIG 2014, 17):

„Auch für die Eltern soll die Schule ein Ort sein, an dem sie sich wohlfühlen und in dem sie willkommen sind. Die Eltern sind für uns kompetente Partner und wir nehmen sie mit ihren Fragen ernst. Ihre Kinder verbringen viel Zeit in der Schule und wollen die Eltern in der Regel an ihren Erlebnissen und Entdeckungen teilhaben lassen. Das tägliche Abholen in den ersten Jahren, Schulfeste und Präsentationen sind Gelegenheiten, bei denen die Eltern am Schulleben ihrer Kinder direkt teilhaben können. Gern können Eltern sich nach Absprache auch durch Hospitationen im Schulalltag ein eigenes Bild vom Leben und Lernen in unserer Schule machen.

Elternabende: Regelmäßig laden wir die Eltern zu Elternabenden ein, bei denen einzelne Aspekte des Schullebens intensiver beleuchtet werden. Bei Gruppen-Elternabenden stehen Entwicklungsprozesse in der jeweiligen Gruppe im Vordergrund, bei offenen Elternabenden geht es um Themen, die alle Eltern betreffen. Immer wieder laden wir auch Vertreter anderer Freier Schulen aus dem In- und Ausland ein, Wissenschaftler oder Autoren, die sich mit Themen wie Alternativschulen, Offener Unterricht oder Demokratische Schulen beschäftigen. So bieten wir den Eltern die Gelegenheit, mit diesen Menschen ins Gespräch zu kommen und mehr über die Hintergründe und Leitgedanken unseres Schulmodells zu erfahren. Eltern organisieren auch Elternabende in Eigenregie ohne Beteiligung der Lehrer, an denen sie sich über ihre Erfahrungen austauschen und offene Fragen miteinander besprechen.

Elterngespräche: Regelmäßige Elterngespräche dienen der Transparenz und sind unerlässlich für eine gute Kommunikation zwischen Eltern und Lehrern. Alle Lehrer haben pro Woche eine Stunde für Elterngespräche fest eingeplant. Die Termine hängen in einer Liste aus, so dass Eltern sich ganz einfach für Gespräche eintragen können. Bei Bedarf können auch Termine außerhalb dieser Zeiten vereinbart werden. In der Regel sind beide Lehrer einer Gruppe beim Gespräch dabei. Einer führt das Gespräch, der andere protokolliert die Themen, offene Fragen und gegebenenfalls getroffene Verabredungen. Erfahrungsgemäß beginnt für die Eltern, wenn sie ihre Kinder zu uns in die Schule geben, ein eigener Entwicklungsprozess, in dem sie ihre Vorstellungen über Kindheit, Entwicklung und Lernen kritisch überprüfen. Die Reflektion dieses Prozesses ist immer wieder Gegenstand in den Elterngesprächen. Wir sehen uns in diesem Prozess als unterstützende Partner.

Elternmitarbeit: Eltern sind wichtige Mitglieder der Schule, ohne deren Engagement sie nicht existieren könnte. Es gibt vielfältige Möglichkeiten, sich ins Schulleben einzubringen. Das geht von der Begleitung bei Ausflügen bis zu eigenständigen Angeboten, in denen sie ihre Kompetenzen den Kindern und Jugendlichen zur Verfügung stellen. In verschiedenen Gremien und Gruppen können Eltern das Schulleben organisatorisch unterstützen und mitgestalten und Perspektiven und Projekte entwickeln [...].

Selbstorganisation: Wie fast alle Aspekte unseres Schullebens hat sich auch die Elternmitarbeit im Verlauf der Schulgeschichte weiterentwickelt. In den letzten Jahren haben die Eltern zunehmend mehr Verantwortung übernommen."

Die Gegenüberstellung der Ausschnitte aus den beiden Konzepten zeigt, dass die Eltern gewürdigt werden. Zum einem mit ihrem Vertrauen in ihre Kinder das

Fundament der Schule zu bilden, zum anderen als kompetente und unerlässliche Partner*innen für ihre Kinder und die Schule. Welche Unterstützungen von Seiten der Schule gewünscht werden, wird teilweise sehr konkret beschrieben. Bei der Netzwerk-Schule wird zudem die Grenze der Einflussnahme der Eltern durch Wegfall des Stimmrechts in der Schulversammlung gezogen. In der Freien Schule Leipzig werden die Eltern als willkommene Mitglieder gesehen, die mit ihrer verantwortlichen und verlässlichen Mitarbeit z.b. die Erweiterung erst möglich gemacht haben. Ein Stimmrecht in der Schulversammlung wird nicht erwähnt. Beide Beispiele zeigen, dass die Schulbetreiber*innen sich durchaus Gedanken über die Rolle und Stellung der Eltern in der Schulgemeinschaft machen. Aber beide Schulen schließen Eltern aus der demokratischen Teilhabe an Entscheidungen im Schulalltag konsequent aus.

5 Klare Zuständigkeit vs. Sich-ausgeladen-Fühlen

In selbstverwalteten, demokratischen Organisationen ist eine klare Entscheidungsstruktur unerlässlich: Wer entscheidet was unter welchen Voraussetzungen, und wer trägt die Verantwortung für die Entscheidung? So birgt eine klare Zuständigkeit auch ein großes Maß an Sicherheit und Systemstabilität. Jede*r weiß von vornherein, wann und in welchem Rahmen sie*er gefragt und am Schulleben beteiligt ist. Bleibt die Teilhabe der Eltern nicht nur auf dem Papier, sondern auch im gelebten Alltag auf der rein organisatorisch-verwalterischen Ebene, kann das mitunter dazu führen, dass ein Gefühl der hierarchischen Unterordnung überwiegt. Dies führt dann zu Missstimmung, Dissonanzen, Verunsicherung, und schlimmstenfalls zu einem schwelenden ‚Machtkampf‘ zwischen Mitarbeiter*innen und Eltern. Der Grund dafür scheint klar: Das Gefühl, nur ‚Zaungast‘ zu sein, nicht eingeladen und dennoch dabei zu sein, generiert ein gewisses Ohnmachtsgefühl des Sich-fügen-Müssens. Wenn hier nun bedacht wird, dass viele Eltern ihre Kinder bewusst aufgrund eines tiefen Demokratieverständnisses an diese Schulen geben, scheint dieses emotionale Missverhältnis ein offensichtlicher Schiefstand zu sein. Der Inklusionsgedanke dürfte dazu einladen, sich in Ruhe das Spannungsfeld zwischen Systemstabilität und der tatsächlichen Einbeziehung von Eltern in Entscheidungsprozesse zu betrachten.

6 Eltern: Forderer und Förderer

Schaut man auf das ‚Warum' der Divergenz, wird klar, dass sich eine mögliche Lösung in beide Richtungen dieses Kontinuums richten muss. Wenn es etwas Konstantes an Demokratischen Schulen gibt, dann den Wechsel zwischen der Lebendigkeit und dem Unbeständigen – schon, weil die ‚lernende Gemeinschaft' ihre vermeintlichen Fehler zu nutzen weiß und Veränderungen ein fester Bestandteil des Schulalltags sind, aber auch, weil jedes Jahr neue Gesichter in die Schule kommen. So muss ein demokratisches System einen so stabilen Rahmen schaffen, dass sich das System selbst am Leben erhalten kann. Die Wandlung darf lediglich das Bild neugestalten, während die Form des Rahmens bestehen bleibt. Will eine Schule eine Demokratische bleiben, muss dies konzeptionell sichergestellt werden. Nicht selten finden offen oder versteckt, aber auch ‚offiziell' im Rahmen eines Austausches zwischen Eltern und Schulteam, Diskussionen über basale Dinge wie die ‚Verbindlichkeit' von Angeboten statt: Wo Eltern in Sorge sind um die Unterstützung der Kompetenzen ihre Kinder, sind Teams in Sorge um die Entscheidungsfreiheit, die einen Grundpfeiler vom Sein an Demokratischen Schulen darstellt. Beides sind existentielle Sorgen, die Gehör finden müssen (unter Umständen beim jeweils anderen). Ist der Rahmen nicht klar genug und wird an dieser Stelle zu voreingenommen zugehört, kann es zu Verhärtungen kommen, und das Thema frisst sich fest im System. Es wird ein erwachsenes Gerangel und die Schüler*innen drohen aus dem Blick zu rücken. Auch die Eltern werden schnell zu dieser anonymen Masse (‚Die Eltern'), und es wird versucht, sie bei der Entscheidungsfindung außen vor zu lassen, denn der Rahmen droht auseinander zu fallen. Eltern sind dann exkludiert. Sie werden außerhalb des Rahmens gehalten, sobald der Eindruck entsteht, dass sie diesen bedrohen. Eine solche Bedrohung kann schon in neugierigem Hinterfragen gesehen werden. Bei Festen hingegen haben Eltern beispielsweise für saubere Räumlichkeiten und Kuchen zu sorgen, was sie selten als Zeichen von Wertschätzung empfinden. Diese jedoch ist wichtig, um einen inklusiven Prozess voranzutreiben. Wertschätzung meint hier: Im-Gespräch-Sein, Anerkennung (auch beiderseitiger Sorgen), Vertrauen-Schaffen und Beziehung-Leben – auch mit den Eltern. Mimsy Sadofsky (1999, 91), Lehrerin an der Sudbury-Schule in Framingham, Massachusetts, USA, schreibt: „In fact, sending a child to such a school is a courageous and still an almost unique choice". Dies soll hier zeigen, weshalb das Elternsein an einer Demokratischen Schule auch immer eine berechtigte emotionale Ebene hat. Über weitere Punkte, auf die sensibel geschaut werden kann, erzählt die Demokratische Schule Kapriole aus Freiburg auf ihrer Homepage (Kapriole o.J.):
„Immer wieder ist die Kapriole für Eltern aber auch eine große Herausforderung – müssen sie sich doch von ihren eigenen schulischen Lernerfahrungen verabschieden und ertragen, dass ihr Kind einen ihnen größtenteils unbekannten Weg

des Lernens einschlägt. Zweifel treten auf, wenn das Kind sich nicht mit Schreib-schrift beschäftigen will oder wenn die Lernerfolge nicht abrufbar sind wie eine aufgesagte Einmaleins-Reihe."
Den Mut der Eltern bei der Anmeldung und Begleitung ihrer Kinder an Demokra-tischen Schulen anzuerkennen und diesen bewusst in schulische Prozesse einzu-binden ist ein wichtiger Schritt.

7 Einladen – Diversität als Chance

Sicher sind sich Demokratische Schulen dieser Herausforderung bewusst und re-agieren ganz unterschiedlich darauf. Bei der International Democratic Education Conference 2016 (idec@eudec) in Finnland war dieses Thema Anlass für min-destens vier Workshops, die leider in der Mehrzahl von Eltern besucht wurden, sodass ein Austausch mit Mitarbeitenden oder gar Schüler*innen von Demokrati-schen Schulen hier kaum möglich war. Gleichwohl wurde offensichtlich, wie mit Eltern an Demokratischen Schulen weltweit gearbeitet wird, und wie sie einbezo-gen werden. Das Bewusstsein darüber, dass sie ein wichtiger und wertvoller Teil der Schulgemeinschaft sind, war überall vorhanden. Wir waren Teilnehmerinnen dieser Workshops und möchten einige mündlich überlieferten Erfahrungen im Folgenden wiedergeben:

- In der RTC Gaia School in Hongkong etwa werden Eltern im ersten Jahr an der Schule eingeladen, eine Fortbildung zu besuchen: An sechs Wochenenden im Jahr lernen sie das Konzept der Schule mit seinen Pfeilern (Menschlichkeit, Autonomie und Natur) nicht nur kognitiv kennen, sondern erleben es real. Für die Verantwortlichen in der Schule hat sich dieses Angebot sehr bewährt, denn so wird sichergestellt, dass die Eltern das Konzept wirklich verstehen und un-terstützen. Außerdem lernen sie die Art und Weise der Mitarbeitenden kennen, was ebenfalls das Vertrauen stärkt.
- In der Democratic School de Ruimte in Soest in den Niederlanden werden die Eltern zu mindestens zwei Abenden verpflichtet, an denen sie das in der Schule genutzte Verfahren der Konsententscheidung kennen lernen und erleben, wie dort Konflikte per Mediation gelöst werden. Es wird berichtet, dass selbst ge-standene Manager*innen von der Effektivität und Effizienz der Methoden er-staunt sind.
- In einigen Demokratischen Schulen in Israel ist es möglich, dass Eltern Anträge an die Schulversammlung stellen und auch angehört werden, wenn mehr als fünf Eltern den Antrag unterzeichnen – jedoch ohne später darüber abstimmen zu können.
- In einigen Demokratischen Schulen in Deutschland können Eltern Mitglieder des Schulträgervereins sein und haben somit mindestens einmal jährlich die

Möglichkeit, in der Mitgliederversammlung an möglicherweise richtungsweisenden Grundsatzentscheidungen der Schule mitzuwirken.

Der überall zu hörende Wunsch der Eltern ist, sich willkommen zu fühlen an den Schulen ihrer Kinder. Es ist davon auszugehen, dass Eltern überwiegend eine sehr bewusste Entscheidung für eine Demokratische Schule getroffen haben und Kinder nicht zufällig dort gelandet sind. Deshalb ist auch zu bedenken, dass diese Eltern ein erhöhtes Interesse am Schulleben haben und Demokratische Schulen also gut beraten sind, wenn sie Antworten und Angebote für die Anliegen der Eltern haben und diese nicht konsequent mit der Begründung ausschließen, dass Demokratische Schulen schülerzentriert seien und Eltern für Kinder in schulischen Prozessen sogar schädlich sein könnten. Viel wichtiger als die Entscheidungsmöglichkeiten erscheinen die Beziehungsmöglichkeiten, die Eltern angeboten werden. Fühlen sie sich willkommen und eingeladen? Gibt es regelmäßige Gesprächsmöglichkeiten? Sind Mitarbeitende bereit und in der Lage, zweifelnde Eltern in der Rückgewinnung ihres Vertrauens zu stärken? Welche Möglichkeiten haben Eltern, die Atmosphäre des Schullebens kennenzulernen? Das sind Fragen, die Demokratische Schulen auch in Hinblick auf Inklusion beantworten können sollten, um Eltern nicht nur als Geldgeber*innen und Putzhilfen zu sehen, die blind vertrauen sollen. Der Fokus kann dabei auf der selben Blickrichtung liegen, die Einigkeit herzustellen vermag: „However, what our parents do share is an overwhelming desire to do the best they possibly can for their children" (SADOFSKY 1999, 88).

8 Wie kann es weitergehen?

Der Blick über den Tellerrand, die Vernetzung Demokratischer Schulen, der Austausch über Bedürfnisse, Fragen, Anliegen und den gewünschten Umgang miteinander, können – im Verhältnis von Schule und Elternhaus – die Teilhabe von Eltern in die Schulgemeinschaft befördern.

Der Frage danach, wie Teilhabe von Schüler*innen und auch Mitarbeitenden in konventionellen, und in reformpädagogisch orientierten Schulen funktionieren kann und wie das menschenrechtlich zu bewerten ist, nähern sich andere Beiträge dieses Bandes.

Wie es mit Eltern an Demokratischen Schulen gelingen kann, haben wir versucht anhand der Herausforderungen in den Grundzügen zu skizzieren. Unser Zwischenfazit lautet daher an dieser Stelle: durch Beziehung und echte Begegnung in der Gemeinschaft mit allen, die dazugehören (wollen).

Dazu kann gehören:

• die explizite Einladung oder gar Verpflichtung der Eltern, im Schulalltag zu hospitieren,

- ein ehrliches und offenes Gesprächsangebot für Eltern zu ihren Anliegen, ein Mentor*innensystem für Eltern mit besonderen Fragen, ein Fortbildungsangebot für Eltern,
- Neugierde auf elterliche Fragen,
- die Beschäftigung mit den eigenen Überzeugungen in Bezug auf Eltern und
- ein respektvolles Annehmen der Eltern als echte Partner*innen im Schulleben.

Demokratische und Freie Schulen haben wie kaum andere die Chance, die interessierten und engagierten Eltern ihrer Schüler*innen einzubinden und teilhaben zu lassen. Sie können die Eltern als Ressourcen nutzen, nach denen viele andere Schulen sich immer wieder sehnen. Auch das ist gelebte Inklusion.

Literatur

BFAS (2011): Grundsätze Freier Alternativschulen. Berlin. Im Internet: www.freie-alternativschulen. de/attachments/article/63/Grunds%C3%A4tze%20Freier%20Alternativschulen%202011%20 erg%C3%A4nzt%202012.pdf (letzter Abruf: 30.10.2016)

BOBAN, Ines & HINZ, Andreas (2011): Wählen, was, wie und wann lernen: Inklusion und ‚Democratic Education'. In: GEW HAMBURG (Hrsg.): Inklusion heißt Einbezogen sein. Eine Festschrift zum 90. Geburtstag von Dr. Hermann Schwarz. Hamburg: Selbstverlag 2011, 57-68

BOBAN, Ines, KRUSCHEL, Robert & WETZEL, Anja (2012): The Marriage of Inclusive and Democratic Education. In: SEITZ, Simone, FINNERN, Nina-Kathrin, KORFF, Natascha & SCHEIDT, Katja (Hrsg.): Inklusiv gleich gerecht? Inklusion und Bildungsgerechtigkeit. Bad Heilbrunn: Klinkhardt, 174-179

FREIE SCHULE LEIPZIG (2014): Konzept. Demokratisch – Nachhaltig – Inklusiv. Im Internet: www. freie-schule-leipzig.de/wp-content/uploads/2012/12/fsl-konzept-2014-web3.pdf (letzter Abruf: 30.10.2016)

HERSHKOVITZ, Meital, SIMON, Jaqueline & SIMON, Toni (2017): Menschenrechte, Demokratie, Partizipation und Inklusion – ein (fast) in Vergessenheit geratenes Wechselverhältnis? In diesem Band

KAPRIOLE (o.J.): Eltern lernen mit…. Im Internet: www.kapriole-freiburg.de/deutsch/fakten/lernen-de-eltern/ (letzter Abruf: 30.10.2016)

KRIESEL, Nicola (2011): Frei wovon und frei wozu? Das Bundestreffen Freier Alternativschulen 2011 in Berlin. In: Unerzogen Magazin 2/2011, 28-29. Im Internet: www.unerzogen-magazin.de/download/?b=false&artID=238 (letzter Abruf: 30.10.2016)

KRIESEL, Nicola & ENGELHARDT, Kerstin (2015): Inklusion in der Organisationsentwicklung. Im Internet: blog.socius.de/inklusion-der-organisationsentwicklung (letzter Abruf: 30.10.2016)

NETZWERK-SCHULE (2007): Konzeption. Fassung vom 22. Oktober 2007. Im Internet: schule.netzwerkspielkultur.de/fileadmin/user_upload/schule/downloads/netzwerk-schule_20071024.pdf (letzter Abruf: 30.10.2016)

SADOFSKY, Mimsy (1999): How it Feels to Send Your Child to a "Free" School. In: SADOFSKY, Mimsy & GREENBERG, Daniel (Hrsg.): Reflections on the Sudbury School Concept. The Sudbury Valley School Press: Framingham, MA, 88-96. Im Internet: www.sudval.com/05_parentsandschool.html (letzter Abruf: 30.10.2016)

SCHULZ, Eberhard (2016): Inklusion ist, wenn keiner mehr darüber spricht. In: Unerzogen Magazin 3/2016, 58

WIKIPEDIA (2016): Demokratische Schulen. Im Internet: de.wikipedia.org/wiki/Demokratische_ Schule (letzter Abruf: 30.10.2016)

WILKE, Martin (o.J.): Vergleich Sudbury – Summerhill. Im Internet: Im Internet: sudbury-berlin.de/sudbury-schulkonzept/texte/vergleich-sudbury-summerhill/ (letzter Abruf: 30.10.2016)

David Jahr und Robert Kruschel

Homeschooling als Alternative zur schulischen Bildung: Überlegungen zum Unterricht zu Hause aus der Perspektive inklusiver Pädagogik

1 Einleitung: Schulpflicht als Menschenrechtsverletzung?

„Hier wird ein grundlegendes Menschenrecht verletzt, kein Land der Welt hat dazu das Recht. (...) Die deutsche Regierung bezeichnet Homeschooler als Mitglieder einer Parallelgesellschaft und versucht sie auszumerzen. Das ist verrückt und dumm und widerspricht all dem, was wir Amerikaner glauben. (...) Dieses Urteil ist beschämend für Deutschland. Wir hoffen, es wird Deutschland davon abhalten, Heimschüler weiter zu verfolgen." (FAZ ONLINE 2010)

So zitiert die Frankfurter Allgemeine Zeitung den US-amerikanischen Einwanderungsrichter Lawrence Burman. Der Richter gewährte mit dieser Begründung der Familie Romeike aus Baden-Württemberg Asyl. Ihr wurde es in Deutschland wiederholt verboten, die fünf Kinder zu Hause zu unterrichten. Nach längeren Auseinandersetzungen mit den deutschen Behörden entschließt sich Familie Romeike letztendlich zur Emigration in die USA. Die dortigen Behörden nehmen den Fall ernst: 2014 bekommen sie ein zeitlich unbegrenztes Aufenthaltsrecht durch die US-Heimatschutzbehörde (vgl. DALKOWSKI 2016). Familie Romeike lebt seitdem in Morristown (Tennessee) und unterrichtet ihre Kinder zu Hause. Nach Presseberichten wollten die Eltern, die als „evangelikale Christen" und „sehr konservative Gläubige" (ebd.) bezeichnet werden, ihren Kindern das „unchristliche Treiben" (SPIEGEL ONLINE 2014) an staatlichen deutschen Schulen ersparen. Die Aufnahme der Familie in die USA begründet Richter Lawrence Burman weiter damit, dass sie in Deutschland „eine gut begründete Furcht vor Verfolgung" (FAZ ONLINE 2010) habe. Der zwingende Besuch der Institution Schule, um der Schulpflicht nachzukommen – so die sich hier abzeichnende Argumentation – verletze grundlegende *Menschenrechte*.

Die sich an solche Fälle anschließende gesellschaftspolitische Debatte um Schulpflicht wird häufig als menschenrechtliche Kontroverse geführt (vgl. MARAUHN 2012, 99). Zivilgesellschaftliche Initiativen wie bspw. das Kinderrechteprojekt ‚KinderRÄchTsZÄnker' (Krätzä) aus Berlin bezeichnen die Schulpflicht als „grundlegendste Menschenrechtsverletzung im Bereich Schule" (KRÄTZÄ o.J.). Die Gruppe listet eine Reihe von Artikeln der Allgemeinen Erklärung der

Menschenrechte auf, die aus ihrer Sicht durch die Schulpflicht verletzt würden. Ein bedeutender deutschsprachiger Interessenverband ‚Schulunterricht zu Hause e.V.‘ argumentiert für sein Anliegen „zur Unterstützung und Durchsetzung von Schulbildung für Kinder und Jugendliche im Elternhaus und in privaten Schulinitiativen" mit Verweisen auf ein „natürliches Erziehungsrecht der Eltern" sowie auf das „Grundrecht der Religions- u. Gewissensfreiheit" (SCHUZH o.J.). Im Bereich der Wissenschaft argumentieren Forscher wie Ulrich KLEMM (2009) mit Bezug auf die Kinderrechtskonvention, dass die Schulpflicht eine Menschenrechtsverletzung sei, da mit ihr die Würde des Kindes angetastet würde (vgl. ebd., 33f).

Es ergibt sich die Frage, wie das Unterrichten von Kindern und Jugendlichen in den eigenen vier Wänden anstatt in privaten oder staatlichen Schulen einzuschätzen ist. Dies wird in diesem Artikel nicht rechtlich, sondern pädagogisch vor dem Hintergrund von *Inklusion* diskutiert. Inklusion wird als ein *menschenrechtsbasierter* Ansatz verstanden, der sich in zahlreichen internationalen Menschenrechtsdokumenten wiederfindet und zuletzt in der Behindertenrechtskonvention der Vereinten Nationen konkretisiert wurde. Mit WOCKEN (2009) ist Inklusion zu verstehen als weitestreichende *Qualitätsstufe*, die allen Menschen „Recht auf Selbstbestimmung und Gleichheit" zukommen lässt und in einer „rechtliche[n] Anerkennung" fundiert ist (ebd., 223). Es wird sich dabei nicht auf eine verengte, sonderpädagogische Lesart von Inklusion bezogen, in der es primär um Teilhabe an allgemeinbildenden Schulen für Kinder und Jugendliche mit Behinderung geht. Vielmehr wird Inklusion mit Bezug auf HINZ (2008, 33f) als Ansatz verstanden, der menschlicher Vielfalt grundsätzlich positiv gegenüber steht und dies auf *alle* möglichen Heterogenitätsdimensionen bezieht. Inklusion fordert die Teilhabe an allen gesellschaftlichen Orten und ist letztendlich eine visionäre Idee: das regulative Ideal ist die *inklusive Gesellschaft*, in der soziale Diskriminierung und Marginalisierung keine Praxis zwischenmenschlicher Beziehungen mehr sind. Um der Frage nachzugehen, wie das Unterrichten der Kinder in den eigenen vier Wänden vor dem Hintergrund einer inklusiven Pädagogik eingeschätzt werden kann, soll wie folgt vorgegangen werden: Im nächsten Punkt (2) geht es um eine Ordnung und Bestimmung der zentralen Begriffe Homeschooling, Home Education, Unschooling und Deschooling. Daran anschließend (3) soll die Situation von Homeschooling in Deutschland in Abgrenzung zu anderen Ländern dargestellt werden. Unter Punkt 4 werden einige Erkenntnisse zur Praxis des Homeschooling zusammengefasst. Schließlich wird (5) das Konzept vor dem Hintergrund einiger Ansprüche einer inklusiven Pädagogik diskutiert. Es werden drei Chancen und drei Risiken formuliert, die sich u.E. in einem ersten Zugriff herausstellen lassen. Abschließend (6) wird ein möglicher inklusionsbezogener Kompromiss zum Umgang mit Homeschooling formuliert.

2 Schule als Kontrast: Zu den Begriffen Homeschooling, Home Education, Unschooling und Deschooling

Das Konzept, die eigenen Kinder zu Hause zu unterrichten, ist hierzulande relativ unbekannt. Im deutschsprachigen Raum findet sich eine Reihe differierender Bezeichnungen („Hausunterricht', ,Heimschule', ,Heimunterricht', etc.), von denen sich bisher keine prominent durchgesetzt hat. Eine der wenigen empirischen Arbeiten zu diesem Phänomen hierzulande stammt von Thomas SPIEGLER (2008). Er hat sich mit den unterschiedlichen Begrifflichkeiten auseinandergesetzt und gezeigt, dass auch im englischen Diskurs mehrere Bezeichnungen existieren, die kaum trennscharf voneinander abgegrenzt werden können. Der am häufigsten anzutreffende Begriff in der öffentlichen Auseinandersetzung ist der des ,Homeschooling', während im wissenschaftlichen Kontext vor allem der Terminus ,Home Education' Verwendung findet, der wiederum ein größeres Spektrum abdecken soll (ebd., 11ff).[1] Volker LADENTHIN (2010a) spricht von elf Bedingungen, die Homeschooling spezifizieren.

> „Darunter versteht man die (1) systematisch geplante (2) Organisation von (3) Unterricht und (4) Erziehung (,Bildung') für (5) schulpflichtige Kinder und Jugendliche, die mit (6) spezifischem Lehr- und Lernmaterial und unter der (7) Zielperspektive formaler Abschlüsse (8) ausschließlich oder weitgehend von (9) Eltern dieser Kinder im (10) häuslichen Umfeld gewährleistet wird und somit (11) den regulären Schulunterricht ganz oder teilweise ersetzt" (ebd., 21).

Homeschooling ist damit ein Ansatz, der die in der modernen Gesellschaft etablierte ,Arbeitsteilung' von Erziehung und Bildung zwischen Familie und Schule (THIEL 2016, 14) zugunsten ersterer wieder auflöst. Dabei ist wichtig zu betonen, dass Homeschooling eine *bewusste* Entscheidung von Eltern ist, ihre Kinder nicht in eine *prinzipiell verfügbare* Schule zu geben – aufgrund von als untragbar verstandenen Zuständen in dieser Schule oder mit Blick auf besondere Bedürfnisse des betroffenen Kindes. Homeschooling ist damit nicht mit ökonomischen oder politischen Zwangssituationen von Familien zu verwechseln, die aus solchen Gründen keinen Schulbesuch ihrer Kinder verwirklichen. Diese Kinder wiederum werden von der UNESCO mit dem Begriff „out-of-school children" gefasst (DEUTSCHER BUNDESTAG 2009, 3).

Von Homeschooling abzugrenzen sind die Begrifflichkeiten ,Unschooling' und ,Deschooling'. SPIEGLER (2009) differenziert unterschiedliche „Konstellationen" in der Gestaltung des Heimunterrichts und zeigt damit, dass es nicht nur eine Form von Homeschooling gibt. Dabei stellt Unschooling als „selbstbestimmtes"

---

1 Eine sehr genaue und graduelle Auseinandersetzung zwischen den unterschiedlichen Begrifflichkeiten findet sich bei GRIFFITH (1999).

oder „natürliches Lernen" (ebd., 146) und im Gegensatz zu den beiden anderen Konstellationen „Schule zu Hause" und „Lernen zu Hause" den „maximalen Kontrast zum vorherrschenden Bildungsverständnis" (ebd., 150) dar, das in Schule als Ort des formalen Lernens verwirklicht wird. Dieser Bestimmung schließt sich auch Franz REIMER (2012) an, geht dabei aber über den Kontext von Homeschooling hinaus. Er versteht Unschooling größer als „Bewegung, die sich für den Lernprozess des Kindes nicht an strukturiertem Unterricht nach dem Vorbild der Schule orientiert, sondern freies Lernen bevorzugt" (ebd., 12). Organisation und didaktische Rahmung des Lernprozesses werden hier abgelehnt, entscheidend ist das angeborene Interesse des Kindes zu lernen.

Deschooling (bzw. im deutschen Sprachraum Entschulung) wiederum ist eine Begrifflichkeit, die v.a. Ivan ILLICH (2013) in den 1970er geprägt hat. Sie beschreibt die fundamentale Kritik an einer als totalitäre Institution verstandenen Schule und fordert die gesellschaftliche Abkehr von dieser. Die „Entschulung der Gesellschaft" (ebd., 176) geht sehr viel weiter als Homeschooling: hier wird nicht nur nach einer Alternative zum Unterricht in der Institution Schule gesucht, sondern diese vom Grunde auf als Missstand abgelehnt. Es geht nicht um friedliche Koexistenz, sondern um eine radikale gesellschaftliche Alternative, die ILLICH als „ein Netzwerk oder ein[en] Service, der jedermann die gleiche Gelegenheit bietet, seine jeweiligen Anliegen mit anderen zu teilen, welche dieselben Anliegen haben" (ebd., 40) beschreibt. Damit folgen Homeschooling und Deschooling zwar gleichzeitig einer Kritik an der Institution Schule, indem der „enge(n) Verknüpfung von Lernen und Schulraum" (SPIEGLER 2009, 141) widersprochen wird. Die Reaktionen auf diese Kritik sind aber von sehr unterschiedlicher Reichweite. In diesem Beitrag wird sich auf den Begriff *Homeschooling* bezogen, da er u.E. eine größere Verbreitung in der Debatte besitzt als Home Education. Unschooling ist die weitreichendste Unterform von Homeschooling, in der Lernen zu Hause ohne Orientierungen an den Abläufen in Schule und mit Betonung des informellen Lernens verwirklich wird. Bei all dem steht aber keine Ablehnung von Schule als solches (Deschooling) zur Debatte, sondern die Frage nach einer *Alternative* zur zentralen Bildungsinstitution Schule.

3 Zum Stand von Homeschooling in Deutschland und weltweit

Deutschland befindet sich durch sein striktes Verbot von Homeschooling im Vergleich zu anderen westlichen Nationen in einer Sonderrolle[2]. In den USA geht die dort legale Homeschooling-Bewegung auf historische Wurzeln bis zum Ende

---

2 Eine Übersicht der gesetzlichen Ausgangslage der Staaten Europas findet sich bei EDEL (2008, 19).

des 19. Jahrhunderts zurück. Bis in die 1970er jedoch war Homeschooling nicht in allen US-Bundesstaaten erlaubt und spielte auch sonst eine untergeordnete Rolle. Erst seit dieser Zeit steigt die Zahl der Homeschooler enorm an. BECK sieht die zunehmende Verbreitung von Homeschooling in einem engen Zusammenhang zur Globalisierung, da Eltern, die sich für diese Art der Bildung für ihre Kinder entscheiden, häufig aus beruflichen Gründen im Ausland gewesen sind, Ausländer*innen geheiratet haben, im Ausland aufgewachsen sind oder sich über das Internet ins Ausland vernetzen könnten (vgl. BECK 2004, zit. in SCHIRRMACHER 2005, 13).

Rund zwei Drittel der heutigen Homeschooler in den USA gehören dem christlich-evangelikalen Milieu an, während das andere Drittel aus schulkritischen säkularen Kreisen stammt. Homeschooling ist heute u.a. in Kanada, Australien und Neuseeland populär und findet dort zunehmend Verbreitung. In Europa ist der Unterricht zu Hause seit Beginn der 1990er Jahre in praktisch allen Staaten (meist unter Kontrolle) erlaubt und findet vor allem in Großbritannien und Frankreich Verbreitung (vgl. LADENTHIN 2010a, 31). In 24 der 35 OECD-Staaten im Jahre 2011 war Homeschooling erlaubt, doch nur 0,4% aller Schülerinnen und Schüler in diesen Staaten machten von dieser Möglichkeit auch tatsächlich Gebrauch. Lediglich der OECD-Staat Estland unterstützt Homeschooling-Familien über steuerliche Begünstigungen finanziell (vgl. OECD 2011, 540f).

In Deutschland wird seit den 1990er Jahren intensiver über Homeschooling debattiert und von Vertreter*innen der Szene eine Aufweichung der Schulpflicht[3] gefordert (vgl. LADENTHIN 2010a, 31). Ein Teil dieser Bewegung hat Überschneidungen zur Szene um Demokratische Schulen (vgl. HERSHKOVITZ, SIMON & SIMON; EHNERT & KRAMER in diesem Band). Historisch pikant ist der Umstand, dass in Deutschland einerseits seit 1717 eine Schulpflicht besteht, aber diese bis in das 20. Jahrhundert hinein keine Pflicht zum Besuch einer öffentlichen Schule gewesen ist, sondern es sich vielmehr um eine *Unterrichtspflicht* handelte, die dementsprechend auch Privat- und Hausunterricht zuließ. Auch wenn das Reichsgrundschulgesetz 1920 eine Befreiung von der Schulpflicht zu Gunsten des Hausunterrichts während der Grundschulzeit ausschloss, blieb es aufgrund der großen gesellschaftlichen Spannungen der Weimarer Republik in der Praxis oftmals weiterhin möglich, mit einer entsprechenden Genehmigung, Kinder zu Hause zu unterrichten. Der ‚radikale deutsche Schulzwang‘ wurde erst 1938 durch das Reichsschulpflichtgesetz im Nationalsozialismus eingeführt, das eine zwangsweise Zuführung von schulabstinenten Schüler*innen vorsah. Dieser Gedanke – und teilweise auch der konkrete Wortlaut – wurde in viele Landesverfassungen

---

3 Auf eine Skizzierung der Entwicklung der Schulpflicht wird an dieser Stelle verzichtet und stattdessen auf die ausführliche Darstellung aus juristisch-historischer Perspektive bei HANDSCHELL (2012) hingewiesen.

und Schulgesetze der einzelnen Bundesländer übernommen (vgl. SCHIRRMACHER 2005, 77ff und HANDSCHELL 2012).

Internationale Organisationen haben sich in jüngerer Vergangenheit befürwortend zu Homeschooling geäußert und dabei mitunter kritisch auf die strikte rechtliche Situation in Deutschland geschaut. Die OECD stellte in ihrem 1994 veröffentlichten Bericht „School: a Matter of Choice" klar, dass aus ihrer Sicht Homeschooling zu den üblichen Bildungsangeboten gehöre (vgl. OECD 1994). Der UN-Sonderberichterstatter Vernor MUÑOZ (2007) spricht sich in einem Bericht für ein öffentliches, freies und verpflichtendes Bildungssystem aus. Gleichzeitig erinnert er daran, „dass Bildung nicht auf reine Schulanwesenheit reduziert werden darf und dass Bildungsprozesse ausgebaut werden sollen, um sicherzustellen, dass sie immer und vorrangig den besten Interessen des Kindes dienen. [...] Die Förderung und Entwicklung eines Systems von öffentlicher, staatlich finanzierter Bildung sollte nicht die Unterdrückung von Bildungsformen zur Folge haben, die keine Anwesenheit in einer Schule erfordern"[4] (ebd., 16).

Das Bundesministerium für Bildung und Forschung (BMBF 2007) äußert sich wenig später direkt auf diesen Bericht, verteidigt dabei das strikte Verbot von Homeschooling in Deutschland und erwähnt in der Begründung eines der am häufigsten zu hörenden Vorwürfe gegen das Homeschooling: der Bildung von Parallelgesellschaften.

> „Die Schulpflicht leitet sich aus dem in der Verfassung verankerten staatlichen Bildungs- und Erziehungsauftrag ab (Art. 7 Abs. 1 GG). Dieser legitimiert sich durch das Gebot von Demokratie und Pluralismus, das in den Schulgesetzen der Länder den Verfassungsauftrag widerspiegelt. Homeschooling, das die Entstehung von Parallelgesellschaften befördert, indem es Kindern die Teilnahme an einer demokratischen Klassen- und Schulgemeinschaft verbietet, ist daher in Deutschland nicht erlaubt" (ebd., 2).

Dabei wird die bis heute geltende Haltung in der deutschen Politik und Rechtsprechung auf den Punkt gebracht. Auch zuvor hatte eine Familie durch alle Instanzen bis zum Bundesverfassungsgericht hindurch versucht, aus religiösen Gründen die Unterrichtung ihrer Kinder zu Hause rechtlich durchsetzen. 2006 bestätigte schließlich der EUROPÄISCHE GERICHTSHOF FÜR MENSCHENRECHTE (2006) die Urteile der deutschen Gerichte und dass diese nicht gegen die Europäische

---

4 „[...] it should be noted that education may not be reduced to mere school attendance and that educational processes should be strengthened to ensure that they always and primarily serve the best interests of the child. [...] The promotion and development of a system of public, government-funded education should not entail the suppression of forms of education that do not require attendance at a school" (dt. Übersetzung vom Netzwerk Bildungsfreiheit, es existiert keine offizielle Übersetzung der UN).

Menschenrechtskonvention verstoßen würden[5]. Trotz des strikten Verbotes gibt es jedoch einige Familie in Deutschland, die Homeschooling praktizieren. Der Wissenschaftliche Dienst des Deutschen Bundestages schätzt diese Zahl auf „ca. 300-500 Familien mit bis zu 1000 Kindern" (DEUTSCHER BUNDESTAG 2009, 13).

4 Ein Blick in die Praxis: Motive und Lerneffekte von Homeschooling

Die Gründe, warum Eltern sich dafür entscheiden, ihre Kinder zu Hause zu unterrichten, sind vielfältig. Ein christlich-fundamentaler Hintergrund der Familien, die Homeschooling praktizieren, steht zwar häufig in der medialen Auseinandersetzung mit dem Thema im Fokus, wird aber der Situation nicht vollständig gerecht. Die meisten Studien gehen von zwei soziokulturellen Hintergründen aus: meist stammen Homeschooling-Familien aus Milieus, die entweder als freikirchlich-evangelikal oder als links-alternativ bezeichnet werden können (vgl. HANDSCHELL 2012, 205). Von einer eher glaubensbezogenen Motivlage ist demnach eine eher reformpädagogische abzugrenzen.

Es existieren zahlreiche Studien im angloamerikanischen Raum, die je nach Ansatz und verwendeter Methodologie sehr unterschiedliche Ergebnisse in Bezug auf die Frage nach den konkreten Motiven zu Tage bringen, aus wissenschaftlicher Sicht jedoch kritisch zu betrachten sind (vgl. SPIEGLER 2008, 41ff). Neben religiösen Gründen werden Aspekte wie die Kritik an den sozialen und pädagogischen Bedingungen an staatlichen Schulen, der Wunsch nach einem stärkeren Einbezug der Interessen des Kindes in den Bildungsprozess, negative Erfahrungen mit dem Schulbesuch, der Erhalt der Familieneinheit oder spezielle Bedürfnisse des Kindes angeführt (ebd., 44). Für den deutschsprachigen Raum konnte SPIEGLER (vgl. 2008, 54ff) konkret folgende Motive herausarbeiten. Homeschooling wird praktiziert:

- für einen selbstbestimmten Alltag,
- für eine individuelle Wertevermittlung,
- für einen besseren Wissenserwerb,
- für das psychische und physische Wohlergehen des Kindes.

In Kreisen von Homeschooling Befürworter*innen werden gern erfolgreiche Einzelbeispiele hervorgehoben, wie das der zu Hause unterrichteten US-amerikanische

---

5 Selbst wenn das Urteil anders ausgefallen wäre, wäre dies für die deutsche Justiz nicht unbedingt bedeutend gewesen, denn „Urteile des EGMR können innerhalb des deutschen Rechts weder Gesetze noch Gerichtsurteile aufheben. Sie haben aber die Wirkung, dass mit ihnen zugleich der genaue Inhalt eines Bundesgesetzes, nämlich des EMRK-Zustimmungsgesetzes, im Einzelfall feststeht" (PFEFFER 2009, 232).

Turnerin Simone Biles, die im Alter von 19 Jahren alleine bei den Olympischen Sommerspielen 2016 vier Gold- und eine Bronzemedaille(n) gewann, um die Leistungsfähigkeit dieses Bildungsarrangements zu untermauern. Diese Geschichten über einzelne erfolgreiche Lernbiographien lassen allerdings keine verallgemeinerbaren Aussagen zur Effektivität von Homeschooling zu. Es fehlen, gerade auch in Deutschland, empirische Langzeitstudien. In den USA existieren Studien, die zeigen, dass die Leistung von Schüler*innen aus Homeschooling Familien die von solchen aus staatlichen Schulen ebenbürtig sind bzw. sogar übertreffen. Wie erwähnt bestehen allerdings auch hier zahlreiche methodische Defizite, die die Aussagekraft dieser Studien deutlich in Frage stellt (vgl. SPIEGLER 2008, 129f). FISCHER (2009, 211) hält es für plausibel, dass aufgrund der besseren Förderbedingungen im Rahmen von Homeschooling in kürzerer Zeit bessere Lernergebnisse erzielt werden könnten als in Schulen, gibt aber auch zu bedenken, dass dies von Faktoren wie der Motivation der Schüler*innen oder der Qualität des Unterrichts bzw. der Lehrkraft abhänge. Es bleibt aber insgesamt zu konstatieren, dass es keine verlässlichen Zahlen zur Effektivität von Homeschooling gibt, was nicht zuletzt auch mit der (hierzulande rechtlich bedingten) geringen Verbreitung zusammenhängt.

5 Homeschooling als Variante inklusiver Pädagogik und einer Bildung für alle?

Der Diskurs zur inklusiven Pädagogik weist einen engen Bezug zu Bildungsinstitutionen auf, wobei der Schwerpunkt auf Schulen und Schulsystemen liegt. So existieren zahlreiche Arbeiten zur Frage von Inklusion in *Kindertageseinrichtungen* und *Grundschulen* (vgl. bspw. BOBAN & HINZ 2015). Für den Bereich der *Sekundarschulen* ist die Diskussion weniger weit fortgeschritten. Hier muss von einer „disparate(n) Ausgangslage von Inklusion" (KIEL & WEISS 2016, 277) gesprochen werden. Für den Bereich der tertiären Bildung stehen Überlegungen zu Inklusion erst am Anfang (für den Bereich weiterführende Schulen und Lehrerbildung vgl. bspw. BOBAN & HINZ 2016) und sind auch hier primär auf die Institutionen *Schule* oder *Universität* bezogen.

Zum Kern des Konzepts Homeschooling gehört nun aber, dass jener Bezug zu Bildungsinstitutionen, also im Besonderen zur Schule, negativ markiert ist. Es geht um die Abgrenzung einer als unzureichend empfundenen Praxis *schulischer* Bildungsarbeit. Will man Homeschooling also vor dem Hintergrund einer inklusiven Pädagogik diskutieren, kann man dies nicht aus einer engen schulpädagogischen Perspektive heraus. Die Einordnung von Homeschooling als inklusive Pädagogik bedarf eines globalen Verständnisses von Inklusion. Damit wird Inklusion nicht etwa ‚überdehnt‘, handelt es sich ja auch im pädagogischen Diskurs hier um eine soziologische Idee, die auf die inklusive Gesamtgesellschaft zielt (vgl. HINZ 2008, 33f). Bei einer inklusionsbezogenen Betrachtung von Homeschooling muss das Credo der Inklusionsgemeinschaft einer ‚Schule für alle‘ weiter gedacht werden als ‚Bildung für alle‘. Gleichzeitig gilt, dass schulbezogene Fragen inklusiver Bildungs*praktiken* durchaus an Homeschooling gestellt werden können, da dort Unterricht (auch) reproduziert wird.

Chance 1: Homeschooling bietet die Möglichkeiten einer inklusiven,
kindzentrierten Didaktik

Inklusion fordert eine Sensibilität für die Vielfalt der einzelnen Lernenden. Das ist kein genuines Merkmal einer inklusiven Didaktik, sondern gilt für ‚guten‘ Unterricht generell. Inklusiver Unterricht bzw. inklusive Didaktik wird gleichzeitig von vielen Autor*innen über einige Besonderheiten charakterisiert. Eine der häufigsten Forderungen für diesen Unterricht ist die *Binnendifferenzierung* resp. Individualisierung der Lernenden (vgl. TEXTOR 2012). Es geht darum „den individuellen Voraussetzungen und Bedürfnissen der Schülerinnen und Schüler" (ebd.) gerecht zu werden. Homeschooling hat hier ganz andere Möglichkeiten. Bei diesem überwiegend in Familienverhältnissen praktizierten Lernen in Kleingruppen besteht die Gefahr nicht, dass Lernende durch einen auf „die Mittelköpfe kalkuliert(en)" (Ernst Christian Trapp) Unterricht in Großgruppen ‚gleichgeschaltet‘ werden. Die individuellen Voraussetzungen und Bedürfnisse des Einzelnen können nicht in der Masse der Lernenden verschwinden. Darüber hinaus haben Eltern ein ungleich höheres Erfahrungswissen über die (lernbezogenen) Eigenheiten ihrer Kinder und damit einen tieferen Zugang zum Kind. Auf Grundlage der großen gemeinsamen Erfahrungen zwischen Eltern und Kindern ist die Orientierung des Unterrichts an den Interessen der Lernenden viel unproblematischer.

Ähnliche Argumente zieht auch LADENTHIN (vgl. 2010a, 32) heran, um Homeschooling als pädagogische Praxis zu legitimieren. So könnten Kinder und Jugendliche im Rahmen des vorgegebenen Lehrplans in Homeschooling-Situationen bedürfnis- und interessengeleitet unterrichtet werden. Sie könnten hier individuell gefördert werden, unabhängig davon, ob es sich um ein hochbegabtes, verhaltensauffälliges oder so genanntes ‚lernbehindertes‘ Kind handele. In den für Homeschooling typischen Kleingruppen könnten sie besser als im Klassenverband an Regel- oder auch Förderschulen gefördert werden. Auch SPIEGLER (2009, 151) sieht Chancen von Homeschooling v.a. für bestimmte Kinder. Er zählt hier als Beispiel „abweichende Lernbedürfnisse" auf sowie „Kinder mit ADS/ADHS", für die „die Disziplinierungsanforderungen des Kollektivunterrichts im traditionellen Schulraum" (ebd.) eine Barriere sein können. Schüler*innen, die an Regelschulen als nicht ‚beschulbar‘ gelten, können durch Homeschooling formale Bildung erwerben. Homeschooling ist eine „Möglichkeit, hochgradig zu differenzieren bei

Kindern, die nicht in das Schulsystem passen" (LADENTHIN 2010b, 18). Inwiefern die nicht (in allen Fächern) schulfachlich ausgebildeten Eltern die hoch professionalisierten Lehrprozesse in Schulen reproduzieren können und welche Rolle dabei bestimmte Lernmaterialien spielen, muss zukünftige Forschung aufschließen. Die existierenden Beispiele zeigen jedoch, dass Homeschooling potenziell die Qualifikationsfunktion von Schule ersetzen kann und dabei einen deutlich kindzentrierteren Ansatz verfolgen kann.

Chance 2: Homeschooling bietet einen Ausweg aus möglichen problematischen Beziehungsstrukturen der Schulwelt

Lernen findet immer in Beziehungen statt. Schule ist bezüglich der Gestaltung von Beziehungen zu Gleichaltrigen und zu fremden Erwachsenen eine große Herausforderung für jedes Kind. Der Übergang in die Schule stellt oftmals einen ersten Übergang des familial bestimmten Erfahrungsraums in einen öffentlichen Raum dar, der mit bestimmten Rollen und Handlungserwartungen verbunden ist. Während Familien durch affektive Bindungen zwischen den Familienmitgliedern geprägt sind, wird in Schulen ein neutrales Verhalten erwartet: die „Rolle und nicht die Person (steht) im Vordergrund der gegenseitigen Wahrnehmung" (THIEL 2016, 18). Schule bedeutet damit immer auch (neue) Aushandlung von Beziehungen, sowohl auf der Ebene der Peers als auch zwischen dem Kind und den Erwachsenen bzw. Lehrpersonen, wobei letztere Beziehung von einer Machtasymmetrie zugunsten der Lehrpersonen geprägt ist (vgl. ebd., 13). Diese Aushandlungen verlaufen nicht immer und für jedes Kind unproblematisch. Peer-Beziehungen gelten einerseits als notwendig für die Ausbildung der eigenen sozialen Identität und können sehr nützlich sein für die Bewältigung individueller Entwicklungsaufgaben. Sie können aber auch „Modelle für entwicklungsabträgliche Verhaltensweisen [...] (sein), wie z.B. Drogenkonsum oder kriminelles Verhalten" (KESSELES & HANNOVER 2015, 286). Zu den sehr problematischen und immer wieder auftretenden Verhaltensweisen zwischen Peers gelten Aggression und Bullying. An deutschen Schulen werden durchschnittlich „zwischen fünf und elf Prozent der Schülerinnen und Schüler mindestens einmal pro Woche Opfer von Bullying" (ebd., 295). Cliquen haben das Bedürfnis, sich von anderen Mitschüler*innen abzusetzen. Es kommt zu Abgrenzungs- und Ausgrenzungsprozessen mit direktem Einfluss auf Lernleistung und Verhalten der betroffenen Lernenden. Lern- und Verhaltensprobleme sind häufig Ausdruck von Zurückweisung und fehlender Integration auf der Peer-Ebene. Im besonderen Maße betrifft dies Schüler*innen mit sonderpädagogischem Förderbedarf (vgl. THIEL 2016, 45f). Für inklusive Lernprozesse spielt die Beziehungsebene eine wichtige Rolle. Die von PRENGEL (2012) geforderten „Halt gebenden und responsiven Lehrer-Schüler-Beziehung(en)" (ebd., 176), die die „Selbstachtung und Anerkennung der Anderen" (ebd., 177) fördert, trifft in Homeschooling-Settings auf eine ganz andere Ausgangssituation. Wenn die Bedingung unproblematischer Familiensituation gegeben ist, dann kann das auch von TEXTOR (2012) geforderte „zwischenmenschliche(…) Verhältnis der Anerkennung aller am Unterricht Beteiligten" im Homeschooling Kontext deutlich einfacher zu verwirklichen sein als in der Schule. Die Schwelle familiärer Vertrautheit muss nicht überschritten werden. Homeschooling ist immer auch eine Kritik an den Beziehungs- und Interaktionswirklichkeiten an Schulen: den teilweise fehlenden persönlichen Beziehungen zwischen Lehrenden und Lernenden und einer mitunter bedrohlichen und kinderfeindlichen Umwelt durch Gewalt und Mobbing zwischen den Peers (vgl. LADENTHIN 2010a, 32f). Homeschooling kann ein (temporärer) Schutz vor den sozialen und emotionalen Herausforderungen sein, die Schule an ihre Mitglieder stellt. In diese Richtung argumentieren auch FISCHER & LADENTHIN (2009), die Homeschooling als Möglichkeit sehen, um das Problem eines „als schmerzhaft empfundenen möglichen Phänomens der Ausgrenzung aus der Klassengemeinschaft sowie anderseits das soziale Stigma, eine Förderschule besuchen zu müssen" (ebd., 166), zu umgehen.

Chance 3: Homeschooling bietet einen alternativen Bildungsort in einem problematischen Bildungssystem

Das existierende Bildungssystem in Deutschland wird von den Inklusionsvertreter*innen sehr kritisch gesehen. Durch seine sehr frühe Trennung von Lernenden in verschiedene Schulformen und die weiterhin verbreitete Ausgliederung von Schüler*innen mit diagnostiziertem sonderpädagogischen Förderbedarf in Sonderschulen reproduziert und verfestigt es massiv soziale Ungleichheiten. Es kann in Frage gestellt werden, ob sich damit die öffentlichen Institutionen wirklich in erster Linien an der Entwicklung des Kindes orientieren, wie es das Grundgesetz Deutschlands vorsieht (HANDSCHELL 2012, 202ff). Im Schulsystem Deutschlands sind zahlreiche Instrumente zur „Sicherung einer fiktiven Homogenität" (TILLMANN 2004, 9) installiert, die v.a. für Schüler*innen des ‚unteren Leistungsspektrums' sehr problematisch sind. Homeschooling kann als Alternative zur Schulbildung eine wichtige Exit-Option sein, um Kinder und Jugendliche nicht einer schulsystemischen Exklusion auszuliefern. Die Entscheidung für Homeschooling ist immer auch eine Kritik am staatlichen Schulwesen und den Stigmatisierungserfahrungen, die es verursacht, an dem u.a. durch PISA aufgezeigten mittelmäßigen Unterricht, den Standardisierungen, der Output-Orientierung und der fast ausschließlichen Konzentration auf den Abruf formalisierten Wissens (vgl. LADENTHIN 2010a, 32f). Eltern, die sich für Homeschooling entscheiden, tun dies sehr bewusst und zum Preis eines immensen zeitlichen Aufwands und geldlicher Einbußen, da ein Elternteil nicht (Vollzeit) arbeiten kann. Homeschooling ist daher „gerade kein Sich-Abfinden mit den Desintegrationstendenzen in der Gesellschaft dergestalt, dass die Kinder vor einer als gescheitert betrachteten

Gesellschaft abgeschottet werden, sondern ein Aufbegehren dagegen" (HAND-SCHELL 2012, 205).

Schule ist als Institution in seiner derzeitigen Form nicht für jeden Lernenden geeignet. Diese zentrale gesellschaftliche Bildungsinstitution ist v.a. von ressourcenprivilegierten und bildungsorientierten Milieus geprägt, was zu Passungsschwierigkeiten und damit zu Exklusionserfahrungen für Schüler*innen mit abweichendem Milieuhintergrund führen kann. „Werden formale Regeln der Schule überwiegend aus der Perspektive des spezifischen Milieus vorgenommen, kann dies zu einer systematischen Benachteiligung jener sozialen Gruppen führen, die anderen Milieus angehören" (STURM 2013, 79). Die Möglichkeiten des Homeschooling, durch einen anderen Bildungsort diese exklusionsbedrohenden Passungsschwierigkeiten zu umgehen, können zum Lernvorteil betroffener Kinder und Jugendlicher werden. LANGER (2007) bezieht sich in seiner Argumentation ebenfalls auf das problematische Bildungssystem. Er kommt zu dem Schluss, dass „die staatliche Pflichtschule [...] vor dem Hintergrund von Globalisierung und Migrationsbewegungen de facto zunehmend nicht in der Lage [ist], ihre Integrationsfunktion zu erfüllen. Die ‚Kulturalisierung' der Gesellschaft macht es notwendig, über neue Formen der Institutionalisierung von Vielfalt und der sozialen Integration gerade im Hinblick auf die schulische Erziehung nachzudenken" (ebd., 292).

Risiko 1: Homeschooling erschwert die Möglichkeit des Lernens in heterogenen Peer-Konstellationen

In der inklusiven Pädagogik wird nicht nur eine konstruktive Einstellung gegenüber Heterogenität aus einer menschenrechtlich fundierten Perspektive heraus formuliert, sondern auch die gewinnbringende Rolle von menschlicher Vielfalt für Lehr-Lern-Prozesse betont. Die wichtigste Rolle hat diese Heterogenität in solchen Momenten, in denen es zum Lernen unter verschiedenen Peers kommt. Lernerfolg bemisst sich dann sogar an einer möglichst hohen Vielfalt: „Optimal läuft die Ko-Konstruktion nur dann, wenn viele, möglichst unterschiedliche Konstruktionspartner zur Verfügung stehen. Heterogenität – oft als Problem gesehen – ist damit nicht nur Begleiterscheinung, sondern notwendige Voraussetzung gelungener Individualisierung" (v. SALDERN 2010, 62). Die Hoffnung ist, dass ‚schwache' Schüler*innen von ‚starken' Schüler*innen lernen können, zum beidseitigen Vorteil. Den Lernformen des kooperativen Lernens wird zur Gestaltung dieses Peer-Lernens eine wichtige Rolle zugeschrieben (vgl. BOBAN & HINZ 2007). So wenig es von der Hand zu weisen ist, dass Homeschooling ganz andere Möglichkeiten eines inklusiven Lernprozesses im Sinne von Individualisierung und Kindorientierung erlaubt, so wenig ist die Möglichkeit in Home-Schoolsettings gegeben, von heterogenen Gleichaltrigen außerhalb der eigenen Familie und des eigenen Milieus zu lernen. Inklusiver Unterricht sollte nicht nur den Rahmen bieten, dass Lernprozesse an *individuelle* Gegebenheiten angepasst werden, sondern immer auch „ein gemeinsames Lernen aller Kinder der Lerngruppe zum Ziel" (Textor 2012) haben. In Homeschool-Settings ist zwar das Lernen von anderen Gleichalterigen nicht ausgeschlossen, es liegt jedoch nah, dass diese zum primären Erfahrungsraum des Lernenden gehören, seien es nun Geschwister oder andere Kinder befreundeter bzw. kooperierender Familien. Die Wahrscheinlichkeit, vom Anderen mit völlig anderen Perspektiven zu lernen, ist beim Homeschooling sehr viel geringer. Schule ist nicht nur das Lernen in individualisierten und teilweise auch kompetitiven Situationen, sondern ebenfalls das Lernen in kooperativen Momenten wie Partner- oder Gruppenarbeiten (vgl. Thiel 2016, 19f). Es ist unwahrscheinlich, dass dies in Homeschool-Settings ähnlich wie in Schule praktiziert werden kann.

Risiko 2: Homeschooling birgt die Gefahr der Separierung bestimmter gesellschaftlicher Gruppen

Ob Homeschooling zur Erzeugung von Parallelgesellschaften beiträgt, ist stark umstritten. Wie bereits oben erwähnt, gehört dieser Einwand zu den wiederkehrenden Vorbehalten deutscher Entscheidungsträger gegenüber Homeschooling. Spiegler (2008) konnte in seiner Studie zeigen, dass dieses Vorurteil nicht bestätigt werden kann. Die Homeschool-Bewegung in Deutschland wie in anderen Ländern besitzt „weder ethno-kulturelle noch kulturell-religiöse Homogenität. Selbst innerhalb des christlich orientierten Flügels existieren derart deutliche Differenzen hinsichtlich ethnischer Herkunft, konfessioneller Zugehörigkeit, kultureller Verortung und Frömmigkeitspraxis, dass die Kooperation innerhalb dieser Gruppe sich abhebt von der Interaktion, die gesamtgesellschaftlich zwischen diesen Bevölkerungssegmenten besteht" (ebd., 255f). Mit einem Blick auf die Nachbarländer Deutschlands, in denen Homeschooling erlaubt ist, lässt sich der Vorwurf der Entstehung von Parallelgesellschaften weiter entkräften: „Gerade Länder mit ähnlicher Kultur und Sozialstruktur wie Österreich[6] und die Schweiz zeigen, dass mit der Zulässigkeit von Hausunterricht keine Gefahr für den gesellschaftlichen Zusammenhalt verbunden sein muss" (Handschell 2012, 204f). Inklusion besitzt bezüglich des gesamt-gesellschaftlichen Zusammenhangs eine besondere Akzentuierung. Dem Miteinander der verschiedenen gesellschaftlichen Gruppen wird hier viel Bedeutung beigemessen. Konkret wird dies durch den engen Zusammenhang von Inklusion und Demokratie. Demokratie als die „einzige Staatsform, die gelernt werden muss" (Oskar Negt) benötigt Menschen, die trotz unterschiedlicher Sichtweisen, Interessen und Lebenswelten miteinander im konstruktiven Gespräch bleiben und sich nicht voneinander abschotten. Eine auf

---

6 Zur Diskussion der Rechtslage und -praxis in Österreich sowie deren mögliche Adaption auf deutsche Verhältnisse ist auf Stöger (2012) zu verweisen.

Pluralismus setzende demokratische Gesellschaft benötigt Inklusion gerade auch in Bildungsinstitutionen, damit sich „alle Lerner/innen in heterogenen Gruppen [...] in ihrer Unterschiedlichkeit erleben, dabei Formen des konstruktiven Umgangs miteinander praktizieren und chancengerecht miteinander umgehen" (REICH 2014, 23) lernen. Schule hat für dieses Lernen von Inklusion eine besondere Chance, da hier besonders in der Grundschule „potenziell alle milieu- sowie kulturgebundenen Anschauungen und Verhaltensweisen einer Gesellschaft aufeinandertreffen" (THIEL 2016, 14). Familien, die sich für Homeschooling entscheiden, fehlen nicht nur als spezifische gesellschaftliche Heterogenität in Schule. Kindern in Homeschool-Settings kommen viel unwahrscheinlicher in Kontakt mit fremden Anschauungen und Verhaltensweisen. Damit verliert die Schule als Ganzes und für diese Kinder im Besonderen ihre einmalige Chance als ‚Demokratie im Kleinen einen Sinn für die Demokratie im Großen' erfahrbar zu machen. Homeschooling birgt sicherlich die Chance, vor dem Hintergrund familiärer inklusiver Werte Lehr-Lern-Prozesse kindzentriert zu gestalten. Es besteht aber gleichzeitig das Risiko, dass gesellschaftliche inklusive Werte wie Toleranz für Unterschiede und Partizipation in einem organisationalen Kontext nicht erfahren werden können. Diese *Integrationsfunktion* von Schule ist vom Elternhaus nicht ohne weiteres reproduzierbar.

Risiko 3: Homeschooling kann als alternative Sonderschule
      Formen von Abschulungen ermöglichen

Die Vertreter*innen der inklusiven Pädagogik sind sich relativ einig, dass das Schulsystem in Deutschland mit seiner Aufgliederung in Gymnasien, Sekundar-, Haupt- und Sonderschulen ein großes Hindernis für die Idee einer diskriminierungsfreien Bildung sind. Mit unterschiedlicher Vehemenz wird sich für einen Rückbau oder die Abschaffung des Systems der Sonderschulen eingesetzt. TILLMANN (2008) führt auf, wie die „Sehnsucht nach der homogenen Lerngruppe" (ebd., 63) den Schulalltag bestimmt. Er argumentiert, dass Abschulung und Sonderschulüberweisungen v.a. zur „Sicherung einer fiktiven Homogenität" (ebd., 70) eingesetzt werden und dass diese Maßnahmen gleichzeitig den traditionellen, gleichförmigen Frontalunterricht stützen. Problemfälle, die mit dem hier geforderten homogenen Tempo nicht mithalten können, können in anderen (niedrigeren) Schulformen unterrichtet werden. Dieses System wird deshalb so scharf von Seiten der Inklusion kritisiert, weil es zahlreiche Schulversager*innen und Exklusionserfahrungen produziert.

Ein inklusives Schulsystem wäre eine weitestgehende Überwindung dieser Separierung. Es gäbe, bis auf wenige, gut zu begründende Einzelfälle, keine Abschulungen oder Förderschulüberweisungen mehr. Wenn Homeschooling eine etablierte Alternative zum staatlichen Schulsystem wäre, besteht die Gefahr, dass dadurch erneut eine Tür für Abschulung auch in einem inklusiven Schulsystem aufgemacht wird. Lernenden, die nicht zur Lerngruppe passen, könnten in die Alternative gedrängt werden, zu Hause zu lernen, um die Schulklasse von Heterogenität zu ‚entlasten'. Es finden sich bereits erste Berichte über solche Phänomene. Wie die Zeitung „Höchster Kreisblatts – Frankfurter Neue Presse" (2016) berichtete, wurde ein Junge aus Schwalbach, der einerseits einem IQ-Test zufolge einen Wert von 145 haben soll, andererseits aber dem auch eine sogenannte Autismus-Spektrums-Störung diagnostiziert wurde, vom dortigen Schulamt von der Schulpflicht befreit. Dies geschah gegen den ausdrücklichen Wunsch der Mutter. Auch die in einem offenen Brief formulierten Forderungen des Oberbürgermeisters von Erfurt Andreas BAUSEWEIN (2015), die Schulpflicht für Kinder von Asylbewerber*innen auszusetzen, trägt stark exkludierende Züge. Im Vordergrund seiner Begründung stehen nicht die Kinder mit ihren individuellen Bedürfnissen, sondern geht ihm um eine Sicherstellung des ‚normalen' Schulbetriebs, denn in „den speziell geschaffenen Sprachklassen herrscht ein ständiger Wechsel, wenn Kinder ausreisen" (ebd.). Es besteht die Gefahr, dass Homeschooling solche zur Herstellung von Homogenität entlastenden Tendenzen weiter verstärkt, da es eine Bildungsalternative außerhalb des Schulbetriebs gebe.

6 Fazit: Homeschooling als integrierte gesellschaftliche Bildungspraxis

Eine juristische Bewertung von Homeschooling scheint eindeutig. Tobias HANDSCHELL (2012) hat die Vereinbarkeit der Schulpflicht mit dem Grundgesetz überprüft. Er kommt zu dem Schluss, dass „die absolut geltende Schulpflicht […] einen Eingriff in das elterliche Erziehungsrecht gemäß Art. 6 Abs. 2 S. 1 GG" (ebd., 208) darstelle, da der Unterricht zu Hause nicht generell dem Wohle des Kindes widerspreche. „In ihrer gegenwärtigen Ausgestaltung verstößt die Schulpflicht daher gegen das Grundgesetz" (ebd., 209). Die meisten der von uns hier zitierten Autoren setzen sich für eine „Legalisierung unter klaren Auflagen und Kontrollen" (SPIEGLER 2008, 266) ein (vgl. auch SCHIRRMACHER 2005, 90). Eine Legalisierung wäre allein schon dadurch geboten, damit Homeschooler*innen wie Familie ROMEIKE nicht zur Auswanderung gezwungen wären. Mit Bezug auf die Menschenrechte muss hier auch daran erinnert werden, dass die Homeschool-Bewegung eine Praxis kritisiert, „in der das jedem Kind zugesprochene Recht auf Bildung reduziert wird auf eine Schulbesuchspflicht, die in Form eines Schulzwangs umgesetzt wird" (SPIEGLER 2008, 267). Eine Legalisierung von Homeschooling würde den menschenrechtlich paradoxen Sachverhalt beenden, dass Schulen „neben Gefängnissen und psychiatrischen Kliniken die einzigen Institutionen (sind), die ihre Mitglieder auch gegen deren Willen zur Anwesenheit zwingen" (THIEL

2016, 16). Obwohl ein Fazit unter einer rechtlichen Betrachtung deutlich auszu-fallen scheint, ist die Bewertung von Homeschooling vor dem Hintergrund einer inklusionspädagogischen Perspektive nicht ganz so eindeutig.

Wie in diesem als einen ersten Diskussionsaufriss konzipierten Beitrag gezeigt, verbinden sich mit Homeschooling einerseits Chancen für inklusive Lernprozesse, andererseits aber auch Risiken. So bietet Homeschooling zwar eine bedenkens-werte Alternative für eine inklusive, kindzentrierte Didaktik, kann eine Möglich-keit sein, problematischen Beziehungsstrukturen in Schulen auszuweichen und stellt ebenso eine Alternative zu einem in vielerlei Hinsicht problematischen öf-fentlichen Bildungssystems dar. Jedoch müssen auch inklusionsbezogene Risiken von Homeschooling mitgedacht werden, wie die Erschwerung des Miteinander-und Voneinander-Lernens der Verschiedenen, wie die Begünstigung sozialer Ab-spaltung sowie die neue Gefahr exkludierender Abschulungen ‚nichtpassender‘ Kinder.

Aus Sicht der Autoren besteht ein möglicher Kompromiss in der Legalisierung von Homeschooling bei gleichzeitiger gesellschaftlicher Integration dieser Praxis. Integration meint hier ein gegenseitiges Aufeinander-Achten und Kommunizie-ren und kein friedliches aber stummes Nebeneinander des schulischen Bildungs-systems und Homeschooling. Beziehungs- und Leistungsentwicklungen der Kin-der und Jugendlichen in Homeschool-Settings werden wissenschaftlich erfasst. Zwischen Schulabstinenz und Homeschooling wird zuverlässig unterscheiden (vgl. SPIEGLER 2008, 266f). Staatliche Behörden halten die Kommunikation zu Homeschooler*innen aufrecht, um nicht das Risiko einzugehen, dass Kinder in gefährdeten Familienlagen unsichtbar werden (vgl. DEUTSCHER BUNDESTAG 2009, 21). Eine Vernetzung von Homeschool-Familien untereinander wird ge-fördert, um die Möglichkeit des kooperativen Lernens für die betroffenen Kin-der zu erleichtern. Die bürokratischen Hürden zum Zurückkehren in die Schule sind sehr niedrigschwellig und eine Rückkehr ist jederzeit möglich. Die Schu-len halten Kontakt zu ‚ihren‘ Homeschool-Eltern und -Kindern und integrieren diese bei Schulfesten und anderen Veranstaltungen. Gesetzlich untersagt ist es, Homeschooling als neue Form der Abschulung ‚unliebsamer‘ Schüler*innen zu missbrauchen.

Viele der Ansprüche, die Eltern dazu bewegen, ihre Kinder zu Hause zu unter-richten, finden sich auch im Diskurs um reformpädagogische Schulen. Private Schulen, die nach dem Modell der Sudbury Valley School (GREENBERG 2014) in den USA arbeiten, folgen einer sehr ähnlichen Maxime wie die Homeschool-Bewegung. Diese Schulen möchten ein Ort für junge Menschen sein, die kind-zentriertes und informelles Lernen in sozialer Kohäsion erfahren möchten (vgl. GRAY 2015, 195). Eine bildungspolitische Stärkung dieser ‚Demokratischen Schulen‘ könnte wiederum eine schulbezogene Alternative für die schulabgren-zenden Homeschooler sein. Insgesamt muss es Ziel einer inklusiven Pädagogik bleiben, Schule zu einem Ort zu machen, an dem alle Menschen willkommen sind, an dem Diskriminierung und Marginalisierung weitestgehend verbannt sind, an dem ein anerkennender und positiver Umgang zwischen den Peers und zu den Erwachsenen herrscht und an dem jeder Mensch nach seinen individuellen Voraussetzungen und Bedürfnissen für sich und in der Gemeinschaft lernen kann. Ob mit oder ohne Legalisierung von Homeschooling muss es das Ziel von Inklusion sein, dass der Ruf nach Homeschooling nicht zum Bedürfnis vieler Menschen wird, sondern dass menschenrechtsbasierte Bildung an deutschen Schulen verwirklicht wird.

Literatur

BAUSEWEIN, Andreas (2015): Offener Brief zur Flüchtlingspolitik. Forderungen an die Bundesregierung und an den Freistaat Thüringen. Im Internet: www.mdr.de/thueringen/offener-brief-bausewein100.html (letzter Abruf: 30.10.2016)

BMBF (BUNDESMINISTERIUM FÜR BILDUNG UND FORSCHUNG) (2007): Pressemitteilung zum Bericht des UN-Sonderberichterstatters für das Recht auf Bildung. Im Internet: www.munoz.uritext.de/20070321_Statement_DeutscherUN_Botschafter_zumMunozBericht.pdf (letzter Abruf: 30.10.2016)

BOBAN, Ines & HINZ, Andreas (2007): Orchestrating Learning!?! Der Index für Inklusion fragt - Kooperatives Lernen gibt eine Antwort. In: DEMMER-DIECKMANN, Irene & TEXTOR, Annette (Hrsg.): Integrationsforschung und Bildungspolitik im Dialog. Bad Heilbrunn: Klinkhardt, 117-126

BOBAN, Ines & HINZ, Andreas (Hrsg.) (2015): Erfahrungen mit dem Index für Inklusion. Kindertageseinrichtungen und Grundschulen auf dem Weg. Bad Heilbrunn: Klinkhardt

BOBAN, Ines & HINZ, Andreas (Hrsg.) (2016): Arbeit mit dem Index für Inklusion. Entwicklungen in weiterführenden Schulen und in der Lehrerbildung. Bad Heilbrunn: Klinkhardt

DALKOWSKI, Sebastian (2016): Diese deutschen Flüchtlinge leben seit acht Jahren in den USA. In: RP Online vom 1. April 2016. Im Internet: www.rp-online.de/panorama/ausland/familie-romeike-diese-deutschen-fluechtlinge-leben-seit-acht-jahren-in-den-usa-aid-1.5656631 (letzter Abruf: 30.10.2016)

DEUTSCHER BUNDESTAG (2009): Wissenschaftlicher Dienst. Homeschooling in westlichen Industrienationen. Verbreitung, Evaluationsergebnisse, Elternmotive. WD 8 - 3000 - 047. Im Internet: www.bundestag.de/blob/415424/dbc64afb565391f883ebe737ba44475f/wd-8-047-09-pdf-data.pdf (letzter Abruf: 30.10.2016)

EDEL, Jan (2008): Schulpflicht und Bildungsfreiheit in Europa. In: Unerzogen, 3/2008, 14-21

EUROPÄISCHER GERICHTSHOF FÜR MENSCHENRECHTE (2006): Urteil 35504/03. Im Internet: hudoc.echr.coe.int/eng?i=001-76925 (letzter Abruf: 30.10.2016)

FAZ ONLINE (2010): Amerika gewährt deutscher Familie Asyl. Im Internet: www.faz.net/aktuell/gesellschaft/familie/homeschooler-amerika-gewaehrt-deutscher-familie-asyl-1608670.html (letzter Abruf: 30.10.2016)

FISCHER, Ralph (2009): Homeschooling in der Bundesrepublik Deutschland: eine erziehungswissenschaftliche Annäherung. Bonn: Verlag für Kultur und Wissenschaft

FISCHER, Ralph & LADENTHIN, Volker (2009): Gründe für bildenden Unterricht außerhalb der Schule. In: PÄD-Forum: unterrichten erziehen 4/2009, 165–167. Im Internet: www.pedocs.de/volltexte/2011/3193/pdf/Fischer_Ladenthin_Gruende_fuer_bildenden_Unterricht_2009_4_D_A.pdf (letzter Abruf: 30.10.2016)

GRAY, Peter (2015): Befreit lernen. Wie Lernen in Freiheit spielend gelingt. Lassan: Drachen Verlag

GREENBERG, Daniel (2014): Endlich frei! Leben und Lernen an der Sudbury-Valley-Schule. 3. Aufl. Freiamt im Schwarzwald: Arbor

GRIFFITH, Mary (1999): The homeschooling handbook: from preschool to high school, a parent's guide. Rev. 2nd ed. Rocklin, CA: Prima Pub

HANDSCHELL, Tobias (2012): Die Schulpflicht vor dem Grundgesetz: Geschichte der Schulpflicht und ihre verfassungsrechtliche Bewertung vor dem Hintergrund des sogenannten Homeschooling. Baden-Baden: Nomos

HINZ, Andreas (2008): Inklusion – historische Entwicklungslinien und internationale Kontexte. In: HINZ, Andreas, KÖRNER, Ingrid & NIEHOFF, Ulrich (Hrsg.): Von der Integration zur Inklusion. Grundlagen –Perspektiven – Praxis. Marburg: Lebenshilfe, 33-52

HÖCHSTER KREISBLATT FRANKFURTER NEUE PRESSE (2016): Zu schlau für die Schule. Hochintelligentes Problemkind vom 05.04.2016. Im Internet: www.kreisblatt.de/lokales/main-taunus-kreis/Hochintelligentes-Problemkind;art676,1940975 (letzter Abruf: 30.10.2016)

ILLICH, Ivan (2013): Entschulung der Gesellschaft: eine Streitschrift. 6. Aufl. München: Beck

KESSELS, Ursula & HANNOVER, Bettina (2015): Gleichaltrige. In: WILD, Elke & MÖLLER, Jens (Hrsg.): Pädagogische Psychologie, 2., vollst. überarb. u. aktualisierte Aufl. Heidelberg: Springer, 283-304

KIEL, Ewald & WEISS, Sabine (2016): Sekundarbereich. In: HEDDERICH, Ingeborg, BIEWER, Gottfried, HOLLENWEGER, Judith & MARKOWETZ, Reinhard (Hrsg.): Handbuch Inklusion und Sonderpädagogik. Bad Heilbrunn: Klinkhardt, 288-293

KLEMM, Ulrich (2009): Mythos Schule: Warum Bildung entschult und entstaatlicht werden muss – eine Streitschrift. Lich: Verlag Edition AV

KRÄTZÄ (o.J.): Menschenrechtsreport – Schule. Im Internet: www.kraetzae.de/menschenrechtsreport/inhalt/schule/ (letzter Abruf: 30.10.2016)

LADENTHIN, Volker (2010a): Was ist Homeschooling? In: Dies. (Hrsg.): Homeschooling – Fragen und Antworten. Häusliche Bildung im Spannungsfeld zwischen Schulpflicht und Elternrecht. Bonn: Verlag für Kultur und Wissenschaft, 21-27

LADENTHIN, Volker (2010b): Wenn Eltern zu Lehrern werden. Der Trend „Homeschooling" erreicht Deutschland. Interview mit Jürgen Liminski (Deutschlandfunk). In: Dies. (Hrsg.): Homeschooling – Fragen und Antworten. Häusliche Bildung im Spannungsfeld zwischen Schulpflicht und Elternrecht. Bonn: Verlag für Kultur und Wissenschaft, 13-19

LANGER, Thomas (2007): »Parallelgesellschaften«: Allgemeine Schulpflicht als Heilmittel? In: Kritische Vierteljahresschrift für Gesetzgebung und Rechtswissenschaft 3/2007, 277-292. Im Internet: www.kritv.nomos.de/fileadmin/kritv/doc/KritV_07_03.pdf (letzter Abruf: 30.10.2016)

MARAUHN, Thilo (2012): Hausunterricht zwischen Bildungsrecht und Elternrecht. In: REIMER, Franz (Hrsg.): Homeschooling: Bedrohung oder Bewährung des freiheitlichen Rechtsstaats? Baden-Baden: Nomos, 99-108

MUÑOZ, Vernor (2007): Report of the Special Rapporteur on the right to education. Im Internet: www.munoz.uri-text.de/A.HRC.4.29.Add.3_DeutschlandBericht_Empfehlungen.pdf (letzter Abruf: 30.10.2016)

OECD (1994): School: a matter of Choice. Paris

OECD (2011): Bildung auf einen Blick. Paris. Im Internet: www.oecd.org/edu/skills-beyond-school/48631632.pdf (letzter Abruf: 30.10.2016)

PFEFFER, Robert (2009): Das Verhältnis von Völkerrecht und Landesrecht: eine kritische Betrachtung alter und neuer Lehren unter besonderer Berücksichtigung der Europäischen Menschenrechtskonvention. Tübingen: Mohr Siebeck

PRENGEL, Annedore (2012): Humane entwicklungs- und leistungsförderliche Strukturen im inklusiven Unterricht. In: MOSER, Vera (Hrsg.): Die inklusive Schule. Standards für die Umsetzung. Kohlhammer: Stuttgart, 175-183

REICH, Kersten (2014): Inklusive Didaktik: Bausteine für eine inklusive Schule. Weinheim: Beltz

REIMER, Franz (2012): „Homeschooling": Ausgangspunkt, Terminolgie, Fragestellungen. In: Dies. (Hrsg.): Homeschooling: Bedrohung oder Bewährung des freiheitlichen Rechtsstaats? Baden-Baden: Nomos, 9-16

SCHIRRMACHER, Thomas (2005): Bildungspflicht statt Schulzwang: Staatsrecht und Elternrecht angesichts der Diskussion um den Hausunterricht. Bonn/Nürnberg: Verlag für Kultur und Wissenschaft

SCHUZH (Schulunterricht zu Hause e.V.) (o.J.): Wer wir sind. Im Internet: www.schuzh.de/cms/index.php?id=4 (letzter Abruf: 30.10.2016)

SPIEGEL ONLINE (2014) Familie Romeike: Deutsche Schulverweigerer dürfen ohne Asyl in USA bleiben. Im Internet: www.spiegel.de/schulspiegel/familie-romeike-schulverweigerer-duerfen-auch-ohne-asyl-in-usa-bleiben-a-957003.html (letzter Abruf: 30.10.2016)

SPIEGLER, Thomas (2008): Home Education in Deutschland. Hintergründe - Praxis - Entwicklung. Wiesbaden: VS

SPIEGLER, Thomas (2009): Lernen ohne Schulraum: Home Education und Unschooling als Gegenentwurf zu raumgebundenem Lernen. In: BÖHME, Jeanette (Hrsg.): Schularchitektur im interdisziplinären Diskurs. Territorialisierungskrise und Gestaltungsperspektiven des schulischen Bildungsraums. Wiesbaden: VS, 140-153

STURM, Tanja (2013): Lehrbuch Heterogenität in der Schule. Stuttgart: UTB

STÖGER, Karl (2012): Homeschooling: Rechtslage und Rechtspraxis in Österreich – ein Modell für Deutschland? In: REIMER, Franz (Hrsg.): Homeschooling: Bedrohung oder Bewährung des freiheitlichen Rechtsstaats? Baden-Baden: Nomos, 109-126

TEXTOR, Annette (2012): Die Bedeutung allgemeindidaktischer Ansätze für Inklusion. In: Zeitschrift für Inklusion, 1/2012. Im Internet: www.inklusion-online.net/index.php/inklusion-online/article/view/59/59 (letzter Abruf: 30.10.2016)

THIEL, Felicitas (2016): Interaktion im Unterricht. Ordnungsmechanismen und Störungsdynamiken, Opladen: Babara Budrich

TILLMANN, Klaus-Jürgen (2004): System jagt Fiktion. Die homogene Lerngruppe. In: Friedrich Jahreshafte XXII. Heterogenität. Unterschiede nutzen – Gemeinsamkeiten stärken, 6-9

TILLMANN, Klaus-Jürgen (2008): Viel Selektion – wenig Leistung: Erfolg und Scheitern in deutschen Schulen. In: LEHBERGER, Reiner & SANDFUCHS, Uwe (Hrsg.): Schüler fallen auf. Heterogene Lerngruppen in Schule und Unterricht. Bad Heilbrunn: Klinkhardt, 62-78

VON SALDERN, Matthias (2010): Heterogenität – eine Herausforderung für die Bildung. In: HINZ, Andreas, KÖRNER, Ingrid & NIEHOFF, Ulrich (Hrsg.): Auf dem Weg zur Schule für alle. Barrieren überwinden – inklusive Pädagogik entwickeln. Lebenshilfe: Marburg, 53-62

WOCKEN, Hans (2009): Inklusion & Integration. Ein Versuch, die Integration vor der Abwertung und die Inklusion vor Träumereien zu bewahren. In: STEIN, Anne-Dore, KRACH, Stefanie & NIEDIEK, Imke (Hrsg.): Integration und Inklusion auf dem Weg ins Gemeinwesen. Bad Heilbrunn: Klinkhardt, 204-234

Perspektiven auf menschenrechtsbasierte Lern- und Erfahrungswelten

Tanja Kinne und Stephanie Winter

Kindheit als Perspektive –
Pädagogik als Kunst des Umgangs mit dem
Nicht-Verstehbaren

Von den Kindern

Eure Kinder sind nicht eure Kinder.
Sie sind die Söhne und Töchter der Sehnsucht des Lebens nach sich selber.
Sie kommen durch Euch aber nicht von euch,
und obwohl sie mit euch sind, gehören sie euch doch nicht.
Ihr dürft ihnen eure Liebe geben, aber nicht eure Gedanken, denn sie haben ihre
eigenen Gedanken.
Ihr dürft ihren Körpern ein Haus geben, aber nicht ihren Seelen.
Denn ihre Seelen wohnen im Haus von morgen, das ihr nicht besuchen könnt,
nicht einmal in euren Träumen.
Ihr dürft euch bemühen, wie sie zu sein, aber versucht nicht, sie euch ähnlich zu
machen.
Denn das Leben läuft nicht rückwärts, noch verweilt es im Gestern.
Ihr seid die Bogen, von denen Eure Kinder als lebende Pfeile abgeschickt werden.
Der Schütze sieht das Ziel auf dem Pfad der Unendlichkeit, und Er spannt euch mit
Seiner Macht,
damit seine Pfeile schnell und weit fliegen.
Lasst Euren Bogen von der Hand des Schützen auf Freude gerichtet sein;
Denn so wie er den Pfeil liebt, der fliegt, so liebt er auch den Bogen, der fest ist.
Khalil Gibran (1883-1931)
(aus: Der Prophet)

1 Einführung

In seinem Gedicht bezeichnet Khalil GIBRAN Kinder als *Söhne und Töchter der*
Sehnsucht des Lebens nach sich selbst und misst damit der eigenständigen Entwicklung von Kindern eine große Bedeutung bei. Kinder sind etwas Besonderes.
Gleichzeitig wird deutlich, dass die Entwicklung der Kinder wesentlich durch
das Zusammensein mit Erwachsenen geprägt ist, dass diese sie jedoch nicht als

Besitz verstehen dürfen, der nach Belieben benutzt werden darf. *Eure Kinder sind nicht eure Kinder.* Sie sind handelnde Akteur*innen mit einer ihnen eigenen Sicht auf die Welt, die von Erwachsenen mit Liebe und Fürsorge unterstützt werden dürfen und sollen. *Und obwohl sie mit euch sind, gehören sie euch doch nicht.* Die Abhängigkeit von Erwachsenen einerseits und der gleichzeitige Wunsch nach freier Entfaltung und Selbständigkeit kennzeichnen die Kindheit in besonderem Maße. *Ihr dürft ihren Körpern ein Haus geben, aber nicht ihren Seelen.* Wie diesen Entwicklungsbedürfnissen und -bedingungen von Kindheit in pädagogischen Interaktionen begegnet und Bildungsprozesse angeregt werden können, die Kinder in ihren Rechten stärkt und ihnen die Möglichkeit bietet, neugierig, offen und unabhängig in und mit ihrer Umwelt zu interagieren, soll Gegenstand der nachfolgenden Betrachtungen sein.

Für die in diesem Beitrag angestrebte Verbindung eines Konstrukts von Kindheit mit dem Anspruch auf menschenrechtsbasierte Bildung erscheint es sinnvoll, ein Verständnis von Kindheit aufzurufen, in dem das Geflecht von Verbindungen sichtbar gemacht und markante Stränge aufzeigt werden, die Kindheit im allgemeinen und den Anspruch auf menschenrechtsbasierte Bildung beeinflussen. Derlei Verbindungen sind zahlreich, sodass an dieser Stelle kein Anspruch auf Vollständigkeit[1] erhoben werden kann. Vielmehr werden diskursrelevante Verflechtungen aufgezeigt, die als Impulse für mögliche Antworten zu verstehen sind. In diesem Sinne wird zunächst geklärt, was die neuere Kindheitsforschung unter dem Konstrukt *Kind* subsummiert, um daran anschließend ein Verständnis von Kindheit zu entfalten.

2 Zum Verständnis von Kindheit als Perspektive

Aus entwicklungspsychologischer Perspektive ließen sich Kinder als sich in Entwicklung befindende Menschen, die mit dem Eintritt in die Pubertät zu Jugendlichen heranwachsen, beschreiben. Aus rechtlicher Perspektive werden all jene bis zum 18. Lebensjahr als Kinder bezeichnet. Damit gehen ein besonderer Schutz und Fürsorge gegenüber Kindern und eine für sie begrenzte Übernahme von Pflichten einher. Diesem Verständnis nachgehend, kommen Kindern besondere Rechte zu, die sie in ihrer Lebensphase Kindheit schützen und eine individuelle Entwicklung unterstützen. Die neuere Kindheitsforschung nähert sich aus einer soziologischen Perspektive dem Wesen des Kindes. Sie fragt danach, welche spezifischen Erwartungen dem Konstrukt Kind in unserer heutigen Gesellschaft zugeschrieben werden. Was macht ein Kind zu *dem* Kind? Ist es die Summe aus

---

1 Ausführliche Diskurse der neueren Kindheitsforschung lassen sich beispielsweise bei HONIG 2009; BÜHLER-NIEDERBERGER, MIERENDORFF & LANGE 2011 oder HEINZEL 2012 nachlesen.

Gemeinsamkeiten aller Kinder und dem gemeinsamen Nenner an Differenzen zu Erwachsenen, aus denen sich *das Kind* konstruieren lässt? HONIG beschreibt Kinder als *Repräsentanten von Kindheit* (2009, 41). Somit lassen sich Kinder in ihrer eigenen biographischen Entwicklung individuell als Kinder mit den ihnen ganz eigenen Zuschreibungen betrachten und gleichzeitig lassen sich Gruppen von Kindern soziokulturell in Bezug auf bestimmte Merkmale, Eigenschaften und Zuschreibungen miteinander vergleichen. Kinder als *Repräsentanten von Kindheit* (vgl. ebd.) zu charakterisieren, wirft zugleich die Frage auf, ob von *der* Kindheit die Rede sein kann oder ob dieses Verständnis nicht viele Kindheiten impliziert, die wiederum in Bezug auf Gemeinsamkeiten und Unterschiede miteinander verglichen werden können. Grundsätzlich geht der Kindheitsbegriff einher mit einer Bewegung zwischen Konstruktion, Rekonstruktion und Dekonstruktion. Dieses Paradoxon an sich beschreibt REICH (1998, 251) als ein Wandeln zwischen einer Kindheit, die wir wirklich erlebt haben und somit rekonstruieren können und einer Kindheit, die sich nicht als Wahrheit schlechthin abbilden lässt, sondern nur als Zuschreibung dessen, was wir unter Kindheit zu verstehen glauben. Diese Konstruktionen sind beeinflusst durch eigene biographische Erfahrungen und den sich daraus ergebenden Vorstellungen, was Kindheit ausmacht. Solche normativen Erwartungshaltungen gehen beispielsweise einher mit Zuschreibungen einer richtigen, guten oder fürsorglichen Kindheit. Wissenschaftliche Diskurse im Feld berücksichtigen laut HEINZEL et al. gesellschaftlichen und kulturellen Wandel ebenso, wie Zusammenhänge sozio-kultureller Veränderungen mit Konstruktionen von Kindheit (vgl. HEINZEL, KRÄNZL-NAGL & MIERENDORFF 2012, 9). Indem Diskurse zum Konstrukt Kindheit aus verschiedenen Perspektiven geführt werden, lässt sich der Kindheitsbegriff erweitern. Er kann dekonstruiert werden (REICH 1998, 250f). Wird Perspektivität als eine Herstellung von Zusammenhängen definiert (vgl. HONIG 1999, 35), konstituiert sich daraus eine Annäherung an das Konstrukt Kindheit als Perspektive. Dies ist in Anlehnung an das geometrische Verständnis von Perspektive zu verstehen, die sich aus dem Zusammentreffen mehrerer Punkte eines Raumes ergibt (vgl. ebd.). Die Verflechtung eröffnet ein Verständnis von Kindheit als Perspektive, in der verschiedene Diskurse aufeinander Einfluss nehmen und nur theoretisch losgelöst voneinander betrachtet werden können. Normativen Vorstellung könnte somit entgegengewirkt werden. Nachfolgend werden also drei Perspektiven im Zusammenhang mit Kindheit eröffnet, die im Zuge des gegenwärtigen Diskurses menschenrechtsbasierter Pädagogik eine Rolle spielen. *Das Kind als Fremdes* ist eine Perspektive, die sich bereits bei ARIÈS und ROUSSEAU finden lässt. Während ARIÈS Kindheit als nicht selbstverständlich Gegebenes charakterisiert und die „Entdeckung der Kindheit" beschreibt (vgl. HONIG, 1999, 14ff), ruft ROUSSEAU die Kindheitskonzeption in seiner Veröffentlichung „Emile" als Entdeckung der Natur des Kindes auf. Die Differenz von Kindern zu

Erwachsenen nicht mehr als ein Fehlen von Etwas im Sinne eines Noch-Nicht-Vorhandenen zu verstehen, ist seitdem zum common sense in der Kindheitsforschung geworden. So unterscheiden Meyer-Drawe & Waldenfels (1988, 272) zwischen Fremdem und Fremdartigem und – in der Gegenüberstellung – zwischen Eigenem und Eigenartigem. Das Fremde befindet sich außerhalb des Erfahrungsbereiches einer Person. Es gehört nicht zum Eigenen, liegt außerhalb des Vertrauten. Kinder befinden sich in Relation zum Erwachsensein in einer anderen Lebensphase. Diese Entwicklung haben Erwachsene bereits durchlebt, sodass ihnen die Lebensphase Kindheit prinzipiell vertraut erscheint. Ist von Kindern oder Kindheit die Rede, so werden bei jeder*jedem konkrete Vorstellungen aufgerufen. Dennoch gehört sie nicht mehr der eigenen Lebensphase an. Erwachsene sind nicht mehr Kinder, sie sind es einmal gewesen. „Kinder sind uns fremd und nah in eins" (ebd., 286). *Denn ihre Seelen wohnen im Haus von morgen, das ihr nicht besuchen könnt.* So lässt sich Kindheit verstehen als Fremdartiges in Bezug auf eigene Erfahrungsstrukturen und auf das eigene Selbst- und Weltbild. „Kindern als Kinder gerecht werden zu wollen, setzt also die Anerkennung ihrer Fremdheit, ihrer Unzulänglichkeit für die Erwachsenen-Perspektive voraus" (Schäfer 2007, 7). Unseres Erachtens charakterisiert diese Unzulänglichkeit beide Seiten des (Re)Konstruktionsgeschehens. Somit bleibt das Konstrukt Kindheit ein hypothesengeleitetes, das sich aus Annahmen generiert, die auf Erfahrungen und Begegnungen mit Kindern basieren. Das hypothetische der Konstruktion als eine Annäherung an das Gegenüber muss in beide Richtungen gedacht werden, denn aus dem Blickwinkel von Kindern sind Erwachsene Fremde, die sich außerhalb ihres vertrauten Erfahrungshorizontes bewegen. Ihr Nachdenken über Erwachsensein wird gleichfalls von Annahmen geleitet, die sie aufgrund ihrer Erfahrungen mit dem Fremden (dem Erwachsenen) gesammelt haben.

Das Kind als Fremdes zu betrachten, bedeutet, es im Gegensatz zum Nicht-Kindsein zu sehen. Diese Relation wird soziologisch als das *Konzept der generationalen Ordnung* (vgl. Heinzel 2012; Honig, Lange & Leu 1999; Hengst & Kelle 2003) verstanden. Die sozialen Welten, in denen sich Kinder entwickeln, sind vom Handeln mit Personen verschiedener Generationen geprägt (vgl. Alanen 2005, 71). Sie leben mit Erwachsenen zusammen, sind zu Beginn ihres Lebens stark von ihnen, ihrer Fürsorge und ihrem Schutz abhängig. Sie sammeln Erfahrungen in der Interaktion mit Erwachsenen – sei es in Kita, Schule oder mit Eltern, Großeltern usw. – und bewältigen soziale Situationen aufgrund der durch sie und mit ihnen gemachten Erfahrungen. Alanen (vgl. ebd., 76f) versteht dieses Konzept der generationalen Ordnung anhand zweier Zugänge. Erstens bezieht sie es auf die externe Relation von Älteren und Jüngeren. Dieser strukturelle Zugang gibt Kategorien, Merkmalszuschreibungen vor, um Kinder in Abgrenzung zu Nicht-Kindern zu definieren. Die altersspezifische Zuordnung wäre eine solche Relation. Da Vergleiche dieser Art extern bleiben, eröffnet Alanen weiterhin den internen relationalen Zugang, der eine „soziale Organisation generaler Strukturen" (ebd., 80) beschreibt. Strukturelle Beziehungen, in denen Söhne und Töchter beispielsweise zu Mutter und Vater stehen, sind insofern als relationale Beziehungen zueinander zu verstehen, als dass sie sich direkt aufeinander beziehen. Nur weil Sohn und Tochter existieren, existieren auch Mutter und Vater. Ebenso ist das Handeln in der Position des Elternteils abhängig vom Handeln, das in der Position des Kindes geschieht und umgekehrt (ebd., 76). Das sich daraus ergebende Handlungsvermögen ist somit gekoppelt an Macht, die es den jeweiligen Akteur*innen – also auch den Kindern – ermöglicht, Interaktionen zu beeinflussen. Auf der Mikroebene zeigt sich darin ein bedeutsames Element für eine menschenrechtsbasierte Pädagogik, da dieser Ansatz Prozesse pädagogischer (generationaler) Interaktionen in ihrer Art und Weise der Interdependenz sichtbar werden lässt.

Aus der vorangegangenen Perspektive ergibt sich die dritte hier dargestellte nahezu zwangsläufig, da Kinder aufgrund dieser Annahme nicht mehr nur als passive Mitglieder unserer Gesellschaft angesehen werden können, die erst noch zu vollständigen Teilnehmer*innen heran wachsen müssen. Es ist das *Konzept des Kindes als das eines sozialen Akteurs (agency)*, das Kinder vielmehr als aktiv Handelnde versteht, „die ihre soziale und physikalische Umwelt gestalten" (HURRELMANN & BRÜNDEL 2003, 41).

Sie gehen Beziehungen ein, deren Gestaltung sich nur wenig von der der Erwachsenen unterscheidet.

In der Betrachtung der Verflechtung der Perspektiven von Kindheit als Konzept der generationalen Ordnung und dem Verständnis von Kindern als soziale Akteur*innen kann dem Anspruch einer wechselseitigen Beziehungsgestaltung und den kulturhistorischen Bedingungen als ein Bedingungsgefüge, in dem sich Kindheit vollzieht, Rechnung getragen werden. Denn so gestalten sich Beziehungen zu Kindern (und auch zu Erwachsenen): sie partizipieren und gestalten zugleich. Kinder sind somit als „soziale Akteure in Generationenverhältnissen zu begreifen, als Autoren ihrer Entwicklung und ihrer sozialen Beziehungen" (HONIG 1999, 58). Kinder sind nicht mehr nur als passive Gesellschaftsmitglieder zu charakterisieren, die sich erst entwickeln müssen, sondern als kompetente soziale Akteur*innen, „die ihre Lebensführung selbständig dispositionieren, ihre sozialen Beziehungen als eigenständigen Lebenszusammenhang organisieren und aktiv an ihrer sozialen und persönlichen Entwicklung mitwirken" (HONIG 1999, 157). Fügt man weiterhin die Perspektive des Kindes als Fremdes hinzu, sind Kinder als soziale Akteur*innen in Generationenverhältnissen zu verstehen, deren Aneignung von Welt sich dem Gegenüber nur in Form von Hypothesen erschließt. Es lässt sich nur vermuten, warum Kinder wie und in welcher Art und Weise handeln. Zwar gründen sich unsere Vermutungen auf den bisherigen Erfahrungen gemeinsamer Interaktionen, dennoch bleiben sie hypothetisch.

Die hier dargestellten Perspektiven als Einflussfaktoren auf ein Konstrukt von Kindheit verdeutlichen sowohl die Individualität jeder einzelnen Kindheit an sich, als auch Möglichkeiten, Gemeinsamkeiten und Unterschiede von Kindheiten als Teil unserer Gesellschaft aufzuzeigen. Die Zusammenschau dieser stellt ein weiteres Element menschenrechtsbasierter Pädagogik dar, da sie die Integration von Kindern in unsere Gesellschaft als gegeben voraussetzt und nunmehr nach Beziehungen und Wechselwirkungen von Kindern in und auf unsere Gesellschaft vor dem Hintergrund der Nichtplanbarkeit und der Nichtverstehbarkeit in Form von Fremdheit fragt.

3 Verständigung als Anerkennung des zweifach Hypothetischen

Innerhalb der bisherigen Auseinandersetzung wurden Kinder als etwas Eigenes, der Erwachsenenwelt nicht Zugängliches betrachtet. Diese Unzugänglichkeit impliziert eine grundsätzliche Unverstehbarkeit oder Nicht-Antizipierbarkeit in Form von Fremdheit (vgl. MEYER-DRAWE & WALDENFELS 1988; SCHÄFER 2007, HONIG 1999). Die Anerkennung des konstrukthaft Fremden als nicht Verfügbares, Unverständliches allein wäre nicht per se der Garant für eine menschenrechtsbasierte Pädagogik, denn es stellt sich die Frage, wie mit dieser Fremdheit umgegangen werden kann, ist sie doch zunächst mit Beunruhigung und Irritation verbunden.

MEYER-DRAWE & WALDENFELS (1988, 278ff) verweisen auf zwei Extreme, innerhalb derer sich Bewältigungsformen bewegen: das Extrem der Aneignung und das Extrem der Enteignung. Das Extrem der Aneignung wäre die Abwertung des Fremden als Mangel oder als defizitbehaftete Unfertigkeit auf Seiten des Kindes, verbunden mit der Vorstellung, Erwachsene hätten stets Recht gegenüber dem Kind. In der vorangestellten Geschichte schreibt Khalil GIBRAN: *Ihr dürft euch bemühen, wie sie zu sein, aber versucht nicht, sie euch ähnlich zu machen.* Pädagogisches Handeln, welches auf bloße Anpassung kindlicher Vorstellungen an die der Erwachsenen zielt, müsste als Überfremdung des kindlichen Seins als gewaltsamem Handeln bezeichnet werden (vgl. MEYER-DRAWE & WALDENFELS 1988, 278) und käme in unserer Lesart einer permanenten Verletzung von Menschen- und damit auch Kinderrechten gleich.

Ihr seid die Bogen, von denen Eure Kinder als lebende Pfeile abgeschickt werden. Wenn die durch die Fremdheit hervorgerufene Irritation dazu führt, jegliche pädagogische Einflussnahme als „gewaltsames Handeln" abzulehnen, laufen wir Gefahr, in eine Antipädagogik zu verfallen, in der jede erzieherische Einflussnahme ausbleiben muss. Wenn wir in Khalil GIBRANs Bild bleiben, käme die völlige

Enteignung von Verstehensmöglichkeiten auf Seiten der Erwachsenen dem Brechen des Bogens gleich und wäre mit der Vergötterung der Kindheit als unterlassene Unterstützungsleistung ebenfalls nicht zu verantworten. MEYER-DRAWE & WALDENFELS (1988) eröffnen als Gegenentwurf eine „kritische Möglichkeit pädagogischen Verstehens" (ebd., 279). Die Anerkennung des Hypothesenhaften in Bezug auf das Verstehen wird Kindern quasi als entwicklungsbedingte Unfertigkeit schnell zugebilligt. Verstehen meint innerhalb dieser Überlegungen jedoch gerade nicht die Aneignung vom Gesichtspunkt der Erwachsenen aus. Dies wäre eine Reduktion sozialer Beziehungen auf eine vertikale Richtung, ein Oben und Unten.

Die Vorstellung der Erwachsenen vom So-Sein des Kindes bleiben vielmehr ebenfalls stets Hypothesen als Projektion des Denkens über die Welt, hier insbesondere die kindliche Lebenswelt. Erst die Akzeptanz einer zweifachen Hypothesenhaftigkeit, sowohl beim Kind als auch beim Erwachsenen, würde Verständigung innerhalb eines pädagogischen Raumes des gemeinsamen Handelns ermöglichen. Hierbei ist die Wahrnehmung der Welt nur in der je konkreten Situation und nur unter Einbezug des ganzen Menschen mit seiner Körperlichkeit möglich: „weil meine Leiblichkeit so etwas ist, wie der Aufprall der Welt auf mich und der Zugriff meiner Gesten auf sie" (MERLEAU-PONTY 1984, 152). Die Frage, ob wir die Welt in gleicher Weise wahrnehmen, wird dann irrelevant, denn „zwischen den Dingen, auf die meine Gesten zielen und den Dingen, auf die das Kind zielt, breitet sich eine gemeinsame Welt aus" (MEYER-DRAWE & WALDENFELS 1988, 285). Innerhalb dieser gemeinsamen Welt existieren vielfältige horizontale Verflechtungen von Kind und Erwachsenem, die nach Verständigung verlangen. Sie sind als Beziehungsgeflecht unterschiedlichster Generationen zu verstehen, deren Kommunikation bislang gerade im schulischen Kontext durch hierarchische Strukturen gekennzeichnet ist und die je nach Lebenserfahrung der Kinder individuell von ihnen bewältigt wird (vgl. HEINZEL 2013, 710f). Bei konsequenter Anerkennung des zweifach Hypothetischen innerhalb der Kind-Erwachsenen-Beziehung wäre eine enthierarchisierende Grundhaltung vonnöten, die sich durch eine prinzipielle Offenheit und Neugier für andere Lesarten als die eigenen auszeichnet. Die grundsätzliche Offenheit zur Anerkennung des Konstrukthaften als ein in sich logischer Bewältigungsakt muss auf allen Ebenen des Beziehungsgeflechtes zu finden sein und würde sich sowohl auf der Ebene konkreter Interaktionen, als auch auf der Ebene pädagogischer Konzepte zeigen. Verfolgt man diesen Gedanken konsequent weiter, wäre eine Aufweichung der hierarchischen Strukturen in der pädagogischen Interaktion ein bedeutsames Element menschenrechtsbasierter Bildung. Gleichzeitig wäre die Anerkennung des Konstrukthaften übertragbar auf alle Dimensionen von Fremdheit, denen wir in- und außerhalb von Schule begegnen und denen aktuell nur zu oft mit Abwertung und Diskriminierung begegnet wird.

4 Pädagogisches Handeln im Kontext von grundsätzlicher Ungewissheit und Offenheit

Die Anerkennung des Konstrukthaften unserer Vorstellungen vom unzugänglichen, nicht-verstehbaren Fremden machen deutlich, dass wir uns hier auf einem Feld bewegen, welches von grundsätzlichen Ungewissheiten geprägt ist. Der Prozess des Verstehens des anderen als Rekonstruktionsprozess kann dabei stets nur eine Annäherung an dessen subjektive Sinnzuschreibungen sein, welcher den Charakter von Hypothesenbildung und -prüfung trägt. WIMMER (1996, 431) bezeichnet dies als paradoxale Handlungsstruktur pädagogischer Professionalität und betont: „Im Unterschied zum Laien, der in der Regel glaubt zu wissen, wer der singuläre Andere ist und was wie zu tun ist, muß der professionelle Pädagoge wissen, daß er es nicht weiß und wissen kann." Auch REISER (2006, 179) betont, dass sich die*der professionelle Pädagog*in im Unterschied zum Laien dieser Tatsache bewusst sein sollte: „Dieser Vorgang des Nicht-Verstehen-Könnens, der sich in uns abspielt [...], sollte uns darauf aufmerksam machen, dass die erste Verstehensleistung darin liegt, nicht zu verstehen". Der Aspekt der Bewusstheit als „Wissendes Nichtwissen" ist hierbei ein bedeutendes Merkmal professionellen pädagogischen Handelns.

WIMMER (1996) grenzt in einem Aufsatz zur pädagogischen Professionalität und dem Wert des Wissens pädagogisches Handeln von technisch-instrumentellem Handeln ab und betont, dass das Nicht-Wissen keine Lücke zwischen Denken und Handeln sei, die geschlossen werden müsse. Sie müsse im Gegenteil offen gehalten werden und dürfe weder verdrängt oder verleugnet, noch mit illusionären Bildern verdeckt werden (vgl. 431). Die Komponente des Nicht-Wissens, die sich aus dem offenen Bezug zur Situation und zum Anderen ergibt, setzt spezifisches Berufswissen nicht außer Kraft, ändert jedoch seinen Wert, „vor allem dadurch, daß es mit seiner ontologischen Referenz auch seinen dogmatischen Charakter verliert" (ebd., 432). Pädagogisches Handeln als „paradoxe Absicht einer Strukturierung unbestimmbarer und unbewußter Prozesse" (ebd., 433) kann nur innerhalb eines Praxisverständnisses professionell geleistet werden, welches von einer Handlungsintentionalität als zentralem Strukturfaktor abgeht und nicht, wie bisher, Planbarkeit, Kontrollierbarkeit und Herstellbarkeit unterstellt. Mit ihrer interaktionssensiblen Handlungsstruktur (vgl. MOSER 2005, 92) muss sich die Pädagogik von der Illusion einer „zielgerichtete[n], methodisch kontrollierbare[n] Anwendungstechnik" (WIMMER 1996, 433) verabschieden und bekommt stattdessen den Charakter einer Kunst, die zugleich freie und wissensgeleitete Interpretation beinhaltet. Diese ist nicht curricular vermittelbar, da es sich hierbei nicht um den Transfer eindimensionalen Wissens handelt. Wissen im Sinne theoretischer Konzepte bildet lediglich einen spezifischen Hintergrund, vor dem sich jeder neue Fall als pädagogische Praxis neu abbildet und entsprechend neu interpretiert werden muss. WIMMER unterscheidet dabei die Ebene des Theorie-wissens, auf welcher die Erkenntnis des Nicht-Wissens den professionellen Kern ausmacht und die Ebene der konkreten Interaktionen als „Beziehung zum Ande-ren, die nicht eine ‚bestimmende‘, sondern eine ‚reflektierende Urteilskraft‘ vom Pädagogen verlangt" (ebd., 435).

5 Fazit

SCHÜTZE (2000) machte in Bezug auf das professionelle Handeln auf die Gefah-ren strukturdeterminierter Fehlerquellen aufmerksam, welche durch die „struktu-rellen Paradoxiefigurationen" (52) bedingt sind, betont jedoch gleichzeitig, dass diese erst dann zu wirklichen Fehlern werden, wenn es die Akteur*innen an Um-sicht und Urteilskraft fehlen lassen.

Mit dem Terminus der Verantwortung wird ein weiteres Paradoxiefeld eröffnet, welches an dieser Stelle nur angedeutet werden kann. Wir möchten jedoch nicht darauf verzichten, da es sich um ein pädagogisches Grundproblem handelt, wel-ches sich gerade im Kontext menschenrechtsbasierter Überlegungen zeigt. Wenn sich Menschenrechte aus dem Recht und der Pflicht zu Autonomie und Selbst-bestimmung ableiten, stoßen wir zwangsläufig auf das KANTsche Problem der Freiheit im Zwange, denn sobald Bildungs- und Erziehungsmaßnahmen eman-zipatorische Ziele wie Autonomie und Selbstbestimmung fokussieren, haben wir das Problem des verantwortlichen Gebrauchs dieser Freiheit. Dies führt in der pä-dagogischen Praxis immer wieder zur Sei-spontan-Paradoxie (WATZLAWICK), die auch als Sei-autonom-Paradoxie oder Sei-selbstbestimmt-Paradoxie bezeichnet werden könnte. Im Hinblick auf pädagogisches Handeln haben wir es stets mit widersprüchlichen Anforderungen zu tun, nämlich einerseits institutionell und professionsethisch übertragene Verantwortung zu übernehmen und andererseits diese Verantwortung wieder an die Schüler*innen abzugeben (vgl. KINNE 2010, 138).

Inwieweit sich Pädagog*innen dieser Herausforderung bewusst sind, welche Handlungsstrategien sie entwickeln und wie sich dies in ihrem professionellen Selbstverständnis abbildet, scheint bisher weitgehend ungeklärt. Unter professi-onstheoretischem Fokus wird jedoch offensichtlich, dass normativ gesetzte Hand-lungsanforderungen an Professionelle nicht ausreichen, um diese in ihrer Profes-sionalität zu unterstützen. Voraussetzung dafür wäre ein schrittweises Abgehen von uneinlösbaren Handlungsanforderungen und eine Zuwendung zur Reflexion struktureller Antinomien im beruflichen Handeln. Die Kenntnis und Reflexion antinomischer Handlungsanforderungen, die aus der Struktur des Arbeitsfeldes selbst und dem dort befindlichen Beziehungsgeflecht resultieren, könnten einen wesentlichen Beitrag dazu leisten, pädagogisches Handeln professionell weiter-zuentwickeln, indem Professionelle ihr eigenes Handeln nicht immer wieder als unzulänglich erleben müssen. Die Kenntnis und Reflexion spezifischer Span-nungsfelder, besonders im Kontext von stellvertretender Verantwortungsabnah-me und -abgabe und im Horizont von prinzipiellen Ungewissheiten, entlastet Pädagog*innen von uneinlösbaren Anforderungen, indem die grundsätzlich wi-dersprüchliche und krisenhafte Struktur des pädagogischen Handelns nicht auf-gehoben wird, sondern sich der reflexiven Bearbeitung erschließt. Pädagogisches Handeln, welches schrittweise abgeht von Machbarkeitsgedanken und Planungs-handeln und das mehr als Interaktionshandeln verstanden wird, würde enthie-rarchisierte Verständigungsmomente innerhalb pädagogischer Handlungsräume zulassen und uneinlösbare Handlungsanforderungen zugunsten der Reflexion struktureller Antinomien im beruflichen Handeln aufgeben.

Angesichts niemals vollständig zu antizipierender Handlungsabläufe im pädago-gischen Kontext kommt darüber hinaus der Selbstvergewisserung und Selbstüber-prüfung von Professionellen eine besondere Bedeutung zu. Mit POOL und WOL-TERS (2006), die die Reflexion der Differenz zwischen Wissen und Nicht-Wissen als „essentiell für ein verantwortungsbewusstes, (sonder-) pädagogisches Handeln" (46) herausstellen, fassen wir zusammen, dass Selbstreflexion als professionelle Kernkompetenz unabdingbar ist, um im pädagogischen Kontext verantwortlich zu handeln. Die immerwährende Reflexion des eigenen pädagogischen Handelns wäre die Basis für eine enthierarchisierende Grundhaltung, die innerhalb dieses Beitrags als Element einer menschenrechtsbasierten Bildung begründet wurde.

Literatur

ALANEN, Leena (2005): Kindheit als generationales Konzept. In: HENGST, Heinz & ZEIHER, Helga (Hrsg.): Kindheit soziologisch. Wiesbaden: VS, 65-82

BÜHLER-NIEDERBERGER, Doris, MIERENDORFF, Johanna & LANGE, Andreas (Hrsg.) (2010): Kindheit zwischen fürsorglichem Zugriff und gesellschaftlicher Teilhabe. Wiesbaden: VS Springer

GIBRAN, Khalil (2002): Der Prophet. München: Deutscher Taschenbuch Verlag

HEINZEL, Friederike (2012): Qualitative Methoden der Kindheitsforschung. Ein Überblick In: HEIN-ZEL, Friederike (Hrsg.): Methoden der Kindheitsforschung. Ein Überblick über Forschungszugän-ge zur kindlichen Perspektive. 2. Aufl. Weinheim und Basel: Beltz Juventa, 22-35

HEINZEL, Friederike, KRÄNZL-NAGL, Renate & MIERENDORFF, Johanna (2012): Sozialwissenschaftli-che Kindheitsforschung - Annäherungen an einen komplexen Forschungsbereich. In: Zeitschrift für Religionspädagogik 11, 1/2012, 9-37

HEINZEL, Friederike (2013): Zugänge zur kindlichen Perspektive - Methoden der Kindheitsforschung In: FRIEBERTSHÄUSER, Barbara & SEICHTER, Sabine (Hrsg.): Qualitative Forschungsmethoden in der Erziehungswissenschaft. Eine praxisorientierte Einführung. Weinheim und Basel: Beltz Juven-ta, 707-721

HURRELMANN, Klaus & BRÜNDEL, Heidrun (2003): Einführung in die Kindheitsforschung. 2. Aufl. Weinheim, Basel, Berlin: Beltz

HENGST, Heinz & KELLE, Helga (Hrsg.) (2003): Kind – Körper – Identitäten. Theoretische und empi-rische Annäherungen an kulturelle Praxis und sozialen Wandel. Weinheim und München: Juventa

Honig, Michael-Sebastian (Hrsg.) (2009): Ordnungen der Kindheit. Problemstellungen und Perspektiven der Kindheitsforschung. Weinheim und München: Juventa

Honig, Michael-Sebastian (1999): Entwurf einer Theorie der Kindheit. Frankfurt a.m.: Suhrkamp

Honig, Michael-Sebastian, Lange, Sebastian & Leu, Hans Rudolf (Hrsg) (1999): Aus der Perspektive von Kindern? Zur Methodologie der Kindheitsforschung. Weinheim und München: Juventa

Kinne, Tanja (2010): Die Unterstützung der sozialen Kompetenzentwicklung von Schülerinnen und Schülern mit geistiger Behinderung im Kontext erlebnispädagogischer Lernarrangements. Berlin: Logos

Merleau-Ponty, Maurice (1984): Die Prosa der Welt. München: Wilhelm Fink Verlag

Meyer-Drawe, Käte & Waldenfels, Bernhard (1988): Das Kind als Fremder. In: Vierteljahrsschrift für wissenschaftliche Pädagogik 64, 271-287

Moser, Vera (2005): Professionstheorie im Fokus sonderpädagogischer Disziplinentwicklung. In: Horster, Detlef, Hoyningen-Suess, Ursula & Liesen, Christian (Hrsg.): Sonderpädagogische Professionalität. Wiesbaden: VS, 27-51

Pool, Sylvia & Wolters, Maike (2006): Grenzerfahrung und ihr Wert für die sonderpädagogische Professionalität. In: Pool, Sylvia, Wolters, Maike & Schley, Wilfried (Hrsg.): Sonderpädagogische Beiträge zur Professionalität. Zürich: SZH, 29-56

Reich, Kersten (1998): Kindheit als Konstrukt oder die Konstruktionen der Kinder? Im Internet: www.uni-koeln.de/hf/konstrukt/reich_works/aufsatze/reich_51.pdf (letzter Abruf: 30.10.2016)

Reiser, Helmut (2006): Psychoanalytisch-systemische Pädagogik – Erziehung auf der Grundlage einer themenzentrierten Interaktion. Stuttgart: Kohlhammer

Schäfer, Alfred (Hrsg.) (2007): Kindliche Fremdheit und pädagogische Gerechtigkeit. Paderborn: Schoeningh

Schütze, Fritz (2000): Schwierigkeiten bei der Arbeit und Paradoxien des professionellen Handelns – Ein grundlagentheoretischer Aufriß. ZBBS Heft 1/2000, 49-96

Wimmer, Michael (1996): Zerfall des Allgemeinen – Wiederkehr des Singulären. Pädagogische Professionalität und der Wert des Wissens. In: Combe, Arno & Helsper, Werner (Hrsg.): Pädagogische Professionalität. Frankfurt am Main: Suhrkamp, 404-447

Erika Rempel

„Dafür bist du noch zu klein!" – Sprache und Adultismus[1]

Anhand zahlreicher sprachlicher Äußerungen von Erwachsenen (Eltern wie Pädagog*innen) gegenüber Kindern wird deutlich, dass das Verhältnis zwischen diesen Gruppen ein hierarchisches ist, in dem Kinder von Erwachsenen diskriminiert werden.

Diese Form der Diskriminierung – auch Adultismus genannt – „beschreibt den Umgang von Erwachsenen mit dem Machtungleichgewicht, das zwischen Kindern und Jugendlichen einerseits und Erwachsenen andererseits, besteht. Der Begriff verweist auf die Einstellung und das Verhalten Erwachsener, die davon ausgehen, dass sie allein aufgrund ihres Alters intelligenter, kompetenter, schlicht besser sind, als Kinder und Jugendliche und sich daher über ihre Meinungen und Ansichten hinwegsetzen. Adultismus ist eine gesellschaftliche Macht- und Diskriminierungsstruktur, die durch Traditionen, Gesetze und soziale Institutionen untermauert wird" (RITZ 2008, 128).

Der folgende Beitrag widmet sich der Frage, wie Adultismus durch Sprache (re-) produziert wird. Anhand konkreter Beispiele aus der täglichen sprachlichen Praxis zwischen Erwachsenen und Kindern wird aufgezeigt, wie junge Menschen diskriminiert werden und damit bereits Artikel 1 der Menschenrechtskonvention ignoriert wird: „Alle Menschen sind frei und gleich an Würde und Rechten geboren" (AEMR, Art. 1).

1 Diskriminierung durch Sprache

Tatsächlich lässt sich die Diskriminierung von Menschen unterhalb einer bestimmten Altersgrenze am Beispiel von Sprache sehr anschaulich nachvollziehen. Was wird beispielsweise durch folgenden Spruch zwischen einer erwachsenen Person und einem Kind vermittelt: „Mach kein Theater!"? Wenn sich eine Person das Recht nimmt, die Gefühle und Bedürfnisse einer anderen Person als unwichtig, übertrieben, vielleicht gar als vorgetäuscht zu beurteilen und ihnen damit jede Legitimation abspricht, stellt sie sich und ihre eigenen Bedürfnisse über die anderer und deren Bedürfnisse. „Viele Menschen glauben offenbar, dass sie ihren Wert,

---

[1] Dieser Beitrag erschien in leicht veränderter Form erstmal im unerzogen Magazin 1/2011, 36-39.

ihre Wertigkeit erhöhen, wenn sie diejenigen abwerten, die anders sind, denken, handeln als sie selbst", erklärt die Adultismus-Forscherin ManuEla Ritz (Formaggio 2010, 7) eine mögliche Ursache für Altersdiskriminierung.

Im Umgang mit Kindern scheint es jedoch häufig legitim, gar notwendig, ein Verhalten auszuüben, das diskriminierende Tendenzen aufweist. Die Basis für diese Annahme bildet die „generationale Ordnung der Gesellschaft" (Dolderer 2010, 13). Diese Ordnung bewirkt eine Aufteilung von Menschen in zwei komplementäre soziale Rollen – die des Kindes und die des Erwachsenen –, welche die gesamte Gesellschaftsstruktur durchzieht. Diese gegensätzlichen und sich ergänzenden Rollen fußen auf der Annahme eines idealen Erwachsenen, der das autonome Subjekt der Moderne und mündiger Bürger der Aufklärung ist und seine Entscheidungen selbstbestimmt und vernünftig trifft. Gegensätzlich dazu soll das Kind abhängig, spontan und unfertig sein. Diese Zuschreibungen legen eine gedachte ‚Natur des Kindes' zu Grunde, anhand derer diskriminierendes Verhalten von Erwachsenen gegenüber Kindern legitimiert wird und sogar notwendig erscheint.

2 „Kleine wilde Monster" – Die ‚Natur' des Kindes

Eine angenommene ‚wilde Natur des Kindes' zeigt sich beispielsweise in der Bezeichnung „Kleine Monster" oder „Biester" sehr deutlich. Hier werden Kindern Eigenschaften wie ‚Wildheit', ‚Boshaftigkeit', ‚Zerstörungswut' und Ähnliches zugeschrieben. Unabhängig von der individuellen Person, die als Kind wahrgenommen und mit solchen Begriffen benannt wird, liegen hier meist die nicht reflektierten Annahmen über eine generelle ‚Natur des Kindes' zugrunde. Auf eine derartige ‚Natur' stützt sich auch die Erziehungswissenschaft mit ihrer Begründung für Erziehung. Da Kinder ‚unfertig' seien, müssten sie durch Erwachsene kultiviert und somit gesellschaftsfähig gemacht werden. Von einem eher triebhaften Handeln sollten sie durch Erziehung, also intentionale Einflussnahme durch Erwachsene, der Vernunft und dem rationalen Handeln zugeführt werden. Einige gehen dabei eher von einer ‚bösen' Natur des Menschen aus, was eine starke Einflussnahme von Seiten ‚vernünftiger Erwachsener' noch mehr legitimiert und scheinbar notwendig macht. Aber auch die Annahme einer ‚guten menschlichen Natur', von der beispielsweise ‚nur noch' schädliche gesellschaftliche Einflüsse ferngehalten werden müssten, begünstigt ein totalitäres Denken, da Menschen, die der angenommenen ‚natürlichen' Zuschreibung nicht entsprechen, im Umkehrschluss als ‚unnatürlich', gar ‚unmenschlich' erscheinen müssten.

Zudem ist es kaum denkbar, dass Menschen als gesellschaftliche Wesen, die immer in soziale Kontexte eingebunden sind, Aussagen über eben solche Menschen jenseits von gesellschaftlichen Strukturen treffen könnten. Es ist nicht zielführend anzunehmen, man könnte den Menschen aus seinen Lebensbedingungen herauslösen, ihn also seiner Wirklichkeit berauben und dann noch etwas Wirkliches über ihn aussagen (vgl. VON BRAUNMÜHL 1988, 97). Die gesamte Annahme einer menschlichen oder kindlichen ‚Natur‘ ist somit rein spekulativ und irreführend und scheint nur dem Zweck zu dienen, geplante Einflussnahme von Seiten der Erwachsenen gegenüber Kindern zu legitimieren und Kinder somit diskriminierenden Verhaltensweisen auszusetzen, wenn die erwachsenen Pläne den kindlichen Bedürfnissen einmal entgegenstehen.

„Eine Horde Kinder" – Auch in der Bezeichnung von Gruppen junger Menschen mit den Begriffen ‚Bande‘ oder ‚Horde‘ (würde eine Gruppe Erwachsener diese ‚Titel‘ provozieren, geschweige denn akzeptieren?) klingt die beschriebene ‚Wildheit‘, etwas Ungestümes, ‚Natürliches‘, weil Animalisches durch. Für viele sind die genannten Attribute zunächst sogar positiv konnotiert und sicherlich beabsichtigen die meisten Menschen, die diese Begriffe in Bezug auf Kinder verwenden, damit nicht, letztere herab zu würdigen oder gar zu diskriminieren. All diese Zuschreibungen dienen jedoch im Sinne der generationalen Ordnung der Gesellschaft dazu, ein hierarchisches Verhältnis zwischen den sozialen Rollen ‚Kind‘ und ‚Erwachsene*r‘ zu etablieren. Die genannten Zuschreibungen als Basis der Hierarchie klingen zumindest für einige Menschen deutlich hörbar auch in vielleicht neckisch-nett gemeinten Äußerungen mit. Die assoziierte Wildheit bei den Begriffen ‚Bande‘ und ‚Horde‘ kann dann – wie oben ausgeführt – als Rechtfertigung für die geplante, durch Erwachsene fremdbestimmte Anpassung von Kindern an soziale Normen dienen, um die kindliche ‚Wildheit‘ in gesellschaftlich gewünschte Bahnen zu lenken.

„Ich muss mal für kleine Jungs" – Ein weiteres Beispiel für derlei Äußerungen findet sich in der häufig gebrauchten Wendung „für kleine Mädchen/Jungs müssen". Eines der ‚natürlichsten‘ Bedürfnisse, die Verrichtung der Notdurft, scheint nicht ganz zum absolut vernünftig und selbstbestimmt handelnden Ideal einer erwachsenen Person zu passen, sodass dies zumindest sprachlich Kindern zugeschoben werden muss, die sich nach gesellschaftlicher Konvention für solche Bedürfnisse auch nicht zu schämen brauchten, da sie ohnehin noch stärker Teil der Natur als der Kultur seien und somit den Zwängen der Natur noch mehr unterworfen seien. Selbstverständlich sind auch die vernünftigsten und kultiviertesten Erwachsenen noch bestimmten Naturzwängen ausgesetzt, doch werden diese so weit wie möglich aus dem öffentlichen Leben ferngehalten – fast schon verheimlicht –, indem sie mit Scham besetzt sind.

Dieser Umgang mit Naturnotwendigkeiten, der sich auch in sprachlicher Äußerung zeigt, veranschaulicht, wie die bipolare, hierarchische Trennung von Natur und Kultur, Trieben und Vernunft die Gesellschaft in allen Bereichen durchzieht.

Beim Umgang mit Kindern ermöglicht diese Trennung die scheinbar legitimierte Diskriminierung durch Erwachsene.

An dieser Stelle ist jedoch auch darauf hinzuweisen, dass der Gebrauch dieser Redewendungen nicht unbedingt per se eine Diskriminierung von Kindern bedeutet. Vielmehr wird durch eine spezifische Anwendung von Sprache offenbar, welche meist unreflektierten, individuell vielleicht unbewussten Annahmen und Zuschreibungen bestimmten Menschen aufgrund bestehender konventioneller Denkmuster gemacht werden.

Es gibt jedoch auch einige Äußerungen, die ausdrücklich auf eine Herabsetzung von Kindern und deren Bedürfnissen abzielen. Da dies in den meisten Fällen nicht reflektiert und hinterfragt wird, sollen im Folgenden einige dieser Aussagen kurz näher betrachtet werden.

3 „Kindisch" – Die Abwertung von ‚Kind sein'

Was sagt eigentlich der Begriff ‚kindisch' aus? Synonyme dafür sind ‚naiv', ‚albern', ‚unreif', ‚unentwickelt' und häufig ist auch einfach ‚dumm' und ‚unvernünftig' damit gemeint. Sind das wirklich die Eigenschaften, die auf alle (oder auch nur die meisten) Menschen unterhalb einer bestimmten Altersgrenze zutreffen? Möchten wir das diesen Menschen tatsächlich unterstellen? Solcherlei pauschale Zuschreibungen an willkürlich voneinander getrennte ‚Bevölkerungsgruppen' sind Vorurteile, wirken diskriminierend und werden sicherlich niemals den einzelnen Individuen gerecht. Diese Unterstellungen finden sich jedoch beispielsweise in dem arglos verwendeten Begriff ‚kindisch' oder auch der abwertenden Bezeichnung ‚Kinderkram'.

Stark ausschließend – und das scheint auch gewollt – wirkt beispielsweise die Redewendung „Das ist nichts für Kinder" oder auch „Dafür bist du noch zu klein". Eine Person, die mit derlei Äußerungen konfrontiert wird, muss sich zunächst tatsächlich ausgeschlossen und zurückgewiesen fühlen. Sie gehört offenbar einer ‚minderwertigen' Gruppe an (für die sie sich nicht einmal entschieden hat), die weniger Rechte hat, als die Gruppe der Erwachsenen. Das Kind ist scheinbar nicht im Stande, bestimmte Dinge zu tun, und ihm wird etwas vorenthalten. Zudem weiß die erwachsene Person scheinbar besser darüber Bescheid, was für das Kind geeignet ist, sie weiß, wann das Kind das ‚richtige' Alter für bestimmte Dinge erreicht hat. Die erwachsene Person hat hier die Deutungshoheit. Sie weiß – oder gibt vor zu wissen –, was richtig und was falsch ist und zwar ganz pauschal auch und gerade für andere Menschen. Dieser zugeschriebene Status des Kindes wird zu einer unangenehmen ‚Phase', in der junge Menschen ihre Bedürfnisse nur deswegen nicht befriedigen können, weil andere Menschen sie aktiv davon abhalten.

Eine Phase also, die man am besten so schnell wie möglich überwindet, um auch endlich etwas uneingeschränkter, etwas mehr dem eigenen Willen entsprechend soziale Teilhabe zu erlangen und die eigenen Bedürfnisse befriedigen zu können. In die gleiche Kerbe schlägt die Aufforderung „Hör auf, dich wie ein Kind zu benehmen!". Es ist allem Anschein nach nicht in Ordnung, Kind zu sein. Dieser Status scheint Menschen tatsächlich ihren Wert – zumindest teilweise – abzusprechen. Es ist nur zu verständlich, dass viele Kinder sich in diesem ‚Zustand' nicht wohlfühlen. Hinzu kommt hier noch der Anspruch einer erwachsenen Person, generell über gutes und schlechtes, angebrachtes und unerwünschtes Verhalten urteilen zu können, also die Deutungshoheit zu besitzen, und anderen Menschen mehr oder weniger willkürlich bestimmte Verhaltensweisen verbieten zu dürfen.

4 Erwachsenes Schamgefühl und das Kind als Statussymbol

Verbote werden meist dann ausgesprochen, wenn das ‚kindliche' Verhalten für die erwachsene Person unpassend und daher unangenehm ist. Nicht weniger häufig hört man daher auch den Ausspruch „Mit dir muss man sich ja schämen!". Wie kommt es aber, dass sich Menschen für das Verhalten anderer autonomer Individuen schämen müssen? Trägt nicht jede*r selbst die Verantwortung für ihr*sein Verhalten? Im Erwachsenen-Kind-Verhältnis trifft das offenbar häufig nicht zu, da Kinder nicht als autonome Individuen ohne erwachsenen Vormund wahrgenommen werden. Erwachsene, die sich für das Verhalten ihres Kindes schämen, sehen dieses Kind allem Anschein nach als ihr Statussymbol: „Mein Kind soll vor anderen Leuten zeigen, dass ich ein guter, letztlich liebenswerter Mensch bin, weil ich es ›gut erzogen‹ habe!"

Das Kind muss in diesem Zusammenhang also den Regeln der Erwachsenen und den gesellschaftlichen Konventionen gehorchen, um seinen Zweck als ‚gutes Statussymbol' zu erfüllen. Hinter dieser Denkweise verbirgt sich nicht nur ein pervertiertes Leistungsprinzip, das zunehmend der einzige gesellschaftlich gangbare Weg zu sein scheint, sich als wertvollen Menschen zu erfahren und Anerkennung zu genießen. Auch offenbart sie eine menschen- und lebensfeindliche Haltung, die Personen als Mittel zum Zweck, als Objekt begreift und verhindert, diese Personen ‚nur' um ihrer selbst willen zu lieben.

Auch die rhetorische Frage „Was sollen nur die anderen denken?!" führt in eine ähnliche Richtung. Hier scheinen mögliche Urteile Dritter über das Verhalten des Kindes, über die Beziehung zwischen dem Kind und dem Erwachsenen, sowie das Schamgefühl des erwachsenen Menschen, der das Kind als sein Statussymbol betrachtet, pauschal wichtiger zu sein, als das spontan gezeigte Verhalten des Kindes, das damit versucht, seinen Bedürfnissen nachzukommen.

Das Kind wird durch solche Situationen wahrscheinlich lernen, dass seine persönlichen Gefühle und Ausdrucksweisen nicht in Ordnung sind – vielleicht sogar, dass es selbst somit nicht in Ordnung ist – und dass es wichtiger ist, auf das Urteil anderer Menschen zu hören, als den eigenen Empfindungen und Gedanken zu vertrauen. Solche und ähnliche Erwachsenen-Sprüche sind somit bestens dafür geeignet, das aufkeimende Selbstbewusstsein junger Menschen zu untergraben und Mitläufertum zu fördern.

5 „Schäm Dich" – Von diskriminierenden zu beleidigenden Äußerungen

Schlichte Beleidigungen finden sich in Aussprüchen wie „Schäm dich!", „Sag mir die Wahrheit/Lüg' nicht!", „Red' nicht so einen Stuss!", „Sei nicht so vorlaut!", „Das verstehst du nicht!" und vielen anderen. Ihnen ist gemein, dass sie die Kompetenzen des Kindes in Frage stellen oder gar völlig verneinen, dass sie dem Kind schlechte Absichten unterstellen und es so pauschal verurteilen. Zudem wird auch hier wieder die Deutungshoheit Erwachsener offenbar, durch die sie – und nur sie – sagen können, wofür Menschen sich zu schämen haben, was wahr oder falsch ist und wer wann lügt, was Unsinn ist und was es bedeutet ,vorlaut' zu sein. Sie können sogar sagen, was andere Menschen verstehen (können), und all das vor allem ohne es begründen zu müssen.

Um das Privileg der Deutungshoheit und die dahinterstehende Hierarchie zwischen den Generationen uneingeschränkt aufrecht erhalten zu können, gibt es für den ,Zweifelsfall' einige typische Sprüche Erwachsener, die keinerlei Diskussion, kein ,Warum' oder ,Aber' zulassen. Sie haben den bequemen Effekt, sich für diskriminierendes, unfaires Verhalten nicht rechtfertigen zu müssen, also das bestehende Machtungleichgewicht unangetastet zu lassen. In diesem Sinn erscheint das bekannte „Keine Widerrede!" als besonders effektiv. Den gleichen Zweck erfüllen auch Androhungen wie „Muss ich erst mit dir schimpfen?!" oder „Ich warne dich!". Und wem das schon eine Spur zu ,hart' ist, kann es einmal mit Bestechung versuchen: „Wenn du schön lieb bist, dann...".

Es liegt auf der Hand, dass derlei Äußerungen bereits verbale Gewalt sind, indem sie Kinder bedrohen, ihnen Angst machen, sie beleidigen, als korrupt darstellen und ähnliches mehr. Tatsächlich würden viele Menschen nicht einmal mit ihrem Haustier auf eine solche Weise umgehen.

Aufschlussreich ist es auch, einen Blick auf die Sprache zu werfen, die Kinder häufig zu sprechen ,gezwungen' sind: Im Verhältnis zu Verwandten ist es geläufig, dass Kinder eine Art Titel verwenden, um jene anzusprechen: Mama, Papa, Tante, Opa etc. Für Cousins und Cousinen, die meist auch Kinder sind, gilt dies nicht und vor allem spricht niemand die Nichte, den Enkel oder die Tochter mit diesem Titel an. Dieser schafft jedoch einseitig Distanz, erzwingt so etwas wie – zumindest vorgetäuschten – Respekt. Dadurch, dass aber Erwachsene in Verwandtschaftsverhältnissen gegenüber Kindern keine Anrede gebrauchen, sondern einfach deren Vornamen nennen, was Kindern in der Regel verwehrt wird, wird die vorhandene Hierarchie zwischen Kindern und Erwachsenen gefestigt.

6 Fazit: Kritische Reflexion der eigenen Sprache

Durch Sprache treten Menschen in Kontakt mit der Welt, sie teilen sich mit, lassen andere an ihren Gedanken und Gefühlen Teil haben und stellen somit Beziehungen her. Auch die Art von Beziehung kann durch Sprache beeinflusst werden. Durch sprachliche Äußerungen werden hierarchische Verhältnisse geschaffen, reproduziert und somit etabliert. Diese können aber auch durch Sprache verändert, zumindest jedoch in Frage gestellt werden. Sich über die eigene Verwendung von Sprache kritische Gedanken zu machen, kann einen achtsameren Umgang mit potentiell diskriminierenden Äußerungen und Verhaltensweisen bewirken und dazu beitragen, diese somit nach und nach abzubauen.

Literatur

VON BRAUNMÜHL, Ekkehard (1988): Antipädagogik. Studien zur Abschaffung der Erziehung. 5. Aufl., Basel und Weinheim: Beltz

DOLDERER, Maya (2010): Man wird nicht als Kind geboren, man wird zum Kind gemacht. Adultismus, die pädagogische Matrix und die generationale Ordnung der Gesellschaft. In: unerzogen Magazin, 2/10, 12-14

FORMAGGIO, Eva (2010): Ganz offiziell bevormundet. Interview mit ManuEla Ritz. In: unerzogen Magazin, 2/10, 6-11

RITZ, ManuEla (2008): Audultismus – ein (un)bekanntes Phänomen: „Ist die Welt nur für Erwachsene gemacht?" In: WAGNER, Petra (Hrsg.): Handbuch Kinderwelten. Vielfalt als Chance – Grundlagen einer vorurteilsbewussten Bildung und Erziehung. Freiburg im Breisgau: Heder, 128-136

Michael Ritter

Fremde Federn – neues Land
Eigenart und Fremdheit in neuen Bilderbüchern – Spannungsverhältnisse (inter)kulturellen Lernens

1 Eine Reise zu sich selbst

Bastian Balthasar Bux aus Michael ENDES ausgesprochen bekanntem Roman „Die unendliche Geschichte" (1979) ist der klassische Außenseiter. Fast schon stereotyp zeigt er wichtige Merkmale des schwächlichen Einzelgängers: eine dickliche Gestalt, eine tragische Familiengeschichte und ein introvertierter Charakter. Als er mit bzw. in dem gestohlenen Buch des Buchhändlers Karl Konrad Koreander auf Abenteuerreise geht, das wunderbare Reich Phantasia besucht, rettet und schließlich nach seinen Vorstellungen umgestaltet – und nebenbei auch sich selbst seiner Schwächen beraubt –, ist das keinesfalls eine Flucht aus der unangenehmen Realität seines Lebens. Vielmehr erzählt Michael ENDE meisterhaft von der Begegnung Bastians mit sich selbst; von einer Reise zu seinen tiefsten Wünschen und innersten Konflikten. So kommt Bastian schließlich auch bei sich an und findet im Moment des drohenden Identitätsverlusts die Liebe zu seinem Vater, die ihm die Rückkehr in die Wirklichkeit ermöglicht, die er aber unter veränderten Vorzeichen antritt.

Michael ENDE verhandelt in seinem Roman, der schnell zum Kultbuch einer Jugendgeneration avancierte, das eigentümliche Verhältnis von Realität und Phantasie – zweier Pole, die aus seiner Sicht nicht etwa entgegengesetzte Darstellungsmodi bezeichnen, sondern eng verwoben zusammengehören und ohne den jeweils anderen Part nicht produktiv erschlossen werden können. Vorangegangen war in den 1970er Jahren im Fahrwasser der 68er-Bewegung eine intensive Diskussion um die Neupositionierung der Kinderliteratur. Heftig kritisiert ENDE die Forderung von Autoren wie Peter HÄRTLING, die Motive der Literatur für Kinder aus der Wirklichkeit zu beziehen und in den Geschichten für Kinder ihre Wirklichkeit in der von ihnen erlebten Form zu thematisieren (vgl. HÄRTLING 1976/2003, 26). Diese Vertreter*innen der sogenannten problemorientierten Kinderliteratur (GANSEL 2010, 111ff) propagierten eine neue, emanzipatorische und sozialkritische Literatur, in der sich Kinder in ihren normalen Alltagswelten wiederfinden sollten. Diese Tendenz macht Michael ENDE implizit zum Streitpunkt seines epischen Romans. Der Realismusthese der 68er-Autor*innen stellt er die

Notwendigkeit zur befremdlichen Selbstbegegnung gegenüber, die literarische Erfahrungen zu einem identitätsbildenden Akt werden lässt. An dieser Stelle soll diese grundsätzliche Frage, wie die symbolische Darstellung lebensweltlicher Erfahrungen in den Formen und Motiven der Literatur für Kinder heute realisiert wird, aufgenommen werden. Im Folgenden werden drei Beispiele aus der Gattung der Bilderbücher thematisiert. Untersucht wird, wie Bilderbücher als Narrationen im Spannungsfeld von Bildern und Texten Erfahrungen von Eigenem und Fremdem in ihrer literarästhetischen Struktur so anlegen, dass sie nicht als gegensätzliche Pole von Persönlichkeit und Gesellschaft gelesen werden müssen, sondern eine Dialektik der Selbsterfahrung erzeugen, die gerade im Fremden das Eigene zu erkennen glaubt. Eingebettet werden diese Überlegungen in pädagogische Erwägungen eines kulturellen bzw. interkulturellen Lernens, das in besonderer Weise das Fremde und das Eigene zum Thema macht.

2 Eigenes und Fremdes im interkulturellen Lernen

Frauke GRITTNER spezifiziert den Gegenstandsbereich des interkulturellen Lernens folgendermaßen: „Interkulturelles Lernen soll Lernende dazu befähigen, mit Personen aus verschiedenen kulturellen Systemen sinnvoll und erfolgreich interagieren zu können, d.h. gleichberechtigte Beziehungen aufzubauen, ohne eine Kultur abzuwerten, und kulturbedingte Konflikte lösen zu können" (GRITTNER 2009, 663). Dass dazu auch Wissen über das jeweils andere kulturelle System gehört, versteht sich von selbst. Allerdings ist die Frage der gegenseitigen Informiertheit keinesfalls so zentral und solitär, wie es manche Diskussion über Interkulturalität in der Pädagogik nahelegt. Denn interkulturelles Verstehen setzt beim eigenen Selbstbild an und setzt voraus, dass die eigene Identität als greifbarer Fixpunkt für die Relationierung mit anderen Identitäten fungieren kann. Zur aktuellen Herausforderung wird dieses anthropologische Problem daher, weil das damit verbundene komplexe Verhältnis von eigener Persönlichkeit und interpersoneller Differenz in der globalisierten Gesellschaft zunehmend zur Herausforderung wird. Petra JOSTING und Caroline ROEDER weisen auf zwei Dynamiken hin, die hier scheinbar widerstreitend auf die Selbst- und Fremdwahrnehmung einwirken: „zum einen die Nivellierung kultureller Unterschiede, zum anderen die Vielfalt kultureller Entwicklungen" (JOSTING & ROEDER 2013, 12). In einer Zeit zunehmend pluralistischer Wertesysteme ist es damit gar nicht mehr nur die Begegnung verschiedener kultureller Systeme im Sinne national-ethnologischer Kategorien. Kulturelle Vielfalt prägt die Gesellschaft in allen Teilen und wird mal mehr und mal weniger sichtbar in einer großen Vielzahl an verschiedenen Lebensentwürfen und deren Performanz in den Spielarten von Alltagspraktiken und -institutionen.

Interkulturelles Lernen stellt sich daher weniger als ein pädagogischer Gegenstandsbereich dar, der auf den Kontext von Migration und ihre soziographischen Konsequenzen beschränkt bleibt. Interkulturelles Lernen ist kulturelles Lernen in einem erweiterten Bildungsverständnis, wie es Ludwig DUNCKER in seiner Schrift „Lernen als Kulturaneignung" (1994) beschreibt. Für DUNCKER konstituiert sich Bildung in einem Spannungsfeld von *Individuierung und Enkulturation* (vgl. DUNCKER 1994, 13). Und eben dieses Wechselspiel der Hinwendung zum Innen und Außen der eigenen Persönlichkeit, zu den eigenen Identitätsfragmenten und kulturellen Erfahrungen schärft den Blick für die Grenzen von Eigenem und Fremdem und stabilisiert die eigene Identität als Sammlungsort verschiedener, aber eben nicht beliebiger Haltungen, Vorstellungen, Präferenzen, etc.

Literarischen Erfahrungen wird in diesem Prozess der *Identitätsarbeit* (vgl. KEUPP & HÖFER 1997) einiges Potenzial bei der Entwicklung wahrnehmbarer *Ich-Figurationen* (ROEDER 2009, 9) zugebilligt. Sie stellen als projektive Vorstellungsräume eine Bühne für die performative Inszenierung von Identitätsfragmenten zur Verfügung, die im Sinne von „doing identity" (KRAMMER 2013, 12) zur stellvertretenden Auseinandersetzung und Erprobung von Seinsentwürfen herausfordert. Dieser Prozess bleibt als fiktionale Realität einerseits unverbindlich, schafft aber auf der anderen Seite eine starke emotionale Beteiligung und damit durchaus nachhaltige Erfahrungen.

Insofern kommt der Form von Realitätsverarbeitung und -verfremdung im literarischen Zeichencode eine nicht unerhebliche Bedeutung zu. In Bilderbüchern kommt hinzu, dass sich hier das literarische Werk im Wechselspiel bildsprachlicher und verbalsprachlicher Informationen konstituiert. Die Bilder sind dabei viel mehr als nur reine Elemente der Veranschaulichung wichtiger Handlungsmomente. Sie gehen über das im Text Erzählte hinaus, nehmen Handlungsstränge auf, erzählen diese weiter, ergänzen Informationen und treten mitunter sogar in Opposition zum Text. Dadurch entwerfen sie einen offenen Deutungsraum, der die multimodale Struktur des Werkes aufnehmen und konstruktiv ausdeuten und aneignen hilft.

Gerade die sehr verschiedenen Codes der prozesshaften Verbalsprache und der auf Simultaneität und Momentgebundenheit ausgelegten Bildsprache gelten in ihrem literarischen Zusammenspiel seit langem als ideales Medium der Sozialisation in der frühen Kindheit. Im Folgenden sollen drei Beispiele hinsichtlich ihrer Inszenierung von Eigenem und Fremdem in den Blick genommen werden.

3 Anja TUCKERMANN, Mehrdad ZAERI und Uli KRAPPEN: Nusret und die Kuh (2016)

Der Junge Nusret erzählt seine Geschichte. Immer in der Gegenwart berichtet, spannt sie doch einen weiten Bogen durch seine Kindheit. Zuerst lebt er bei seinen Großeltern in der kosovarischen Einsamkeit. Seine Eltern und älteren Geschwister leben in Deutschland. Später geht er mit seiner Lieblingskuh eben dorthin, findet Freunde und lernt lesen und schreiben. Auch die Kuh lernt lesen und schreiben und verfasst nun Briefe an Oma und Opa im Kosovo, die dort der Briefträger lesen muss, weil die beiden nicht lesen können. Beim nächsten Besuch in der Heimat bleibt die Kuh dann wieder im Dorf und Nusret muss nun auch von ihr Abschied nehmen.

Abb. 1: Coverabbildung „Nusret und die Kuh" (TUCKERMANN, ZAERI & KRAPPEN 2016)

Anja TUCKERMANN, Mehrhad ZAERI und Uli KRAPPEN erzählen eine eigentümliche Geschichte, in der viele Anleihen an historische Ereignisse wie den Kosovokrieg und aktuelle Entwicklungen wie die Flüchtlingsbewegungen eine Rolle spielen, diese aber verfremdet und fragmentiert thematisiert werden und damit eine seltsame Szenerie entwerfen. Die Heimat-Idylle ist überzeichnet, die Reise von Nusret und der Kuh mutet fantastisch an und dass die Kuh sogar beginnt fernzusehen, zu lesen und zu schreiben ist endgültig ein Übergang ins Reich des Unmöglichen und Wunderbaren. Doch diese Entwicklungen geschehen eher beiläufig; selbst als die Erzählinstanz wechselt und kurzfristig die Kuh zum Ich-Erzähler wird.

Zwischen den Zeilen verhandelt das Buch Themen wie Heimat und Fremde, Glück und Sehnsucht, und ein Leben, das nach festen Orientierungspunkten sucht. Nusrets neuer Lebensmittelpunkt wird Deutschland, die Kuh jedoch kommt hier nie richtig an. Für sie ist der Weg zurück ein Glück – und für Nusret ein neuer Schritt auf dem Weg zum Erwachsenwerden.

Die hier zusammengefasste Narration entwickelt sich in einem engen Wechselspiel von Bildern und Text. Eindringlich wird die Erzählung durch die personale Instanz des Ich-Erzählers, der nicht nur aus einer Perspektive erzählt, sondern dabei auch stetig seinen eigenen Namen wiederholt. Es ist ein Akt der Selbstvergewisserung, der das Eigene im Fremden zu fassen und zu konturieren sucht. Ansonsten ist die Geschichte wenig konsistent. Es sind eher Berichts- und Erzählfetzen, mit vielen Leerstellen und weiten Schnitten versehen.

Das Fragmenthafte und Unvollständige der Geschichte wird in den Bildern der beiden Künstler*innen Mehrhad ZAERI und Uli KRAPPEN aufgenommen. Die Illustrationen sind großformatige und malerische, doppelseitenfüllende Szenerien, die atmosphärisch eine starke Emotionalität über Farben und zum Teil auch abstrakte Formen erzeugen. Collagenelemente sind kombiniert mit großen pastosen Farbflächen und feinen grafischen Linien. Die randlosen Bilder bleiben aufs Wesentliche reduziert, das teils mit klaren Konturen, teils mit hektischem Pinselstrich inszeniert wird. Verschiedene Techniken kommen zum Einsatz und erzeugen wechselnde Eindrücke: Die fantastische Reise wirkt räumlich, da sie als Foto einer Papierbilderinstallation gezeigt wird. Demgegenüber bleibt die fernsehende Kuh auf eine fast schon abstrakte Flächigkeit beschränkt. Das leere Zimmer symbolisiert die Tristesse des Lebens am falschen Ort (vgl. Abb. 2). Diese Deutung geht nur aus den Bildern hervor. Nusrets Beschreibung anbei ist eher begeistert vom neuen Leben in Deutschland. So spannen Bilder und Texte eine Deutungsraum auf, der seine Leser*innen zu eigenen Interpretationen herausfordert. Angeboten werden ästhetische Impulse, nicht aber eine konsistente Erzählung. Und gerade dadurch gelingt dem Buch, was so schwierig ist: Die Geschichte bietet konkrete Einblicke in eine Migrationssituation, ohne einen Fall zu konstruieren. Damit erreicht sie im konkreten Beispiel eine universelle Bedeutung – faszinierend und eindrücklich.

Abb. 2: Die Kuh schaut fern (TUCKERMANN, ZAERI & KRAPPEN 2016)

4 Michael ROHER: Zugvögel (2012)

„Als Mitte April im Wald hinter der Stadt die Zugvögel landeten, war Luka schon lange da. Er sah zu, wie die Zugvögel sich auf die Zweige setzten. ‚Willkommen', sagte er." Michael ROHERs Bilderbuch erzählt die Geschichte einer Freundschaft zwischen dem Jungen Luka und Paulinchen. Während Luka eindeutig in den Bildern und anhand seiner Verhaltensweisen als Mensch und Junge identifiziert werden kann, stehen zur Umschreibung seines Gegenübers widersprüchliche Informationen zur Verfügung. Der Text der ersten Doppelseite berichtet von der Ankunft der Zugvögel, zu denen Paulinchen gehört. Diese sprechen eine eigene Sprache, die onomatopoetisch als typisiertes Zwitschern auszumachen ist. Des Weiteren treten jedoch bereits im Text Eigenschaften zutage, die sie auch als intelligentes, menschliches Wesen identifizieren. Die Vogel-Aktivitäten im Sommer – das Singen, Schwatzen, Verstecken, Zanken und Versöhnen – können noch als übertragene Umschreibungen des bunten Treibens von Vögeln in der Stadt betrachtet werden, doch spätestens als Paulinchen Stück für Stück Lukas Sprache erlernt, und durch romantisierende Kommentare auch eine über eine einfache Freundschaft hinausreichende Zuneigung deutlich wird, ist klar, dass Paulinchen eigentlich kein Vogel sein kann. Als Gegenpart zu dieser textbasierten Charakterisierung sprechen die Bilder von Anfang an eine andere Sprache. Die Zugvögel werden als menschliche Wesen inszeniert; nicht nur durch ihre Körperform, sondern auch durch wichtige Accessoires wie Kleidung und Gepäck. Sie sind offenkundig Reisende, die auf einen längeren Aufenthalt vorbereitet sind.

Abb. 3: Bei der Abreise (ROHER 2012)

Jedoch werden ihnen auch tierische Eigenschaften beigefügt. Einerseits tragen sie tierische Körperteile wie Schnäbel, Masken und Flügel, die aber als explizite Elemente einer Maskerade mit Bändern gezeigt werden und damit offensichtlich keine wirklichen Hybridwesen markieren. Die Grenzen des real Denkbaren überschreitet jedoch ihre Fähigkeit zu fliegen, die sie bereits auf dem ersten Bild zeigen. So kommen sie mit Sack und Pack dahergeflogen, was – gerade mit Blick auf das eigenartige Auftreten und die Reiseutensilien – einen irritierenden Eindruck vermittelt (vgl. Abb. 3). In den folgenden Bildern zeigen sich die Zugvögel auch in ihren Aktionen als Menschen, die in unterschiedlichen Aktivitäten ihrem Alltagsgeschäft nachgehen.

Im weiteren Verlauf des Buches steht nach einem glücklichen Sommer die turnusmäßige Abreise der Zugvögel an. Auf Lukas entsetzte Nachfrage hin, begründen die Zugvögel diese mit einem Verbot zu bleiben durch die Menschen. Nicht der unaufhaltsame natürliche Wechsel der Jahreszeiten, sondern ein soziales und kulturelles Phänomen der Ausgrenzung führt zu dem unsteten Leben. Dem widersetzen sich Paulinchen und die mutterähnliche Madame Petrova mit der Hilfe von Lukas, indem sie Unterschlupf bei einer Frau Lorenz finden, die anders als die anderen Menschen ihr Haus – in einem übergroßen Nest auf einem Baum – dauerhaft für die Zugvögel öffnet. Dort finden auch Text und Bild zur Einheit, indem nun auf Textebene eindeutig die menschlichen Bedürfnisse der Zugvögel thematisiert werden – sie bekommen Kleidung, Suppe und Malzkaffee – und sie auf Bildebene die zoologischen Accessoires – Schnäbel und Flügel – ablegen und ihre eigenen Handlungen auf menschenmögliche Verhaltensweisen reduzieren.

Abb. 4: Coverabbildung Zugvögel (Roher 2012)

In diesem Bilderbuch liegt sowohl auf Bild-, als auch auf Textebene eine besondere Form des unzuverlässigen Erzählens vor, indem bestimmte Informationen gegeben, durch widersprüchliche Darstellungen jedoch wieder in Frage gestellt oder umgedeutet werden. Bild und Text vertreten dabei lange Zeit unterschiedliche Positionen. Der Text geht von einem unspektakulären Normalzustand aus – im Frühjahr kommen die Zugvögel an, die vom Protagonisten Luka begrüßt werden – und unterläuft das anfangs recht übersichtliche Szenario durch sukzessive bedeutungsverändernde Informationen. In den Bildern wird die hybride Zoologisierung der Menschenwesen von Anfang an unglaubwürdig inszeniert. Die Konstruiertheit und Künstlichkeit der Verfremdung ist offensichtlich und entpuppt sich eben nicht als Andersartigkeit, sondern als vordergründige Maskerade einer von außen erzwungenen Fremdheit. Im Moment der Integration kann diese abgelegt werden bzw. sie wird überflüssig und die Zugvögel sind nun endgültig als Menschen erkennbar. Auch die Einheit von Text und Bild ist damit erreicht. Insofern zeigt sich Fremdheit hier nicht nur in der metaphorischen Abgrenzung einer Minderheit, sondern als diskrepantes Phänomen der Widersprüchlichkeit zwischen Bild- und Textinformationen. Diese unterlaufen subtil die Versuche einer kohärenzstiftenden Lektüre, die erst im Moment der durch die Integration überwundenen Einheit von Bild und Text und die Angleichung des Sinnangebots an die kulturell vereinbarten Darstellungen von Menschlichkeit ermöglicht wird. Bild und Text zeigen sich als aufeinander zu laufende Sinnangebote, deren Diskrepanz in ihren Leerstellen, Unbestimmtheiten und Widersprüchlichkeiten Raum zur eigenen Konstruktion von *Eigenart* und *Fremdheit* eröffnet. Insofern ist es hier die soziale Entwicklung, die die Voraussetzung für die Veränderung schafft. Die Freundschaft zwischen Luka und Paulinchen ermöglicht das Durchbrechen der traditionellen Mechanismen der Abgrenzung, sie führt zur Aufgabe der unterscheidenden, hier auch viel expliziteren künstlichen Fremdheitsmerkmale der Tierkörperteile und schafft Gemeinsamkeit als Überwindung von Fremdheit.

5 Shaun TAN: Ein neues Land (2008)

Wieder ganz anders operiert der australische Autor Shaun TAN in seiner Graphic Novel. Auf verbalsprachlichen Text verzichtet Tan vollständig. Bei ihm erzählen die Bilder die Geschichte eines jungen Mannes, der seine Familie vorübergehend verlassen muss, um in der Fremde ein neues Leben zu beginnen. Teils als seitenfüllende Szenenbilder, teils als panelartige Detailzeichnungen entwickeln sie eine Handlung, die vielschichtig und detailgetreu, immer aber prägnant erkennbar und dominant daherkommt.

Die Bilder sind graphische Bleistiftzeichnungen, die in fotorealistischer Manier in Grau- und Sepiatönen eindeutig auf die Optik historischer Fotografien anspielen. Und auch die Motive kommen spontan bekannt vor. Technischer Fortschritt, Mode und Bühne erinnern deutlich an die Zeit des beginnenden 20. Jahrhunderts. Dabei spielen die Bilder an die visuellen Archetypen der Migrationsbewegungen in die *neue Welt* an, ein Bezug, der ja auch im Titel des Buches bereits adressiert wird. Insofern nimmt Shaun TAN Bezug auf ein zwar historisches, aber verbürgtes Migrationsbeispiel.

Dieses hohe Maß an Vertrautheit mit den Motiven und Bildnarrationen wird bei TAN jedoch in den Illustrationen sofort wieder dekonstruiert, indem seine *neue Welt* nur vordergründig und auf den ersten Blick der US-amerikanischen Wirklichkeit des beginnenden 20. Jahrhunderts gleicht. Vielmehr stellt sich das Vertraute bei genauerem Blick als konsequent verfremdete Kulisse dar. So entwirft TAN bei der Ankunft des Flüchtlingsschiffs in der Großstadt der Hoffnung, deren Kulisse mehr als eindeutig auf New York verweist, eine Begegnung, die nicht nur die Anreisenden nachhaltig fasziniert. Statt der Freiheitsstatue stehen zwei übergroße Figuren mit Booten und Tieren ausstaffiert im Wasser; die Analogie zur realen Szenerie ist zwar unverkennbar, aber eben optisch nicht mehr herzuleiten. So zeigt sich dann auch die neue Welt als nicht nur den Protagonisten, sondern auch den Betrachter stark irritierende Bühne (vgl. Abb. 6). Statt der bekannten

Sprache – hier nur sichtbar in den Schriftzeichen – findet sich ein ausgeklügeltes, aber eben völlig fremdes System von Zeichen. Die menschliche Mode, Tiere und Gebräuche überfordern in ihrer Fülle und erzeugen ein unerklärliches Gefühl des Verlorenseins. Erst langsam finden sich Muster, die dem Protagonisten die Integration erlauben, erste Angelpunkte für eine neue Heimat bieten, das Heimweh überwinden helfen und schließlich zum guten Ende führen, in dem auch Frau und Kind in der neuen Welt ankommen.

Abb. 5: Coverabbildung „Ein neues Land"
(TAN 2008)

Abb. 6: Ankunft in der fremden Stadt
(TAN 2008)

Shaun TAN spielt bei der Inszenierung von Fremdheit zuerst einmal mit der vertrauten Situation; mit kollektiven Bildern und scheinbaren Selbstverständlichkeiten. Doch gerade die Ähnlichkeit entpuppt sich dabei allzu oft als Finten, die weder für den Protagonisten der Geschichte, noch für deren Betrachter zielführend ist. Die eindrücklichen Bilder erzeugen dabei eine Sogwirkung, die die Geschichte unglaublich intensiv erfahrbar macht. Eigenes und Fremdes ist hier kaum zu trennen und gerät in einen Konflikt miteinander. Die Erkundung wird dabei zur Suche nach Sicherheit und gerade die Universalismen wie die Liebe oder das Heimweh werden zu Verbindungslinien zwischen verschiedenen kulturellen Identitäten.

6 Fazit & Ausblick

Die drei besprochenen Bilderbücher thematisieren auf sehr spezifische und eindrückliche Weise, wie Fremdheit und Vertrautheit, Eigenart und Anderes zum Thema gemacht werden können. Es handelt sich um faszinierende Beispiele, die herausfordern, über das Leben und die vermeintliche Selbstverständlichkeit der kulturellen Existenz nachzudenken. Sie bieten keine eindeutigen Lösungen, sondern eröffnen Spiel- und Denkräume für die persönliche Horizonterweiterung. Dadurch machen sie sich zum Angebot, das fasziniert und aus sich heraus wirken kann. Ergebnis ist nicht ein Modell für die eigenen Handlungen, sondern ein Raum für ein *poetisches Erkunden der wirklichen Welt*, wie es Christian KOHLROSS (2010) als Gegenstandsbereich einer literarischen Epistemologie spezifiziert. Das Phantastische scheint dabei – wie schon für Bastian Balthasar Bux – ein idealer Spielraum zu sein, solche Gedankenwege zu erproben. Voraussetzung dafür ist, dass man Kindern ein eigenes Denken zutraut und pädagogisches Handeln als Angebot begreift, in einer Gesellschaft stetig weiter zu wachsen – zu sich und zu den anderen gleichermaßen.

Dementsprechend ist der Umgang mit solchen Bilderbüchern im Unterricht auch weniger über die geschickte didaktisch-methodische Inszenierung passender Erarbeitungsprozeduren zu bestimmen. Ein häufiger Irrtum hinsichtlich der Bearbeitung anspruchsvoller Bilderbücher in pädagogischen Szenarien liegt genau dort, wo die scheinbar fehlende pädagogische Orientierungsfunktion anspruchsvoller Bilderbücher – eine mehr oder weniger explizite und möglichst eindeutige *Botschaft* – durch die Lehrer*in als Vermittler*in eben dieser *Botschaft* ausgefüllt werden soll. Empirische Studien zur Bilderbuchrezeption von Lehrer*innen zeigen hier eine starke Unsicherheit der Pädagog*innen bzw. ein starkes Bedürfnis, die kindliche Rezeption gemäß eines eindeutigen Verständnisweges zu leiten und abzusichern; im O-Ton: die Kinder nicht mit dem Thema „im Regen stehen zu lassen" (vgl. dazu ausführlich RITTER & RITTER 2013, 133). Die eigenständigen Lesarten von Kindern zeigen hingegen, dass diese durchaus in der Lage sind, auch bei herausfordernden, fragmentarischen und polyvalenten Bild-Text-Konstruktionen eigene Deutungen zu entwickeln und zu verhandeln (vgl. ebd., auch SIPE & PANTALEO 2008; RITTER 2014). Voraussetzung dafür ist, dass sich die*der anwesende erwachsene Pädagog*in weniger als Vermittler*in des Bilderbuchs begreift. Ihre Aufgabe ist es, einen performativ-kommunikativen Rahmen zu öffnen, der den unterschiedlichen Akteur*innen der Bilderbuchrezeptionssituation erlaubt, jeweils eigenständige Deutungen zu entwickeln, zu thematisieren und zu verhandeln. Erwachsene und Kinder entdecken das Buch auf Augenhöhe. Dass Kinder dabei mitunter andere Zugänge zum Buch wählen und andere Schwerpunkte thematisieren als die erwachsenen Leser*innen intendiert hatten, ist durchaus erwünscht. Diese zeigen sich oft als ernsthafte und tiefgründige alternative

Deutungen mit enormen Potenzial für die Erkundung von und Identifikation mit Bilderbüchern; gerade im Hinblick auf das hier diskutierte Themenfeld des Eigenen und des Fremden. So können Bilderbücher über die individuell bedeutsamen Entdeckungen und Interpretationen zur Projektionsfläche für eigene Erfahrungen werden, in denen sich die Figurationen des Bilderbuchs mit den eigenen Vorstellungen verbinden. Die Unterschiedlichkeit der Leser*innen führt dann zu vielfältigen Lesarten des Bilderbuchs. So vermeiden diese Bilderbücher, in uniformierender oder *schubladisierender* (vgl. GEILING & PRENGEL 2017) Manier pauschale Lösungen vorzugeben. Sie regen zum Nach- und Mitdenken an und lassen Raum für die individuelle Sicht, die auch kulturelle Differenzen aufnimmt. Über das Bilderbuch, seine Narration und seine Materialität kann Verschiedenheit im Gemeinsamen, dem literarischen Fixpunkt thematisiert werden. Damit wird einem wichtigen Anspruch inklusiver Pädagogik entsprochen. Auf der Bühne des Bilderbuchs können Ich-Konzeptionen in bester performativer Manier zur Aufführung gebracht werden und damit die in Kapitel 2 beschriebene Identitätsarbeit als Aufführungspraxis einer dynamischen und fragmentarischen Inszenierung anregen. Die Fremdbegegnung des Bilderbuchs wird dann zur Selbsterfahrung. Geeignete methodische Varianten sind das literarische Gespräch, kreativ-gestalterische Methoden des sprachspielerischen und bildnerischen Gestaltens, szenische Ansätze und andere expressive Handlungen. Grundlage des Gelingens ist, dass sich die erwachsenen Pädagog*innen darauf einlassen, mit Kindern auf Augenhöhe das Buch zu erkunden; neugierig auf die Lesarten der jeweils anderen, die die eigene Sicht kontrastieren und erweitern können und zu einem gemeinsamen literarischen Erfahrungsraum werden.

Literatur

Primärliteratur

ENDE, Michael (1979): Die unendliche Geschichte. Stuttgart: Thienemann

ROHER, Michael (2012): Zugvögel. Wien: Picus

TAN, Shaun (2008): Ein neues Land. Hamburg: Carlsen

TUCKERMANN, Anja, ZAERI, Mehrdad & KRAPPEN, Uli (2016): Nusret und die Kuh. München: Tulipan

Sekundärliteratur

DUNCKER, Ludwig (1994): Lernen als Kulturaneignung. Schultheoretische Grundlagen des Elementarunterrichts. Weinheim und Basel: Beltz

GANSEL, Carsten (2010): Moderne Kinder- und Jugendliteratur: Ein Praxishandbuch für den Unterricht. Berlin: Cornelsen

GEILING, Ute & PRENGEL, Annedore (2017): Schubladisierung? Notizen zum Nachteil und Nutzen sonderpädagogischer Kategorien und fachdidaktischer Kompetenzstufen. In diesem Band

GRITTNER, Frauke (2009): Fächerübergreifende Bildungsaufgaben. In: BARTNITZKY, Horst, BRÜGELMANN, Hans, HECKER, Ulrich, HEINZEL, Friederike, SCHÖNKNECHT, Gudrun & SPECK-HAMDAN, Angelika (Hrsg.): Kursbuch Grundschule. Frankfurt/Main: Grundschulverband, 622-625

HÄRTLING, Peter (1976/2003): Fünf Überlegungen zum Schreiben von Kinderbüchern. In: HÄRTLING, Peter: Reden und Essays zur Kinderliteratur. Weinheim und Basel: Beltz & Gelberg, 26

JOSTING, Petra & ROEDER, Caroline (2013): Von Gästen und davon, Gast zu sein. In: JOSTING, Petra & ROEDER, Caroline (Hrsg.): „Das ist bestimmt was Kulturelles" – Eigenes und Fremdes am Beispiel von Kinder- und Jugendmedien. München: kopaed, 7-12

KOHLROSS, Christian (2010): Die poetische Erkundung der wirklichen Welt. Literarische Epistemologie (1800-2000). Bielefeld: transcript

KRAMMER, Stefan. (2013): Ich bin ich bin ich... Identitätskonzepte in den Sozial-, Kultur- und Literaturwissenschaften. In: informationen zur deutschdidaktik, 3/2013, 9-17

KEUPP, Heiner & HÖFER, Renate (Hrsg.) (1997): Identitätsarbeit heute. Klassische und aktuelle Perspektiven der Identitätsforschung. Frankfurt am Main: Suhrkamp

RITTER, Alexandra & RITTER, Michael (2013): Sichtungen im Schnipselgestrüpp. Einblicke in ein Forschungsprojekt zur (Re-)Konstruktion von (literarischen) Sinnstrukturen bei der Rezeption von Bilderbüchern in pädagogischen Kontexten. In: KRUSE, Iris & SABISCH, Andrea (Hrsg.): Fragwürdiges Bilderbuch. München: Kopaed, 125-136

RITTER, Alexandra (2014): Bilderbuchlesarten von Kindern. Neue Erzählformen im Spannungsfeld von kindlicher Rezeption und Produktion. Baltmannsweiler: Schneider Verlag Hohengehren

ROEDER, Caroline (2009): Editorial. In: ROEDER, Caroline (Hrsg.): kjl&m extra: Ich! Identität(en) in der Kinder- und Jugendliteratur. München: kopaed, 8-14

SIPE, Lawrence R. & PANTALEO, Sylvia (Ed.) (2008): Postmodern Picturebooks. Play, Parody and Self-Referentiality. London/New York: Routledge

Anja Wetzel

Authentische Gemeinschaften schaffen inklusive Kulturen
Gemeinschaftsbildung nach Scott Peck

> „Um die Schönheit eines Edelsteins in Worte zu fassen, können wir bestenfalls seine
> Facetten beschreiben. Gemeinschaft hat, wie der Brillant, viele Facetten, wobei jede
> Facette nur ein Aspekt eines Ganzen ist, das man nicht beschreiben kann"
> (PECK 2015, 51).

Die Kulturgeschichte der menschlichen Gemeinschaft ist geprägt von mannig-
faltigen Erscheinungsformen mit unterschiedlichen Auswirkungen. Sie erscheint
wie die Form eines Brillanten, wenn versucht wird, Gemeinschaft in all ihren
Facetten zu beleuchten, zu analysieren, zu erklären und ihr dann einen weiteren
Schliff zur Ganzheit zu geben. Für diesen Text betrachte ich die Erscheinung einer
inklusiven Schulgemeinschaft und stelle mir die Frage, ob eine inklusive Gemeinschaft automatisch eine ‚authentische' Gemeinschaft darstellt. Unterschiedliche
Möglichkeiten bieten sich an, wie sich Mitglieder einer Schulgemeinschaft[1] auf
den Weg machen können, um einander wirklich zu sehen, authentisch zu kommunizieren, vertraut miteinander zu werden und sich in ihrer Vielfalt individuell
schätzen zu lernen. All dies sind Aspekte, die eine inklusive Haltung kennzeichnen. Die Dimension eine inklusive Kultur zu etablieren, deren Basis von einer
echten Gemeinschaft und inklusiven Werten getragen wird, kann mit anregenden
Fragen über den Index für Inklusion erfolgen (vgl. BOBAN & HINZ 2003). Diese
haben das Potenzial, Aktionen und Veränderungen im Schulleben im Sinne einer willkommen heißenden Kultur zu provozieren und begleiten einen Prozess,
in dem sich mehrperspektivisch mit gemeinschaftlichen Entwicklungsabsichten
auseinandergesetzt wird. Mit meiner Betrachtung einer inklusiven Schulgemeinschaft möchte ich jedoch tiefer gehen. Mit diesem Text wage ich mich an den
Kern einer heterogenen Schulgruppe heran und frage, wie aus diesem eine authentische Gemeinschaft wachsen kann. Dieser Kern wird von unterschiedlichen
Interessengruppen in einer Schule berührt und geformt. Ein Aspekt für meine

---

1 Nach PECK stellen Menschen, die nur zweckgebunden zusammen sind, noch keine Gemeinschaft dar, sondern eine Gruppe. Er grenzt die beiden Begriffe klar vom jeweiligen
Entwicklungsstadium des Zusammen-Seins ab. Ich werde diese Abgrenzung übernehmen, um im Laufe des Textes deutlich zu machen, ab wann es sich um eine authentische
Gemeinschaft handelt.

Frage stellt die Betrachtung einer Schulgemeinschaft in ihrer Außenwirkung dar, die auf die Form der inneren Verbundenheit hinweisen kann. Diesem Spiegel zwischen Innen und Außen bediene ich mich. Rückschlüsse meiner Erkenntnisse beziehe ich auf die Gruppe des Lehrer*innenkollegiums. Dabei bleibe ich mir bewusst, dass die innere Verbundenheit unter Kolleg*innen Einfluss auf die jeweilige Schüler*innengruppe sowie Elternzusammenarbeit nimmt und umgekehrt. Die jeweiligen Wechselwirkungen sind geprägt vom Grad der bewussten Auseinandersetzung miteinander. Dies bedarf aktiver Bemühungen und der Offenheit und Bereitschaft, sich zu jeder Zeit authentisch zeigen zu wollen. Sind sich die Beteiligten dieser Herausforderung bewusst, kann es ihnen gelingen, über einen inneren gemeinschaftlichen Geist, die eigene Integrität und Inklusivität der gesamten Schulgemeinschaft (wieder)herzustellen und zu bewahren. Es braucht dafür die Überwindung egozentrischer Sichtweisen, das Ablegen höflicher Floskeln und schmeichelnder Nettigkeiten untereinander. Eine authentische Gemeinschaft verlangt Tiefe mit persönlichen Einsichten und viel Vertrauen, Mut, Ehrlichkeit und der Stärke zur Wahrnehmung von Individualität. Scott PECK beschreibt in seinem Buch „Gemeinschaftsbildung – Der Weg zu authentischer Gemeinschaft"[2] vier Prozessstadien, die eine Gruppe durchläuft, wenn sie zu einer organischen Gemeinschaft heranwächst. Diese werden für die folgenden Ausführungen die Grundlage bilden.

1 Hinführung zum Verständnis von Scott PECK

„Der Geist von Gemeinschaft ist immer der Geist des Friedens und der Liebe"
(PECK 2015, 63)

Scott PECK (1936-2005) war ein US-amerikanischer Psychiater, Psychotherapeut und Schriftsteller. Während seiner praktischen und theoretischen Arbeit widmete er sich intensiv ab den 1980er dem Phänomen ‚Gemeinschaft' in der menschlichen Kultur. Seine Erfahrungen und Beobachtungen aus therapeutischen Gruppensitzungen brachten ihn dazu, die Qualitäten einer authentischen Gemeinschaft herauszuarbeiten und zu beschreiben. Er begann mit zweckgebundenen Gruppen in Organisationen zu arbeiten, um diese gezielt zu einer authentischen Gemeinschaft zu führen und damit eine neue Organisationskultur zu etablieren. PECK versuchte mit seinen Arbeiten, dem ‚geheimnisvollen' Kern einer echten Gemeinschaft auf die Spur zu kommen, der für ihn jedoch in seiner Vollkommenheit undefinierbar blieb. In den 1980er Jahren gründete er „The Foundation

---

2 Die erste Auflage erschien 1984. Für diesen Text wird die vierte, neuüberarbeitete Auflage 2015 herangezogen.

for Community Encouragement". Diese Organisation ist heute noch tätig und begleitet und ermutigt Menschen weiterhin, sich in authentischer Gemeinschaftsbildung zu üben.

Qualitäten einer authentischen Gemeinschaft

„Eine authentische Gemeinschaft kann mit einem Salatgericht verglichen werden", so PECK, „dessen einzelne Zutaten ihre Identität bewahren und im Zusammenwirken noch hervorgehoben werden. Gemeinschaft löst nicht das Problem der Pluralität, in dem sie Verschiedenheit auslöscht. Vielmehr sucht sie sich Vielfalt aus, heißt unterschiedliche Sichtweisen willkommen, umarmt Gegensätze, wünscht von jeder Streitfrage auch die andere Seite zu sehen. Sie bezieht Menschen in einen lebendigen mystischen Körper ein" (PECK 2015, 199). In dieser Gemeinschaft ist eine fließende Führung zu beobachten. Jede*r kann in der Gruppe leiten und individuelle Kompetenzen in Entscheidungsfindungen einbringen. Meinungsverschiedenheiten werden in ruhiger und friedlicher Atmosphäre ausgetauscht. Eine authentische Gemeinschaft kennzeichnet sich durch einen offenen und konstruktiven Umgang mit Konflikten. Ihre Mitglieder sind bemüht einander wirklich zuzuhören und die einzelnen Personen zeigen ein großes Feingefühl sowie Respekt und den Willen zur Vervollständigung der persönlichen und kollektiven Integrität. Diese Gemeinschaft weist ein Potential auf, das zu individueller und kollektiver Heilung und Transformation führen kann. Sie ist darauf bedacht, dass sich jeder Mensch in allen Facetten seiner Persönlichkeit – unabhängig von Geschlecht, Alter, Religion, Kultur, Weltanschauung, Lebensstil und unterschiedlichen Entwicklungsstufen – zeigen und entfalten kann. „Es entsteht ein Ganzes, das größer – besser – ist als die Summe seiner Teile" (ebd., 199). Weitere Qualitäten sind, dass in ihr kollektive Verantwortung für die Entwicklung individueller Stärken übernommen und persönliche Interessen[3] unterstützt werden, dass zum Träumen ermutigt und ihre Mitglieder befähigt werden, sich aktiv einzubringen. Menschen mit dieser inneren Haltung gestalten und erhalten damit eine positiv wertebasierte Welt. Eine authentische Gemeinschaft akzeptiert das jeweilige So-Sein und erlaubt damit „den notwendigen Grenzen oder Umrissen unseres individuellen Selbst, sich wie durchlässige Membranen zu verhalten, die es uns möglich machen, aus uns heraus zu gehen, und anderen, zu uns herein zu kommen" (ebd., 49). In diesem Zusammenhang spricht PECK von einer Ethik des *„sanften Individualismus"*, die „uns lehrt, dass wir nicht wirklich wir selbst sein können, ehe wir nicht frei miteinander teilen, was uns gemeinsam ist: unsere Schwäche, unsere Unvollkommenheit, unsere Fehlerhaftigkeit, unsere Unzulänglichkeit, unsere Sünden, unseren Mangel an Ganzheit und Unabhängigkeit. [...]

---

3 PECK verweist hierbei auf Grenzen des einschließenden Verhaltens einer Gemeinschaft gegenüber persönlicher Interessen z.B., wenn das gemeinsame und individuelle Wohl gefährdet wird.

Es handelt sich um jene Art von Individualismus, der echte Gemeinschaft erst möglich macht, [...] [der] unsere Abhängigkeit voneinander anerkennt, nicht nur intellektuell, sondern tief in unseren Herzen" (ebd., 49). Demgegenüber führt er die Ethik eines „schroffen Individualismus" an. Dessen Ideal ermutigt uns dazu, „unsere Schwächen und Versagen zu verstecken. Wir werden dazu getrieben, Superman und Superwoman zu werden, und das nicht nur in den Augen der anderen, sondern auch vor uns selbst" (ebd., 48). Wir werden dazu gebracht so auszusehen, „als hätten wir alles im Griff, als hätten wir keine Bedürfnisse und als hätten wir uns völlig unter Kontrolle. Wir stehen unter dem ständigen Zwang, den Schein aufrecht zu erhalten. Wir werden ständig voneinander isoliert. Echte Gemeinschaft wird verhindert. [...] Gefangen in unserer Tradition des „schroffen Individualismus" sind wir außerordentlich einsame Menschen" (ebd., 48f). Authentische Gemeinschaften durchlaufen eine Transformation, durch die ihre Mitglieder sanften Individualismus entwickeln. Währenddessen erkennen und erfahren sie, dass sie sich als soziale Wesen gegenseitig brauchen, damit ihr Leben sinnvoll ist.

2 Ein Weg zur authentischen Gemeinschaft

> *„Der Schlüssel zur Gemeinschaft ist das Akzeptieren und das feierliche Wertschätzen unserer individuellen und kulturellen Unterschiede"*
> (PECK 2015, 159)

Der gemeinschaftsbildende Prozess beschreibt eine Reise an die Kraftquelle des inneren Kerns unseres Selbst – sowohl des persönlichen als auch des gemeinschaftlichen – in dem sich wieder Zugänge zur Intuition und Inspiration finden lassen und Neues erblühen kann (vgl. HEYN, o.J.). Für diesen fortwährenden, gemeinschaftsbildenden Prozess beschreibt PECK vier charakteristische Stadien, die eine Gruppe dabei aufzeigen wird: (1) die Pseudogemeinschaft, (2) das Chaos, (3) die Leere und (4) die authentische Gemeinschaft. Die Dauer der jeweiligen Phase ist abhängig von den Personen sowie der*des Prozessbegleiter*in. In den ersten beiden Phasen hat die Gruppe die größten Hindernisse zu überwinden, denn es tauchen noch zahlreiche Strategien auf, um echte Gemeinschaftsbildung zu verhindern. Als eine Vermeidungsstrategie kann der Mechanismus von der *Abhängigkeit* einer Leitungsperson auftreten. Der Grund kann sein, dass es der Gruppe zu Beginn schwerfällt, fast ohne Führung zu sein und sich deshalb von einer Leitung abhängig zu machen anstatt selber zu entscheiden. Weitere Hindernisse im Reifungsprozess können sein: *Flucht* vor umstrittenen Themen, *Kampf* im Versuch gegenseitiger Heilung und Bekehrung sowie *Paarbildung* für Allianzen zwischen zwei oder mehreren Mitgliedern (vgl. PECK 2015, 92ff). Gemeinschaftsbildende

Hemmnisse können jedoch überwunden und die Grundpfeiler authentischer Kommunikationsmuster wieder erlernt werden. PECK selbst gab Kommunikationsempfehlungen (siehe Anhang) zur Gemeinschaftsbildung (PECK 2015, 429), die u.a. mit dem Bewusstsein und der Anwendung der Prinzipien der gewaltfreien Kommunikation nach ROSENBERG (2016), dem echten Dialog nach BOHM (2014) oder dem echten Gespräch nach BUBER (2002) ergänzt werden.

2.1 Stadium 1: Die Pseudogemeinschaft

Die Pseudogemeinschaft beschreibt PECK als eine Gruppe von Menschen, die auf den ersten Blick wie eine Gemeinschaft wirkt. Die Anwesenden verhalten sich sehr freundlich und höflich zueinander und versuchen sich als Gemeinschaft darzustellen. Diese „Verstellung" ist nicht bösartig, sondern eher ein unbewusster, sanfter Prozess, in dem sich die Menschen einander nett zuwenden und sich hinter gesellschaftlichen Floskeln verstecken. Sie sind an ‚gute' Umgangsformen gewöhnt und verhalten sich danach, ohne darüber nachzudenken. Der Kommunikationsstil ist durch eine Sprache der Verallgemeinerung geprägt. Die Mitglieder wirken angepasst, um in der Gruppe anerkannt zu werden und nicht aufzufallen. Individuelle Unterschiede werden bagatellisiert oder ignoriert. In dieser Phase ist zu beobachten, dass die Menschen die Wahrheit über sich selbst und ihre Gefühle zurückhalten, um Konflikte zu vermeiden. Es wirkt, als ob jede Person „nach den gleichen Benimmregeln handelt, z.B. sage und tue nichts, was einen anderen beleidigen könnte; wenn jemand etwas sagt oder tut, dass dich beleidigt, ärgert oder verunsichert, handle als ob nichts geschehen wäre und gib vor, dass du dich nicht […] betroffen fühlst; wenn eine Meinungsverschiedenheit aufkommen will, wechsle das Thema so schnell und unauffällig wie möglich (vgl. PECK 2015, 75). Die Konsequenzen täuschender Verhaltensweisen sind, dass Individualität, Vertrautheit und Ehrlichkeit unterdrückt werden. Hierin sieht PECK die Hauptcharakteristika einer Pseudogemeinschaft. Die Menschen verharren hierbei in ihrer sozialen Anpassungsleistung. PECK stellt die Frage, ob es sein könnte, dass die meisten Menschen nicht wissen, dass es noch etwas jenseits der Pseudogemeinschaft gibt.

2.2 Stadium 2: Das Chaos

„Chaos ist nicht nur ein Zustand, es ist ein wesentlicher Teil des Prozesses der Gemeinschaftsentwicklung" (PECK 2015, 77). Die Gruppe kommt in diesem Stadium in einen Zustand, in dem Meinungsverschiedenheiten offen angesprochen werden und dadurch eine Form von Lebendigkeit entsteht. PECK charakterisiert das Chaos aber vor allem als langweilig, laut und unkreativ, weil die Teilnehmenden ohne Charme und Schwung und mit wenig oder keinem Erfolg einen Schlagabtausch von Argumenten vollziehen. Dieses Stadium ist die Zeit des Kämpfens und der Polarisierung innerhalb der Gruppe. Hier beginnt sich ihr Zustand zu verändern, weil individuelle Unterschiede sehr deutlich werden. Die Gruppe befindet sich in einem entropischen Zustand, in dem es keine soziale Ordnung und Bindungen gibt. Es herrscht Chaos, weil Erwartungen immer weniger erfüllt werden und die gewohnte, soziale Anschlussfähigkeit zunehmend schwindet. Solche Unordnung wirkt sich störend auf die gemeinschaftliche Produktivität und Effektivität aus. Die Gruppe als Ganzes erreicht hierbei bedeutend weniger, als es die Summe ihrer Teile tun würde, weil die Gruppendynamik und -struktur die Menschen davon abhält ihr Bestes zu geben. Für die Gruppe ist das Chaos unerfreulich, schmerzlich und eine adäquate Auflösung kann schwierig sein. Eigene Energie geht verloren und es braucht viel Anstrengung, sich selbst zu motivieren, um an der Gruppe wieder teilzunehmen (vgl. Macnamara 2012, 141f).

Um chaotische Strukturen wieder in den Griff zu bekommen werden einzelnen Personen versuchen, unwirksame und selbstbezogene Heilungs- und Missionierungsversuche zu starten, um „Abweichler wieder in die Reihe zu kriegen" (ebd., 77), um darüber die Gruppenprobleme zu lösen. Diese Versuche folgen dem Motiv, „befremdliche Ansichten anderer zu glätten oder durch stärkere Argumente zu besiegen" (ebd.). Abwehrende Gefühle wie Aggression, Wut, Neid, Eifersucht treten hervor und können destruktive Formen annehmen. Diese Stimmung könnte leicht durch eine autoritäre Leitung abgelöst bzw. minimiert werden, die Aufgaben und Ziele plant, organisiert und direktiv erteilt. Aber auch dadurch wird es niemals zu einer echten Gemeinschaft kommen, denn „Gemeinschaft und Totalitarismus sind unvereinbar" (ebd., 78). Was kann eine Gruppe also tun, das Chaos zu überwinden? Die Mitglieder brauchen die Einsicht, eigene Motive auf der tiefst möglichen Ebene zu erforschen[4]. „Je mehr wir das tun, desto mehr verlieren wir das Verlangen, Menschen in Ordnung zu bringen. Und desto mehr sind wir in der Lage und gewillt, Menschen zu erlauben sie selbst zu sein und dadurch eine Atmosphäre von Respekt und Sicherheit zu schaffen" (ebd., 96). Im Gegensatz zur Pseudogemeinschaft ist sich die Gruppe in dieser Phase einig, dass sie sich über ihren Streit hinauszubewegen haben, und das ist besser als zu verharren und sich nur Nettigkeiten auszutauschen.

2.3 Stadium 3: Die Leere

„Leere ist der schwerste Teil. Es ist auch das kritischste Stadium der Gemeinschaftsbildung. Es ist die Brücke zwischen Chaos und Gemeinschaft" (ebd., 80). Nach dem Sturm herrscht Leere und Stille. Peck beobachtet, dass die Gruppenmitglieder

---

4 In einem Kollegium wäre hier eine externe oder interne Begleitung z.B. in Form einer Supervision oder kollegialer Fallberatung denkenswert, um die Einzelnen ggf. vor psychischen Überforderungen zu bewahren. Diese Aufmerksamkeit ist für den gesamten Prozess unerlässlich.

in diesem Stadium wie erstarrt zwischen Furcht vor dem gemeinsamen Untergang und Hoffnung auf Wiedergeburt wirken. In dieser Phase braucht es viel innere Arbeit, sich von eigenen Überzeugungen zu befreien; diese quasi sterben zu lassen. Es sind Hindernisse wie Erwartungen, vorgefasste Meinungen, Glaubensfragen, Vorurteile, von denen sich jede*r Einzelne zu lösen hat und nicht mehr versucht, andere und die Beziehungen zu ihnen in vorgefertigte Formen zu pressen. Hier findet der entscheidende Übergang vom schroffen zum sanften Individualismus statt, in dem die*der Einzelne eigene Überzeugungen und Denkmuster aufgibt, um Teil einer authentischen Gemeinschaft zu werden (vgl. PECK 2015, 81ff). Dann wird es möglich sein, unvoreingenommen zuzuhören und wirkliche Erfahrungen miteinander zu machen. Gemeinschaftsbildung braucht Leere und Zeit, um sich der persönlichen Hindernisse bewusst zu werden und sie folglich abzulegen (vgl. ebd.). Jedes Mitglied kann an die Wurzel eigener Überzeugungen, Verhaltensmuster, Gefühlsregungen gelangen und sich plötzlich im Feld des Nichtwissens befinden. Es geht darum eine Ideologie abzulegen, die uns glauben lässt, „dies oder jenes sei der einzige und allein richtige Weg" (ebd., 82). „Die meisten Menschen haben große Schwierigkeiten, die Leere des Nichtwissens zu ertragen. Schließlich wird das Wissen der Vergangenheit, der Gegenwart und sogar der Zukunft – und vor allem das Wissen von sich selbst – als das höchste Ziel der menschlichen Erfahrung angepriesen" (ebd., 185). Diese Phase verläuft nicht reibungslos. Widerstand und Strategien werden aufkommen und aktiviert, um das Gefühl der Leere zu vermeiden. Erreicht die Gruppe einen Zustand der Leere, beginnen die Anwesenden zu realisieren, „dass ihr Wunsch zu heilen, zu bekehren oder in anderer Weise ihre zwischenmenschlichen Unterschiede zu ‚lösen', ein egozentrischer Wunsch ist - nämlich der nach Bequemlichkeit durch Gleichmacherei, durch Einebnung dieser Unterschiede. Und dann dämmert es der Gruppe, dass es einen umgekehrten Weg geben mag, nämlich die Anerkennung und Würdigung von Unterschieden zwischen den Menschen" (ebd., 83). An diesem Punkt angekommen, beginnt die Schöpfung der Gruppe.

2.4 Stadium 4: Die authentische Gemeinschaft

„In dieser abschließenden Phase senkt sich eine sanfte Ruhe auf sie [die Gruppe] herab. Es herrscht Frieden. […] Die Gruppe ist jetzt sehr offen und verletzbar" (PECK 2015, 88). Ein kollektiver Organismus ist entstanden und die authentische Gemeinschaft geboren. Ihre Mitglieder begegnen sich mit tiefer Ehrlichkeit und Anteilnahme. Sie ist authentisch, weil ihr Ausdruck nach außen mit dem Innenleben übereinstimmt, mit dem was jede*r Einzelne fühlt und denkt. Mit der authentischen Kommunikation baut sie Energie auf und diese wiederum macht lebendig (vgl. BRASE 2015, 404). Solch eine Gemeinschaft ist fähig, sich kollektiv zu unterstützen und sich ihren Anliegen gemeinsam zu widmen. Jetzt ist die Gemeinschaft in der Lage, all ihre Energie, Kompetenzen und Fähigkeiten synergetisch und aktiv für gemeinsame Lösungen einzubringen. Mitglieder einer synergetischen Gemeinschaft fühlen sich glücklich und bestärkt. Alle Teilnehmenden sind sich über ihr gemeinsames Ziel klar und bemüht, sich gemeinsam in diese Richtung zu bewegen. Aufkommende Unstimmigkeiten werden in dieser Konstellation fair verhandelt (vgl. MACNAMARA 2012, 141). Die Menschen sprechen aus vollem Herzen über Gefühle und Emotionen, weil die meisten von ihnen wissen, „dass man ihnen zuhört, und dass sie um ihrer selbst willen akzeptiert werden" (PECK 2015, 57f). Hier angekommen – beim Kern des Selbst – handelt die Person liebe- und hoffnungsvoll, ehrlich und wertschätzend, weil es anders nicht mehr möglich ist. Die Gemeinschaft ist zu einem sicheren Ort geworden, an dem sich verletzlich und damit ganzheitlich gezeigt werden darf. Schutzmechanismen und Widerstände sind nicht länger notwendig, denn der Drang nach Gesundung wird dynamisch. Die Mitglieder fühlen sich sicher und damit entsteht eine natürliche Tendenz, sich und andere zu heilen und zu wandeln. In solch einer Gemeinschaft wird mit Spaß und Freude gelacht und mit Genuss gefeiert. Es wird auch weiter Konflikte geben, aber es ist ein Ort geworden, an dem diese mit Weisheit und Anmut bewältigt werden (vgl. ebd., 58ff).

2.5 Ausblick: Weiterführung der Gemeinschaft

„Durch Gemeinschaft verliert der Pluralismus seinen Problemcharakter. Gemeinschaft ist wahrhaftig ein alchemistischer Prozess", mit dem es gelingen kann, Schwierigkeiten und Hindernisse auszubalancieren und sie konstruktiv in die Gemeinschaft einfließen zu lassen (vgl. PECK 2015, 146). Haben die Menschen den tiefgehenden Prozess der Gemeinschaftsbildung erlebt, die Entstehungsgründe einer Gemeinschaft erfahren und dahinterstehende Regeln und Gesetzmäßigkeiten erkannt, ist Gemeinschaftsbildung kein Zufallsprodukt mehr. Die authentische Gemeinschaft ist von nun an in der Lage, die entsprechenden Prinzipien zielgerichteter und nachhaltiger bewahren, gestalten und leben zu können. Diese Gemeinschaft wird sich von nun an u.a. Fragen stellen wie: „Wie geht es uns?"; „Sehen wir noch unser Ziel vor Augen?"; „Haben wir den Gemeinschaftsgeist verloren?" (ebd., 56). Um sich als authentische Gemeinschaft aufrecht zu erhalten, wird sie, wann immer es nötig sein wird, die entsprechenden Entwicklungsstadien, teilweise und / oder zirkulär wiederholen. Die Phasen können in zunehmendem Maße schneller durchlaufen werden, wenn die Gruppe bereits gemachte Erfahrungen und Abläufe reflektiert und ihre Erkenntnisse gezielt einbezieht. Der konsequente Erhalt als Gemeinschaft bleibt möglich, wenn die Anwesenden ihre Fähigkeit bewahren, über sich selbst nachzudenken und ihre Erkenntnisse in die Regulierungskräfte der Gemeinschaft einbringen. Sie sind von nun an herausgefordert, aktuelle (gesellschaftliche) Entwicklungen stetig mit einzubeziehen, wollen sie lebendig bleiben und weiter wachsen. Langzeitgemeinschaften werden so zunehmend eine selbstreflektierende Einheit und stetig auf ihre Integrität achten sowie versuchen, sich zu erweitern und neue Menschen aufzunehmen. Sie fragen nicht: „Wie können wir rechtfertigen, diese Person aufzunehmen?" Die Frage ist vielmehr: „Ist es irgendwie zu rechtfertigen, diese Person nicht aufzunehmen?" (ebd., 52). Entscheidend für die Weiterführung einer Gemeinschaft ist die Verbindlichkeit bezogen auf das *Zusammenleben-Wollen*. Dieser Spirit reduziert exkludierende Tendenzen, sollte jedoch die Mitglieder auch gewahr sein lassen, mit sich selbst inklusiv umzugehen. In dieser Balance kann sich Individualismus harmonisieren und können sich authentische Gemeinschaften individuell organisch entwickeln (vgl. ebd., 52f). Kurz erwähnt sei hier noch die Herausforderung der Harmonisierung zwischen der Weiterarbeit an den gestellten Aufgaben, die eine (Schul)Gemeinschaft bewältigen möchte, mit dem Prozess als authentische Gemeinschaft zu arbeiten. Dies verlangt fortwährend ein bewusstes Umschalten von dem einen zum anderen, d.h. sowie die Mitglieder feststellen, dass sie sich von einer Gemeinschaft entfernen, sollten sie von ihrer Arbeit am Ziel wieder zu ihrem Gemeinschaftsprozess überschwenken. Diese zeitliche Abstimmung und inhaltliche Umschwenkung ist möglich, verlangt jedoch Disziplin (ebd., 287f).

3 Die Bedeutung für eine Schulgemeinschaft

Der gemeinschaftsbildende Prozess nach PECK ist ein Selbsterfahrungsansatz, der zwar theoretisch vermittelt werden kann, um ihn jedoch in seiner Tiefe zu verstehen, selbst durchlebt werden will. Als Gemeinschaft zusammen zu arbeiten ist sowohl ein inklusiver Wert als auch ein tragendes und verbindendes Element zwischen inklusiven Kulturen, Praktiken und Strukturen. Eine Schulgemeinschaft unterstützt ihren Gemeinschaftsgeist, wenn sie eigene kulturelle Werte definiert und lebt. Die Transparenz der selbstbestimmten Werte beinhaltet Aufmerksamkeit sowie die Bereitschaft, sich mit eigenen Normen wiederholend und aktiv auseinanderzusetzen. Dies fördert auch den identitätsstiftenden Gemeinschaftsgeist, der sich bei verändernden Schulkollegien regelmäßig neu zu erschaffen und zu beleben hat. In aktuellen Forschungsergebnissen zur Schulentwicklung, spezifisch zur Unterrichtsentwicklung (UE), wird ebenfalls aufgezeigt, dass eine echte Veränderung und Weiterentwicklung nur insoweit stattfinden kann, wie die*der Einzelne Verantwortung für ihre*seine persönliche Entwicklung übernimmt. Hierbei wird die Verbindung zu PECK deutlich. Umso stabiler und transparenter die persönliche Beziehung nach Innen ist, desto wirksamer sind pädagogische und didaktische Veränderungsprozesse nach Außen. „Wer den Unterricht entwickeln will, muss sich auch selbst entwickeln. [...] Das kann unter die Haut gehen. UE ist also eine Herausforderung an die Person und verlangt nach Personalentwicklung" (ROLFF 2013, 116). Theoretische und rationale Schulentwicklungsverläufe sind demzufolge mit persönlichen und emotionalen Weiterentwicklungsschritten zu ergänzen. Die Auflösung innerer Grenzen und Hindernisse unterstützt im Außen eine Schule, sich zu einer authentischen Schulgemeinschaft zu entwickeln. Das 4-Schichten-Persönlichkeitsmodell nach Wilhelm REICH gibt einen Einblick, welche Schichten abzulegen sind, um an den inneren Kern unseres wahren Selbst zu gelangen (vgl. BRASE 2015, 400). Eine bewusste Beziehung zum wahren Selbst kann erreicht werden, wenn der innere Kern von Anpassungsleistungen, abwehrenden Gefühlen wie Wut, Neid, Eifersucht sowie abgewehrten Gefühlen wie Trauer und Einsamkeit Schicht für Schicht freigelegt wird.

Ein Lehrer*innenkollegium, das gewillt ist, sich zu einer authentischen Gemeinschaft zu entwickeln, wird sich mit persönlichen als auch kollektiven Themen befassen. Je nach Größe des Kollegiums oder Anlässen, kann dies in Kleingruppen oder fachlichen Arbeitsgruppen erfolgen, um hier beabsichtigte Arbeitsziele gemeinschaftlich umzusetzen. In einem authentischen und ehrlichen Kommunikationsprozess können Rückschläge und Unzulänglichkeiten auftreten sowie die Schattenseiten der Schulorganisation sichtbar werden. Diese sind jedoch für eine spiralförmige Höherentwicklung des Gemeinschaftsgeistes essentiell und zu berücksichtigen. Eine authentische Gemeinschaft entsteht oft als Antwort auf eine Krisensituation. Demnach können Krisen als Anlässe begriffen werden, um fortwährend Gemeinschaft zu versammeln (vgl. STRASSNER 2016, 42). Spannungsfelder entstehen möglicherweise bei Meinungsverschiedenheit hinsichtlich der Zusammenarbeit mit Eltern und Schüler*innen in Bezug auf die Mitgestaltung des Schullebens, bei verschiedenen Auffassungen kollegialer Teamarbeit oder zur Gestaltung von Lernprozessen. Eine authentische Schulgemeinschaft wird diese Spannungen konstruktiv annehmen und in der Lage sein, deren Ursachen zu erforschen und zu bearbeiten (PECK 2015; HARTKEMEYER 2015). Auch wenn für den gemeinschaftsbildenden Prozess postuliert wird, dass hierarchische Strukturen sich hinderlich auf die Entwicklung einer authentischen Gemeinschaft auswirken – und Schule ist traditionell von hierarchischen Strukturen geprägt – so können diese auch das Potential der Sicherheit im Entstehungsprozess bereithalten. PECK betont, dass es auf die Klarheit der Strukturen ankommt. Eindeutige Zuweisungen, Verantwortlichkeiten und Abläufe machen es leichter, sich auf Neues und Unbekanntes aktiv einzulassen. „Das Ziel von Gemeinschaft ist nicht die Hierarchie abzuschaffen. […] Die Kunst für eine Organisation ist die zu lernen, wie man in einer hierarchischen und höchst strukturierten sowie zielorientiert und gleichzeitig gemeinschaftlichen Art und Weise funktioniert. Es ist wichtig, die Technik des Umschwenkens zu beherrschen. Je klarer die Rollen definiert sind und je strukturierter die Organisation ist, umso leichter geht das hin- und herschwenken. Je verschwommener die Struktur, umso schwieriger wird genau das" (PECK 2015, 289). Insbesondere auf der Schulleitungsebene wird für diesen

Prozess vorausgesetzt, dass die Struktur mit der zugewiesenen Rolle und Stellung für eine gewisse Zeit losgelassen wird, damit Gemeinschaft entstehen kann. Multiprofessionelle Teams sind heute ein Selbstverständnis an Schulen, die sich in allen Dimensionen inklusiv entwickeln wollen. In einer authentischen Schulgemeinschaft wird es einfacher sein, dabei entstehende und ggf. brisante Themen und Meinungsverschiedenheiten erfolgreich und lösungsorientiert aufzugreifen, dialogisch zu besprechen und zu bearbeiten. Das konstruktive Aufnehmen von Differenzen bringt eine Gruppe voran, denn kreatives Entwicklungspotenzial steckt in der sozialen Reibung und wird darüber freigesetzt.

4 Fazit

Mit PECKs Ausführungen wurde ein Prozess dargestellt, der das Potential aufzeigt, sich der eigenen emotionalen Bezüge bewusst zu werden, insbesondere bei persönlichen Herausforderungen im Schulalltag. Der gemeinschaftsbildende Prozess schafft eine Allianz zur eigenen Person und erst anschließend zu anderen. Bleibt diese in der Verbindung zu sich selbst, mit dem Wissen um ihre Schwächen, kann sie nach außen, in die Gemeinschaft gehen, persönliche Hindernisse transparent machen und schnell und einfach nach Unterstützung fragen. Authentische Gemeinschaftsbildung erhöht die Kompetenz zwischenmenschlicher Fähigkeiten und lässt ein Bewusstsein über die Auswirkungen eigenen Handelns in der schulischen Zusammenarbeit entstehen. In einer vertrauensvollen Atmosphäre einer inklusiven Schulgemeinschaft kann sanfter Individualismus entstehen, der sich positiv auf eine ganzheitliche Entwicklung der Schüler*innen auswirken wird. Eine authentische Schulgemeinschaft entwickelt sich so über ihre zunehmende und sich ausweitende innere Verbundenheit und Verbindlichkeit gegenüber schulischen Zielen, aber auch aus der Kraft und Zuversicht, gesellschaftliche Veränderungen herbeiführen zu können. Dies wird vermutlich automatisch erfolgen, sowie der sich selbst-bewusste Gemeinschaftsgeist nach außen trägt und sich in konzentrischer und spiralförmiger Art und Weise ausbreiten wird. So wird eine inklusive Schulgemeinschaft mit ihrer Offenheit zur Mehrperspektivität in der Lage sein, sich als authentische Schulgemeinschaft zu etablieren. Aus der inneren Kraft von Selbst-Bewusstsein und mit ihrem „geschliffenen" Kern ist sie bereit, sich äußeren Anforderungen auf gesellschaftlicher und politischer Ebene zu stellen und verschiedene Vereinbarungen der Vereinten Nationen wie den Menschenrechten, der Behindertenrechtskonvention und den Global Goals bewusst und aktiv einzubeziehen. Eine inklusive und gleichzeitig authentische Schulgemeinschaft kann sich darüber kontinuierlich zu einer menschenrechtsbasierten Bildungseinrichtung entwickeln, die sich „allen subjektiven Bedürfnissen und objektiven Bedarfen der

Menschen in ihr zu entsprechen sucht und weitere Schritte der Öffnung anstrebt und geht" (BOBAN, HINZ & KRUSCHEL 2016, 7). Kinder und Jugendliche fordern von Erwachsenen stetig und aktiv Authentizität und Ehrlichkeit ein und provozieren damit einen wesentlichen Aspekt authentischer Gemeinschaftsbildung. Sie in diesen Prozess als aktive Unterstützer*innen einzubeziehen ist unerlässlich für inklusive Bildungs- und Entwicklungsprozesse.

Anhang

Auszüge aus den Kommunikationsempfehlungen für die Gemeinschaftsbildung (PECK 2015, 429):

- Sprich in der ICH – Form.
- Sprich von dir und deiner momentanen Erfahrung.
- Verpflichte dich, am Ball zu bleiben, dran zu bleiben,
- Schließe ein – vermeide jemanden auszuschließen.
- Drücke dein Missfallen in der Gruppe aus, nicht außerhalb vom Kreis.
- Sei beteiligt mit Worten oder ohne Worte.
- Sei emotional anwesend in der Gruppe.
- Höre aufmerksam und mit Respekt zu, wenn eine andere Person dir etwas mitteilt.
- Formuliere nicht schon eine Antwort, während der andere spricht.
- Respektiere absolute Vertraulichkeit.
- Erkenne den Wert von Stille und Schweigen in Gemeinschaft.
- Gehe ein Risiko ein!
- Höre auf Deine innere Stimme und sprich, wenn du dazu bewegt bist. Sprich nicht, wenn du nicht dazu bewegt bist.
- Fasse Dich kurz.

Literatur

BOBAN, Ines & HINZ, Andreas (2003): Index für Inklusion. Lernen und Teilhabe in der Schule der Vielfalt entwickeln. Halle: MLU

BOBAN, Ines, HINZ, Andreas & KRUSCHEL, Robert (2016): Inklusion oder: Das Streben nach Menschenrechten in Bildungsprozessen. Unerzogen, Ausgabe 3/2016, 6-12

BOHM, David (2014): Der Dialog: Das offene Gespräch am Ende der Diskussionen. 7. Aufl. Stuttgart: Klett-Cotta

BRASE, Götz (2015): Die verschiedenen Aspekte des gemeinschaftsbildenden Prozesses. In: PECK, M. Scott: Gemeinschaftsbildung. Der Weg zu authentischer Gemeinschaft. Schloss Oberbrunn, 392-408

BUBER, Martin (2002): Das dialogische Prinzip. 9. Aufl. Gütersloh: Gütersloher Verlagshaus

HARTKEMEYER, Martina, HARTKEMEYER, Johannes F. & HARTKEMEYER, Tobias (2015): Dialogische Intelligenz. Frankfurt am Main: Info3-Verlagsgesellschaft

HEYN, Ingo (o.J.): Das Ich, die Person: Das Modell der emotionalen Schichten. Im Internet: www.sein-und-wirken.de/d/node/4 (letzter Abruf: 30.10.2016)

MACNAMARA, Lobby (2012): People&Permaculture. Hampshire: Permanent Publications

PECK, M. Scott (2015): Gemeinschaftsbildung. Der Weg zu authentischer Gemeinschaft. Schloss Oberbrunn: Blühende Landschaften

PECK, M. Scott (o.J.): The Foundation for Community Encouragement. Im Internet: www.fce-community.org (letzter Abruf: 30.10.2016)

ROLFF, Hans-Günther (2013): Schulentwicklung kompakt. Modelle, Instrumente, Perspektiven. Weinheim, Basel: Beltz

ROSENBERG, Marshall (2016): Gewaltfreie Kommunikation: Eine Sprache des Lebens. 12. Aufl. Paderborn: Junfermann Verlag

STRASSNER, Mischa (2016): Relationale Sozialarbeit jenseits von Gemeinschaft. In: FRÜCHTEL, Frank, STRASSNER, Mischa, SCHWARZLOOS, Christian (Hrsg.): Relationale Sozialarbeit. Weinheim und Basel: Beltz Juventa, 34-53

Judy Gummich

Zukunft feiern – Menschenrechte verwirklichen
Anmerkungen zu der wenig beachteten Verbindung von Menschenrechten und ‚Persönlicher Zukunftsplanung‘

‚Persönliche Zukunftsplanung‘ hat hierzulande im Sog der UN-Behindertenrechtskonvention (BRK) und dem damit verbundenen Diskurs um Inklusion eine stärkere Verbreitung erhalten. Bisher ist dieser Diskurs jedoch vorwiegend auf den Kontext Behinderung beschränkt. Wurde mit der BRK die menschenrechtliche Dimension von Lebenslagen von Menschen mit Behinderung betont, wird bei der ‚Persönlichen Zukunftsplanung‘ noch selten der bestehende Bezug zu den Menschenrechten erkannt oder wahrgenommen. Nur gelegentlich werden in diesem Kontext die Begriffe ‚Inklusion‘ und ‚Menschenrechte‘ erwähnt. Noch seltener wird ein menschenrechtlicher Bezug aufgezeigt und eine rechtebasierte Herangehensweise vertreten.

Diese Lücke soll dieser Beitrag im Nachfolgenden – zumindest ein Stück weit – schließen. Er beginnt mit Grundlegendem zu Menschenrechten, geht nachfolgend auf das veränderte Verständnis von Behinderung ein sowie der weiten und damit menschenrechtsbasierten Sichtweise von Inklusion. Im Anschluss wird dargelegt, wie sehr Zukunftsfeste selbst sowie ihre daraus folgenden veränderten Handlungsmöglichkeiten in Richtung einer positiven Zukunft von menschenrechtlichen Prinzipien durchwoben sind. Abschließend wird aufgezeigt, auf welche Weise Zukunftsfeste zur Verwirklichung des Menschenrechts auf inklusive Bildung beitragen können.

Von Menschen und Rechten[1]

Die einzige Voraussetzung, damit einem Menschen die Menschenrechte zustehen, ist Mensch zu sein. Menschenrechte sind in der unbedingten Anerkennung der Menschenwürde begründet und wurden 1948 grundlegend in der Allgemeinen Erklärung der Menschenrechte (AEMR)[2] formuliert.

---

1 Die nachfolgenden Abschnitte zu Menschenrechten, der BRK und Inklusion bauen auf einem bereits publizierten Beitrag (GUMMICH 2015) auf.

2 Menschenrechte oder Vorläufer davon sind in vielen historischen Gesellschaften zu finden. Die AEMR ist das erste internationale Dokument. Sie wurde von einer internationalen Arbeitsgruppe erarbeitet und wurde inzwischen von nahezu allen Staaten weltweit unterzeichnet. Sie ist in etwa 500 Sprachen übersetzt.

Alle Menschenrechte sind *Freiheitsrechte*, denn sie haben die Zielsetzung, freie Selbst- und Mitbestimmung zu ermöglichen. Sie sind auch *Gleichheitsrechte*, weil sie allen Menschen gleichermaßen zukommen, was insbesondere im Verbot von Diskriminierung zum Ausdruck kommt. Menschenrechte sind darüber hinaus *Partizipationsrechte*, da sie eine diskriminierungsfreie Teilhabe in allen gesellschaftlichen Bereichen wie Arbeit, Wohnen, Freizeit ermöglichen sollen.

Menschenrechte sind dadurch gekennzeichnet, dass sie universell, unteilbar und unveräußerlich sind und dass sie in einer gegenseitigen Wechselbeziehung stehen:

- *Universell* sind sie, weil sie allen Menschen gleichermaßen zustehen.
- *Unteilbar* bedeutet, dass es grundsätzlich um die Gesamtheit der Menschenrechte geht. Es ist nicht möglich, Menschen nur einige der Menschenrechte zuzugestehen.
- *Unveräußerlich* besagt, dass einem Menschen keines der Rechte abgesprochen werden kann, weder von Staaten, Institutionen oder einzelnen Personen.
- *Gegenseitige Wechselbeziehung* verdeutlicht, dass Menschenrechte auf unterschiedliche Weise miteinander in Verbindung stehen. So steht das Recht auf Leben in Beziehung zu allen anderen Menschenrechten. Offensichtlich wird eine Verflechtung auch beim Recht auf Bildung mit beispielhaft dem Recht auf Nahrung, Recht auf Informationsfreiheit und für Kinder insbesondere auch dem Recht auf Zugang zu Medien und Schutz vor Gewalt, Misshandlung und Verwahrlosung.

In den menschenrechtlichen Basisdokumenten, der Allgemeinen Erklärung der Menschenrechte (AEMR) sowie in zwei Pakten sind die wesentlichen Menschenrechte verfasst. Im Zivilpakt[3] sind bürgerliche und politische Rechte und im Sozialpakt wirtschaftliche, soziale und kulturelle Rechte konkreter formuliert.

In weiteren, gruppenbezogenen Konventionen, wie der Anti-Rassismus-Konvention, der Frauenrechtskonvention, der Kinderrechtskonvention und der Behindertenrechtskonvention werden diese grundlegenden Menschenrechte für die jeweiligen Gruppen spezifiziert[4]. Sie enthalten also keine prinzipiell neuen oder zusätzlichen Rechte.

Menschenrechtsdokumente gibt es nicht ausschließlich auf der UN-Ebene, sondern auch auf regionaler Ebene. Beispiele sind die ‚African Charter for Human and People's Rights‘ oder die ‚Charta der Grundrechte der Europäischen Union‘. Sie sind kein starres Gebilde, sondern werden als ‚living documents‘ verstanden. Neue gesellschaftliche Entwicklungen und eine vergrößerte Aufmerksamkeit für bestimmte Sachverhalte, vor allem von Diskriminierungserfahrungen, machen es von Zeit zu Zeit notwendig, diese Dokumente zu ergänzen und ihre Auslegungen

---

3 Die ausführlichen Titel der Pakte und Konventionen sind im Literaturverzeichnis aufgeführt.

4 Die Wanderarbeitnehmerkonvention wurde insbesondere von den Staaten des Nordens, darunter Deutschland, bisher nicht ratifiziert.

zu aktualisieren[5]. Der Entstehungsprozess der BRK, das darin neu aufgenommene Konzept der Zugänglichkeit oder dass sich UN-Gremien mit den Lebenslagen von intersexuellen Menschen befassen, stehen beispielhaft für dieses Verständnis (vgl. GUMMICH & HINZ 2017).

Obwohl die Menschenrechte teils unterschiedlich ausgelegt werden, sind sie kein Katalog, aus dem sich Personen, Organisationen, Behörden oder Regierungen nach Belieben die einen oder anderen für diese oder jene Menschen(gruppen) aussuchen können. Werden Menschenrechte bestimmten Gruppen vorenthalten, wie zum Beispiel Menschen mit Behinderung, handelt es sich um Diskriminierung und somit um eine Verletzung von Menschenrechten[6].

(Nicht nur) Der Staat ist in der Pflicht

Mit der Unterzeichnung internationaler Abkommen haben sich die Staaten verpflichtet, Menschenrechte zu *achten*, zu *schützen* und zu *gewährleisten*. Sie zu achten bedeutet, der Staat selbst darf die Menschenrechte nicht verletzen, sie willkürlich beschränken oder in ihren Genuss eingreifen. Sie zu schützen besagt, dass der Staat Maßnahmen ergreifen muss, die Dritte daran hindern, die Menschenrechte anderer zu verletzen. Menschenrechte zu gewährleisten erfordert vom Staat, Maßnahmen zu verabschieden und Politiken umzusetzen, die die Verwirklichung der Menschenrechte zum Ziel haben, wie beispielhaft Nachteilsausgleiche oder entsprechende rechtliche Regelungen und Programme.

Auch wenn Menschenrechte nicht direkt vor nationalen Gerichten einklagbar sind, so sind sie dennoch nationales Recht und daher in allgemeines Recht mit einzubeziehen. Beispielsweise hat die BRK den Rang eines einfachen Bundesgesetzes, denn sie wurde vom Bundestag und vom Bundesrat verabschiedet, wodurch auch die Bundesländer in der Pflicht sind, die Konvention umzusetzen. Dies gilt insbesondere für den Bildungsbereich. Viele Menschenrechte finden sich in nationalen Verfassungen wieder, in Deutschland etwa im Grundgesetz. Sie werden dann auch als Grundrechte bezeichnet.

Doch haben nicht nur staatliche Organe, sondern auch Privatpersonen und nichtstaatliche Stellen wie Organisationen, Vereine und Unternehmen eine menschenrechtliche Verantwortung. Damit alle Menschen sich dieser Verantwortung bewusst sind, sollte Menschenrechtsbildung ein integraler Bestandteil jeglicher (Weiter-)Bildung sein. Denn Menschenrechtsbildung, die selbstredend

---

5 Auslegungen und Konkretisierungen von bestimmten Sachverhalten werden von den UN-Fachausschüssen in den ,Allgemeine Bemerkungen' (General Comments) veröffentlicht. Beispiel GC Nr. 12 der KRK: Das Recht des Kindes gehört zu werden.

6 Nur in Not- und Krisenzeiten wie Katastrophen können Menschenrechte mit hinreichender Begründung und zeitlicher Begrenzung für die Allgemeinheit eingeschränkt werden, nicht jedoch in diskriminierender Weise nur für bestimmte Bevölkerungsgruppen. Einige Menschenrechte wie das Verbot von Sklaverei sind dabei ausgenommen.

menschenrechtlichen Prinzipien zu entsprechen hat, ist völkerrechtlich im Recht auf Bildung verankert (vgl. UNESCO o.J.) und trägt dazu bei, Menschenrechte erfahrbar zu machen und sich selbst aktiv für diese einzusetzen. Menschenrechtsbildung beinhaltet Wissen über das Menschenrechtsschutzsystem und dessen zugrundeliegenden Werte, die unterschiedlichen (internationalen) Interpretationen und Entwicklungen sowie die Reflexion von Einstellungen und Haltungen. Ebenso wichtig ist es, Handlungsoptionen zu kennen, um sich für Menschenrechte, gegen Diskriminierung und für Inklusion einsetzen zu können (vgl. ebd., 6).

‚Behinderung' auf menschenrechtlich – und die Bedeutung für andere diskriminierungsrelevante Dimensionen

Für das Verständnis von Inklusion ist es unablässig, das mit der BRK verfestigte Verständnis von Behinderung zu betrachten. Wurde zuvor Behinderung rein medizinisch und zumeist defizit-orientiert verstanden, hat sich diese Sichtweise spätestens mit der BRK in eine menschenrechtliche Perspektive geändert. Das heißt, Menschen mit Beeinträchtigungen sind nicht einfach Patient*innen, sondern Träger*innen von Rechten, nicht Objekt (von Fürsorge), sondern Subjekt, was sich in der Forderung nach Selbstbestimmung widerspiegelt (vgl. BIELEFELDT 2008).

Behinderung ist nicht ausschließlich im einzelnen Menschen begründet. In der Präambel (e) der BRK ist festgelegt: „Behinderung [entsteht] aus der Wechselwirkung zwischen Menschen mit Beeinträchtigungen und einstellungs- und umweltbedingten Barrieren". Zu diesen Barrieren zählen bauliche und kommunikative Hindernisse ebenso wie Vorurteile und Einstellungen. Die Behinderung entsteht also dadurch, dass es keine Rampen gibt und nicht durch die Gehbeeinträchtigung eines Menschen, durch komplizierte Sprache und nicht durch die Lernschwierigkeiten eines Menschen. Der Slogan „Ich bin nicht behindert – Ich werde behindert" drückt diese veränderte Sichtweise deutlich aus.

Wesentlich hierbei ist, dass die Beeinträchtigung als selbstverständliche Form menschlichen Seins gilt und nicht als Abweichung einer wie auch immer definierten Norm. Dieser Ansatz setzt also die Akzeptanz des ‚Soseins' voraus und verweist auf gesellschaftliche Bedingungen, die zu Ausgrenzung führen.

Diese Betrachtungsweise lässt sich auf andere Dimensionen wie Alter, sexuelle Identität, aber auch Hautfarbe/Herkunft („race") übertragen. Dieser Blick auf die diskriminierungsrelevanten Dimensionen ist Grundlage für ein menschenrechtliches, rechtbasiertes Verständnis von Inklusion.

Was ist eigentlich Inklusion?

Bei Inklusion geht es um die Gestaltung und Gestaltungsbedingungen des ‚Miteinander' in der Gesellschaft, aber auch um die Rechte jedes einzelnen Menschen. Inklusion heißt: Von Anfang an selbstverständlich dazu zu gehören, selbstverständlich dabei zu sein, aber auch mitzugestalten, mitzubestimmen – ausnahmslos in allen Lebensbereichen. Dies gilt für alle, unabhängig von individuellen Fähigkeiten, Hautfarbe/Herkunft, sozialer Zugehörigkeit, Religion oder Weltanschauung, Geschlecht, sexueller Identität oder Lebensalter.

Inklusion steht für den Anspruch, dass niemand in einer Gesellschaft ausgegrenzt wird. Das Verbot von Diskriminierung ist daher untrennbar mit Inklusion verbunden. Und Inklusion meint mehr als Diskriminierung lediglich zu unterlassen. Inklusion bedeutet die Herstellung gleicher Chancen, um volle und wirksame Partizipation in allen gesellschaftlichen Bereichen zu ermöglichen.[7] Partizipation im menschenrechtlichen Sinne umfasst unterschiedliche Facetten, die mit Teilhabe, Teilnahme, Teilgabe und Teilsein beschrieben werden können. Die Kommunikationswissenschaftlerin Ursula WINKLHOFER, beschreibt die Begriffe Teilhabe und Teilnahme wie folgt: „Teilhabe steht für bereits gewährte Rechte [...] aber auch den Zugang zu gesellschaftlichen, kulturellen, politischen und wirtschaftlichen Ressourcen [...]. Teilnahme bedeutet, sich das gewährte Recht anzueignen und auszufüllen oder (noch) nicht gewährte Teilhabe zu erkämpfen" (WINKLHOFER 2000, 30ff). Teilgabe verdeutlicht, dass jeder Mensch seinen Teil zum gesellschaftlichen Miteinander beiträgt, auf der Grundlage dessen, so der Psychiater Klaus DÖRNER[8], dass jeder Mensch eine Bedeutung für andere haben möchte. Es geht hierbei nicht um Leistung, sondern um soziale Aspekte wie beitragen, teilen, sich beteiligen, mitgestalten. Teilsein drückt einerseits den Status des Dabeiseins und andererseits das subjektive Gefühl des Dazugehörens aus, was weit mehr ist als bloße physische Anwesenheit und in Verbindung mit den anderen Aspekten von Partizipation ermöglicht wird. In diesem Verständnis von Partizipation spiegeln sich grundlegende Fragen des Miteinanders: Geben und Nehmen, Haben und Sein. Letztendlich geht es bei Inklusion um die Bedingungen, die die unterschiedlichen Facetten von Partizipation ermöglichen.

---

7 Die Betonung liegt hierbei auf ‚ermöglichen', ist also nicht gleichzusetzen mit Zwang oder Pflicht.

8 Mündliche Überlieferung von seinem Vortrag am 20.05.2009 „Ende der Institutionen? Psychiatrie und Behindertenhilfe im dritten Sozialraum" im Rahmen des Fachkongresses „Enabling Community – Gemeinsame Sache machen" vom 18.-20.05.2009 im Bildungszentrum Steilshoop in Hamburg.

Zukunftsfeste im Lichte der Menschenrechte

Erste systematische Ansätze, um gemeinschaftlich Ideen zu entwickeln, der Zukunft einzelner Menschen eine Richtung zu geben, die ein selbstbestimmtes und würdiges Leben ermöglichen kann, entstanden in den achtziger Jahren des 20. Jahrhunderts. In Kanada, den USA und später auch in England wurden diese unter der Bezeichnung ‚Person Centred Planning' bekannt (HINZ & KRUSCHEL 2015, 36ff). Etwa im gleichen Zeitraum gab es auf der Ebene der Vereinten Nationen die ersten Aktivitäten in Richtung einer UN-Konvention für die Rechte von Menschen mit Behinderungen[9].

In Deutschland setzen sich seit Mitte der 90er Jahre insbesondere Ines BOBAN, Stefan DOOSE, Carolin EMMRICH, Susanne GÖBEL und Andreas HINZ für die Etablierung dieser Ideen und Vorgehensweisen ein (vgl. ebd., 41ff). Inzwischen gibt es diverse Weiterbildungen zur*zum Moderator*in auf Basis verwandter Konzepte. Deren Inhalte und Methoden spiegeln unterschiedliche Strömungen und Entwicklungslinien wider. Am bekanntesten ist die Vielfalt methodischer Ansätze unter dem Begriff der ‚Persönlichen Zukunftsplanung'[10]. Weitere Bezeichnungen sind ‚Personenzentrierte Planung', ‚Zukunftskonferenz', ‚Zukunftswerkstatt' oder ‚(bürgerzentriertes) Zukunftsfest'. „Der Begriff ‚Zukunftsfest' stammt von einem 14jährigen Jugendlichen aus Südtirol, der die Bezeichnungen ‚Zukunftskonferenz' oder ‚Zukunftsplanung' viel zu amtlich und zu arbeitsbezogen fand. Er wollte ein Fest feiern, bei dem seine Stärken, Vorlieben und Talente, aber auch seine Bedürfnisse nach Unterstützung deutlich werden würden" (HINZ & KRUSCHEL 2013, 14). ‚Zukunftsfest' ist auch mein priorisierter Begriff, da er eher mit dem Jetzt, mit Freude und Gemeinschaftlichkeit verbunden ist. Er bringt stärker die soziale Dimension zum Ausdruck, die den Menschenrechten inne wohnt. Denn Menschenrechte sind grundlegende Rechte, die oft erst in Gemeinschaft mit anderen gelebt und zur Wirkung kommen können. Dies wird beim Recht auf freie Meinungsäußerung und dem Recht auf Versammlungsfreiheit deutlich, die beide

---

9 So berichtete der UN-Sonderberichterstatter Leandro DESPOUY 1993 von weltweiten Menschenrechtsverletzungen an Menschen mit Behinderungen. Im Dezember 2001 entschied die Generalversammlung der Vereinten Nationen jedoch, dass die Zeit für eine Behindertenrechtskonvention gekommen sein könnte, um die Menschenrechte der etwa 600 Millionen behinderten Menschen auf dieser Welt zu schützen. Auf Initiative von Mexiko verabschiedete sie die Resolution 56/168, mit der ein Ad-hoc-Ausschuss ins Leben gerufen wurde, der erste Vorschläge für eine solche sammeln soll. Die UN-Studie „Human rights and disability" (Menschenrechte und Behinderung) von Gerard QUINN und Theresia DEGENER 2002 verdeutlichten die Notwendigkeit einer Behindertenrechtskonvention (vgl. www.bpb.de/apuz/27798/eine-un-menschenrechtskonvention-fuer-behinderte-als-beitrag-zur-ethischen-globalisierung?p=all, letzter Abruf: 30.10.2016).

10 Inzwischen gibt es ein „Europäisches Netzwerk persönliche Zukunftsplanung", mit Menschen und Organisationen aus Deutschland, Luxemburg, Österreich, Italien und der Schweiz. www.persoenliche-zukunftsplanung.eu (letzter Abruf: 30.10.2016).

bei Zukunftsfesten wesentlich sind und im Rahmen von – inklusiver – Bildung ein gewichtige Rolle einnehmen.

Einblick in die Elemente eines Zukunftsfestes

Zukunftsfeste zu feiern bedeutet: Im Kreise mit anderen Menschen werden aus einer gemeinsam entwickelten Zukunftsvision heraus positive Möglichkeitsräume[11] für Veränderungen entdeckt und (weiter)entwickelt und konkrete nächste Schritte zur Verwirklichung in Richtung dieser Vision festgelegt (vgl. HINZ & KRUSCHEL 2013, 7).

Es ist sinnvoll Zukunftsfeste zu organisieren, wenn es um ,große Fragen' geht, wenn große Veränderungen anstehen, wenn dem Leben eine andere, lebenswertere Richtung gegeben werden soll und wenn Barrieren Ausgrenzung, Segregation und Diskriminierung verursachen[12]. Häufig geht es dabei um Fragen an Lebensübergängen:

- ,Mein behindertes Kind möchte mit den Kindern aus seiner Kita in die Regelschule in unserer Nachbarschaft gehen. Wie können wir das realisieren?'
- ,Ich möchte nicht mehr in der Werkstatt arbeiten. Wie kann ich das erreichen? Was will ich wirklich arbeiten?'
- ,Ich will von zu Hause ausziehen. Wie und wo will ich wohnen?'

Ein Zukunftsfest gibt einen strukturierten Rahmen, um über solche Fragen zu reden, vor allem auch, wenn man allein nicht weiter weiß. Dieses gemeinsame Nachdenken sollte von der Ermöglichung als positive Grundhaltung getragen werden.

Die Aktivitäten vor dem Zukunftsfest beziehen sich auf den einzuladenden Unterstützer*innenkreis rund um die Hauptperson, die konkrete Fragestellung für den Tag und organisatorische Belange. Der eingeladene Personenkreis sollte dabei aus möglichst unterschiedlichen Menschen, aus vielfältigen Kontexten und, wenn möglich, aus verschiedenen Lebensphasen zusammengesetzt sein. Als Instrumente für die Gestaltung von Zukunftsfesten dienen die beiden aufeinanderfolgenden strukturellen Elemente MAP und PATH[13]. Sie geben dem Zukunftsfest das „methodische Geländer" (HINZ & KRUSCHEL 2013, 24).

Mit MAP wird die ,Schatzkarte' der Hauptperson entfaltet, ihre Gaben, Vorlieben, Stärken und Talente benannt sowie ihre Bedarfe. Eine wesentliche Komponente des MAP ist, dass die Bedeutung, die die Hauptperson für die anderen Beteiligten hat, gewürdigt wird. Hierbei wird vor allem der Aspekt der Teilgabe als ein Element von Partizipation deutlich.

---

11 Die Begrifflichkeit ,positive Möglichkeitsräume' stammt von Ines BOBAN.
12 Für andere 'kleinere' Fragen gibt es vielfältige andere unterstützende Methoden der Persönlichen Zukunftsplanung.
13 MAP = Karte, PATH = Pfad, Weg

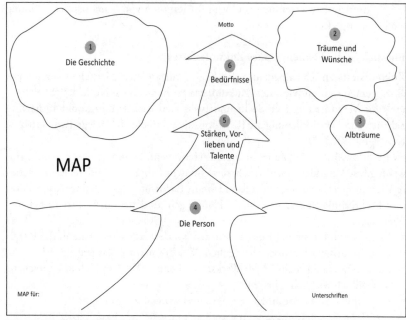

Abb. 1: Struktur des MAP-Prozesses (aus: Hinz & Kruschel 2013, 95)

Im PATH wird zunächst eine Vision entwickelt. Wesentlich hierbei ist es, Träume - und wirken sie auch noch so unrealistisch – zuzulassen. Denn abgeleitet von diesen Träumen werden Ziele für eine positiv gestaltbare Zukunft entworfen und konkrete Schritte entwickelt, in denen sich die ‚Essenz‘ der Träume wiederfinden lässt (vgl. Hinz & Kruschel 2013, 29ff).

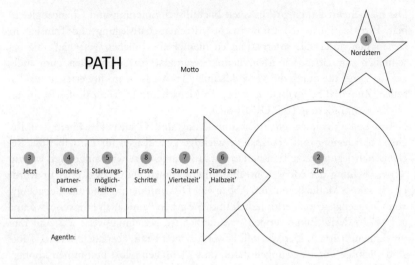

Abb. 2: Struktur des PATH-Prozesses (aus: HINZ & KRUSCHEL 2013, 120)

Wie bei Festen üblich, wird auch geschlemmt, getrunken, Musik gehört oder musiziert, gesungen, getanzt und dabei miteinander über dies und jenes geredet. Meist erfolgt die größere Pause zwischen MAP und PATH.

Vor einem gemeinsamen Abschluss ist es ratsam, eine oder mehrere Personen zu finden, die die geplanten Schritte begleiten und auch (mindestens) eine Person aus dem Kreise, die sich als Kontaktbeauftragte und Mittlerin (Agent*in) für ein Stück des Weges in Richtung Zukunftsvision verantwortlich zeichnet.

Zukunftsfeste haben letztendlich nicht das Ziel, die Zukunft konkret durchzu-planen, sondern Bedingungen zu schaffen, diese im Sinne von Selbstbestimmung und Partizipation zu ermöglichen.

Menschenrechtliche Prinzipien als Handlungsleitlinien von Zukunftsfesten

Menschenrechtliche Prinzipien gelten als Handlungsleitlinien und beziehen sich auf alle in den jeweiligen Konventionen genannten Rechte. Sich an ihnen zu ori-entieren erleichtert es, Bezüge zu konkreten Menschenrechten herzustellen. In-wiefern nun Zukunftsfeste menschenrechtlichen Prinzipien folgen, wird in die-sem Abschnitt aufgezeigt.

Die menschenrechtlichen Prinzipien Nichtdiskriminierung und Chancengleichheit, Partizipation und Empowerment[14], Rechenschaftslegung und Transparenz ziehen sich durch alle internationalen menschenrechtlichen Verträge[15]. Sie beschreiben zum einen, wie Menschenrechte umgesetzt werden sollen, zum anderen die Ziele, die durch die Verwirklichung der Menschenrechte erreicht werden sollen. Zum Teil beinhalten sie selbst ein Menschenrecht, wie z.b. das Recht auf Nichtdiskriminierung (vgl. DIMR o.J.).

Neben den Prinzipien Nichtdiskriminierung und Chancengleichheit sind Rechenschaftslegung und Transparenz wichtige Grundlagen für Partizipation. Rechenschaftslegung setzt Transparenz voraus. Durch diese wird aufgezeigt, was zur Verwirklichung der Menschenrechte unternommen wurde, was erreicht wurde und wo noch Maßnahmen zum Abbau von Diskriminierung und zur Herstellung von Chancengleichheit erforderlich sind. Sie geben damit auch Hinweise, wo und auf welche Weise Empowerment erforderlich ist, beziehungsweise was zum Empowerment beiträgt. Der Wortteil Power bedeutet Kraft, aber auch Macht. Beides sind wichtige Voraussetzungen dafür, dass Menschen selbst bestimmen können. Um Machtungleichheiten auszugleichen, ist es zuweilen angezeigt, Impulse von außen zu setzen, die zum Empowerment beitragen, wie der Abbau von Barrieren oder Weiterbildungen zu Menschenrechten.

Zukunftsfeste entsprechen den genannten menschenrechtlichen Prinzipien. Dies gilt sowohl für das Zukunftsfest selbst unter der Voraussetzung, dass die Herangehensweise selbst menschenrechtlichen Prinzipien entspricht, als auch für die Wirkung auf das gesellschaftliche Umfeld. Denn sie eröffnen Menschen Möglichkeiten, um zum Beispiel aus vorgefassten und segregierenden Strukturen heraus eigene Wege zu entwickeln. Somit leisten sie einen Beitrag zum Abbau von gesellschaftlicher Diskriminierung und zur Herstellung gleicher Chancen. Sie stärken die Partizipation, allein schon durch die gemeinschaftliche Komponente von Zukunftsfesten und die Betonung des Miteinanders. Wenn es um den Wunsch geht, dort zu wohnen, zu arbeiten oder die Freizeit zu verbringen, wo andere dies auch tun, dann tragen Zukunftsfeste auch zum Empowerment – nicht nur – der Hauptperson des Festes bei, ihr Leben selbstbestimmt zu gestalten.

Zukunftsfeste werden nicht nur für Erwachsene, sondern auch für Kinder veranstaltet. Hier ist es dienlich, zusätzlich einen Blick in die Kinderrechtskonvention (KRK) zu werfen. Neben dem Prinzip der Nichtdiskriminierung gilt für Kinder insbesondere, dass das Kindeswohl Vorrang hat (Originaltext: „best interest of the child"). Mit Blick auf Bildung bedeutet dies, dass die Interessen der Eltern/

---

14 Empowerment bedeutet Selbstbefähigung, Selbstbemächtigung und bedeutet Stärkung der Autonomie und Eigenmacht.

15 Interessanterweise wird sich eher im Kontext der internationalen Zusammenarbeit auf diese Prinzipien bezogen und seltener in nationalen Menschenrechtsdiskursen.

Erziehungsberechtigten und Behörden nachrangig sind. Darüber hinaus ist die Meinung des Kindes zu achten und das Recht des Kindes auf Entwicklung zu berücksichtigen. Auch die BRK betont die Achtung für die sich entwickelnden Fähigkeiten von Kindern mit Behinderungen und für ihr Recht auf Wahrung ihrer Identität.

Zukunftsfeste sind vom Ansatz her auf die Interessen der Hauptperson ausgerichtet und haben zum Ziel, die Meinung dieser wahrzunehmen und zu respektieren. Denn diese Meinung ist die Basis, um Schritte zu vereinbaren, die – unter Respektierung der Identität des Kindes – Möglichkeitsräume für eine positive Entwicklung eröffnen oder erweitern sollen.

In der BRK sind die Grundprinzipien in Artikel 3 formuliert. Zusätzlich zu den dort erwähnten Grundsätzen Nichtdiskriminierung, Chancengleichheit und Partizipation – hier formuliert als „volle und wirksame Teilhabe an der Gesellschaft und Einbeziehung in die Gesellschaft"[16] – bezieht sich die BRK wie keine andere Konvention zuvor auf die dem Menschen innewohnende Würde. Sie verweist auf die individuelle Autonomie, einschließlich der Freiheit, eigene Entscheidungen zu treffen, sowie seiner Selbstbestimmung. Betont wird auch die Akzeptanz des Soseins als Teil der menschlichen Vielfalt und der Menschheit sowie Zugänglichkeit[17] und Gleichberechtigung von Mann und Frau[18].

Wie sehr im Rahmen von Zukunftsfesten die Würde des Menschen respektiert wird, kommt vor allem im MAP-Prozess zum Ausdruck. In dieser Phase wird die Bedeutung, die die Hauptperson für alle Beteiligten hat, auf jeweils individuelle Weise gewürdigt. Damit einher geht die Akzeptanz des Soseins. Individuelle Autonomie, Selbstbestimmung und Entscheidungsfreiheit sind integraler Bestandteil eines Zukunftsfestes. Sie sind zum Teil auch Ziele, deren Erreichung durch das Zukunftsfest angestoßen werden sollen. Da Zukunftsfeste und seine Varianten mit Menschen mit Behinderungen entwickelt wurden, wird die Barrierefreiheit und angemessene Vorkehrungen bei der Gestaltung von Zukunftsfesten meist selbstverständlich beachtet. Durch Aktivitäten, die aus den Zukunftsfesten heraus entwickelt werden, werden Partizipationsmöglichkeiten von Menschen (mit Behinderungen) in unterschiedlichen gesellschaftlichen Bereichen wie Freizeit oder Arbeit erweitert. Auch können Veränderungsprozesse in (Bildungs-)Institutionen oder im Sozialraum angestoßen werden, die – im Hinblick auf Inklusion – eine Barrieren abbauende Wirkung entfalten.

---

16 In der Präambel noch ergänzt durch ‚auf der Grundlage der Gleichberechtigung mit anderen' (Schattenübersetzung des Netzwerk Artikel 3).

17 Zugänglichkeit umfasst allgemeine Barrierefreiheit und angemessene Vorkehrungen in der individuellen Situation.

18 Die BRK bezieht sich hier auf Zweigeschlechtlichkeit. Mit dem Begriff ‚gender' wäre der Geschlechtervielfalt wie trans*, inter* und anderen besser Rechnung getragen worden.

Der Abbau von Barrieren ist ein zentraler Aspekt von Inklusion. Inklusion wurde in der BRK nicht als eigenständiges Menschenrecht formuliert, sondern gilt als ein den Menschenrechten innewohnendes Prinzip und ist untrennbar mit dem Diskriminierungsverbot verknüpft. Damit ist Inklusion zugleich auch eine Handlungsorientierung, die uns leitet unser Miteinander so zu gestalten, dass die Verwirklichung aller Menschenrechte für alle Menschen Schritt für Schritt gelebte Realität wird.

Zukunftsfeste für das Recht auf inklusive Bildung

Das Recht *auf* Bildung ist bereits in der Allgemeinen Erklärung der Menschenrechte sowie in weiteren menschenrechtlichen Dokumenten aufgeführt.[19] In der BRK wurde dieses Recht für Menschen mit Behinderungen konkretisiert und findet sich in mehreren Artikeln. So ist der diskriminierungsfreie Zugang zu kostenfreier Grundbildung (nicht automatisch Grund*schul*bildung) benannt. Der Artikel 24 der BRK betont das individuelle Recht eines Menschen, qualitativ hochwertige Bildung in einem inklusiven Bildungssystem zu erhalten (Rechte *in* der Bildung). Inklusive Bildung ist dabei ein Instrument, um andere Menschenrechte zu verwirklichen und sie trägt auf diese Weise wesentlich dazu bei, ein selbstbestimmtes Leben führen zu können (Rechte *durch* Bildung). Inklusive Bildung wird auch als das vorrangige Mittel genannt, eine inklusive Gesellschaft zu erreichen (vgl. UNITED NATIONS 2016, 4).

Mit der BRK hat sich der Staat auch verpflichtet, angemessene Vorkehrungen[20] zur Beseitigung von Barrieren im Einzelfall bereit zu stellen, damit für alle Lernenden inklusive Bildungsmöglichkeiten gegeben sind (vgl. HIRSCHBERG 2010, 23). Hierbei gilt allerdings die Einschränkung, dass diese keine unverhältnismäßige oder unbillige Belastung darstellen sollen. Dennoch bedeutet dies: Das Mögliche muss *möglich gemacht werden*. Werden unter dieser Maßgabe angemessene Vorkehrungen verweigert oder vorenthalten, gilt dies als Diskriminierung (siehe Artikel 2 BRK).

Das Prinzip der Zugänglichkeit ist einer der Grundpfeiler der Konvention und gehört daher zum Katalog der Allgemeinen Grundsätze der BRK. Sie ist untrennbar und auf vielfältige Weise mit allen Rechten der Konvention verbunden und

---

19 Neben dem Recht auf Bildung gilt es auch, Rechte durch Bildung sowie Rechte in der Bildung zu berücksichtigen. Alle drei Aspekte kennzeichnen dieses Menschenrecht (vgl. NIENDORF & REITZ 2016, 20).

20 BRK Art, 2 : ...bedeutet „angemessene Vorkehrungen" notwendige und geeignete Änderungen und Anpassungen, die keine unverhältnismäßige oder unbillige Belastung darstellen und die, wenn sie in einem bestimmten Fall erforderlich sind, vorgenommen werden, um zu gewährleisten, dass Menschen mit Behinderungen gleichberechtigt mit anderen alle Menschenrechte und Grundfreiheiten genießen oder ausüben können.

sie steht in engem Zusammenhang mit dem Diskriminierungsverbot, der Barrierefreiheit und den angemessenen Vorkehrungen (vgl. DIMR 2015, 5).

Als eines der vier Prüfungskriterien der UN zur Umsetzung des Rechts auf Bildung – Verfügbarkeit, Zugänglichkeit, Annehmbarkeit und Adaptierbarkeit[21] – umfasst Zugänglichkeit drei ineinandergreifende Dimensionen: Nichtdiskriminierung sowie physische und wirtschaftliche Zugänglichkeit. Dies bedeutet, dass sowohl rechtlich wie auch de facto Bildung insbesondere für vulnerable Gruppen zugänglich sein muss, dass Bildung an einem Ort angeboten werden muss, der in zumutbarer Entfernung erreichbar ist – wie eine Schule in der Nachbarschaft – und dass die Grundschulbildung (und sukzessive auch Sekundar- und Hochschulbildung) kostenfrei sein muss. Letzteres bedeutet auch, dass angemessene Vorkehrungen für die Lernenden keine zusätzlichen Kosten mit sich bringen dürfen (vgl. Niendorf & Reitz 2016, 21f; United Nations 2016, 8)

Wie können nun Zukunftsfeste dazu beitragen, die Verwirklichung des Rechts auf inklusive Bildung voranzubringen? Es gibt Beispiele, wo aus Zukunftsfesten heraus bei Beteiligten Kräfte gewachsen sind und gemeinsam Aktivitäten entwickelt wurden, die im Einzelfall dazu führten, das Recht von Kindern mit Behinderung auf Grundschulbildung in einer Regelschule in der Nachbarschaft durchzusetzen. Dadurch werden viele der oben genannten Rechte berührt. So wird dadurch, dass das Kind überhaupt in diese Schule gehen kann, die physische Zugänglichkeit erreicht. Ebenso wird das Recht auf angemessene Vorkehrungen tangiert, auch wenn dieses oft unzulänglich umgesetzt wird, indem zum Beispiel kein durchgehendes Team-Teaching gegeben ist oder die pflegerische oder medizinische Assistenz in der Schule verwehrt wird und in den Händen der Erziehungsberechtigten verbleibt. Durch das Sich-wehren gegen Segregation ist auch das Recht auf Nicht-Diskriminierung angesprochen und damit gleichzeitig das gleichnamige Prinzip, das wiederum eng mit Chancengleichheit einhergeht. Besonders gestärkt zeigen sich die Prinzipien der Partizipation und des Empowerments – und vor allem auch der Inklusion. Die Möglichkeit, gemeinsam mit anderen in der Schule zu lernen, legt auch Grundsteine zur Partizipation in anderen gesellschaftlichen Bereichen. Auf diese Weise tragen Zukunftsfeste zum Empowerment der betreffenden Kinder, Jugendlichen und ihrer Angehörigen bei.

Zukunftsfeste sind eine wirkungsvolle, wenn auch noch zu wenig praktizierte Möglichkeit hin zu einem inklusiven Bildungssystem. Sie können wesentliche Impulse für die Verwirklichung individueller Menschenrechte geben, die mit dem Recht auf inklusive Bildung verbunden sind. Mit Zukunftsfesten kann jedoch nicht alles erreicht werden, was mit Recht auf inklusive Bildung verbunden wäre.

---

21 Diese sind auch unter dem Begriff des ‚4 A-Schemas‘ bekannt: availability (Verfügbarkeit), accesibility (Zugänglichkeit), acceptability (Annehmbarkeit) und adaptability (Adaptierbarkeit) (vgl. DIMR 2016, 20f)

Denn dies setzt eine Veränderung des Schulsystems und vor allem diesbezüglichen politischen Willen voraus. Doch wie schon die US-amerikanische Ethnologin Margaret MEAD sagte: „Zweifle nie daran, dass eine kleine Gruppe von stark engagierten Menschen die Welt verändern kann – tatsächlich ist es die einzige Weise, in der dies jemals geschah[22]."

Fazit – und am Ende ein Fest?!

Zukunftsfeste kennzeichnen die individuell ausgerichtete, sozial eingebettete und kontextbezogene Herangehensweise. Dadurch wird die Würde des Menschen auf besondere Weise geachtet. Sie sind ein positives Beispiel dafür, wie nicht nur für Menschen mit Behinderung, sondern für alle Menschen Möglichkeitsräume zur freien, selbstbestimmten Entfaltung in sozialen Gemeinschaften geschaffen und erweitert werden können. Zukunftsfeste zeigen auch, wie Partizipation in den verschiedensten gesellschaftlichen Bereichen gestärkt und Menschenrechte zunehmend gelebte Realität werden können.

Mit Zukunftsfesten feiern wir uns also – zumindest ein Stück weit – in Richtung eines inklusiven Bildungssystems und nähern uns darüber hinaus zunehmend der Vision einer inklusiven Gesellschaft.

Danksagung

Ich bedanke mich ganz herzlich bei Ines Boban und Andreas Hinz sowie bei allen Mitteilnehmenden der Ausbildungsmodule zur*zum Moderator*in für Zukunftsfeste. Während der Ausbildung durfte ich über Wissen, Erfahrungen und Austausch aller Beteiligten lernen wie ich gemeinsam mit anderen ‚positive Möglichkeitsräume' mitgestalten kann. Bei einem Zukunftsfest mit meiner Tochter erfuhr ich auch, dass Zukunftsfeste nicht nur neue, selbstbestimmte Wegen aufzeigen, sondern sozial-emotional reichhaltige Erlebnisse sind. Ich bedanke mich auch bei Ute Sprenger und Judith Feige für ihr kritisches Lesen und die wertvollen Anmerkungen. Danken möchte ich auch den Assistentinnen meiner Tochter, Melissa Schultz und Nicole Kluge, die mir vor allem im Endspurt den zeitlichen Raum geschaffen haben, diesen Beitrag relativ durchgängig schreiben zu können.

Im Text genannte Menschenrechtsdokumente mit vollständiger deutschsprachiger Bezeichnung

- *AEMR*: Allgemeine Erklärung der Menschenrechte
- *Antirassismuskonvention*: Internationales Übereinkommen zur Beseitigung jeder Form von rassistischer Diskriminierung

---

22 Eigene Übersetzung. Original: "Never doubt that a small group of thoughtful, committed citizens can change the world; indeed, it's the only thing that ever has". Das Zitat wird Margaret MEAD zugeschrieben. Ein fundierter Nachweis lässt sich nicht finden.

- *Behindertenrechtskonventin (BRK)*: Übereinkommen der Vereinten Nationen über die Rechte von Menschen mit Behinderungen
- *Frauenrechtskonvention*: Internationale Übereinkommen zur Beseitigung jeder Form von rassistischer Diskriminierung
- *Kinderrechtskonvention*: Übereinkommen über die Rechte des Kindes
- *Sozialpakt*: Internationaler Pakt über wirtschaftliche, soziale und kulturelle Rechte
- *Wanderarbeitnehmerkonvention*: Internationales Übereinkommen zum Schutz der Rechte aller Wanderarbeitnehmer und ihrer Familienangehörigen
- *Zivilpakt*: Internationaler Pakt über bürgerliche und politische Rechte

Literatur

BIELEFELDT, Heiner (2008): Menschenwürde. Der Grund der Menschenrechte. Deutsches Berlin: Institut für Menschenrechte. Im Internet: www.institut-fuer-menschenrechte.de/uploads/tx_commerce/studie_menschenwuerde_2008.pdf (Letzter Abruf: 30.10.2016)

DEUTSCHES INSTITUT FÜR MENSCHENRECHTE (DIMR) (o.J.): Online-Handbuch: Inklusion als Menschenrecht. Im Internet: www.inklusion-als-menschenrecht.de (letzter Abruf: 30.10.2016)

DEUTSCHES INSTITUT FÜR MENSCHENRECHTE (DIMR) (o.J.): Was sind Menschenrechte? Im Internet: www.institut-fuer-menschenrechte.de/themen/entwicklungspolitik/basiswissen/menschenrechte/#c 7153 (30.10.2016)

DEUTSCHES INSTITUT FÜR MENSCHENRECHTE (DIMR) (2015): Information der Monitoring-Stelle zur UN-Behindertenrechtskonvention zur Allgemeinen Bemerkung Nr. 2 des UN-Fachausschusses für die Rechte von Menschen mit Behinderungen, Artikel 9: Zugänglichkeit. UN-Dok. CRPD/C/GC/2 vom 22. Mai 2014 (Anhang: Volltext der Allgemeinen Bemerkung in deutscher, nichtamtlicher Übersetzung)

FEIGE, Judith, GÜNTHER, Meike, HILDEBRANDT, Bettina, MITWALLI, Janina, NIENDORF, Mareike, REITZ, Sandra & RUDOLF, Beate (Hrsg.) (2016): Menschenrechte - Materialien für die Bildungsarbeit mit Jugendlichen und Erwachsenen. Deutsches Berlin: Institut für Menschenrechte. Im Internet: www.institut-fuer-menschenrechte.de/fileadmin/user_upload/Publikationen/Unterrichtsmaterialien/Menschenrechte_Materialien_fuer_die_Bildungsarbeit_mit_Jugendlichen_und_Erwachsenen.pdf (letzter Abruf: 30.10.2016)

GUMMICH, Judy (2015): Inklusion - Verschiedene Perspektiven auf ein menschenrechtliches Prinzip. In: KRAFT, Marion (Hrsg.): Kinder der Befreiung – Transatlantische Erfahrungen und Perspektiven Schwarzer Deutscher der Nachkriegsgeneration. Unrast: Münster

GUMMICH, Judy & HINZ, Andreas (2017): Inklusion – Strategie zur Realisierung von Menschenrechten. In: BOBAN, Ines & HINZ, Andreas (Hrsg.): Inklusive Bildungsprozesse gestalten – Nachdenken über Horizonte, Spannungsfelder und mögliche Schritte. Seelze: Klett Kallmeyer

HINZ, Andreas & KRUSCHEL, Robert (2013): Bürgerzentrierte Planungsprozesse in Unterstützerkreisen. Praxishandbuch Zukunftsfeste. Verlag Selbstbestimmtes Leben: Düsseldorf

HINZ, Andreas & KRUSCHEL, Robert (2015): Geschichte und aktueller Stand von Zukunftsplanung. In: KRUSCHEL, Robert & HINZ, Andreas (Hrsg.): Zukunftsplanung als Schlüsselelement von Inklusion - Praxis und Theorie personenzentrierter Planung. Bad Heilbrunn: Klinkhardt, 35-52

HIRSCHBERG, Marianne (2010): Die gesetzlichen Grundlagen inklusiver Bildung. In: WERNSTEDT, Rolf & JOHN-OHNESORG, Marei (Hrsg.): Inklusive Bildung. Die UN-Konvention und ihre Folgen. Friedrich-Ebert-Stiftung: Berlin

NETZWERK ARTIKEL 3 E.V. (2009): Schattenübersetzung. Korrigierte Fassung der zwischen Deutschland, Liechtenstein, Österreich und der Schweiz abgestimmten Übersetzung - Übereinkommen über die Rechte von Menschen mit Behinderungen. Im Internet: www.netzwerk-artikel-3.de/dokum/schattenuebersetzung-endgs.pdf (letzter Abruf: 30.10.2016)

NIENDORF, Mareike & REITZ, Sandra (2016): Das Menschenrecht auf Bildung im deutschen Schulsystem. Was zum Abbau von Diskriminierung notwendig ist. Deutsches Institut für Menschenrechte: Berlin

UNESCO (o.J.): Entwicklung der Menschenrechtsbildung. Im Internet: www.unesco.de/wissenschaft/menschenrechte/menschenrechtsbildung/entwicklung-mr-bildung.html (letzter Abruf: 30.10.2016)

United Nations (2016): Convention on the Rights of person with Disabilities. Committee on the Rights of Persons with Disabilities. General comment No. 4 (2016), Article 24: Right to inclusive education. Im Internet: www.ohchr.org/Documents/HRBodies/CRPD/GC/RighttoEducation/CRPD-C-GC-4.doc (letzter Abruf: 30.10.2016)

WINKLHOFER, Ursula (2000): Partizipationsspielwiesen? Kinder- und Jugend-Engagement: Ergebnisse einer Studie zu Beteiligungsmöglichkeiten in der Kommune. In: Sozialextra, 24/2000, 30-34

Reinhard Stähling

Geflüchtete Kinder in der Schule – Herausforderungen und Lernchancen

> *„Es gibt ein schönes polnisches Wort: wychowywac (erziehen), chowac (bewahren).*
> *Nicht das deutsche Wort: erziehen – ziehen, schleppen, herausziehen. Chowac, das ist*
> *schützen, beschirmen, vor Hunger, Misshandlung und Leiden in Sicherheit bringen. "*
> Janusz KORCZAK: Über die Rettung der Kinder
> (2004, 229)

1 Bürgerliche Eltern reagieren auf die ‚Flüchtlingskatastrophe'

Februar 2016, eine humanitäre Katastrophe: Hunderttausende sind auf der Flucht vor dem Krieg in Syrien und vor unzureichenden Lebensbedingungen in anderen Ländern. Sie suchen Schutz und wollen ihren Kindern eine Zukunft geben. Nahezu jede Talkshow thematisiert derzeit die so genannte ‚Flüchtlingskrise', die vermeintliche ‚Einladung' der Flüchtlinge nach Deutschland, die Grenzzäune innerhalb Europas und das krisengeschüttelte Europa. Anderen Ländern – so ist zu hören – gelänge es besser, sich gegen die ‚Überfremdung' oder gar die ‚Islamisierung des Abendlandes' abzuschotten. „Was wird aus unseren Kindern, wenn die Flüchtlinge zu ihnen in die Schule kommen?", fragen besorgt viele Eltern. Beruhigen lassen sie sich, wenn sie hören, dass die geflüchteten Kinder in ‚Vorbereitungsklassen' die deutsche Sprache lernen und erst einmal unter sich bleiben. Eltern haben Angst um die berufliche Zukunft der eigenen Kinder. Die meisten Eltern streben ein Abitur an und wissen aus Erfahrung, dass der ‚Umgang' ihres Kindes mit seinen Mitschüler*innen den Schulerfolg beeinflusst: „Wer die ‚falschen' Freund*innen hat, kommt häufig auf die ‚schiefe Bahn' und scheitert in der Schule. In ‚Restschulen' wird nicht ‚richtig' gelernt, weil zu viele Ausländer in den Klassen sind und die ‚gute Mischung' nicht mehr stimmt." So wählen sie am liebsten Schulen, auf denen sie möglichst wenig ‚schwierige' Schüler*innen vermuten. Sie suchen stark nachgefragte Schulen, wo Kontakte zu etablierten bürgerlichen Familien entstehen könnten. Diese Familien pflegen Netzwerke zu einflussreichen Kreisen, in denen ‚eine Hand die andere wäscht'. So kann auch schon einmal ein weniger leistungsstarkes Kind aus ‚gutem Haus' durch ‚Vitamin B' und hilfreiche ‚Beziehungen' über Vereine und ‚Verbindungen' an einer Studienreise im Ausland teilnehmen oder vorteilhafte Hinweise nutzen, um später in ‚guten Kreisen' einen

Beruf zu finden. Diese ‚gutbürgerlichen' Zirkel wählen Schulen, die es ihnen leichtmachen, ihr Kind aus einem ‚schlechten Milieu' fern zu halten.

Fassungslosigkeit breitet sich in bestimmten Schulen unter Eltern und auch Lehrer*innen aus, wenn zusätzlich zu den vielen auffälligen Schüler*innen noch traumatisierte Kinder in den Schulklassen integriert werden sollen. Das wird von einigen Schulen abgelehnt. Dort heißt es: „Andere Schulen, die wegen großer Nachfrage überfüllt sind, entziehen sich der Verantwortung. Die ‚Last' bleibt auf den Schulen hängen, die ohnehin um jede Schüleranmeldung kämpfen müssen". In dieser Situation versuchen Schulen, ‚den Kelch an sich vorbeiziehen zu lassen'. Auf ‚kreative' Lösungen kommen z.B. einige Gymnasien, die behaupten, es habe ja nur Sinn, wenn sie als Schule der leistungsstarken Schüler*innen nur sogenannte ‚zielgleich zu unterrichtende' Migrant*innen beschulen. Sie möchten sich Schüler*innen passend aussuchen, die aus wohlhabenden Kreisen stammen und sich in die bürgerliche Gesellschaft leichter integrieren lassen. Das gegliederte deutsche Schulsystem bildet ab, aus welcher gesellschaftlichen Schicht die jeweiligen Schülerschaften mehrheitlich kommen. Kinder aus armen Migrantenfamilien, deren Eltern Analphabet*innen sind, gehen in der Regel nicht in die stark nachgefragten Schulen des deutschen Bürgertums.

Die derzeitige ‚Flüchtlingswelle' füllt auf diese Weise die gerade ‚auslaufenden' sogenannten ‚Restschulen', wie z.B. die Hauptschulen oder bestimmte Sonderschulen, mit stark unterstützungsbedürftigen Schüler*innen wieder auf. Die Lebensdauer dieser ‚Restschulen' wird in dieser ‚Notlage' verlängert. Die sehr nachgefragten bürgerlichen Schulen dagegen bleiben noch weitgehend unbehelligt von dieser Herausforderung.

Vielfältige Erfahrungen aus Schulen in aller Welt zeigen, dass Migrant*innen erfolgreich an Schule partizipieren können. Sie gehören von vornherein dazu. Diese Selbstverständlichkeit ist mit dem Wort ‚Inklusion' verknüpft. U.a. Andreas HINZ und Ines BOBAN haben diesen Begriff und die damit verbundenen menschenrechtsbasierten Prinzipien in Deutschland maßgeblich befördert, so dass heute eine klare Ziel-Orientierung existiert (vgl. HINZ 2002, 2014).

2 Vorbereitungsklassen und Deutschkurse für geflüchtete Kinder?

Allen Schulen wird angeboten, Sonderklassen mit geflüchteten Kindern zu bilden, um die Regelklassen nicht zu ‚belasten'. Solche ‚Vorbereitungsklassen' konzentrieren ihre Arbeit auf die Basisqualifikationen. Besonders steht der Deutschunterricht im Vordergrund. Dieses Konzept beinhaltet, dass zuerst die deutsche Sprache zu erlernen sei, um Ausländer in die deutsche Gesellschaft zu integrieren.

Unsere Erfahrungen mit der Integration zeigen jedoch seit vielen Jahren, dass die Lernerfolge viel größer sind, wenn geflüchtete Kinder von Beginn an in eine Regelklasse aufgenommen werden. Dort gibt es mehr Chancen, um die deutsche Sprache zu erlernen. Vorbereitungsklassen halten die Schüler*innen fern von den anderen, für die sie sich eigentlich interessieren. Vorbereitungsklassen scheinen viel eher die Aufgabe zu haben, Regelklassen von ‚zusätzlichen‘ Differenzierungsaufgaben zu entlasten.

Viele deutsche Eltern befürchten, dass ihre Kinder im Unterricht abgelenkt werden und dass die Lehrer*innen nicht mehr so viel Zeit für ihre Kinder aufwenden, wenn sie sich um ‚Flüchtlinge‘ kümmern.

Wie aber soll Integration gelingen können, wenn Menschen nicht-deutscher Herkunft untereinander bleiben und ausgegrenzt werden? Entstehen hier nicht Parallelwelten, die neue Konflikte zwischen ihnen und Deutschen wahrscheinlich machen? Ist beabsichtigt, dass die Menschen auf der Flucht sich *nicht* willkommen fühlen, sondern erst einmal nur untergebracht sind fernab von der Möglichkeit, sich im Gastland niederlassen zu können? Dient der ‚Deutsch als Zweitsprache-Unterricht‘ in Vorbereitungsklassen dazu, Zeit zu gewinnen, bis ein Asylantrag bearbeitet wird oder die mögliche Abschiebung ‚geordnet‘ erfolgen kann? Verschont man so Regelklassen davor, traumatisierte Kinder aufzunehmen, deren Zukunft ohnehin nicht in Deutschland zu liegen scheint?

Verstößt hier Deutschland gegen Kinderrechte, indem geflüchteten Kindern Bildungschancen vorenthalten werden? Jedes Kind hat ein Recht auf Bildung – unabhängig von dessen Lebenssituation und Status. Die Zuordnung in eine Sonderklasse kann diskriminierend sein.

3 Welche juristischen Vorgaben sind bei der Beschulung von geflüchteten Kindern zu beachten?

Alle Bundes- und Landes-Gesetze müssen auf der Basis des Grundgesetzes für Deutschland (GG 1949) und der internationalen völkerrechtlichen Vorgaben stehen (UN-Behindertenrechtskonvention (BRK 2009), UN-Kinderrechtskonvention (KRK 1989), Europäische Menschenrechtskonvention (EMRK 1950). Entsprechende schulische Maßnahmen sind in diesem Sinne durchzuführen (vgl. POSCHER et al. 2008).

Bei genauerer Betrachtung ist das Konzept der Vorbereitungsklassen rechtlich fragwürdig. Selbst als vorübergehende Selektionsmaßnahme beispielsweise für ein Jahr ist es juristisch anfechtbar.

Ein Vergleich mit der noch immer stark selektiven Sonderbeschulung von behinderten Kindern und Jugendlichen liegt nahe. In einer rechtsphilosophischen

Analyse über die Behindertenrechtskonvention (BRK 2007) erläutert Reinald
EICHHOLZ (2013), dass Schüler*innen ein Recht haben, ihre Würde zu erleben
und sich zugehörig zu fühlen. Die ist das ureigene Recht des Kindes. Die Schule
habe die Pflicht, dieses *Erleben* zu ermöglichen. So teilt sich der*dem Schüler*in
die Menschenwürde als *Selbstwertgefühl* mit, und das Recht auf Teilhabe erlebt
sie*er als *Zugehörigkeitsgefühl*: „Selektive Ausgrenzung verbietet sich ebenso wie
eine praktische Gestaltung des Schullebens, die gegenseitige Wahrnehmung schon
aus räumlichen Gründen ausschließt. Auch wenn innerhalb der Schule für einzelne Gruppen ‚Lerninseln' gebildet werden, ist entscheidend, dass sie von einer
Atmosphäre der Gemeinschaftlichkeit umgeben sind" (EICHHOLZ 2013, 97). Der
pädagogische Grundsatz „du gehörst zu uns" (STÄHLING 2006) beschreibt also ein
Erleben, das – juristisch gesprochen nach EICHHOLZ (2013) – zu den Grundrech-
ten gezählt wird. Dabei gilt: „Es geht nicht allein um die formale Zuerkennung
dieses Rechts, sondern um gefühlte Realität" (ebd., 84).

Der UN-Sonderberichterstatter für das Recht auf Bildung Vernor MUÑOZ-
VILLALOBOS verwies bei seiner Visite 2006 in Deutschland darauf, dass „schlechte schulische Leistungen von Teilgruppen von Schülerinnen und Schülern *nicht
nur ein bedauerliches Leistungsdefizit* eines Bildungswesens sind, sondern *das
Menschenrecht von Kindern und Jugendlichen verletzen* können. Dies ist dann
der Fall, wenn durch Herkunft, nationale, ethische oder religiöse Zugehörigkeit
oder durch Lebensschicksale bestimmbare Gruppen von Kindern durch das
Bildungswesen ungenügend gefördert werden, obwohl Mittel und Programme
dafür zur Verfügung stehen, wie der Vergleich mit anderen Bildungssystemen
demonstriert" (KRAPPMANN 2007, H.d.V.).

In Deutschland hängen Herkunft und Kompetenzentwicklung bei Schüler*innen
eng zusammen. Hans WOCKEN (2007) hat die empirisch nachgewiesenen Chan-
cenungleichheiten von Schüler*innen in Deutschland auf Verfassungsgemäßheit
geprüft und kommt zu der Einschätzung, dass diese nicht gegeben ist. Hieran ließe sich eine Klage beim Europäischen Gerichtshof anschließen. Dass diese nicht
aussichtslos erscheint, kann ein ähnlichen Verfahren (Urteil vom 13.11.2007) zeigen, in dem *erstmals Statistiken als Beweismittel für individuelle Ungleichbehandlung* anerkannt wurden: Das Urteil betraf Kinder von Romafamilien in Tsche-
chien, die – statistisch nachweisbar – in unverhältnismäßig großer Zahl (nach
Durchführung von Tests) in Sonderschulen geschickt wurden. Der dominante
Trend zur Ungleichbehandlung wurde vor Gericht nachgewiesen (vgl. POSCHER
& LANGER 2009).

In jedem Fall bietet die Gesetzeslage den engagierten Pädagog*innen, die als
Beamt*innen in Schulen für die Einhaltung der verfassungsgemäßen Umsetzung
des Rechtes verantwortlich sind, gute Rückendeckung.

4 Geflüchtete Kinder in Regelklassen – Das Beispiel Berg Fidel

Was muss also geschehen, um allen Kindern gerecht zu werden? Wie können wir Migrantenkindern und Regelschüler*innen im gemeinsamen Unterricht zu Erfolgen verhelfen?

1997 kamen sehr viele traumatisierte Bürgerkriegsgeflüchtete aus dem Kosovo in unsere Schule mitten im sozialen Brennpunkt. In der Schule Berg Fidel lebten und lernten bereits Kinder aus mehr als 30 Nationen friedlich miteinander (vgl. Schnell 2010, 2015). Wir nahmen alle geflüchteten Kinder auf, die in unserem Schulumfeld wohnten. Zeitweilig kam ein Drittel der Schüler*innen aus Roma-Familien. Viele Lehrkräfte mussten erst einmal lernen, die überlieferten ‚Zigeuner'-Vorurteile zu hinterfragen (vgl. Bogdal 2011). Wir wissen heute, dass eine stark heterogene Klasse sogar mehr und besser lernen kann, als eine relativ homogene.

Manche Kinder bringen Lehrkräfte an ihre Grenze, weil sie nicht so selbstverständlich fortschreiten wie andere Schüler*innen. Der Unterricht führt sie offenkundig nicht zu Erfolg. Dies zu erkennen und zu akzeptieren, gehört zu den wichtigsten Aufgaben der Lehrkräfte. Im *Team* gelingt dies einfacher. In unserer Schule hat jede Klasse ein möglichst festes Pädagogenteam, dem die*der Klassenlehrer*in und ein*e weitere*r Lehrer*in angehören. Sie teilen sich die Aufgaben auf und sind für die Entwicklung der Klasse verantwortlich. Die Zahl der Fachlehrer*innen wird möglichst gering gehalten, um ein einheitliches, auf Lernerfolge ausgerichtetes Vorgehen zu ermöglichen. Jedes Klassenteam hat einmal wöchentlich eine Teamsitzung.

‚Stark auffälliges' Verhalten oder extreme Lernbarrieren von traumatisierten Kindern können mit konventionellen Methoden des Unterrichtens nicht zweckmäßig überwunden werden. Das *feste Klassenteam* in Berg Fidel probiert, was gut funktioniert. Es evaluiert, ob Teilziele erreicht worden sind. Bei allen Maßnahmen sprechen sich die Erwachsenen ab und gehen geschlossen vor (vgl. Stähling & Wenders 2015).

Die Befürchtung, dass ‚durchschnittliche' Schüler*innen im inklusiven Unterricht besonders durch verhaltensauffällige Mitschüler*innen im fachlichen Lernen gebremst würden, ist ernst zu nehmen, weil sie für Eltern und skeptische Lehrkräfte schlüssig erscheint. Ihnen erscheint zwar nachvollziehbar, dass die Schüler*innen in inklusiven, sehr heterogenen Klassen im sozialen Bereich teilweise mehr lernen; sie bezweifeln jedoch die Vorteile für das fachliche Lernen, besonders wenn im Fachunterricht nicht nach Leistungsniveau getrennt unterrichtet wird. Dabei übersehen diese Skeptiker*innen, dass im Schulalltag nicht immer der gesamte Unterricht in der bunt gemischten Klasse zusammen erfolgt, sondern gemeinsame und individuelle Lernsituationen sich sinnvoll abwechseln (vgl. Wocken 2013, 199ff).

5 Die Lehrer*innen-Schüler*innen-Beziehung

Zunehmend mehr Schüler*innen werden wegen ihrer schwachen schulischen Leistungen in psychologische Behandlung geschickt. Damit ist zuweilen der weit verbreitete und in seiner Wirkung ausgesprochen fatale Glaube verbunden, dass Lehrkräfte die Lernprobleme eines Kindes nicht beheben könnten. John Hattie (2013) verweist auf eine Untersuchung von 5000 Kindern, die wegen schlechter schulischer Leistungen zum Psychologen überwiesen worden waren: „Nicht eine einzige Lehrperson schreibt das Problem einem schlechten Unterrichtsprogramm, einer schlechten Schulpraxis, einer schlechten Lehrperson oder etwas anderem zu, was mit der Schule zusammenhängt. Die Probleme, so die Lehrpersonen, seien auf Ursachen im Elternhaus oder in den Lernenden selbst zurückzuführen" (ebd., 298).

Wenn Lehrpersonen kaum darüber nachdenken, was sie selbst dazu beitragen könnten, damit ein ‚schwaches‘ oder ‚störendes‘ Kind besser lernt, haben sie das Kind ‚aufgegeben‘. Sie haben die Verantwortung abgegeben, obwohl sie als erfahrene Lehrkräfte spüren, dass sie es in der Hand hätten, einem Kind ‚eine Chance zu geben‘.

Viele Lehrer*innen ahnen, dass Schüler*innen bereits dann besser lernen, wenn die Lehrpersonen ihre Ansicht über die Lernfähigkeit ihrer Schüler*innen ändern. „Du schaffst das!", „Wir werden dir dabei helfen!" – Worte, die zuweilen Wunder bewirken, wenn ihnen Taten folgen. Viele Lehrkräfte haben dies erlebt.

So weiß ein*e engagierte*r Lehrer*in auch, dass an die Schüler*innen zu glauben die Voraussetzung ist, um sie für das Lernen zu gewinnen. Studien zeigen, wie sich bestimmte Fortbildungen der Lehrer*innen auf das *Lernverhalten der Schüler*innen* positiv auswirken, und zwar besonders auf solche, bei denen die bis dahin verwendete Annahme *hinterfragt* wurde, dass „manche Lernende weniger gut lernen können oder wollen als andere" (Hattie 2013, 144).

Für den Lernerfolg und das Verstehen der Sache spielt der ‚soziale Kredit‘, der einer*einem Schüler*in gegeben wird, eine entscheidende Rolle (vgl. Stähling & Wenders 2012, 95): Die Lehrkraft glaubt an den Lernerfolg des Lernenden. Es wird kaum möglich sein, eine Klasse mit sehr vielen unterschiedlichen Schüler*innen zu unterrichten, wenn nicht *an ihre Potentiale geglaubt* wird. Dies muss auch Leiter*innen eines Klassenteams klar sein. Die Teammitglieder und die Schüler*innen brauchen gleichermaßen den grundlegenden pädagogischen Optimismus, dass jede*r die Aufgaben bewältigen wird.

Wie kommt es, dass nicht jede*r ‚schwierige‘ Schüler*in bei jedem*jedem Lehrer*in auf gleiche Weise auffällig ist? Manche Kinder ‚stören‘ nur bestimmte Lehrer*innen. Sie spüren bisweilen, dass sie von ihnen nicht anerkannt werden. Aus tiefenpsychologischer Sicht müssen wir uns in der pädagogischen Beziehung immer auch das Phänomen von Übertragung und Gegenübertragung bewusst machen: Lehrer*innen reagieren auf ihre Schüler*innen auch ,aus dem Bauch' heraus, unwillkürlich oder unbewusst – ebenso Schüler*innen auf ihre Lehrpersonen. Traumatisierte Kinder brauchen eine Beziehung, die sehr verlässlich und stabil ist – mit Rückschlägen ist dennoch zu rechnen. Denn die Schüler*innen „wiederholen" Reaktionen, „die in der Beziehung zu wichtigen Bezugspersonen der frühen Kindheit ihre Wurzeln haben und unbewusst auf Personen der Gegenwart übertragen werden. Übertragungen können zu Verkennung bzw. Verzerrung der Realität führen" (SEIDEL 2014, 260f). Ebenso kann die Lehrkraft extrem heftig auf diese Herausforderungen reagieren. Supervision kann helfen, diese unbewussten Anteile in der Persönlichkeit der Lehrkraft bewusst zu machen und Handlungsmöglichkeiten zu erarbeiten.

In einer fruchtbaren Beziehung zwischen einer Lehrkraft und einem geflüchteten Kind wird schrittweise offenkundig, wo das Kind im Lernprozess steht. Wenn sich also ein*e Schüler*in in Zusammenarbeit mit einer Lehrkraft einen Lern-Gegenstand aneignet, tritt die Lehrperson dabei in eine pädagogische *Beziehung* zu dem Lernenden. Dieses professionelle Verhältnis ist vielschichtig. Annedore PRENGEL (2013) stellt fest, dass sich diese Beziehung zwischen den Polen von Anerkennung und Verletzung bewegt und nicht selten ambivalent ist. Das Lernen als Aneignung des Lerngegenstandes ist auf eine *haltgebende Beziehung* mit der Lehrperson angewiesen (vgl. PRENGEL 2013, 75ff; 2014).

Die *Lehrer*innen-Schüler*innen-Beziehung* gilt nach HATTIE (2013, 141ff) als eine der stärksten Einflussfaktoren auf die Schüler*innenleistung. Dabei hat das aktive *sorgende Engagement* der Lehrperson auf das Lernverhalten des Lernenden großen Einfluss. HATTIE folgert aus der Forschungsübersicht: „Lehrpersonen müssen direktiv, einflussreich, fürsorglich und aktiv in der Leidenschaft des Lehrens und Lernens engagiert sein" (HATTIE 2013, 280).

Und er konkretisiert: „Lehrpersonen müssen *die Lehrintentionen und Erfolgskriterien ihrer Lehrsequenzen kennen* und wissen, *wie gut sie diese Kriterienpunkte* für alle Lernenden erreichen. Sie müssen *die nächsten Schritte identifizieren* – im Lichte der Lücke zwischen dem aktuellen Wissen und den Erkenntnissen der Lernenden sowie im Lichte der Erfolgskriterien des ,Wohin gehst du?', ,Wie kommst du voran?' und ,Wohin geht es danach?'" (ebd., 280f; vgl. auch ebd., 290, H.d.V.).

Das Lernumfeld gilt dann als ideal, wenn sowohl Lehrpersonen als auch Schüler*innen die Antworten auf diese Fragen suchen (vgl. HATTIE 2013, 210). Gute Lehrpersonen verstehen also die Perspektive jedes einzelnen Kindes, indem sie die Auseinandersetzung mit dem Lerngegenstand beobachten und jedem eine ermutigend wirkende Rückmeldung darüber geben. Alle Schüler*innen erhalten auf diese Weise ein Feedback und lernen, sich selbst einzuschätzen. Dadurch fühlen sie sich sicher (vgl. HATTIE 2013, 28).

Dabei spielt die einfühlende Kommunikation, die sensible Auseinandersetzung mit anderen Sichtweisen und die fruchtbare Mehrperspektivität eine zentrale

Rolle. Die Einstellung und Konzeptionen der Lehrkräfte zu Kindern und Kindheit sind bedeutsam für die Lernatmosphäre und somit auch für den Lernfortschritt der Schüler*innen (vgl. HATTIE 2013, 152ff).

In Schulen, die seit Jahren mit sehr heterogenen Klassen arbeiten, hat man beobachtet, dass Kinder gerne und erfolgreich lernen, wenn sie sich auf die Erwachsenen verlassen können. Lernen braucht verlässliche Beziehungen, die Halt geben. Diese wachsen über Jahre und sind nicht vom Beginn an vorhanden. Freude miteinander spielt eine große Rolle (vgl. HEISTERKAMP 2010; 2013; STÄHLING & WENDERS 2014).

In jahrelang erfahrenen und routinierten Klassen findet man eine freudige, inklusive, mehrperspektivische Lernkultur, die zu guten Leistungsergebnissen führt. Sie ist geprägt durch die Gütekriterien *Achtung, Verlässlichkeit, Zugehörigkeit und Begleitung* (vgl. STÄHLING 2006, 138ff; PRENGEL 2013, 69f). HATTIE (2013, 291) verwendet mit seinen Gütekriterien *Beziehung, Vertrauen, Zugewandtheit, Sicherheit und anspruchsvolle Lernziele* ähnliche Begriffe.

Wenn sich also geflüchtete Kinder angenommen und wohl fühlen, wenn sie Lehrer*innen vertrauen, lassen sie sich darauf ein, neue Schritte zu wagen, Fehler zu machen und andere Blickwinkel kennenzulernen.

6 Der Klassenrat – Schüler*innen lernen, Verantwortung für ihr Zusammenleben zu übernehmen

Kommt ein Team gerade erst zusammen, hat es seine Arbeit noch nicht koordiniert und ist sich nicht einig, wie es vorgehen will, so passiert erfahrungsgemäß immer das Gleiche: Die Schüler*innen ‚testen die Erwachsenen aus‘, sie provozieren klare ‚Ansagen‘ und fordern Grenzen ein. Viel Zeit hat ein Team dann nicht, um sich zu finden. Manche Schüler*innen können sehr kreativ sein, die Widersprüche in den bisherigen regelnden Vorgaben herauszufinden und die Erwachsenen mit ihren lückenhaften Lösungsversuchen zu konfrontieren. So geraten Lehrer*innen in Zugzwang. Besonders traumatisierte Kinder fordern uns heraus und bieten uns die Chance, Regeln transparent und für alle nachvollziehbar zu machen. Alle Schüler*innen wollen wissen, wo es langgeht. Wichtig wird spätestens dann, besonders geflüchtete Kinder ernst zu nehmen und die Wünsche der ganzen Klasse nach Sicherheit und einheitlichen Regeln zu erfüllen. Alle Schüler*innen müssen sich *beteiligen*, wenn Regeln aufgestellt werden. Am besten stellen sie ihre Regeln des Zusammenlebens im Klassenrat selbst auf (vgl. FUEST 2014b, STÄHLING 2002, 2003). Die Aufgabe wird von der gesamten Klassengemeinschaft gemeinsam zu bewältigen sein. Die Lehrkräfte sitzen mit ‚im Boot‘.

Schüler*innen bringen ihre eigenen Blickwinkel mit und nähern sich dem Problemfeld, indem sie ihre Perspektiven miteinander austauschen und vergleichen. So entsteht ein Gespräch über verschiedene Sichtweisen. Je unterschiedlicher die Schüler*innen sind, umso schwieriger mag es sein, sich in die anderen Perspektiven einzufühlen. Sitzt also ein traumatisiertes Kind im Klassenrat, so stellt dies die Klasse vor höchste Anforderungen. *Alle* können sehr viel lernen.

Guter Unterricht erscheint für einen Außenstehenden methodisch als Balance von gemeinsamem und individuellem Lernen, ist aber eigentlich aus der Perspektive des lernenden Subjekts ein ständiger *Wechsel von der eigenen Sicht zur ungewohnten Fremdperspektive und wieder zurück – diesmal dialektisch auf höherer Ebene – zur neuen eigenen Perspektive.*

Astrid KAISER (2014) betont, dass ein solcher Unterricht ein „mustergültiges Lernkonzept einer demokratischen Gesellschaft" (ebd., 4) darstellt: „denn alle werden beachtet und wertgeschätzt, gleichzeitig bemühen sich alle um eine gemeinsame mehrheitsfähige Lösung" (ebd.). Dass die Lerngruppe mit dem gemeinsam gefundenen Denk-Ergebnis ‚einverstanden'" ist, setzt voraus, dass sich alle gegenseitig in ihren Perspektiven, in ihren individuellen Konzepten über den Lerngegenstand ‚verständigt' haben. Die individuellen Konzepte jedes einzelnen werden verfremdet (BRECHT, vgl. STÄHLING & WENDERS 2015, 131), mögliche ‚Fehlkonzepte' in einer *ermutigenden* Weise (vgl. FUEST 2008, 2014a) ge-„stört", indem sie mit anderen, bisher ungewohnten, individuellen Konzepten in forschender Atmosphäre konfrontiert werden. Ergebnisse des Denkprozesses werden von der Gruppe intensiv erarbeitet und sind schließlich – auch bei naturwissenschaftlichen Fragestellungen – nicht als allzeit gültig anzusehen. Sie sind relativierbar.

„So erfährt jedes Kind emotional dicht, dass es nicht die eine einzige Wahrheit gibt, sondern verschiedene Deutungen und Perspektiven. [...] Gerade diese dynamische Betrachtungsweise ist unerlässlich für eine moderne Gesellschaft, in der die Menschen gemeinsam um Deutungen, Perspektiven und Entscheidungen zu Problemen ringen" (KAISER 2014, 6). Jede*r Wissenschaftler*in kennt das Phänomen, dass man das Ergebnis als *Zwischenstand* der Forschung festhält.

7 Farhad: *Wasserdichte* und koordinierte Vorgehensweise des Pädagog*innenteams

Wenn ein Klassenrat zu einem Ergebnis gekommen ist und z.B. eine Absprache getroffen wurde, so ist es nun die Aufgabe des Pädagog*innenteams, die Vereinbarungen transparent und konsequent umzusetzen. Nicht selten scheitern gerade dann manche Kinder, neue Wege zu beschreiten und ihre alten Verhaltensweisen abzulegen, wenn ihnen von den Erwachsenen keine Konsequenz entgegengesetzt wird. Einige Pädagog*innen empfinden das, was Kinder im Klassenrat nach Abwägung aller Perspektiven entscheiden, dennoch zu hart. Sie können manche Konsequenzen, wie z.b. das Pausenhofverbot bei Regelverstößen, nicht ohne ‚Mitleid für die*den Täter*in' umsetzen. Besonders bei ‚Flüchtlingskindern' fühlen sie sich nicht in der Lage, für alle transparent und deutlich Grenzen zu ziehen. Diese Transparenz wird noch erschwert, weil viele Kinder sprachlich und inhaltlich nicht verstehen können, welche Regeln in der Klasse herrschen. So kann ein Kind mit Migrationshintergrund möglicherweise irritiert sein, weil Regeln nicht – wie in seinem Herkunftsland – gewaltsam vom Erwachsenen durchgesetzt werden, sondern als Ergebnis eines Aushandlungsprozesses entstehen. Diese kulturelle Verwirrung verstärkt den Wunsch, klar und deutlich zu erfahren, wo die Grenzen liegen. Somit sollten die Pädagog*innen mit deutlichen Zeichen – nicht nur sprachlich – Grenzen markieren, damit sich die neuen Schüler*innen schnell orientieren können (vgl. STÄHLING 2010; STÄHLING & WENDERS 2015).

Einige Erwachsene tragen jedoch selbst nicht gerne die Verantwortung. Ein Beispiel: Ein Lehrer plant z.B. beim Pausenhofverbot nicht konsequent ein, dass der Schüler in der Zeit beaufsichtigt sein muss. Der Schüler stiehlt in der unbeaufsichtigten Zeit der Pause im Klassenraum Geld aus der Klassenkasse. Der Lehrer unterläuft in diesem Fall die vom Klassenrat als sinnvoll erachteten Maßnahme des Pausenhofverbotes und hilft nicht mit, dass ein neuer Weg beschritten wird. Alle Eltern wissen aus Erfahrung, dass es ist nicht einfach ist, konsequent zu sein. Das Beispiel des zehnjährigen „Flüchtlingskindes" Farhad aus einer Klasse in Berg Fidel mag dies erläutern (vgl. WENDERS 2013; STÄHLING & WENDERS 2012): „Wir müssen noch den Tag besprechen", sagt Farhad zu seiner Klassenlehrerin und verbiegt seinen Körper dabei auf eine für ihn typische Art und ohne Blickkontakt. Niemals hätten wir vor einigen Wochen damit gerechnet, dass das tägliche Reflexionsgespräch von Farhad selbst eingefordert würde. Die Lehrerin holt die Mappe aus dem Regal mit dem „Ich-habe-es-geschafft-Plan" des 10-jährigen Jungen. Farhad hat sich vorgenommen, andere Kinder nicht mehr zu treten, zu bespucken, zu beleidigen, zu drohen. Als weiteres Ziel steht dort, dass er den Sitzkreis ohne Störung schaffen will und tun möchte, was die Erwachsenen sagen. Farhad hat die Regeln bereits erfasst. Sie sind für alle Kinder transparent und klar. Er weiß genau, was passiert, wenn er gegen die Regeln verstößt: z.B. Pausenhofverbot oder nur noch Pause in Begleitung, sowie Elterngespräche. Der Plan ist strukturiert nach besonderen Situationen: Freie Arbeit, Pause, Sitzkreis, Fachunterricht (Sport, Englisch). Es gibt jeweils drei Smileys von gut bis schlecht und Farhad kreuzt selbst an. Unser Gespräch scheint Farhad zu entspannen. Es gibt kein Urteil, keine Strafe, sondern eine Analyse des Tages. Farhad, der nie weint, der uns offensichtlich nie Gefühle zeigen kann, zeigt auf diesem Weg, dass es ihm wichtig ist, gute Smileys zu bekommen. Er sagt auch ganz klar, dass er all die Störungen nicht mehr machen möchte. Sie passieren ihm immer wieder, einfach so, wie er sagt. Dieses Fehlverhalten ist eine Lerngelegenheit – immer wieder aufs Neue.

Farhad erfährt durch das Gespräch, dass er als Kind *bedingungslos angenommen* ist, sein Verhalten allerdings nicht. Dieses Verhalten wird von allen abgelehnt, nicht aber die Person. Farhad kann nicht gleichzeitig alle Ziele erreichen. Wichtig ist, zunächst *ein* konkretes Ziel zu benennen, und wenn dieses erreicht ist, mit dem nächsten anzufangen.

So wichtig wie dieser Plan ist die Präsenz der Erwachsenen im täglichen Umgang mit Farhad. Für das Team gilt: Keiner fliegt aus der Schule raus – auch Farhad nicht. Das bedeutet, wir müssen in unseren Teamsitzungen nicht mehr darüber jammern, was Farhad alles ‚angestellt‘ hat, sondern wir überlegen uns, was wir jetzt tun können. Wir wollen handlungsfähig bleiben.

• Farhad bekam Pausenhofverbot als konsequente Antwort auf sein Verhalten, da er andere Kinder gefährdete.
• Es gab Gespräche mit Fachlehrerinnen, in denen vereinbart wurde, Farhad sofort konsequent in die Klasse zurückzuschicken, wenn er im Fachunterricht nicht mehr zu führen war. Das setzt voraus, dass ein Teammitglied in der Klasse ist.
• Für Unterrichtsgänge haben wir Farhad eine 1:1 Betreuung aus dem eigenen Team organisiert, bezahlt durch den Förderverein. Dies ermöglicht ihm, zusammen mit anderen Kindern seiner Klassengemeinschaft zu erleben, dass er dazu gehört und mit anderen Freude haben kann.
• Tägliche Reflexionsgespräche wurden installiert, die möglichst von jedem Teammitglied durchgeführt werden können.

Dazu brauchten wir eine ‚wasserdichte Absprache‘ innerhalb des Teams. Jeder musste alles wissen, was für den Umgang mit Farhad wichtig war. Farhad zeigte bisweilen eine ausgeprägte Verweigerungshaltung. Er sagte dann: „Ich hau ab!" und tat es dann auch. Dies war für alle Mitarbeiter*innen heikel. Hinterherlaufen brachte in Farhads Fall nichts. Er wollte am liebsten Katz und Maus spielen und damit wieder die gesamte Aufmerksamkeit bekommen. Er beabsichtigte gar nicht, nach Hause zu laufen, er beanspruchte unsere Aufmerksamkeit. Seine Eltern wurden sofort über die Notfallnummer benachrichtigt. Die Geste des Telefonierens zeigte Farhad, dass die Mitarbeiter*innen handlungsfähig blieben.

Immer wieder betont HATTIE (2013) mit Blick auf die Forschungslage, wie bedeutsam für die Schülerleistung das *Engagement* der Lehrpersonen für *alle* Schüler*innen ist: „Es erfordert von ihnen, dass sie davon überzeugt sind, dass ihre Rolle die eines Veränderers (‚change agent‘) ist – dass alle Schülerinnen und Schüler lernen und Fortschritte erzielen *können*, dass Lernleistung für alle veränderbar und nicht von Natur aus festgelegt ist und dass, sofern eine Lehrperson allen zeigt, wie wichtig ihm das Lernen ist, dies wirkungsvoll und effektiv ist" (ebd., 153).

Aus dem Beispiel von Farhad können wir außerdem ableiten: *Optimal passende, entwicklungslogische* (vgl. FEUSER 2011) *Herausforderungen* sind der beste Weg zu hohen Schülerleistungen und zu einer positiven Persönlichkeitsentwicklung. So braucht Farhad viele Rückmeldungen, um sich auf diesem, für ihn unbekannten Terrain Schritt für Schritt sicherer zu fühlen. HATTIE betont, dass „challenging learning intentions" (2009, 246) oder *„herausfordernde Lernintentionen"* (2013, 290) das Lernen effektiver machen. Sie erhöhen den Bedarf an *Feedback.*

Das neue Wissen oder Verhalten von Farhad baut auf dem vorherigen Wissen oder der emotionalen Lernausgangslage auf. Seine Erfahrungen auf der Flucht haben ihn geprägt. Er ist misstrauisch geworden. Wie soll er fremden Menschen lernen zu vertrauen? Sein vorheriges Weltwissen steht ihm hier im Weg. „Manchmal kann vorheriges Wissen dem Lernen von etwas Neuem im Weg stehen und daher müssen wir lernen, wie interne Widersprüche geklärt und bestehende Konzeptionen, wenn nötig, rekonstruiert werden können" (HATTIE 2013, 290).

Das neue Verhalten oder das neue Wissen, das der Junge nun in seiner neuen Klasse lernt, *widersprechen* dem alten, früher möglicherweise sinnvollen Verhalten oder Wissen; die Lernenden wechseln nur die Perspektive.

Wird die aus Sicht der sichereren Lebensbedingungen in Deutschland „nicht mehr passende" Perspektive des Bedrohten – gelernt in der Notlage der Flucht – mit Geduld und großem Interesse von Lehrkräften und Mitschülern wahr- und angenommen, dann ergibt sich ein ermutigendes Klima des Gedankenspielens oder des Ausprobierens.

Die lernenden Schüler*innen fragen sich bei solchen Denkexperimenten oder *Erprobungen neuen Verhaltens*: „Könnten wir es uns auch einmal anders vorstellen? Wie wäre es, wenn wir uns auf diese widersprechende Sicht einmal experimentell einließen?" – Und indem die Lernenden dann überrascht sind von der neuen Perspektive, kommt nicht selten das „Aha!" Wir nennen es „verstehen", aber man könnte auch sagen, dass sie begreifen, was sie *zuvor* anders – und aus neuer Sicht „nicht mehr passend" – gesehen hatten.

Also erkennt Farhad als Lernender das Neue, *indem* er das Alte oder ‚nicht mehr Passende' überhaupt erst einmal verstehen und vom Neuen *unterscheidet.* Wir vergleichen zusammen mit ihm letztlich das Alte mit dem Neuen, stellen den Widerspruch fest und entscheiden uns für das ‚Richtige', das uns nun ‚im neuen Lichte' als das Bessere der beiden erscheint. Wie sich zeigt, heißt dies allerdings nicht, dass das „Neue" auch ewig und unter allen Umständen gültig bleibt.

Astrid KAISER (2007) betont, dass Kinder sehr wohl „die Welt in all ihren Schattierungen wahrnehmen können […]. Aber in diesen Sorgen steckt auch der Wunsch und Wille zur Änderung" (ebd., 7). Gegen die Katastrophen setzen Kinder ihre unmissverständliche Haltung, für die Natur und die Menschheit sorgend und schützend einzutreten. Die Persönlichkeitsstärkung steht nach KAISER (2007, 59) an erster Stelle, um schwierige Lebenssituationen zu bewältigen. Daraus erwächst die Sorge für die Welt.

8 Fazit

Das Kollegium der Schule Berg Fidel hat 20 Jahre Unterrichtserfahrungen mit geflüchteten Kindern und viel daraus lernen können (vgl. STÄHLING 2009, 43ff; 2013, 154ff; Schuhmann 2015). Diese Kinder kommen aus Verhältnissen, in denen Sicherheiten fehlen. Ihre Lebenserfahrungen auf der Flucht haben sie nicht auf gewaltfreie, demokratische Umgangsformen vorbereitet, sondern eher verunsichert. Sie sind auf eine halt-gebende Klassengemeinschaft mit durchschaubaren Regeln und Strukturen angewiesen und lernen dort z.B. im Klassenrat, wie Konflikte gewaltfrei gelöst werden. Dazu brauchen sie keine Vorbereitungsklasse mit anderen geflüchteten Kindern, sondern eine gut strukturierte Klassengemeinschaft, die sich bereits Regeln erarbeitet hat. Die Beziehung zu den Lehrkräften ist dabei höchst bedeutsam, um den Kindern eine starke Orientierung zu geben. Zwischen den geflüchteten Kindern und den anderen Kindern können leicht Missverständnisse entstehen, weil sprachliche und kulturelle Hürden die Verständigung in Konfliktsituationen erschweren. Außerdem galten auf der Flucht ganz andere Lebensregeln als nun im neuen Umfeld. Hier besteht die Chance für alle Beteiligten, Regeln für das Miteinander in der Klassengemeinschaft demokratisch auszuhandeln. Die so festgelegten Regeln müssen im Klassenrat und besonders von den Lehrkräften transparent gemacht werden. Sie konsequent einzufordern ist eine große Herausforderung an das Pädagog*innenteam, das in dem Prozess sehr viel lernen kann.

So wie Farhad die Klasse und seine Lehrer*innen herausfordert, sich auf seine Perspektiven einzulassen, um mit ihm zusammenleben zu können, so bietet seine Anwesenheit als Kind mit einzigartigen Fluchterfahrungen viele Lernchancen. Alle lernen voneinander. Und die Integration in die deutsche Gesellschaft gelingt auf diese Weise relativ schnell.

Literatur

BOGDAL, Klaus-Michael (2011): Europa erfindet die Zigeuner. Berlin: Suhrkamp

EICHHOLZ, Reinald (2013): Streitsache Inklusion. Rechtliche Gesichtspunkte zur aktuellen Diskussion. In: FEUSER, Georg & MASCHKE, Thomas (Hrsg.): Lehrerbildung auf dem Prüfstand. Welche Qualifikationen braucht die inklusive Schule? Gießen: Psychosozial-Verlag, 67-115

FEUSER, Georg (2011): Entwicklungslogische Didaktik. In: KAISER, Astrid, SCHMETZ, Ditmar, WACHTEL, Peter & WERNER, Birgit (Hrsg.): Didaktik und Unterricht. Stuttgart: Kohlhammer, 86-100

FUEST, Ada (2008): Und in der Mitte das Kind. Baltmannsweiler: Schneider

FUEST, Ada (2014a): Ermutigung von Kindern. In: FUEST, Ada, JOHN, Friedel & WENKE, Matthias (Hrsg.): Handbuch der individualpsychologischen Beratung in Theorie und Praxis. Münster: Waxmann, 361-368

FUEST, Ada (2014b): Gruppengespräche mit Schülern. In: FUEST, Ada, JOHN, Friedel & WENKE, Matthias (Hrsg.): Handbuch der individualpsychologischen Beratung in Theorie und Praxis. Münster: Waxmann, 369-390

HATTIE, John (2009): Visible Learning. London: Routledge

HATTIE, John (2013): Lernen sichtbar machen. Überarbeitet deutsche Ausgabe von „Visible Learning". Übersetzung von BEYWL, Wolfgang & ZIERER, Klaus. Baltmannsweiler: Schneider

HEISTERKAMP, Günter (2010): Zur Freude in der analytischen Kinder- und Jugendpsychotherapie. In: Zeitschrift für Individualpsychologie 35, 392-414

HEISTERKAMP, Günter (2013): Lebensbewegung und Mit-Bewegung. In: Zeitschrift für Individualpsychologie 38, 55-72

HINZ, Andreas (2002): Von der Integration zur Inklusion – terminologisches Spiel oder konzeptionelle Weiterentwicklung? In: Zeitschrift für Heilpädagogik 53, 354-361

HINZ, Andreas (2014): Inklusion als >Nordstern< und Perspektiven für den Alltag. In: PETERS, Susanne & WIDMER-ROCKSTROH, Ulla (Hrsg.): Gemeinsam unterwegs zur inklusiven Schule. Frankfurt / M.: Grundschulverband, 18-31

KAISER, Astrid (2007): Menschenbildung in Katastrophenzeiten. Baltmannsweiler: Schneider

KAISER, Astrid (2014): Praxisbuch handelnder Sachunterricht. Band 4. Baltmannsweiler: Schneidersky

KORCZAK, Janusz (2004): Sämtliche Werke. Band 9. Theorie und Praxis der Erziehung: pädagogische Essays 1898 – 1942. Hrsg. von BEINER, Friedhelm & UNGERMANN, SILVIA. Gütersloh: Gütersloher Verlagshaus

KRAPPMANN, Lothar (2007): Der Besuch von Venor Muñoz-Villalobos: eine menschenrechtliche Perspektive auf das deutsche Bildungswesen. In: OVERWIEN, Bernd & PRENGEL, Annedore (Hrsg.): Recht auf Bildung. Zum Besuch des Sonderberichterstatters der Vereinten Nationen in Deutschland. Opladen: Budrich, 9-17

POSCHER, Ralf, LANGER, Thomas & RUX, Johannes (2008): Gutachten zu den völkerrechtlichen und innerstaatlichen Verpflichtungen aus dem Recht auf Bildung nach Art. 24 des UN-Abkommens über die Rechte von Menschen mit Behinderungen und zur Vereinbarkeit des deutschen Schulrechts mit den Vorgaben des Übereinkommens. Hrsg. von der Max-Traeger-Stiftung. Frankfurt

POSCHER, Ralf & LANGER, Thomas (2009): Verbindliche Orientierung. Das Recht auf Bildung im Völkerrecht. In: Erziehung und Wissenschaft, Nr. 3, 19-21

PRENGEL, Annedore (2013): Pädagogische Beziehungen zwischen Anerkennung, Verletzung und Ambivalenz. Opladen: Budrich

PRENGEL, Annedore (2014): Halt gebende pädagogische Beziehung in der inklusiven Grundschule. In: PETERS, Susanne & WIDMER-ROCKSTROH, Ulla (Hrsg.): Gemeinsam unterwegs zur inklusiven Schule. Frankfurt / M.: Grundschulverband, 64-72

SCHNELL, Irmtraud (2010): Die Grundschule Berg Fidel. Inklusive Schulentwicklung im sozialen Brennpunkt – neue Erfahrungen für Studierende der Sonderpädagogik. In: HINZ, Andreas, KÖRNER, Ingrid & NIEHOFF, Ulrich (Hrsg.): Auf dem Weg zur Schule für alle. Marburg: Lebenshilfe-Verlag, 170-180

SCHNELL, Irmtraud (2015): Für uns kommt nur 1-13 in Frage – Entwicklungsimpulse aus und für PRIMUS Berg Fidel. Baltmannsweiler: Schneider

SCHUMANN, Brigitte (2015): Bildungspolitik für Inklusion und Chancengleichheit – Eine bildungspolitische Einordnung des nordrhein-westfälischen Modellversuchs PRIMUS. In: SCHNELL, Irmtraud: Für uns kommt nur 1-13 in Frage - Entwicklungsimpulse aus und für PRIMUS Berg Fidel. Baltmannsweiler: Schneider, 139-147

SEIDEL, Ulrich (2014): Übertragung und Gegenübertragung. In: FUEST, Ada, JOHN, Friedel, WENKE, Matthias (Hrsg.): Handbuch der individualpsychologischen Beratung in Theorie und Praxis. Münster: Waxmann, 248-261

STÄHLING, Reinhard (2002): Klassenrat oder das Recht des Kindes auf Achtung. Videofilm für die Lehrerausbildung und -fortbildung und Elternarbeit: Universität Münster. Zentrum für Wissenschaft und Praxis. Abteilung für Audiovisuelle Medien

STÄHLING, Reinhard (2003): Der Klassenrat – eine Fortführung reformpädagogischer Praxis. In: BURK, Karlheinz, SPECK-HAMDAN, Angelika & WEDEKIND, Hartmut (Hrsg.): Kinder beteiligen – Demokratie lernen? Frankfurt/M.: Arbeitskreis Grundschule, 197-207

STÄHLING, Reinhard (2006): „Du gehörst zu uns" – Inklusive Grundschule. Ein Praxisbuch für den Umbau der Schule. Baltmannsweiler: Schneider

STÄHLING, Reinhard & WENDERS, Barbara (2009): Ungehorsam im Schuldienst. Von heutigen Schulreformern lernen. Ein neues Praxisbuch für den Umbau der Schule. Baltmannsweiler: Schneider

STÄHLING, Reinhard (2010): Interkulturelle Bildung. In: KAISER, Astrid, SCHMETZ, Ditmar, WACHTEL, Peter & WERNER, Birgit (Hrsg.): Bildung und Erziehung. Behinderung, Bildung, Partizipation. Enzyklopädisches Handbuch der Behindertenpädagogik, Bd. 3. Stuttgart: Kohlhammer, 217-222

STÄHLING, Reinhard & WENDERS, Barbara (2012): „Das können wir hier nicht leisten" – Wie Grundschulen doch die Inklusion schaffen können. Ein Praxisbuch zum Umbau des Unterrichts. Baltmannsweiler: Schneider

STÄHLING, Reinhard (2013): „Differenzieren lässt sich lernen" – Wie die Grundschule Berg Fidel gelernt hat, mit Heterogenität umzugehen und Aussonderung zu unterlassen. In: MÜLLER, Susanne & JÜRGENS, Eiko (Hrsg.): Ungleichheit in der Gesellschaft und Ungleichheit in der Schule – eine interdisziplinäre Sicht auf Inklusions- und Exklusionsprozesse. Weinheim: Juventa, 252-264

STÄHLING, Reinhard & WENDERS, Barbara (2014): „Hier fliegt keiner raus!" – Über Freude und Halt in einer inklusiven Schulklasse der Grundschule Berg Fidel. In: Zeitschrift für Individualpsychologie 39, 319-337

STÄHLING, Reinhard & WENDERS, Barbara (2015): Teambuch Inklusion. Ein Praxisbuch für multiprofessionelle Teams. Baltmannsweiler: Schneider

WENDERS, Barbara (2013): Kinder mit herausforderndem Verhalten. In mittendrin e.V. (Hrsg.): Alle mittendrin! Mühlheim: Verlag an der Ruhr, 181-188

WOCKEN, Hans (2007): Fördert Förderschule? Eine empirische Rundreise durch Schulen für „optimale Förderung". In: DEMMER-DIEKMANN, Irene & TEXTOR, Annette (Hrsg.): Integrationsforschung und Bildungspolitik im Dialog. Bad Heilbronn: Klinkhardt, 35-59

WOCKEN, Hans (2013): Zum Haus der inklusiven Schule. Hamburg: Feldhaus

Lutz van Dijk

African Kids –
Menschenrechte für Kinder und Jugendliche mit physischen oder psychischen Herausforderungen in südafrikanischen Townships

In memoriam: Sibusiso Justice Ndevu (27)
(im Bild: links, im Alter von 13 Jahren im Jahr 2002)

In der Geschichte der modernen Menschheit gab es zwei Gesellschaften, in denen die Diskriminierung von Menschen, die von den jeweiligen Machthaber*innen als ‚anders' festgelegt worden waren, auch durch staatliche Gesetze legitimiert war: In der NS-Zeit in Deutschland bis 1945 und in Südafrika bis 1994. Waren die Hauptgruppe der Verfolgten im deutschen Nationalsozialismus die Minderheit jüdischer Menschen (und in beiden Systemen auch immer jene, die gegen das vorherrschende Unrecht aus politischen, religiösen oder anderen Gründen protestierten), so waren es in Südafrika zu Zeiten der weißen Minderheitsregierung und ihrer Apartheids-Ideologie vor allem die Mehrheit der nicht-weißen Menschen, die benachteiligt, ausgegrenzt und verfolgt wurden. Zu den Ausgegrenzten und Benachteiligten gehörten in beiden Ländern zu damaligen Zeiten auch Menschen mit körperlichen oder geistigen Herausforderungen (‚Behinderungen'). Erst ab 1996 heißt es in der neuen südafrikanischen Verfassung, Sektion 9: *„Der Staat darf nicht – direkt oder indirekt – diskriminieren aufgrund von [...] Geschlecht, ethnischer oder sozialer Herkunft, Hautfarbe, sexueller Orientierung, Lebensalter, Behinderung, Religion, Weltanschauung, und [...] Muttersprache."*

Vom Verfassungsanspruch zur angestrebten Realität ist es auch zwanzig Jahre später noch ein weiter Weg: Integration, gar Inklusion, ist für die Mehrheit der Lehrer*innen an Südafrikas Schulen noch ein Fremdwort. Kinder und Jugendliche werden nach ihren ‚special needs‘ (speziellen Bedürfnissen) aus dem Regelschulsystem ausgesondert. Zwei Optionen bleiben für diese Kinder und Jugendlichen: Eine Sondereinrichtung (Kindergarten oder Schule als ‚Special Care‘) zu besuchen – oder, wenn es diese wie in vielen armen Gebieten in Stadt oder Land nicht gibt, dann eben daheimbleiben. Nicht selten werden Menschen mit physischen oder psychischen Herausforderungen vor allem auf dem Lande noch als ‚von Dämonen besessen‘ angesehen und schamhaft verborgen oder gar weggeschlossen – das Gegenteil der Achtung selbst minimaler Menschenrechte.

Wenige Ausnahmen von Integration gibt es in einigen Privatschulen, die von wohlhabenden Eltern ko-finanziert werden. So haben sich im demokratischen Südafrika einige Waldorf Schulen etablieren können, die mit einem ganzheitlichen Bild vom Kind entweder in kleinen Klassen fördern oder in Regelklassen auch ein oder zwei Kinder mit Herausforderungen aufnehmen. In armen ländlichen Gebieten oder auch in Townships nahe großer Städte gibt es auch heute noch Klassenfrequenzen von mehr als 50 oder 60 Schüler*innen pro Klasse. In der Lehrer*innenausbildung gehört die Förderung ‚behinderter‘ Kinder nicht dazu, sondern wird nur in wenigen Kursen für diejenigen angeboten, die in ‚Sondereinrichtungen‘ arbeiten wollen. Von Integration oder gar Inklusion wird bisher nur an wenigen Ausbildungseinrichtungen überhaupt gesprochen.

An drei Fallbeispielen möchte ich schildern, wie eine wirklich schlimme Versorgung aussieht, wie eine Alternative geschaffen wurde und wie es zu einer Tragödie für einen jungen psychisch herausfordernden jungen Mann kam.

1 Ein Albtraum:
Staatliche LSEN Schule im Township Ocean View

‚Ocean View‘ heißt ein Ortsteil südlich von Kapstadt, in dem vor allem ‚farbige‘[1] Familien wohnen, deren Muttersprache Afrikaans ist und die hier zu Zeiten der Apartheid vor gut 50 Jahren aus dem malerischen Küstenort Simon‘s Town

---

1 Im heutigen Südafrika werden im Alltag noch oft die rassistischen Begriffe der Apartheid benutzt: Mit ‚farbigen‘ (coloured) Menschen werden jene bezeichnet, deren Muttersprache in der Regel Afrikaans ist und deren Vorfahren entweder als Sklaven kamen oder aus Ehen zwischen ‚Weißen‘ und ‚Schwarzen‘ hervorgegangen sind. Als ‚schwarz‘ (black) werden jene bezeichnet, deren Muttersprache eine afrikanische ist (z.B. Xhosa oder Zulu) und die sich selbst als die Ureinwohner*innen ansehen (‚Africans‘). Seit 1994 gibt es Bemühungen, die Trennungen nach Hautfarben zu überwinden und alle die im Land geboren sind und wohnen als Südafrikaner*innen (‚South Africans‘) zu bezeichnen. Die meisten Wohngebiete unterscheiden sich noch immer weitgehend nach Hautfarben.

‚zwangsumgesiedelt' wurden: Ihre Häuser und ihre (oft bescheidenen) Grundstücke wurde ohne Kompensation konfisziert und an Weiße gegeben. Es betraf damals rund 5000 Menschen. In Ocean View wohnen heute etwa 20.000 Einwohner*innen, oft kinderreiche Familien. Den Ozean kann man von ‚Ocean View' aus nicht sehen, aber der schöne Name steht inzwischen für den Ort mit der höchsten Drogen- und Gang-Kriminalität in der gesamten Umgebung. Bei regelmäßigen Schießereien zwischen verfeindeten Banden sind auch schon Kinder dazwischengeraten und verletzt oder auch ermordet worden.

In Ocean View gibt es eine Grundschule (‚Primary School'), die vor allem von engagierten muslimischen Lehrerinnen geführt wird und zwei Oberschulen (‚High Schools'), deren Lehrer*innenschaft sich vielfältiger zusammensetzt. Was in Deutschland als ‚verhaltensauffällig' oder ‚lernbehindert' wahrgenommen wird, gehört hier zum selbstverständlichen Alltag, ohne dass von Integration oder Inklusion gesprochen wird.

„In unserer Oberschule gibt es in jeder Klasse auch drogenabhängige Jugendliche", sagt einer der beiden Schulleiter. „Es gehört zu unserem Alltag, dass es in jeder Klasse immer wieder auch Kinder mit deutlichen Verletzungen aufgrund von elterlichem Missbrauch und Gewalt gibt", erklärt die Grundschulleiterin. „Anzeigen bei der Polizei bringen hier gar nichts", fügt sie hinzu. „Wir tun einfach privat, was wir können, um die Kinder zu beschützen."

Am Ende einer Straße, deren Asphalt tiefe Löcher aufweist, liegt die vierte Schule – die sogenannte staatliche LSEN Schule. Die Abkürzung LSEN steht für ‚Learners with Special Needs' (Schüler*innen mit speziellen Bedürfnissen). Es ist ein graues und eher kleines Gebäude, deren Mauern Risse haben. Es gibt keine Spielgeräte, keinen Garten, nicht mal einen einzigen Baum oder Strauch. Ein eher dunkler, zementierter Innenhof ist der einzige Außenraum, um frische Luft zu bekommen.

Es riecht muffig in den Räumen. Auf den ersten Blick wird deutlich – hier sind nur die ‚schweren Fälle' eingesperrt: Kinder und Jugendliche mit großen Herausforderungen – blind, gelähmt, geistig verwirrt, taub oder stumm. Die Gruppen scheinen nach Alter zusammengefasst: In einem Raum eher Jüngere bis etwa zehn Jahren, in zwei anderen die Älteren. In einer Küche wird gekocht.

Etwa fünfzig ‚sick kids' (kranke Kinder) – so werden sie von der Leiterin bezeichnet – werden von fünf Frauen und einem Hausmeister versorgt, gewaschen, gefüttert. Wird auch gespielt? „Wo denn?", fragt die Leiterin zurück. Sie hat ein Training in Erste Hilfe und als Erzieherin, sagt sie. Und die anderen? „Gar nichts", erklärt sie und fügt hinzu: „Nur unsere Liebe und Geduld haben wir." Als Lohn bekommen die Frauen 4500 Rand pro Monat (ca. 300€), die Leiterin wohl etwas mehr.

Und sie geben sich wirklich Mühe unter diesen Bedingungen. Es wird nicht geschrien oder gar geschlagen. Eine ältere Erzieherin massiert den Rücken eines gelähmten Mädchens. Ein schreiender kleiner Junge wird in den Raum des Hausmeisters gebracht, der versucht, ihn mit einem Spielauto aufzumuntern.

Die Leiterin und ihr Team haben mit den Eltern bereits zahllose Eingaben beim Schulamt von Kapstadt gemacht. Vor einem Jahr wurde gar ein Protestmarsch mit allen Eltern und einigen Nachbar*innen nach Kapstadt organisiert – über 120 Menschen nahmen daran teil. Auch der Protestbrief wurde von einem Schulbeamten entgegengenommen. Seitdem hat sich aber weiter nichts geändert. „Manchmal wollen wir aufgeben", sagt die Leiterin. „Aber dann haben die Kinder ja niemanden mehr und würden daheim einfach nur weggeschlossen, wenn die Eltern zur Arbeit müssen."

2 Eine Hoffnung:
Das Sinethemba Zentrum im Township Masiphumelele

Im Township Masiphumelele wohnen rund 40.000 ‚schwarze' (‚black') Menschen, deren Muttersprache Xhosa ist und die oft aus dem ländlichen Ostkap Südafrikas hierher auf der Suche nach Arbeit gekommen sind. Bis 1994 war es eine illegale Siedlung von ein paar hundert Leuten, die die Apartheidsregierung einfach nur mit einer Nummer versehen und mehrfach mit Bulldozern platt gewalzt hatte. 1996 verlieh der erste demokratisch gewählte Präsident Südafrikas, Nelson Mandela, der früheren illegalen ‚Site 5' und ihren Bewohner*innen Bleiberecht – sie selbst nannten den Ort ab nun Masiphumelele (Xhosa für: „Wir schaffen es!"). Auch in Masiphumelele (oder Masi) gibt es viel Armut und Gewalt. Die Arbeitslosigkeit liegt bei über 50 Prozent, bei Jugendlichen bei über 70 Prozent. Seit kurzem haben die Drogenbosse aus dem benachbarten Ocean View auch ihre Dealer in Masi. Die HIV-Infektionsrate liegt bei 30 Prozent – und rund 70 Prozent aller Familien werden von alleinerziehenden Frauen geleitet.

Seit 2008 gibt es an der zentralen Hauptstraße, nicht weit vom Eingang des Townships und für jeden sichtbar, ein helles Gebäude mit einem großen Garten und Spielplatz. Auf dem Schild am Eingang steht: ‚Sinethemba Centre' – Sinethemba bedeutet in Xhosa: „Wir haben Hoffnung!" Am Anfang wurden rund zwanzig Kinder aufgenommen, heute sind es mehr als 40, die von einem Team von rund 10 ausgebildeten Erzieherinnen sowie mehrerer Therapeut*innen und einer Gruppe von Freiwilligen tagsüber betreut werden. Die Löhne werden nach tariflichen Bedingungen gezahlt. Es gibt auch einen Kleinbus, mit dem Ausflüge für die Kinder organisiert werden.

Hinter dem ‚Sinethemba Zentrum' steht eine private Initiative[2], die sich überwiegend aus Spenden finanziert. Eine der Initiatorinnen ist eine weiße Frau aus

2 mehr Infos: www.sinethemba.info letzter Abruf: 30.10.2016

dem Nachbarort Noordhoek, die selbst seit einem Unglück im Schwimmbad als Jugendliche querschnittgelähmt ist und im Rollstuhl sitzt. „Mein Vater hatte ausreichend Mittel, um mir jede damals zugängliche Therapie finanzieren zu können [...]. Auch nahmen mich meine Eltern immer und überall mit hin. Mein Traum ist, dass auch Kinder und Jugendliche aus Townships mit Achtung, Liebe und als Teil der Gemeinschaft aufwachsen können."

Der Vater des geistig behinderten, sechsjährigen Soli berichtet stolz: „Als der Kleine geboren wurde, waren meine Frau und ich nur verzweifelt. Wir hatten Angst vor den Bemerkungen der Nachbarn, die uns fragten, wieso unser Junge so anders als ihre Kinder war. Manche fragten sogar, ob es ansteckend wäre [...] oder ob es vererbt worden sei. Wir hatten auch Angst, dass jemand unserem Soli etwas antun würde, wenn wir mal nicht bei ihm sein konnten. Seitdem er hier bei ‚Sinethemba' ist, hat das alles aufgehört: Er hat aufrecht sitzen und sogar laufen gelernt – und wir als Eltern haben auch gelernt, wie wir uns besser mit ihm verständigen können." Solis Vater ist vor kurzem zum Vorsitzenden der Elternvertreter gewählt worden.

Eine Erzieherin berichtet: „Als ich hier anfing, wusste ich selbst so wenig. Ich dachte, meine Aufgabe wäre nur das Füttern und Sauberhalten der Babies. Nun aber habe ich gelernt, wie wichtig Spielen ist und dass auch Kinder, die behindert sind, beinah überall hin mitgenommen werden können." Und der Fahrer ergänzt: „Ich habe keine pädagogische Ausbildung. Aber mich berührt einfach, wie liebevoll hier jeder mit jedem umgeht. Es ist, als würden wir Erwachsenen von den Kindern lernen und ihrer Sehnsucht nach Zuneigung und Wärme."

In den vergangenen Monaten kam es in Masiphumelele, wie auch in anderen Townships in Südafrika, zu politischen Protesten, bei denen es auch gewalttätige Auseinandersetzungen zwischen Polizei und Demonstrant*innen gab, meist wegen zu lange vernachlässigter Basisversorgung mit Wasser, Strom und Müllabfuhr. Auf der Höhe der Gewalt musste das ‚Sinethemba Zentrum', dicht beim Eingang des Townships, wo es die meisten Zusammenstöße gab, geschlossen werden, da es für Kinder, Eltern und Mitarbeiter*innen einfach zu unsicher war. Keiner der Steine, die bei den Auseinandersetzungen von den Demonstranten geworfen worden waren, zerstörte jedoch auch nur eine Fensterscheibe des ‚Sinethemba Zentrums'. Die Bewohner*innen von Masiphumelele haben dieses Zentrum als das ihre angenommen. Kinder, Jugendliche und Erwachsene mit Herausforderungen gehören erstmals zur Gemeinschaft dazu.

3 Der ungerechte Tod des jungen Sibusiso Justice

Während der Arbeit an diesem Text im März 2016 kommt es zu einer Tragödie direkt gegenüber von unserem HOKISA Kinderhaus, die nicht hätte stattfinden müssen, wenn ... wenn Armut und soziale Ausgrenzung nicht so oft Hand in Hand gingen. An einem Samstagabend erleidet der 27jährige Sibusiso Justice Ndevu so schwere Verbrennungen, dass er wenig später an seinen Verwundungen stirbt. Wie konnte es dazu kommen?

Wir kennen Sibusiso Justice seit Kindertagen: Als unser Kinderhaus am 1. Dezember 2002, dem Welt-Aidstag, von Erzbischof Desmond Tutu im Township Masiphumelele eröffnet wurde, gehörte der 13jährige Junge zu denen, die dem berühmten Friedensnobelpreisträger begeistert zujubelten. Ein Foto (siehe oben) zeigt ihn, wie er am Vortag mit anderen Kindern an einer Straßenecke spielt – offen, lächelnd, selbstbewusst.

In der Grundschule war er wegen besonders guter Leistungen aufgefallen. Der Schulleiter hatte es geschafft, für den begabten Jungen ein Stipendium für eine Privatschule außerhalb des Townships zu bekommen. Dann, mit 14 oder 15, gehen einige Dinge in seinem Leben schief – die Mutter verliert ihre Arbeit, der Vater ist seit Jahren verschwunden – und jemand bietet Sibusiso zum ersten Mal Drogen an. Was es genau war, das ihn veranlasst hat, die billigsten und schlimmsten zu nehmen, weiß später niemand mehr genau zu sagen, auch er selbst nicht.

Es fällt erst auf, als er zu vergessen beginnt, den Weg zur Schule, seinen Namen, irgendwann erkennt er phasenweise Freunde sowie seine Mutter und Schwester nicht mehr. Mit 18 kommt er zum ersten Mal in eine psychiatrische Einrichtung in Kapstadt, da er mehrmals nachts wegblieb und nicht mehr heimfand. Seine Mutter bleibt geduldig und liebevoll zu ihm, redet, hofft und wirbt für Verständnis. Auch sie vom Leben gezeichnet, eine gewalttätige Ehe hat Spuren hinterlassen. Sibusiso muss die Schule verlassen. Wiederholte Versuche, in einem Jugendzentrum als Gartengehilfe anzufangen, scheitern, weil er immer unselbständiger wird. Obwohl er nach Angaben der Mutter schon seit einiger Zeit keine Drogen mehr nimmt, hat der frühere Gebrauch sein Gehirn bereits nachhaltig geschädigt. Immer öfter sehen wir ihn halbnackt über die Straße laufen, in Kreisen gehend, unansprechbar. Niemals gewalttätig, aber doch haben kleinere Kinder Angst vor ihm. Dann verschwindet er wieder eine Weile in einem Krankenhaus.

Am letzten Samstagnachmittag war es besonders schlimm mit Sibusiso Justice: Er hatte sich wieder ausgezogen, lief die Strasse auf und ab und begann an elektrischen Kabeln zu ziehen, die zwischen den Hütten lose hingen. Seine Mutter war schon mehrfach bei der Polizei gewesen, hatte sie angefleht, doch bitte wieder das Krankenhaus anzurufen, da diese am Wochenende niemand schicken wollten. Der einzige Polizist im Dienst meint, dass er dafür nicht zuständig sei. Was soll nur bis Montag geschehen?

Dann tut sie, was sie auch früher schon manchmal tat, wenn sie nicht weiter wusste: Sie schließt Sibusiso in einen kleinen Raum ein, der sonst ganz leer ist, weil ihr Junge sonst einfach alles auseinandernimmt. Nachher will sie ihm noch Abendbrot bringen. Plötzlich aber steht der kleine Anbau lichterloh in Flammen, so schnell

geht alles. Hatte er Streichhölzer bei sich? Oder hat jemand den Nebenraum an-
gezündet?

Eine Erzieherin aus dem Kinderhaus gehört mit einigen unserer Jugendlichen zu
den ersten, die vergeblich versuchen, die Flammen zu löschen und den jungen
Mann herauszuholen. Ein Cousin schließlich bricht die Tür auf und zerrt den
Bewusstlosen heraus.

Alle erschrecken. Sibusiso ist kaum noch zu erkennen. Später im Krankenhaus
werden neunzigprozentige Verbrennungen konstatiert. Ich treffe gleichzeitig mit
dem Krankenwagen ein. Er lebt noch, unglaublich. Zwei Stunden später ist er tot.

„Keine Chance", sagt der Arzt leise.

Sibusisos zweiter englischer Vorname lautet Justice – Gerechtigkeit. Sein Tod ist
wie ein Symbol am Ende vieler Ungerechtigkeiten in seinem Leben.

Seine Mutter sagt: „Er hat es nicht verdient, niemand hat so etwas verdient."

Ines Boban und Andreas Hinz haben uns vor zehn Jahren hier in Südafrika besucht,
waren auch im Township Masiphumelele und unserem Kinderhaus zu Besuch,
erkundeten Möglichkeiten, Inklusion in der hiesigen Lehrer*innenausbildung
voranzubringen.

In unser Gästebuch notierten sie im März 2006:

S O U T H   A F R I C A   means for us:

S earch for
O vercoming barriers...
U nderstanding us…
T ruth and
H umanity

A lternative answers
F reedom and Friendship
R ainbow vision
I nclusion is it…
C hallenge as a chance
A lltogether now !]

Vertiefende Literatur

CHUBB, Karin & VAN DIJK, Lutz (1999): Der Traum vom Regenbogen. Nach der Apartheid: Südafrikas Jugend zwischen Wut und Hoffnung. Reinbek: Rowohlt Verlag

VAN DIJK, Lutz (Hrsg.) (2010): African Kids. Eine südafrikanische Township Tour. Wuppertal: Peter
Hammer Verlag

VAN DIJK, Lutz (2017): Vorwort. In: NGCOWA, Sonwabiso & VERWOERD, Melanie (Hrsg.): „Südafrika
mit 21". Eine Nation wird erwachsen. Wuppertal: Peter Hammer Verlag

Walther Dreher

Suchen Finden Gestalten

Auf dem Reisebett
verstehest Du mein Gedicht
im herbstlichen Wind
(Bashô)

In Festschriften, besonders zum Abschluss eines langen Berufslebens, versammeln sich noch einmal Weggefährt*innen mit *Reminiszenzen*, mit *vertiefenden Themen* zum Schaffenskreis der zu ehrenden oder Erreichtes wird verdichtet in dem, was *zukünftig* werden will. In drei folgenden knappen Episoden werden einmal Erinnerungen wach, ein Themenschwerpunkt rückt in den Vordergrund und drittens wird angedeutet, was als Zukünftiges werden möchte – und dass der ‚Lebens-Reise‘ weitere Ziele entgegenkommen.

Episode 1: Die Entdeckung des Index for Inclusion

Andreas HINZ und Ines BOBAN kenne ich schon lange. Dennoch habe ich sie erst langsam wahrnehmen und ihnen näher kommen können. Mit Andreas hatte ich erstmals konkret ‚zu tun‘, als Ende des letzten Jahrhunderts an der damaligen Heilpädagogischen Fakultät der Universität zu Köln eine Professur für Integrationspädagogik zu besetzen war, und ich als damaliger Dekan das Besetzungsverfahren zu begleiten hatte. Just zu jener Zeit habe ich Ines und Andreas auf der ISEC-Tagung 2000 in Manchester wiedergetroffen. Ich sehe noch heute jenen Platz vor mir, wo wie wir einander freundlich distanziert begrüßten, womit *ich* wohl signalisierte, über das laufende Verfahren ‚nicht sprechen zu wollen‘. Und so blieb es bei der kurzen Begegnung auf einer Tagung, von der aus etwas ganz Besonderes seinen Ausgangspunkt nehmen sollte.

Denn diese kleine Begegnungsepisode ist von geringer Bedeutung gegenüber dem, was sich damals in Manchester ereignete. Auf jener Konferenz nämlich stellten Tony BOOTH und Mel AINSCOW erstmals die englische Fassung des ‚Index for Inclusion‘ der wissenschaftlichen Öffentlichkeit vor. Es ist dem aufmerksamen Geist von Ines und Andreas zu verdanken, dass sie sofort spürten, was für ein Beitrag – vor dem Hintergrund der leidlichen Diskussion um Integration während der beiden letzten Jahrzehnte des 20. Jahrhunderts – hier vorgelegt wurde. Drei Jahre später war es dann soweit. 2003 erschien der „Index für Inklusion. Lernen und Teilhabe in der Schule der Vielfalt entwickeln‘, übersetzt, für deutschsprachige

Verhältnisse bearbeitet und herausgegeben von Ines BOBAN & Andreas HINZ von der Martin-Luther-Universität Halle-Wittenberg", wie es im Impressum der Publikation zu lesen ist.

Der Index für Inklusion hat seitdem bundesweit Verbreitung gefunden, eine Bestätigung dafür, „dass es sich um ein als hilfreich eingeschätztes Material handelt. Die ursprüngliche Version für Schulen wurde von den englischen Autoren um eine für Kindertageseinrichtungen ergänzt, die ebenfalls auf Deutsch vorliegt. Eine weitere deutsche Index Version für eine inklusive kommunale Entwicklung wurde von der Montag Stiftung Jugend und Gesellschaft fertig gestellt" (BOBAN & HINZ 2015).

Episode 2: Inklusion und Theorie U

„Schon in der Einführung weist der Index für Inklusion darauf hin, dass er Menschen ansprechen möchte, denen daran gelegen ist, persönliche Haltungen und die Kultur ihrer Institution(en) – Strukturen und Praktiken einschließend – zu transformieren. Dies ist einer der Gedanken, der uns ermutigt, der Idee der Verknüpfung des Index für Inklusion mit der Theorie U nachzugehen und zur Diskussion zu stellen", schreibt Olga LYRA (2012, 294). Sie knüpft an den Index für Inklusion an, indem sie Bezug nimmt zum Hinweis: „Schulentwicklung ist […] kein mechanischer Prozess; sie erwächst daraus, dass Werte, Gefühle und Handlungen miteinander verbunden werden, ebenso wie aus sorgfältiger Reflexion, Analyse und Planung: **It is about hearts as much as minds**" (Herv. i. Orig.). Sie fährt fort: „Mit dem Wissen um das U möchten wir diesen Satz insofern ergänzen, als das dritte Element […] die Öffnung des Wollens, seinen Platz als Kernelement in diesem tief greifenden Wandel erzielenden Prozess findet." Und dann lautet das Statement: "'It is about hearts as much as minds – and last but not least 'will'.' Die Öffnung des Denkens, Herzens und Willens sind essenziell für die Schaffung und Etablierung einer inklusiven Lebens-Kultur in Schulen […]. Die exemplarische Konkretisierung wird eine theoretische und bildungspraktische Forschungsaufgabe der Zukunft sein" (LYRA 2012, 294f).

Andreas HINZ zögerte keinen Moment, sein Interesse an dem theoretischen Ansatz zu bekunden, sich mit dessen wissenschaftlichen Positionen auseinanderzusetzen und zu einem Forschungsergebnis kritisch Position zu beziehen: „Die […] Schrift wendet sich einem Thema zu, das innerhalb der Erziehungswissenschaft bisher nicht bearbeitet worden ist: der Frage, warum das Bildungssystem sich lediglich in einer Weise verändert, die nicht tiefgreifend ist, sondern letztlich all die in ihm innewohnenden Problematiken weiterführt. Den aktuellen Anlass, der sich für dieses Thema bietet, stellt die UN-Konvention über die Rechte von Menschen mit Behinderungen dar, die im Prinzip Anlass für einen tiefgreifenden Wandel auch für die Bildungssituation von Menschen mit Behinderungen in Deutschland sein müsste, auf die aber in tradierter Weise mit einem weitgehenden Konzept des ‚Weiter so' und kleinen Modifikationen reagiert wird. Damit nimmt sich Olga LYRA ein eminent wichtiges erziehungswissenschaftliches wie innovationsstrategisches Thema vor, das zum einen dazu führen könnte, dass klarer wird, warum sich im bildungspolitischen Feld derartig starke Tendenzen der Stagnation finden, und das zum anderen Perspektiven aufzeigen könnte, dies zu ändern" (unveröffentlichtes Statement 2010).

Anders gefasst: „Die im Index für Inklusion grundgelegte Reflexion und Weiterentwicklung von Kulturen, Strukturen und Praktiken in von inklusiven Werthaltungen geprägten Handlungsorten wird durch Attribute der Theorie U wie Selbstreflexion, Bewusstmachung und Selbstverantwortung von Prozessgestaltung, empathische und schöpferisch-dialogische Beziehungen in besonderer Weise unterstützt. Dadurch haben beide das Potenzial, zu Basislagern für die Gestaltung von inklusiven Landschaften zu werden. Von diesen ausgehend können der Index für Inklusion als verschärfte Fokussierung der internationalen Leitidee der Inklusion und die Theorie U mit Zielrichtung auf tiefgreifende Veränderungsprozesse in die Zukunft hineinwirken und neue Landschaften auftauchen lassen" (LYRA & PLATTE 2009, 233 zitiert in LYRA 2012, 298).

Von hier mag ein erster *Impuls* ausgegangen sein, der Ines Boban und Andreas Hinz bewogen hat, dem ‚Weiter so' auf den Jahrestagungen der Integrations-/Inklusionsforscher*innen in deutschsprachigen Ländern (IFO) etwas entgegen zu halten.

Episode 3: Wissenschaftliche Hochschulen als Entwicklungslabore für Veränderer*innen

2015 lädt die Martin-Luther-Universität Halle-Wittenberg unter der Mitwirkung von Andreas HINZ und Ines BOBAN zur 29. Jahrestagung der Integrations-/Inklusionsforscher*innen in deutschsprachigen Ländern (HINZ et al. 2016) mit dem Tagungsthema ‚Inklusion ist die Antwort. Was war nochmal die Frage'? ein. Es ist die erste Tagung, welche die Teilnehmenden über die gesamte Tagungsspanne hinweg auf die Grund-Lage des sozialtechnologischen Konstruktes der ‚Theorie U' gestellt hat. Ich bin an anderer Stelle auf die Kontroversen eingegangen, die im Vorfeld der Tagung artikuliert wurden und ich möchte sie hier nicht wiederholen (vgl. DREHER 2016). Bedeutsamer erscheint mir, dick zu unterstreichen, was bei dieser Tagungsgestaltung geschehen ist, nämlich nichts weniger, als dass ‚die Pyramide auf den Kopf' gestellt wurde. Gewohnt sind wir alle etwas anderes:

Die Fortsetzung des ‚Mehr vom Gleichen' spiegelt sich in einer anwachsenden Fülle von Beiträgen wider, die nicht anders zu bewältigen ist als durch eine sich immer mehr weitende ‚Pyramidengrund-Fläche'. Parallelangebote beschränken das Teilnehmen. Kaum eingeplante Diskussionszeiten verengen mehr, als dass sie der Angebotsbreite gerecht würden. Was dann vorgelegt wird, ist *„reine Ego-Prä-senz (Ich-in-mir)"* (SCHARMER 2014, 229). Einige wenige übergreifende Vorträge lassen punktuell einen Blick aus anderen ‚Ebenen' zu und vermögen unter Umständen anzudeuten, was es bedeutet, sich *„mittels einer geteilten Aufmerksamkeit für das entstehende Ganze"* (ebd.) zu öffnen. Kulturelle Wohlfühlelemente ummanteln die Seitenflächen und lassen ein wenig Zugehörigkeit respektive Zusammengehörigkeit erahnen. Die Pyramidenspitze, 'Wir-in-mir', bleibt unerreichbar.

Das Team der IFO 2015 hat daher außergewöhnlich viel Mut bewiesen: „The pyramid is flipped upside-down so that the cultivation of co-creative stakeholder relationships is at the heart of the new eco-system model of organizing" (Internetauftritt des Presencing Institute). Oliver KOENIG und Thomas SCHWEINSCHWALLER (2016) waren hierbei kompetente Begleiter und couragierte Platzhalter dieses Pionierversuchs. Dennoch mag das, was das Tagungsteam und die Coaches den Teilnehmenden abverlangten, für viele unvorbereitet gekommen sein. In eine ‚pyramidale Inversion' lässt sich zwar einerseits einführen und auf der Zeitlinie weniger Tagungstage erfahrbar machen, was mit ihr gemeint ist, wie in Halle geschehen. Sie benötigt aber zugleich auch eine mental-kommunikative und auf die einzelnen wissenschaftlichen Institutionen und deren Erkenntnis-Interesse bezogene Vorbereitungs-, Diskurs- und Transformations-Zeit.

Ein ‚Zeit-Raum' dafür hätte bis zur IFO 2016 in Bielefeld entstehen können. Aber nachdem das Schwerpunktthema ‚Leistung inklusive' ausgegeben war, entstand ein Programm mit fünf Keynotes, fünf Panels und 24 Arbeitsgruppen – und Zeit und Raum waren ge- respektive überfüllt.

Ist damit der Impuls aus Halle, wie bei einem Pendel, das nach einem Ausschlag wieder angehalten wird, zum Stillstand gekommen und kaum berührt? Hat der Gedanke für einen tiefgreifenden Wandel seinen ‚Schwung' verloren?

Um noch einmal zu rekapitulieren. In Halle ging es um zwei Pole eines Pendelausschlages:

- Zum einen sollte das Pendel hin auf einen strukturellen Pol ausschlagen und sichtbar werden lassen: **Die Tagung als eine institutions- und positionsübergreifende Plattform,** von der aus eine kooperative Bewegung des weiter zu erschließenden ‚Feldes der Inklusion' ihren Ausgang nimmt. Sich auf ein solches Verständnis einer IFO-Tagung einzulassen, war für Teilnehmende faszinierend, für andere provozierend und irritierend, für wohl wenige war es segregierend, sie fühlten sich ausgeschlossen und kamen erst gar nicht.
- Das Erleben der Pendelbewegung aber hin auf den anderen Pol, lässt eine **Tiefendimension** erfahren, von der wir nur erahnen können, welche unbekannten

Energien freigesetzt werden durch gemeinsam Intentionen bilden, Wahrnehmen, Willen und Wollen bilden, Erproben und Gestalten von inklusiven Lebensfeldern unter ökonomischen, sozialen und kulturell-spirituellen Aspekten.

Auf der IFO 2017 in Linz geht es um ein breites Thema: ,System. Wandel. Entwicklung – Akteurinnen und Akteure inklusiver Prozesse im Spannungsfeld von Institution, Profession und Person'. Das Linzer Tagungsteam scheint sich ebenso mutig an die scientific community zu wenden, wie HINZ und seine Kolleg*innen davor, indem es bei den interessierten Teilnehmer*innen vermutlich ganz unterschiedliche Assoziationen provoziert. Aber auch hier stellt sich die Frage, ob es weiter gehen soll wie bisher im Sinne eines ,(Noch)Mehr des Gleichen'? Anstatt fünf nun sechs Panels: System. Wandel. Entwicklung. Institution. Profession. Person? Vielleicht aber auch verdichtet: *System* und Institution, Profession, Person – *Wandel* und Institution, Profession, Person - *Entwicklung* und Institution, Profession, Person?

Und wer ist denn eigentlich mit „Akteurinnen und Akteuren" gemeint: Forscher*innen oder Menschen mit Behinderungserfahrungen – oder beide? Also auch 2017 wird zur Herausforderung.

Auf der 30. Jahrestagung in Bielefeld haben ,Senior*innen der Tagung' von deren erster Stunde berichtet und Bilanz gezogen. Am Ende wurde deutlich, dass ein Zusammenkommen, ,nur' um etwas über die neuesten ,Trends' an den Studienstätten, aus den Bundesländern oder von internationalen Entwicklungen zu erfahren und sich gegenseitig zu ermutigen, kein adäquates (Selbst)Verständnis dieser, von hochkarätigen Expert*innen zusammengesetzten Tagung mehr ist, um den fortdauernden Kontroversen und den anstehenden Veränderungen – nicht zuletzt angesichts nicht eingelöster Verpflichtungen aus der UN-Konvention – gerecht zu werden.

Bestehen bleibt auch für die Tagung in Linz: ,Inklusion ist die Antwort' – aber wonach und in welcher Weise müssen wir fragen?

Für mich lautet die Antwort:

• *Suchende* werden nach tieferen Quellen, wie diese sich in U-Prozessen erschließen;

• Pfad-*Finder*innen* werden, indem wir neidlos und co-operativ-kommunikativ miteinander umgehen: Stichwort ,Relationale Inversion' und

• Um-*Gestaltungen* leisten aus Erfahrungen heraus, ,nackt' durch ein Nadelöhr der Wandlung gegangen zu sein – oder wie es Willigis JÄGER ausdrückt: „Es geht um ein Mehr an Leben, nicht um weniger. Wir müssen das loslassen, was uns die Sicht versperrt" (JÄGER 2014, 92f) – und Werdeprozesse geschehen lassen „as it desires", wie Martin BUBER es fasst (SCHARMER 2007, 200). Auf diese Weise mag ein sich Annähern an eine ,Antwort Inklusion' beginnen, die als ,a-mensional', also ,ursprungs-gegenwärtig' und die durch eine Intensität, nicht durch eine kategoriale Größe zu charakterisieren ist (GEBSER 1976, V/I, 206 und 1978, II, 260). Daneben hören sich Wortscharmützel darüber, dass sich Inklusionsvertreter*innen ‚moralisch überlegen' und ‚überheblich' gegenüber der Sonderpädagogik verhielten, wie kindliche Sandkastenstreitereien an, bei denen lautstark um die eigenen ‚Förmchen' gerauft wird.

An dieser Stelle und in diesem Moment verlassen Ines und Andreas die Institution Hochschule. Was sie zurücklassen und zugleich mit sich nehmen, bleibt erhalten: Offenes Denken, offenes Fühlen und ein offenes Wollen, also ein klarer Geist, ein weites Herz und ein starker Wille. Solche Eigenschaften sind Grundlage für ‚Selbsttranszendenz', für jenes Zurückbiegen des Fernrohrs, weg vom Blick auf den anderen da draußen und hin auf sich selbst. Wenn wir so auf uns selbst treffen, finden wir auch unseren Anteil an dem, was quer läuft. Diesen Weg zu gehen, andere mitzunehmen und partizipativ, co-kreativ und generativ zu wirken, schaffen Panels, Referate, Keynotes nicht – und was diese vorstellen, lässt sich ohnehin auf einfachere Weise via Internet und über andere wissenschaftliche Publikationsorgane vorab schon zur Kenntnis nehmen. In diesem Sinne erfüllt die scientific community ‚Inklusionsforscher*innen' ihren Auftrag (noch) nicht. Die Inklusionsforscher*innen ‚Tag-ung' hat sich zu wandeln zu einer ‚*Tat*-ung': Drei Tage eintauchen in personale, relationale und institutionelle Inversionsprozesse bedeuten ‚transzendieren' alltäglicher Person-, Professions- und Institutionsgebundenheit und partizipieren an einem „Entwicklungslabor für Veränderer" (SCHARMER 2009, 454). Ob eine IFO dieser Art Partner einer ‚globalen Aktionsforschungsuniversität' (ebd. 445) werden könnte, ist vielleicht zu kühn gedacht. Andreas HINZ hat mit seinem Team und unterstützt durch Oliver KÖNIG und Thomas SCHWEINSCHWALLER einen Vorgeschmack angeboten von dem, was werden will. Jährliche U.Lab.-Angebote des Presencing Institutes stehen allen zur Teilnahme offen[1].

Und ‚Bashô'?

Als Reisende zwischen Schlei und Kroatien, zwischen West und Ost werden Ines und Andreas weiter unter-WEG-s sein. Reisend – nicht nur einst nach Manchester – werden sie ihre Wege weiterführen und sie mit anderen teilen. Gehen und Kommen, Hier und Heute – open minded, open hearted und open willingly: Wer so unterwegs ist, „verändert die Welt. Wer mit Wohlwollen da ist, kreiert ein helfendes, heilendes und ordnendes Feld. Diese Felder können über Entfernungen hinweg auf den kollektiven Geist der Gesellschaft einwirken… positive Energien (kreieren) und die Welt (verwandeln)" (JÄGER 2014, 112f). „Gelingt uns dies

---

1 Zu finden auf www.edX.org (letzter Abruf: 30.10.2016), einer Massive Open Online Course-Plattform des Massachusetts Institute of Technology und der Harvard University.

nicht", so drückt es Jean GEBSER noch drastischer aus, „so wird ein anderer Teil der Menschheit, möglicherweise eine andere Menschheit das bereits Sichtbarwerdende zu heilender Wirkung bringen" (GEBSER 1977, VI, 338). Es ist diese Tiefendimension, um die es geht, die BASHÔ mit uns teilt, die er uns mitteilt: Mach dich auf den Weg – suche, lass dich finden, gestalte zum Wohle aller!

Literatur

BASHÔ, Matsuo (1993): Haiku. In: KADOWAKI, Kakichi: Erleuchtung auf dem Weg. Zur Theologie des Weges. München: Kösel

GEBSER, Jean (1976): Die vierte Dimension als Zeichen der neuen Weltsicht. Gesamtwerk V/I. Schaffhausen: Novalis Verlag

GEBSER, Jean (1977): Das erste und das achte Jahrzehnt unseres Jahrhunderts (1970). Gesamtwerk VI. Schaffhausen: Novalis Verlag

GEBSER, Jean (1978): Ursprung und Gegenwart. Erster Teil. Gesamtwerk II. Schaffhausen: Novalis Verlag

DREHER, Walther (2016): Zäsuren. In: HINZ, Andreas, KINNE, Tanja, KRUSCHEL, Robert & WINTER, Stephanie (Hrsg.): Von der Zukunft her denken. Inklusive Pädagogik im Diskurs. Bad Heilbrunn: Klinkhardt, 257-284

BOBAN, Ines & HINZ, Andreas (2015): Der Index für Inklusion. Im Internet: www.inklusionspaedagogik.de/index.php/index-fuer-inklusion

HINZ, Andreas, KINNE, Tanja, KRUSCHEL, Robert & WINTER, Stephanie (Hrs g.) (2016): Von der Zukunft her denken. Inklusive Pädagogik im Diskurs. Bad Heilbrunn: Klinkhardt, 257-284

JÄGER, Willigis (2014): Das Leben endet nie. Über das Ankommen im Jetzt. Freiburg im Breisgau: Herder

KÖNIG, Oliver & SCHWEINSCHWALLER, Thomas (2016): Wie kommt das Kamel durchs Nadelöhr? Die Theorie U als Prozess für soziale Transformation. In: HINZ, Andreas, KINNE, Tanja, KRUSCHEL, Robert & WINTER, Stephanie (Hrsg.): Von der Zukunft her denken. Inklusive Pädagogik im Diskurs. Bad Heilbrunn: Klinkhardt, 17-43

LYRA, Olga (2012): Führungskräfte und Gestaltungsverantwortung. Inklusive Bildungslandschaften und die Theorie U. Bad Heilbrunn: Klinkhardt

Lyra, Olga & PLATTE, Andrea (2009): Der Index für Inklusion und die Theorie U: Landkarten von Aufmerksamkeitsfeldern. In: JERG, Jo, MERZ-ATALIK, Kerstin, THÜMMLER, Romana & TIEMANN, Heike (Hrsg.): Perspektiven auf Entgrenzung. Erfahrungen und Entwicklungsprozesse im Kontext von Inklusion und Integration. Bad Heilbrunn: Klinkhardt, 229-234

SCHARMER, Otto (2007): Theory U. Leading From the Future as it Emerges. Berrett-Koehler: Cambridge

SCHARMER, Otto (2009): Theorie U – Von der Zukunft her führen. Heidelberg: Carl Auer

SCHARMER, Otto (2014): Von der Zukunft her führen: Von der Egosystem- zur Ökosystem-Wirtschaft. Theorie U in der Praxis. Heidelberg: Carl Auer

PRESENCING INSTITUTE (o.J.): Overview. Im Internet: www.presencing.com/ego-to-eco/overview (letzter Abruf: 30.10.2016)

Autor*inneninfo

AMIRPUR, Donja, Dr. phil, ist Post-Doc am Forschungsschwerpunkt Bildungsräume in Kindheit und Familie der TH Köln. Ihre Arbeitsschwerpunkte liegen im Bereich Intersektionalität und Inklusion, Migration und Behinderung, Rassismuskritik und Diskriminierungsforschung.
Kontakt: donja.amirpur@th-koeln.de

BURMEISTER, Petra, hat mit ihren beiden Söhnen als Pioniere den Aufbau der Freien Schule Tecklenburger Land miterlebt und als Teil einer Elterninitiative im Vorstand mitbegründet und die ersten Jahre den Aufbau als Wirtschaftsingenieurin erst in der Verwaltung und dann viele Jahre als Elternvertreterin mit gestaltet. Auch in ihrem Arbeitsalltag mit Auszubildenden bei Lernen fördern e.V. als pädagogische Fachkraft ist die Inklusion als wertschätzendes Annehmen der Person, so wie sie ist, gelebter Alltag.
Kontakt: petra.burmeister@freie-alternativschulen.de

DANNENBECK, Clemens, Dipl. Soz., Dr. phil., ist Professor für Soziologie und sozialwissenschaftliche Arbeitsweisen in der Sozialen Arbeit in der Fakultät Soziale Arbeit an der University for Applied Sciences (HAW) Landshut. Seine Arbeitsschwerpunkte sind Inklusionsforschung, Disability Studies, Bildungspolitik, Cultural Studies, rassismuskritische Forschung, Kritische Soziale Arbeit. Engagiert in der transprofessionellen inklusionsorientierten Fort-, Aus- und Weiterbildung.
Kontakt: clemens.dannenbeck@fh-landshut.de

DORRANCE, Carmen, Dr. phil., ist Professorin für Integrations-/Inklusionspädagogik im Fachbereich Sozialwesen an der Hochschule Fulda, University for Applied Sciences. Ihre Arbeitsschwerpunkte sind Inklusionsforschung, Übergänge im Bildungssystem, Bedingungen gesellschaftlicher Partizipation, Qualitätsentwicklung inklusionsorientierter Bildungseinrichtungen vom Elementarbereich bis zur Hochschule sowie im Rahmen lebenslangen Lernens, Inklusionssensible (Hochschul-)Entwicklung und -didaktik, (partizipatorische) Praxisforschung.
Kontakt: carmen@dorrance.net

DREHER, Walther, Dr. phil., Universitätsprofessor im Ruhestand. Tätig von 1975 bis 1980 an der Pädagogischen Hochschule Rheinland, Abteilung für Heilpädagogik. Seit 1981 bis 2006 Universitätsprofessor an der ehemaligen Heilpädagogischen Fakultät der Universität zu Köln und deren Dekan von 1997 bis 2003. Beauftragt mit Lehr- und Forschungsaufgaben im Bereich Bildungs- und Förderschwerpunkt ‚Geistige Entwicklung‘. Geleitet vom Anliegen: ‚Inklusive Bildung für alle‘. Homepage: www.genius-for-all.de
Kontakt: w.dreher@nakamatsu.de

EHNERT, Katrin, ist wissenschaftliche Mitarbeiterin im Arbeitsbereich Allgemeine Rehabilitations- und Integrationspädagogik an der Philosophischen Fakultät III – Erziehungswissenschaften an der Martin-Luther-Universität Halle-Wittenberg. Ihre Arbeitsschwerpunkte sind Partizipation von Kindern und Jugendlichen in Kindertageseinrichtungen und Schule, inklusive und demokratische Schulentwicklung, Demokratische Schule.
Kontakt: katrin.ehnert@paedagogik.uni-halle.de

GEBAUER, Michael, Prof. Dr., ist Professor für Sachunterricht und Grundschuldidaktik Englisch am Institut für Schulpädagogik und Grundschuldidaktik der Martin-Luther-Universität Halle-Wittenberg. Seine Arbeitsschwerpunkte sind Umweltbildung, demokratische Schulent-wicklung, Inklusionsdidaktik sowie Prävention.
Kontakt: michael.gebauer@paedagogik.uni-halle.de

GEILING, Ute, ist Professorin für Lernbehindertenpädagogik im Institut für Rehabilitationspädagogik der Martin-Luther-Universität Halle-Wittenberg. Ihre Arbeitsschwerpunkte sind Pädagogik und Diagnostik bei Lernbeeinträchtigungen in inklusiven Kontexten von Kita und Schule.
Kontakt: ute.geiling@paedagogik.uni-halle.de

GUMMICH, Judy, ist Menschenrechtlerin, Trainerin, Beraterin und Coach. Ihre Themenschwerpunkte sind Menschenrechte, Inklusion und Diversity. Seit 30 Jahren engagiert sie sich in unterschiedlichen Kontexten zu Belangen der afrikanischen Diaspora in Deutschland, zu geschlechtlicher und sexueller Vielfalt, zu Menschen mit Behinderungen sowie zu intersektionalen Lebensrealitäten und Diskriminierungen.
Kontakt: judy.gummich@postwiese.net

HERSHKOVICH, Meital, studierte Bildungswissenschaften (B.Ed.) am Institute of Democratic Education des Kibbutzim College of Education Tel Aviv. Im Jahr 2009 war sie Mitglied einer Gruppe, die die Demokratische Schule Makom Ligdol in Kfar Hayarok gründete und leitete. Sie arbeitet seit über sieben Jahren als Lehrerin an demokratischen Schulen in Israel.
Kontakt: meitalher@gmail.com

HUMMEL, Hannah, ist Sozialpädagogin an der Freien Schule Leipzig. Ihr Arbeitsbereich ist die Betreuung des Hortes und das Anbieten einer niedrigschwelligen, psycholsozialen Sprechstunde, außerdem beteiligt sie sich dort seit mehreren Jahren aktiv an der Arbeitsgruppe Inklusion. Sie ist ehrenamtlich Teil des Vorstandes des Bundesverbands der Freien Alternativschulen (BFAS).
Kontakt: hannah.hummel@freie-alternativschulen.de

JAHR, David, ist Lehrkraft für besondere Aufgaben am Zentrum für Lehrerbildung der Martin-Luther-Universität. Seine Arbeits- und Forschungsschwerpunkte liegen im Bereich der rekonstruktiven Schulforschung und der inklusiven Didaktik.
Kontakt: david.jahr@zlb.uni-halle.de

JERG, JO, Prof., ist Professor für Inklusive Soziale Arbeit, Pädagogik der Frühen Kindheit und Praxisforschung an der Ev. Hochschule Ludwigsburg sowie Enthinderungsbeauftragter der Hochschule. Seit 25 Jahren ist sein Forschungsschwerpunkt die wiss. Begleitung und Beratung von Praxisentwicklungsprojekten im Bereich der Integration/Inklusion in unterschiedlichen Lebensbereichen (Frühkindliche Bildung, Wohnbereich, Freizeit, Arbeit), überwiegend für den Personenkreis mit Behinderungserfahrung.
Kontakt: j.jerg@eh-ludwigsburg.de

KINNE, Tanja, Dr., ist leitende wissenschaftliche Mitarbeiterin im Arbeitsbereich Körperbehindertenpädagogik am Institut für Rehabilitationspädagogik der Philosophischen Fakultät III - Erziehungswissenschaften der Martin-Luther-Universität Halle-Wittenberg. Ihre Forschungsschwerpunkte sind Soziale Kompetenz, Erlebnispädagogik, Lernen unter dem Vorzeichen körperlich-motorischer Diversität, Problemfelder professionellen pädagogischen Handelns.
Kontakt: tanja.kinne@paedagogik.uni-halle.de

KOENIG, Oliver, Dr. phil., ist Assistent am Arbeitsbereich Heilpädagogik und Inklusive Pädagogik des Instituts für Bildungswissenschaft an der Universität Wien. Seine Arbeits- und Forschungsschwerpunkte liegen im Bereich Inklusiver Forschung, Veränderung und Transformation in der Behindertenhilfe und Inklusiven Pädagogik.
Kontakt: koenig@queraum.org

KÖPFER, Andreas, Dr., ist Jun.-Professor für Inklusive Bildung und Lernen an der Pädagogischen Hochschule Freiburg, Institut für Erziehungswissenschaft, AG Allgemeine Erziehungswissenschaft und Philosophie. Seine Forschungsschwerpunkte sind Internationale Inklusionsforschung, Lernräume, professionelle Rollen im Kontext inklusiver Schulentwicklung, inklusive Didaktik.
Kontakt: andreas.koepfer@ph-freiburg.de

KRAMER, Kathrin, ist wissenschaftliche Mitarbeiterin an der Martin-Luther-Universität Halle-Wittenberg am Institut für Schulpädagogik und Grundschuldidaktik im Bereich der universitären Lernwerkstatt. Ihre Arbeitsschwerpunkte sind Lernwerkstattarbeit, Lernbegleitung, inklusive und demokratische Schulentwicklung, Demokratische Schulen, Education City und alternative Bildungskonzepte.
Kontakt: kathrin.kramer@paedagogik.uni-halle.de

KRIESEL, Nicola, ist Organisationsentwicklerin im Team der SOCIUS Organisationsberatung in Berlin. Ihre Arbeitsschwerpunkte liegen in der Begleitung von Freien und Demokratischen Schulen und anderen Bildungseinrichtung. Ihr Arbeitsansatz ist dabei vom Inklusionsgedanken geprägt und wertschätzend. Sie ist ehrenamtlich engagiert im Bundesverband der Freien Alternativschulen e.V. und in der EUDEC e.V.
Kontakt: kriesel@socius.de

KRUSCHEL, Robert, ist wissenschaftlicher Mitarbeiter im Arbeitsbereich Allgemeine Rehabilitations- und Integrationspädagogik an der Philosophischen Fakultät III – Erziehungswissenschaften der Martin-Luther-Universität Halle-Wittenberg. Seine Arbeitsschwerpunkte sind Persönliche Zukunftsplanung, Inklusive Schul- und Systementwicklung, Educational Governance, Demokratische Schule & Bildung und Menschenrechtsbasierte Bildung.
Kontakt: robert.kruschel@paedagogik.uni-halle.de

NITSCHMANN, Hannah, ist Doktorandin und Lehrkraft für besondere Aufgaben an der Universität zu Köln, Humanwissenschaftliche Fakultät, Department Heilpädagogik und Rehabilitation, Lehrstuhl Pädagogik und Didaktik bei Menschen mit geistiger Behinderung. Ihr Arbeitsschwerpunkt ist die Inklusionsorientierte Pädagogik, insbesondere Anerkennungstheorien.
Kontakt: hannah.nitschmann@uni-koeln.de

PFAHL, Lisa, Dr., ist Professorin für Disability Studies und Inklusive Pädagogik am Institut für Erziehungswissenschaft der Universität Innsbruck. Ihre Arbeitsschwerpunkte sind Wissen und Bildung, soziale Ungleichheit, Behinderung und Geschlecht, Inklusion in Bildung und Arbeit, Biographie- und Diskursanalyse, Subjektivierungsforschung.
Kontakt: lisa.pfahl@uibk.ac.at

PLANGGER, Sascha, Dr., ist Universitäts-Assistent im Lehr- und Forschungsbereich Disability Studies und Inklusive Pädagogik am Institut für Erziehungswissenschaft der Universität Innsbruck. Arbeitsschwerpunkte: Inklusion/Exklusion, Empowerment, Unterstütze Beschäftigung, Behindertenpolitik, Anerkennungs- und Gerechtigkeitstheorien.
Kontakt: sascha.plangger@uibk.ac.at

PLATTE, Andrea, Dr., ist Professorin für Bildungsdidaktik am Institut für Kindheit, Jugend, Familie und Erwachsene der TH Köln. Ihre Arbeits- und Forschungsschwerpunkte liegen in der inklusiven Didaktik, Elementardidaktik und Hochschuldidaktik, Kultureller und non-formaler Bildung.
Kontakt: andrea.platte@th-koeln.de

PRENGEL, Annedore, ist Professorin im Ruhestand an der Universität Potsdam und Seniorprofessorin an der Goethe-Universität Frankfurt a.M. Ihre Schwerpunkte sind Pädagogische Beziehungen, Theorien zu Heterogenität in der Bildung, Inklusive Pädagogik, Didaktische Diagnostik und interkulturelles Gedächtnis.
Kontakt: aprengel@uni-potsdam.de

PUHR, Kirsten, Dr. phil., ist Professorin für ,Soziale und berufliche Integration' im Arbeitsbereich sonderpädagogische Grundlagen und Handlungsfelder am Institut für Sonderpädagogik der Pädagogischen Hochschule Heidelberg. Ihre Arbeits- und Forschungsschwerpunkte liegen in den Bereichen Inklusion/ Exklusion als Theorie- und Handlungsprobleme, soziale Ungleichheiten als Fragestellungen der Sozial- und Sonderpädagogik, außer- und nachschulische pädagogische Arbeitsformen und Handlungsfelder, Methodologie und Methoden qualitativer Sozialforschung und pädagogischer Fallarbeit.

Kontakt: kirsten.puhr@ph-heidelberg.de

REMPEL, Erika, hat sich in ihrer Diplomarbeit mit der Antipädagogik von Braunmühls auseinandergesetzt und sich intensiv mit gleichwürdigen zwischenmenschlichen Beziehungen beschäftigt und dazu Familienberatung angeboten. Heute ist sie Mutter und mit integraler Theorie und Praxis in der Entwicklungsgemeinschaft „Go&Change" in Halle (Saale) befasst.

Kontakt: kontakt@goandchange.de

RITTER, Michael, Dr. phil., ist Professor für ‚Grundschuldidaktik Deutsch/Ästhetische Bildung' am Institut für Schulpädagogik und Grundschuldidaktik der Martin-Luther-Universität Halle-Wittenberg. Seine Arbeits- und Forschungsschwerpunkte liegen im Bereich der Bilderbuchforschung (Geschichte, Rezeption und Didaktik) und der inklusiven Deutschdidaktik.

Kontakt: michael.ritter@paedagogik.uni-halle.de

SCHÖNWIESE, Volker, Dr., war bis 2013 Professor am Institut für Erziehungswissenschaft der Universität Innsbruck. Er ist am Aufbau des Lehr- und Forschungsbereichs der Inklusiven Pädagogik und Disability Studies seit 1983 sowie der Internetbibliothek bidok (bidok.uibk.ac.at) seit 1997 beteiligt. Er ist zudem Teil der Gründer*innen-Generation der Selbstbestimmt-Leben-Bewegung.

Kontakt: volker.schoenwiese@uibk.ac.at

SIMON, Jaqueline, studierte Förderschullehramt an der Martin-Luther-Universität Halle-Wittenberg. Sie ist wissenschaftliche Mitarbeiterin im Arbeitsbereich Sachunterricht des Instituts für Schulpädagogik und Grundschuldidaktik der Martin-Luther-Universität Halle-Wittenberg.

Kontakt: jaqueline.simon@paedagogik.uni-halle.de

SIMON, Toni, studierte Pädagogik und Soziologie an der Otto-von-Guericke-Universität Magdeburg und Förderschullehramt an der Martin-Luther-Universität Halle-Wittenberg. Er ist wissenschaftlicher Mitarbeiter an der Professional School of Education der Humboldt-Universität zu Berlin.

Kontakt: toni.simon@hu-berlin.de

STÄHLING, Reinhard, Dr. paed., ist Lehrer, individualpsychologischer Berater (DGIP), leitet die PRIMUS-Schule Berg Fidel / Geist in Münster, die für ihren inklusiven Ansatz bekannt wurde. Die Grundschule Berg Fidel wird im Rahmen des Schulversuchs „PRIMUS" bis zum 10. Schuljahr erweitert.

Kontakt: ggs-bergfidel@gmx.de

VAN DIJK, Lutz, Dr. phil., war zuerst Lehrer in Hamburg, später Mitarbeiter im Anne Frank Haus in Amsterdam und 2001-2015 Ko-Direktor der südafrikanischen Stiftung HOKISA (Homes for Kids in South Africa, www.hokisa.co.za)

im Township Masiphumelele bei Kapstadt. Er ist weiter als Freiwilliger im HOKISA Team.
Kontakt: lutzvandijk@iafrica.com

WENDERS, Barbara, ist Lehrerin für Grund- und Hauptschule und Sonderpädagogik an der PRIMUS-Schule Berg Fidel / Geist in Münster
Kontakt: wenders@muenster.de

WETZEL, Anja, ist u.a. Lernbegleiterin und Sonderpädagogin an der Evangelischen Grundschule Berlin Mitte und setzt sich dort aktiv für inklusive Entwicklungsverläufe ein. Gleichzeitig engagiert sie sich für eine Weiterentwicklung und -verbreitung der Methode „Persönliche Zukunftsplanung".
Kontakt: wetzel.anja@posteo.de

WINTER, Stephanie, ist wissenschaftliche Mitarbeiterin im Arbeitsbereich Körperbehindertenpädagogik am Institut für Rehabilitationspädagogik der Philosophischen Fakultät III - Erziehungswissenschaften der Martin-Luther-Universität Halle-Wittenberg. Ihre Forschungsschwerpunkte sind Lebens- und Sterbebegleitung lebensverkürzend erkrankter Kinder und Unterstützte Kommunikation. Sie ist Mitglied im TrauerNetz Halle.
Kontakt: stephanie.winter@paedagogik.uni-halle.de

WOCKEN, Hans, Dr., hatte von 1980 bis 2008 eine Professur für Lernbehindertenpädagogik und Integrationspädagogik am Institut für Behindertenpädagogik der Universität Hamburg. In Hamburg hat er die beiden Schulversuche ‚Integrationsklassen' und ‚Integrative Regelklassen' initiiert und wissenschaftlich begleitet. Homepage: www.hans-wocken.de
Kontakt: hans-wocken@t-online.de